Dr. Georg Heeger (Hg.)
Wilhelm Wüst (Hg.)

Volkslieder

aus der Rheinpfalz

Band 1

www.elv-verlag.de

Heeger, Dr. Georg (Hg.); Wüst, Wilhelm (Hg.)

Volkslieder aus der Rheinpfalz

ISBN: 978-3-86267-149-6

Auflage: 1
Erscheinungsjahr: 2011
Erscheinungsort: Bremen, Deutschland

Europäischer Literaturverlag GmbH, Fahrenheitstr. 1, 28359 Bremen (www.elv-verlag.de).

Bei diesem Titel handelt es sich um den Nachdruck eines historischen, lange vergriffenen Buches aus Jahr 1909. Da elektronische Druckvorlagen für diesen Titel nicht existieren, musste auf alte Vorlagen zurückgegriffen werden. Hieraus zwangsläufig resultierende Qualitätsverluste bitten wir zu entschuldigen.

Volkslieder
aus der Rheinpfalz
Band 1

www.elv-verlag.de

Volkslieder aus der Rheinpfalz.

Mit Singweisen
aus dem Volksmunde gesammelt.

Im Auftrage des Vereins für bayerische Volkskunde

herausgegeben von

Dr. Georg Heeger und Wilh. Wüst.

Band I.

Hof-Buchdruckerei Hermann Kayser, Kaiserslautern.
1909.

Dem pfälzischen Volke

und

dem verständnisvollen Freunde pfälzischen Volkstums

Herrn August Ludowici

in Freundschaft

gewidmet.

Vorwort.

Es ist schon öfters ausgesprochen worden, daß eine Vorrede nur die Geschichte des Werkes enthalten solle. Nach diesem Grundsatze beschränke ich mich darauf, hier die Entstehung der rheinpfälzischen Volksliedersammlung kurz darzulegen.

Der im Jahre 1894 gegründete Verein für bayerische Volkskunde und Mundartforschung, an dessen Spitze der verdienstvolle Würzburger Universitätsprofessor Dr. Oskar Brenner steht, hatte von Anfang an die Sammlung von Volksliedern in den Vordergrund seiner Bestrebungen gestellt. Schon im Jahre 1899 zeigte sich deutlich, daß die Einsendungen aus der Pfalz überwogen, und mehrere kleinere Aufsätze über das Volkslied von Dr. Robert Petsch in Würzburg (jetzt Professor an der Universität Heidelberg) in den vom Verein herausgegebenen „Mitteilungen und Umfragen" vom Jahre 1901 mußten immer wieder auf die Pfalz verweisen. Ende 1901 konnte bereits der Plan zu einem Pfälzer Liederbuch gefaßt werden; an die Pfälzer wurde nun die erneute dringende Bitte um eifrige Sammeltätigkeit gerichtet (Mitteil. 1901 Nr. 4). Der Erfolg war so erfreulich, daß die Vereinsleitung Herrn Dr. R. Petsch beauftragen konnte, die eingelaufenen Lieder für die Herausgabe vorzubereiten.

Als Herr Dr. Petsch, durch andere Arbeiten bedrängt, seine ersprießliche Tätigkeit einstellen mußte, brach sich bald die allein richtige Anschauung Bahn, daß ein pfälzisches Volksliedwerk nur von einem Pfälzer, der mit dem pfälzischen Volkstum vollständig vertraut und in steter Fühlung ist, bearbeitet werden könne. So wanderten die Lieder im Jahre 1904 in die Pfalz, und zwar nach Ludwigshafen a. Rh., wo Herr Gymnasiallehrer Dr. Albert Becker (jetzt in Zweibrücken) das bisher angesammelte Material sowie neu hinzugekommene Texte einer weiteren Prüfung und Ordnung unterzog; er war es auch, der den Pfälzerwaldverein, dessen Hauptvorstandsmitglied er ist, zum Sammeln anregte.

Im Jahre 1905 legte der Vereinsvorstand den vorhandenen Liedervorrat in meine Hände mit dem Wunsche, ich möchte mich der wiederum verwaisten Volkslieder annehmen. So entschloß ich mich, meine schon ziemlich weit gediehenen Arbeiten über „Pfälzische Volksmedizin" und „Die Pflanzen im pfälzischen Volksmunde" zurückzustellen und meine ganze Kraft dem pfälzischen Volksliedwerk zu widmen. Das Gebiet war mir ja nicht mehr fremd; schon längst hatte ich dem Liederschatze meines Heimatdorfes Westheim (bei Germersheim) meine Aufmerksamkeit zugewandt.

Die nähere Beschäftigung mit dem mir überlassenen Material, das ca. 700 Handschriften umfaßte, verschaffte mir bald die Überzeugung, daß es für eine gediegene und einigermaßen erschöpfende Herausgabe bei weitem nicht ausreichend sei. Ein große Anzahl Lieder war nur in stark verderbten Lesarten oder unbrauchbaren Bruchstücken vorhanden; außerdem erkannte ich, daß Hunderte von pfälzischen Volksliedern noch gar nicht vertreten waren. Mitteilungen, ob die Lieder nur von Burschen oder nur von Mädchen, ob sie einstimmig oder zweistimmig, ob sie bei bestimmten Gelegenheiten (Hochzeit, Kirchweih, Weinlese, Ernte, Tabakeinfädeln, in Spinn-, Strick-, Flechtstuben ꝛc.) gesungen werden und sonstige wertvolle Angaben fehlten fast vollständig.

Da galt es nun in erster Linie, die vorhandenen Lücken auszufüllen. Zu diesem Zwecke wandte ich mich im Frühjahr 1906 mit einem Aufrufe an das pfälzische Volk. Der Erfolg war ein großer, besonders durch die verständnisvolle Mitwirkung der Presse der Pfalz, wofür ich hier dankbare Anerkennung zolle. Aus allen Kreisen der Bevölkerung gingen mir wertvolle Einsendungen zu: Liedertexte, Melodien, geschriebene Liederbücher aus älterer und neuerer Zeit usw.

Besonders förderlich erwies sich das Eingreifen mehrerer Bezirksämter, in denen das Sammeln der Lieder auf amtlichem Wege eingeleitet wurde. Die Anregung hiezu gab der für unser pfälzisches Volkstum begeisterte Herr Regierungsrat Will in Pirmasens (jetzt in München); seinem Beispiele folgten Herr Regierungsrat Fischer in Frankenthal, Herr Bezirksamtmann Pöhlmann in Zweibrücken, Herr Bezirksamtmann Matthéus in Ludwigshafen, Herr Bezirksamtmann Neumayer in Kusel, Herr Regierungsrat Esper in Kirchheimbolanden. Für diese schätzbare Beihilfe, die das Werk sehr gefördert hat, sei hier herzlich gedankt! (Die Einsendungen s. in dem folgenden Verzeichnis.

Die rege Teilnahme des pfälzischen Volkes an der Sammelarbeit bekundet das Verzeichnis der Einsender und Einsenderinnen, aus dem hervorgeht, daß die pfälzische Lehrerwelt ganz besonders rühmlichen Anteil an dem Werke hat.

Durch solche außerordentlichen Bemühungen, deren ich hier mit Freude und Dankbarkeit gedenke, sowie durch meine eigene Sammeltätigkeit, die mich in die verschiedensten Gegenden meiner lieben Heimat führte und mich mit dem pfälzischen Volkstum in innigste Berührung brachte, ist mein Material von 700 auf weit über 4000 Handschriften angewachsen und bildet so eine gediegene Grundlage für das pfälzische Volksliederbuch. Das bis jetzt aufgespeicherte Material wird voraussichtlich 5 Bände füllen. Der 2. Band, der Liebeslieder (Fortsetzung), Abschieds-, Wander- und Heimatlieder bringen soll, ist bereits im Druck, die weiteren Bände sind in Vorbereitung.

Leider war die Zahl der eingesandten Singweisen weit hinter der Zahl der Texte zurückgeblieben. Ich faßte daher den Entschluß, zunächst eine wissenschaftliche Ausgabe der Texte zu besorgen. Diesen Plan gab ich jedoch auf, als ich nach meiner Übersiedlung von Landau nach Kaiserslautern im Herbste vorigen Jahres das Glück hatte, den K. Strafanstaltslehrer Herrn Wilhelm Wüst dahier als Mitherausgeber zu gewinnen. Derselbe hatte mir schon früher seinen reichen, im Laufe der Jahre an der K. Strafanstalt gesammelten Liederschatz zur Verfügung gestellt; er hatte auch bereits Hunderte von Melodien aufgezeichnet und erklärte sich nun bereit, die Bearbeitung des musikalischen Teiles zu übernehmen. So war eine allen Ansprüchen gerecht werdende Herausgabe sicher gestellt.

Das Werk, dessen 1. Band hiemit der Öffentlichkeit übergeben wird, liefert den Beweis, daß es in Deutschland kaum ein sangesfroheres Volk gibt als das pfälzische.

Aber noch bleibt viel zu tun! So groß auch der bereits gesammelte Liederschatz ist, er ist bei weitem noch nicht erschöpft. Daher richte ich an alle, die dieses Buch in die Hand bekommen, die dringende Bitte, ergänzendes Material (Texte u. Melodien) zu sammeln. Alle Einsendungen können in den späteren Bänden noch Verwertung finden.

Es erübrigt nun noch, ein paar Worte über die Grundsätze zu sagen, die mich bei meiner Arbeit leiteten. Was die Anlage des Werkes und die Anordnung der Lieder betrifft, so habe ich mich an das bedeutendste allgemeine Volksliederwerk, nämlich den Deutschen Liederhort von

Erk-Böhme, angeschlossen, dem ich, so weit es ging, Schritt für Schritt gefolgt bin und der in meinen Literaturangaben stets an erster Stelle genannt ist. Ich wollte die Zerfahrenheit nicht vermehren, die in unsern deutschen Volksliedersammlungen herrscht und die das Auffinden gesuchter Lieder oft sehr erschwert, zumal bei der großen Verschiedenheit der Anfänge auch die alphabetischen Verzeichnisse den Suchenden häufig im Stich lassen.

Die Lieder sind aus dem Volksmunde geschöpft und getreu mit allen Unebenheiten und Entstellungen wiedergegeben. Wurde ein Lied einem geschrieb. Liederbuch entnommen, so ist dies ausdrücklich vermerkt.

Die Lesarten aus den verschiedenen Gegenden der Pfalz, die oft sehr zahlreich waren (bei vielen Liedern lagen 30—40 Texte vor), wurden sorgfältig verglichen und alle einigermaßen belangreichen Varianten verzeichnet.

Unter jedem Liede sind die sämtlichen Orte angegeben, aus denen das Lied vorliegt.

Daß auch die sog. volkstümlichen Lieder, die ja von den echten Volksliedern nicht immer leicht zu scheiden sind, in weitgehendem Maße berücksichtigt werden, wird denjenigen nicht überraschen, der mit der neueren Volksliederforschung vertraut ist und besonders mit den trefflichen Untersuchungen von Professor John Meier in Basel, der gerade in dieser Richtung der Liederforschung neue Bahnen gewiesen hat.

Eine zusammenfassende Erörterung aller das pfälzische Volkslied betreffenden Fragen behalte ich mir für den Schluß des Werkes vor.

Mit besonderem Danke muß ich der großen materiellen Beihilfe gedenken, die dem Werke von privater Seite und von dem Landrate der Pfalz gewährt worden ist.

* * *

Mehrjährige mühevolle, aber auch genußreiche Arbeit liegt hinter mir; sie wurde versüßt durch die tiefen Einblicke, die ich in die Denkweise und das Gefühlsleben meiner Landsleute gewann, durch die stets wachsende Erkenntnis, daß im pfälzischen Volke und besonders im pfälzischen Bauerntum noch eine Fülle von Ursprünglichkeit und Kraft lebt; denn ein kraftvolles und edles Volkstum muß es sein, das durch die Stürme hindurch, die über die Pfalz wie über kein andres deutsches Land im Laufe der Jahrhunderte dahinbrausten, einen so reichen und herrlichen Liederschatz gerettet hat!

So ziehet denn hin, ihr Liedlein schlicht und innig, in denen die Klänge aus der Jugendzeit wieder an mein Ohr schlugen, die ihr mir den Mut froh und das Herz jung gemacht habt! Ziehet hinaus und erklinget hell und frisch im schönen Pfälzerland!

Kaiserslautern, den 19. November 1908.

Dr. Georg Heeger.

Bemerkungen zum musikalischen Teil.

So zahlreich auf verschiedene Anregungen hin die Texte der Volks=
lieder aufgezeichnet wurden, so spärlich liefen die Weisen hiezu
ein; das liegt in der Natur der Sache. Der Kreis der Melodien=
aufzeichner ist eben sehr beschränkt und vielfach trifft man Können und
Wollen nicht immer beisammen. Um so dankbarer gedenkt der Verfasser
des musikalischen Teils der freundlichen und verständnisvollen Mitarbeit
einiger Herren, die bereits ehrend genannt sind.

Leider mußten infolge dieser Verhältnisse manche Lieder ohne
Weise erscheinen. Die Aufzeichnung des größten Teils der Melodien
erfolgte erst, nachdem die Texte bereits druckreif vorlagen; dadurch hat
sich manche Weise verspätet und wird einem Nachtrag vorbehalten
werden müssen. Melodien zu Liedern, die als allgemein bekannt
vorausgesetzt werden durften, sind nur dann aufgenommen worden, wenn
sie wesentliche Abweichungen zeigten; auch sonst wurden Lesarten mit
geringfügigen Abweichungen nicht berücksichtigt.

Während die bis jetzt erschienenen landschaftlichen Volkslieder=
sammlungen, abgesehen von einigen schüchternen Versuchen fast immer
nur eine Weise zu einer Textunterlage verzeichnen, bringt das vorliegende
Buch in vielen Nummern drei, vier und mehr Varianten aus ver=
schiedenen Gegenden der Pfalz. Da die Weise an der Erhaltung eines
Liedes viel mehr beteiligt ist als der Text und die Eigentümlichkeiten eines
Volksstammes sich in ihr viel deutlicher abprägen, ist dieser Melodien=
reichtum besonders zu beachten.

In vielen Fällen mußte eine größere Stadt als Herkunftsort
einer Melodie genannt werden. Für die Bodenständigkeit des Liedes in
der betreffenden Gegend ist das allerdings kein sicherer Beweis; doch darf
man fast immer behaupten, daß es pfälzischen Ursprungs ist.

Große Schwierigkeiten verursachte bei der Aufzeichnung der Weise
die Behandlung des Taktes. Ein klassisches Beispiel, wie willkürlich
das Volk mit dieser Seite seiner Lieder umspringt, ist die Nummer 74
unserer Sammlung. Dieser Eigentümlichkeit wurde überall Rechnung ge=
tragen. Auch dort, wo die Versuchung sehr groß war das Lied in einen
bestimmten Takt zu zwingen, half man sich lieber mit einer Takt=
änderung, um nur ein der Wirklichkeit entsprechendes Tonbild zu
erhalten.

Ursprünglich war beabsichtigt, die Weisen zweistimmig erscheinen
zu lassen. Davon konnte man aber absehen, weil das Volk die begleitende
zweite Stimme immer in Terzabständen singt und selbst dort, wo ein
Sextengang eintreten müßte, diesen umgeht durch Überschlagen der
zweiten über die erste Stimme (Siehe Nr. 98!)

Kaiserslautern, im November 1908.

Wilh. Wüst,
Strafanstaltslehrer.

Alphabetisches Verzeichnis der Einsender(innen).

* bezeichnet die vom Verein für bayer. Volkskunde bis 1905 gesammelten Beiträge.
** bezeichnet die Einsender, die v o r 1905 u. auch nachher an mich Beiträge gelangen ließen.
Alle übrigen Beiträge sind das Ergebnis meines Aufrufes vom Frühjahr 1906 und meiner sonstigen Tätigkeit. Dr. H.

Frl. Matilde Bauer, Lehrerin in Ludwigshafen: Texte aus Nieder=
  moschel und Rehborn.
Dr. Karl Becker, prakt. Arzt in Speyer: Notizen über das Vorkommen
  von Volksliedern in Aug. Beckers Werken.
Max Berger, K. Reallehrer in Landau, hat seine umfangreiche und
  wertvolle Sammlung von Liedern aus verschiedenen Orten bereit=
  willig zur Verfügung gestellt.
Ludwig Berlet, Lehrer in Landau: geschriebene Liederbücher aus
  Mutterstadt.
*Jakob Betsch und Albert Betsch aus Hagenbach: Texte aus H.
*Friedrich Beyschlag, K. Gymnasiallehrer in Augsburg: Texte aus
  Pirmasens und Umgebung.

Bezirksamt Frankenthal: Lieder aus Altleiningen, Asselheim, Bissers=
  heim, Edigheim, Gerolsheim, Hertlingshausen, Oppau (geschrieb.
  Liederb. 1857/58).

Bezirksamt Kirchheimbolanden: Mitteil. über Lieder aus Biedesheim
  und Bischheim.

Bezirksamt Kusel: Lieder aus Adenbach, Bosenbach, Einöllen, Eßweiler,
  Ginsweiler, Hefersweiler, Herschweiler, Jettenbach, Lauterecken,
  Nußbach, Oberweiler i. T., Odenbach, Pettersheim, Rammelsbach,
  Rathskirchen, Roßbach, Rothselberg, Schmittweiler.

Bezirksamt Ludwigshafen: Lieder aus Alsheim, Altrip, Hochdorf,
  Ludwigshafen, Maudach, Mutterstadt, Neuhofen, Rheingönheim,
  Schauernheim.

Bezirksamt Pirmasens: Lieder aus Bundenthal, Bruchweiler, Dahn,
  Erfweiler, Erlenbach, Fehrbach, Fischbach, Geiselberg, Hilst, Kröppen,
  Lemberg, Ludwigswinkel, Münchweiler, Nünschweiler, Rodalben,
  Schönau, Schopp, Simten, Trulben, Vinningen, Windsberg, Winzeln.

Bezirksamt Zweibrücken: Lieder aus Biedershausen, Böckweiler,
  Contwig, Maßweiler, Niederhausen, Peppenkum, Riedelberg, Riesch=
  weiler, Seyweiler, Utweiler, Walsheim, Winterbach.

Karl Blatt, Lehrer in Dahn: Texte und Mel. aus Dahn.
Karl Bopp in Bergzabern:: Texte aus Jockgrim.
Friedolin Braun, Lehrer in Obereisenbach; Texte und Mel. aus der
  Gegend von Kusel.

*Julius Brechtel, Bahnhofverwalter in Mundenheim: Texte aus Hagenbach.
Th. Burkhardt in Ludwigshafen: Verzeichnis von Liedern aus verschiedenen Orten.
Otto Dauber, Lehrer in Odenbach: 42 Texte aus Odenbach.
Heinrich Karl Eicher, Lehrer in Adenbach: zahlreiche Texte aus Adenbach und Ginsweiler.
Rudolf Fischer, K. Pfarrer in Winden: 26 Texte aus W.
Frau Gensheimer in Westheim: Texte aus W.
Dr. Anton Graßl, K. Reallehrer an der Oberrealschule Kaiserslautern: Texte und Mel. aus St. Ingbert.
Max Grundhöfer, K. Postexpeditor in Speyer: Texte und Mel. aus Dudenhofen.
Dr. Lukas Grünenwald, K. Gymnasialprofessor in Speyer: Verzeichnis von 194 Liedern aus Dernbach und Ramberg.

Frl. Anna Haas in Eschenau a. Glan: 99 Texte aus E.
Emil Haas, Lehrer in Queichheim: Lieder aus Eschenau.
Friedrich Hebel, Lehrer in Kaiserslautern: Texte und Mel. aus Roßbach bei Wolfstein; alte geschriebene Liederbücher aus Verschweiler-Wiesweiler und Rothselberg.
Rudolf Hellmann in Westheim: Texte aus W. und Luftadt.
Oskar Hoffmann, Lehrer an der höheren weibl. Bildungsanstalt in Kaiserslautern: Texte aus Hoffstetten.

Ludwig Jacob, Lehrer in Bosenbach: Reichhaltiges Liederverzeichnis aus Bosenbach.
Ludwig Joachim, Hauptlehrer in Ilbesheim: Liederverzeichnis aus J.
*Frl. Hedwig Jüllich in Wallhalben: Texte aus W.
**Frl. Marie Justheim in Bosenbach (jetzt Frankfurt a. M.): Texte aus B.

**Jakob Karch, Lehrer in Olsbrücken: Texte und Mel. aus O.
Johann Karpf, Distriktsbauführer in Neustadt, und Frau Karpf: Texte und Mel. aus Schallodenbach.
August Keiler, Oberlehrer in Germersheim: Texte und Mel. aus verschiedenen Orten.
*Dr. Philipp Keiper, K. Konrektor in Regensburg: Texte aus verschiedenen Orten.
Frl. Charlotte Keller in Rieschweiler: Texte aus R.
Heinr. Jul. Keller, Lehrer in Kirchheim a. d. Eck: Text mit Mel.
Karl Kleeberger, K. Bezirksoberlehrer in Ludwigshafen a. Rh.: zwei geschrieb. Liederbücher aus Wörth a. Rh.; außerdem reiches und wertvolles Material aus Ludwigshafen, im Auftrage des K. Bezirksamtes von ihm gesammelt.
**Georg Klippel, Lehrer in Kandel: Texte aus K.
Jakob Knecht, K. Pfarrer in Rheingönheim: Texte aus Rh.
Jakob Koller in Stockborn: altes geschrieb. Liederbuch aus St.
J. Konrad, Lehrer in Utweiler: Texte und Mel. aus U.
*Karl Kramer, Lehrer in Hinterweidenthal: Texte und Mel. aus H.
Joh. Heinr. Krebs, Oberlehrer in Neustadt a. H.: Texte aus Alsheim (Gronau).
**Daniel Kühn, K. Regierungsforstsekretär in Speyer: c. 200 Texte aus verschiedenen Orten der Pfalz.

*Jakob Lang l. in Niederkirchen im Ostertal: Texte aus N.
Karl Leonhardt, Lehrer in Trulben: Texte aus Tr.
Karl Linn, Lehrer in Speyer: Mel. aus Eschenau.

Georg Mauer, Lehrer in Iggelheim: geschrieb. Liederbuch aus J.
Franz Meckes, Lehrer in Rodalben: Lieder aus R.
Ludwig Meier, Lehrer in Böckweiler: Texte aus B.
Ottmar Meiller, Lehrer in Münschweiler: Texte und Mel. aus M.
Frau Lehrer Motzenbäcker in Waldsee: Texte aus W.
Frau Hauptmann Müller in Landau: 2 geschrieb. Liederbücher aus Ilbesheim.
Karl Müller, Gymnasiast in Kaiserslautern: Texte aus Niedermoschel.
*Frl. Elise Mund, Lehrerin in Insheim: Texte aus J.
*Frau Charlotte Munzinger geb. Goßweiler in Landau: Texte aus verschiedenen Orten.

Julius Naab, K. Postadjunkt in Landau: Texte aus der Gegend von Dahn.
Frau Elisabeth Niemes in Sausenheim (jetzt Kaiserslautern): Liederverzeichnis aus Asselheim.

Jakob Orth, Lehrer in Kaiserslautern: altes geschrieb. Liederbuch aus Steinbach am Donnersberg.

Frau Pfirrmann in Mörlheim: Liederverzeichnis aus Wörth a. Rh.

Michael Reichart, Lehrer in Oberlustadt: Texte aus O.
Georgine v. Reichmann, Lehrerin an der höheren Töchterschule in Germersheim: historische Notizen zu Volksliedern.
**Frl. Gretchen Reinhart in Wachenheim a.H.: Zahlreiche Texte aus W.
*Konrad Reiter, Lehrer in Gimmeldingen: Texte aus der Südostpfalz.
Eugen Rhein, Lehrer in Kaiserslautern: Texte und Mel. aus Hütschenhausen.
Frl. Gretchen Rieder in Offenbach bei Landau: Liederverzeichnis aus O.
*Frau Rechtsanwalt Rosenberger in Zweibrücken: Texte aus Zweibrücken und Homburg.
Ernst Rüb in Katzenbach bei Landstuhl: Liederverzeichnis aus K.
Rudolf Rüb, Lehrer in Schmittweiler: Texte und Mel. aus Sch.

Gustav Salzmann, Lehrer in Maudach: Reichhaltiges Liederverzeichnis aus Maudach.
*Gustav Sattler, Lehrer in Hettenleidelheim: Texte aus H.
Hier. Sauer, Lehrer in Peppenkum: Texte und Mel. aus P.
*Frl. Ella Schäffer in Grünstadt: Texte aus Gr. und Umgebung.
*Otto Schenkel, K. Bahnoberexpeditor in Treuchtlingen: Texte aus verschiedenen Orten.
Felix Scherer, Oberrealschüler in Kaiserslautern: Lieder aus Einöd.
Fritz Schmitt in Lampertsmühle: Texte aus Sambach und Umgebung.
Julius Schmitt, Lehrer in Frankenthal: Texte aus verschiedenen Orten.
*Frl. Karoline Schneider, Lehrerin in Landau: Texte aus Insheim und Mühlbach.
Valentin Schneider, Lehrer in Ranschbach: Texte und Mel. aus R.
Hermann Schultheiß, Lehrer in Hofstätten: Texte und Mel. aus H.
Valentin Schulz, Kaplan in Neustadt a. H.: Liederverzeichnis aus Mörlheim.
Friedrich Sona, Lehrer in Landau: Texte aus Offenbach, Heiligenstein.
Otto Stang, Lehrer in Forst: Texte und Mel. aus F.

Konrad Theobald in Klingen: Liederverzeichnis aus Klingen.
Michael Trauth, Lehrer in Bundenthal: Texte und Mel. aus B.

**Johannes Walter, K. Bezirksoberlehrer in Landau: Zahlreiche Texte aus verschiedenen Orten.
Gg. Mich. Wambsganß, Pfarrer in Barbelroth: Liederverzeichnis aus Rothselberg.
Emil Weber, K. Förster Grafenthalerhof: Texte und Mel. aus Clausen.

Karl Weber, Lehrer in Theisbergstegen: Texte und Mel. aus Th.
Wilhelm Weigel, K. Oberexpeditor in Landau: altes Liederbuch aus
    Weyher, geschrieben 1823/24.
Johann Weintz IV. in Haardt: Texte aus H.
Gottlieb Wenz, Lehrer in Haßloch: Texte aus verschiedenen Orten.
*Frau Rechtsanwalt Dr. Wertheimer in Kaiserslautern: Texte aus
    Hagenbach.
Frl. Matilde Wingerter in Bergzabern: Texte u. altes geschriebenes
    Liederbuch aus Schaidt.
Friedrich Wüst, Oberlehrer in Impflingen: Texte, Mel. und geschriebene
    Liederbücher aus Impflingen und Dierbach.

Ludwig Zimmer, K. Forstgehilfe in Pirmasens: geschriebenes Lieder-
    buch aus Winden.
Ludwig Zink, Lehrer in Weingarten: Texte aus Weingarten.
**Theodor Zink, Lehrer in Kaiserslautern: Zahlreiche Texte aus ver-
    schiedenen Orten.
Peter Zotz, Lehrer in Landau: Zahlreiche Texte mit Mel. aus Groß-
    fischlingen und andern Orten.
Friedrich Zumstein, Lehrer in Dürkheim: Texte und älteres geschriebenes
    Liederbuch aus Dürkheim.

Verzeichnis
der in abgekürzter Form angeführten Werke.

Alsatia. Alsatia, Jahrbuch für elsäss. Geschichte, herausgegeben von August Stöber, Mühlhausen. (Jahrg. 1851, 1852, 1853, 1855/56).
Aumer. Aumer, Ulmer Liederbuch. Ulm o. J.
Baader. Frd. Baader und Laurian Moris, Die Sagen der Pfalz², Stuttgart 1844.
Becker. Karl Becker, Rheinischer Volksliederborn, Neuwied a. Rh. 1892. (Enthält auch Lieder aus der Pfalz: Nr. 13a u. 169 aus Wolfstein, Nr. 56 u. 102 aus Hundheim a. Glan, Nr. 66 u. 161 aus Kirkel-Neuhäusel; außerdem zahlreiche Lieder von der pfälz. Grenze im Glantal.)
Bender. Augusta Bender, Oberschefflenzer Volkslieder. Karlsruhe 1902.
Birlinger. (Birlinger), Schwäb. Volkslieder. Freiburg i. Breisgau 1864.
Böckel. Dr. Otto Böckel, Deutsche Volkslieder aus Oberhessen. Marburg 1885.
Böckel Handb. Dr. Otto Böckel, Handbuch des deutschen Volksliedes. Marburg 1908.
Böckel Psych. Dr. Otto Böckel, Psychologie der Volksdichtung. Leipzig 1906.
Böhme, Volkstüml. L. Frz. Magnus Böhme, Volkstümliche Lieder der Deutschen im 18. u. 19. Jahrh. Leipzig 1895.
Bragur. Bragur, herausgeg. v. Frd. David Gräter. Leipzig 1792 ff. (Näheres über Gräter und seine Zeitschrift s. Palaestra XXII: Von Percy zum Wunderhorn von Heinrich Lohre, Berlin 1902, S. 89 ff.)
Büsching u. Hagen. Büsching u. von der Hagen, Sammlung Deutscher Volkslieder. Berlin 1807.
Ditfurth. Frz. Wilh. Freih. von Ditfurth, Fränkische Volkslieder, 2 Teile. Leipzig 1855.
Dunger. H. Dunger, Rundâs und Reimsprüche aus dem Vogtlande. Plauen 1876.
Elwert. A. C. Elwert, Ungedruckte Reste alten Gesangs. Gießen und Marburg 1784; 2. Auflage 1848.
Erk-Böhme. L. Erk u Frz. M. Böhme, Deutscher Liederhort. 3 Bände, Leipzig 1893/94.
Fiedler. E. Fiedler, Volksreime und Volkslieder in Anhalt-Dessau. Dessau 1847.
Frischbier. H. Frischbier, Hundert ostpreußische Volkslieder, herausgeg. v. F. Sembrzycki. Leipzig 1893.
Gaßmann. A. L. Gaßmann, Das Volkslied im Luzerner Wiggertal. Basel 1906.
Glock. J. Ph. Glock, Lieder und Sprüche aus dem Elsenztale. Bonn 1897.
Goethe-Martin. Ephemerides und Volkslieder von Goethe, herausgeg. von E. Martin. Heilbronn 1883.

Greinz u. Kapferer. H. Greinz und A. Kapferer, Tiroler Volkslieder 1. 2. Leipzig 1893.
Hauffen. Adolf Hauffen, Die deutsche Sprachinsel Gottschee. Graz 1895.
Haupt u. Schmaler. Haupt u. Schmaler, Volkslieder der Wenden in der Ober- und Niederlausitz. 2 Bände. Grimma 1841—43.
Hebel I u. II. F. W. Hebel, Pfälzische Sagen, I u. II, Kaiserslautern 1906 u. 1908.
Hoffmann. Hoffmann von Fallersleben u. Ernst Richter, Schlesische Volkslieder. Leipzig 1842.
Hruschka. Al. Hruschka und Wend. Toischer, Deutsche Volkslieder aus Böhmen. Prag 1891.
Jungbrunnen. G. Scherer, Jungbrunnen. Berlin 1875.
Kohl, Tirol. Bauernh. F. F. Kohl, Die Tiroler Bauernhochzeit. Wien 1908. (Quellen u. Forsch. zur deutschen Volkskunde, herausgegeben von Blümml, Bd. III.)
Kohl, Volksgesänge. F. F. Kohl, Heitere Volksgesänge aus Tirol. Wien 1908. (Quellen u. Forsch. zur deutschen Volkskunde von Blümml, B. I.)
Köhler-Meier. C. Köhler und John Meier, Volkslieder von der Mosel und Saar. Halle a. S. 1896.
Krapp. H. Krapp, Odenwälder Spinnstube. 300 Volkslieder aus dem Odenwald. Darmstadt 1904.
Kretzschmer u. A. W. v. Zuccalmaglio, Deutsche Volkslieder. 1. 2. Berlin 1838—41.
Lemke. E. Lemke, Volkstümliches in Ostpreußen. 2 Teile. Mohrungen 1884—87.
Leoprechting. K. Freiherr v. Leoprechting, Aus dem Lechrain. München 1855.
Lewalter. J. Lewalter, Deutsche Volkslieder. In Niederhessen aus dem Munde des Volkes gesammelt. 2. Aufl. Kassel 1896.
Marriage. M. E. Marriage, Volkslieder aus der Badischen Pfalz. Halle a. S. 1902.
E. Meier. Ernst Meier, Schwäbische Volkslieder. Berlin 1855.
J. Meier, Kunstl. i. V. John Meier, Kunstlieder im Volksmunde. Halle a. S. 1906.
Meinert. J. G. Meinert, Alte deutsche Volkslieder in der Mundart des Kuhländchens. Wien u. Hamburg 1817.
Meisinger. O. Meisinger, Volkswörter u. Volkslieder aus dem Wiesentale. Freiburg i. Br. 1907.
Mittler. F. L. Mittler, Deutsche Volkslieder 2. Aufl. Frankf. a. M. 1865.
Müllenhoff. C. B. Müllenhoff, Sagen, Märchen und Lieder der Herzogtümer Holstein und Lauenburg. Kiel 1845.
Müller. Alfred Müller, Volkslieder aus dem Erzgebirge. Annaberg 1888.
Mündel. Curt Mündel, Elsässische Volkslieder. Straßburg 1884.
Parisius. Ludolf Parisius, Deutsche Volkslieder mit ihren Singweisen in der Altmark und im Magdeburgischen. Magdeburg 1879.
Peter. A. Peter, Volkstümliches aus Österreichisch-Schlesien. Troppau 1866.
Pogatschnigg. Pogatschnigg u. Herrmann, Deutsche Volkslieder aus Kärnten. 1. ²Graz 1879. 2. Graz 1869.
Pröhle. H. Pröhle, Weltliche und geistliche Volkslieder und Volksschauspiele. Aschersleben 1855.
Reifferscheid. Dr. Alex Reifferscheid, Westfälische Volkslieder in Wort und Weise. Heilbronn 1879.
Rösch. Hugo Rösch, Sang und Klang im Sachsen-Land. Leipzig 1887.
Rosegger. P. K. Rosegger u. R. Heuberger, Volkslieder aus Steiermark mit Melodien. Pest 1872.
Schleicher. A. Schleicher, Volkstümliches aus Sonneberg im Meininger Oberlande. Weimar 1858.
Schlossar. A. Schlossar, Deutsche Volkslieder aus Steiermark. Innsbruck 1881.

Schmitz. J. H. Schmitz, Sitten und Sagen, Lieder ꝛc. des Eifler Volkes. Trier 1856.
Schuster. F. W. Schuster, Siebenbürgisch-sächsische Volkslieder ꝛc. Hermannstadt 1865.
Simrock. Karl Simrock, Die deutschen Volkslieder. Frankf. a. M. 1851.
Stöber. A. Stöber, Elsässisches Volksbüchlein[2]. Mühlhausen 1859.
Tobler. L. Tobler, Schweizerische Volkslieder. 2. Bände. Frauenfeld 1882—84.
Treichel. A. Treichel, Volkslieder und Volksreime aus Westpreußen. Danzig 1895.
Uhland. L. Uhland, Alte hoch- und niederdeutsche Volkslieder. 3. Aufl. mit Einl. von H. Fischer, 4 Bände. Stuttgart o. J.
Volk. G. Volk, der Odenwald und seine Nachbargebiete. Stuttgart 1900.
Walter. W. Walter, Sammlung deutscher Volkslieder. Leipzig 1841.
Walter Volkskunde. J. Walter, Bezirksoberlehrer in Landau: Neuer Beitrag zur pfälz. Volkskunde. Bayerland 1905 Nr. 28—36. (Vgl. auch die Nr. 28 S. 327 Anm. angeführten weiteren Arbeiten des Verfassers.)
Weckerlin. J. B. Weckerlin, Chansons populaires de l'Alsace. 2 Bde. Paris 1883.
Wolfram. E. Wolfram, Nassauische Volkslieder. Berlin 1891.
Wunderhorn. Arnim und Brentano, Des Knaben Wunderhorn, herausgegeben von Fr. Bremer. Leipzig, Ph. Reclam o. J.
Dr. Zinsser. Dr. Fritz Zinsser, 36 deutsche Volkslieder. Leipzig 1882.
Zopf. N. Zopf, Odenwälder Volkslieder. Beerfelden o. J. (1885).
Zurmühlen. Hans Zurmühlen (pseudonym für Dr. P. Norrenberg), Des Dülkener Fiedlers Liederbuch. Viersen 1875 (2. Auflage Leipzig 1879.)

I.
Erzählende Lieder:

Mythische Volkslieder, Balladen, Romanzen ꝛc.

(Zu Erk-Böhme Bd. I.)

1a. Die Rheinbraut.

Aus Burrweiler.

Lu-is-chen saß im Gar-ten ihr-en Bräu-ti-gam zu er-war-ten; sie hat-te schon längst am Him-mel ge-sehn, daß sie im Rhei-ne mußt un-ter-gehn.

1. Luischen saß im Garten
   Den Bräutigam zu erwarten;
   [: Sie hatte schon längst am Himmel gesehn,
   Daß sie im Rhein muß untergehn. :]

2. Sie ging zu ihrem Vater:
   Ach Vater, liebster Vater,
   [: Könnte dies, könnte das nicht möglich sein,
   Daß ich ein Jahr noch könnte bei euch sein? :]

3. Ach nein, das kann nicht gehen,
   Deine Heirat muß geschehen,
   [: Du mußt hinüber wohl über den Rhein,
   Du kannst nicht länger mehr bei uns sein. :]

4. Sie ging zu ihrer Mutter:
   Ach Mutter, liebste Mutter,
   [: Könnte dies, könnte das nicht möglich sein,
   Daß ich ein Jahr noch könnte bei euch sein? :]

5. Ach nein, das kann nicht gehen,
   Deine Heirat muß geschehen,
   [: Du mußt hinüber wohl über den Rhein,
   Du kannst nicht länger mehr bei uns sein. :]

6. Sie ging in ihre Kammer
   Und weinte vor Schmerz und Jammer,
   [: Sie zog ihr schneeweiß Kleidchen an
   Und wartete, bis der Bräutigam kam. :]

7. Der Bräutigam kam gefahren
   Mit siebenundsiebzig Wagen,
   [: Der erste war mit Gold beschlagen,
   Darin sollte unser Luischen fahren. :]

8. Sie fuhren wohl über die Brücke,
   Luischen saß in der Mitte;
   [: Da kam ein großer Sturm daher
   Und warf Luischen in das Meer. :]

9. Der Wagen war versunken,
   Luischen war verschwunden;
   [: Da hatte der Vater keine Luise mehr,
   Die Mutter weinet gar so sehr. :]

Aus Burrweiler, Frankenthal, Maßweiler, Meckenheim, Mundenheim, Niedermoschel, Waldfischbach.

Anfang auch: Christinchen ging in den Garten, Drei Rosen abzuwarten (Waldfischbach). Luischen saß im Garten, Drei Blumen zu erwarten (Niedermoschel).
Str. 6 in Niedermoschel:
   Da ging sie in ihre Kammer
   Und klagte ihren Jammer,
   Sie klagt es ihrem Herz allein
   Und zog sich an schneeweiß, schneeweiß.
7, 2 Mit zwei so schönen Wagen (Frankenthal). — 8, 1 Der Wagen ging über die Brücke (Frankenthal). — 8, 3 u. 4 Christinchen fiel ins Wasser hinein Und mußte ertrinken im tiefen Rhein (Waldfischbach). — 8, 4 Und schleudert Luischen ins tiefe Meer (Niedermoschel). Und riß die Brücke tief ins Meer (Meckenheim). — 9, 1 u. 2 Der Wagen muß versinken, Luise muß ertrinken (Frankenthal). Die Brücke ist versunken, Luischen ist ertrunken (Meckenheim). — 9, 3 u. 4 Wo aber jetzt ihr Bräutigam ist, Das weiß Luischen heute noch nicht (Meckenheim).
Str. 9 aus Niedermoschel:
   Luischen war ertrunken,
   Die Rosen waren versunken;
   Der Bräutigam wußte jetzt noch nicht,
   Wo sein Luis=Luischen ist.
An Stelle von Str. 9 singt man in Waldfischbach:
   [: Als dies der Bräutigam sah, :]
   Nahm er sein Messer von Blut so rot
   Und stach sich damit selber tot.

1b. Die Rheinbraut.

Aus Steinwenden.

Chri=stin=chen saß im Gar=ten, den Bräu=ti=gam zu er=warten; sie hat es schon längst am Him=mel ge=sehn, daß ih=re Lieb soll un=ter=gehn, sie hat es schon längst am Him=mel ge=sehn, daß ih=re Lieb soll un=ter=gehn.

1. Christinchen ging in den Garten
   Den Bräutigam zu erwarten,
   [: Sie hatte schon längst am Himmel gesehn,
   Daß sie im Rhein soll untergehn. :]

2. Sie ging zu ihrem Vater:
Ach herzallerliebster Vater,
[: Könnte dies, könnte das nicht möglich sein,
Daß ich noch ein Jahr könnte bei dir sein? :]

3. Mein Kind, das kann nicht gehen,
Die Heirat muß geschehen,
[: Du mußt marschieren wohl über den Rhein!
Die junge Braut wollte nicht glücklich sein. :]

4. Sie ging zu ihrer Mutter:
Ach herzallerliebste Mutter,
[: Könnte dies, könnte das nicht möglich sein,
Daß ich noch ein Jahr könnte bei dir sein? :]

5. Mein Kind, das kann nicht gehen,
Die Heirat muß geschehen,
[: Du mußt marschieren wohl über den Rhein!
Die junge Braut wollte nicht glücklich sein. :]

6. Sie ging in ihre Kammer
Und klagte ihren Jammer,
[: Sie trug in ihrem Herzeleid,
Sie trug ein schnee-schneeweißes Kleid. :]

7. Der Bräutigam kam gefahren
Mit siebenundsiebenzig Wagen,
Der erste war mit Gold beschlagen,
Darinnen sollt unser Christinchen fahren.
Der zweite war mit Silber beschlagen,
Darinnen sollten die Eltern fahren.

8. Das gab ein groß Gedränge,
Die Straßen waren zu enge,
[: Man führte die traurige Braut voraus :]
In die Kirche, voraus ins Hochzeitshaus.

9. Sie führten das Brautpaar zu Tische
Und trugen auf gebratene Fische
[: Und tranken vom allerbesten Wein:
Die junge Braut wollte nicht glücklich sein. :]

10. Sie führten das Brautpaar zu Bette
Mit Trommel und Klarinette,
[: Mit Trommel und mit Harfenspiel:
Die traurige Braut hatte Freuden soviel! :]

11. Sie legten sich zu Bette,
Das Brautpaar in die Mitte,
[: Er griff sie an der schneeweißen Hand:
Er war so warm und sie eiskalt. :]

12. Er klopfte an die Wände:
Ach Mutter, sei behende
[: Und bring mir schnell das brennende Licht:
Ich glaub, daß mein Liebchen verschieden ist. :]

13. Die Mutter die blieb so lange,
Ihm ward es auf einmal so bange,
[: Er nahm das Gewehr und schoß sich selbst tot:
Hier liegen zwei Liebchen auf einmal tot. :]

14. Auf dem Grabe da wuchsen zwei Lilien,
    Auf dem Grabe da wuchsen zwei Lilien,
    [: Auf dem Grabe da wuchsen zwei Lilien so rot:
    Hier liegen zwei Liebchen auf einmal tot. :]

Aus Hütschenhausen und Steinwenden in der Gegend von Landstuhl; an letzterem Orte mit folgenden Abweichungen: Anfang: Christinchen saß weinend im Garten. — 1, 4 Daß ihre Lieb soll untergehn. — 7, 4 Darinnen sollte das Brautpaar fahren. — 9, 1 Sie setzten sich zu Tische. — 9, 4 Die junge Braut sollt lustig sein. — 12, 3 u. 4 Bring schnell das brennende Licht herbei, Ich glaub, daß mein Liebchen verschieden sei. — 14 Auf dem Grabe da wachsen drei Rosen 2c.

Lit. Erk-Böhme I Nr. 2a—f. — Jungbrunnen Nr. 7. — Krapp Nr. 28. — Köhler-Meier Nr. 13. — Böckel Nr. 13. — Lewalter I Nr. 28. — Wolfram Nr. 36. — Reifferscheid Nr. 2. — Zurmühlen Nr. 29. — Pröhle Nr. 2. — Peter I S. 216. — Hoffmann Nr. 2. — Meinert S. 77. — Schuster S. 57 u. S. 59.

Das Lied enthält Erinnerungen an die mythische Sage von dem Wassermann und der Nixenbraut. Die unglückliche Braut, die ihr unheilvolles Schicksal ahnt und sich vergebens gegen ihre Vermählung mit dem Wassermann sträubt, versinkt mit dem goldenen Hochzeitswagen in den Fluten des Rheins. Während in den meisten Fassungen die Brücke in Trümmer geht, wird in dem pfälzischen Texte das Verhängnis dadurch herbeigeführt, daß sich plötzlich ein großer Sturm erhebt, der die Braut in Wasser stürzt. Weiteres zur Geschichte und Verbreitung des Liedes bei Erk-Böhme I S. 16 ff., Reifferscheid S. 130 ff.

In der Lesart b gehören Str. 1—7 unserem Liede an; dagegen gehören Str. 8—14 zu dem Liede vom Grafen Friedrich oder dem unglücklichen Hochzeitstag. **Lit.** hiezu: Erk-Böhme I Nr. 107a—e. — Wunderhorn S. 494. — Simrock Nr. 10 und 11. — Goethe-Martin S. 33. — Uhland I Nr. 122. — Vgl. Tobler I Nr. 24. — Becker Nr. 4. — Rösch S. 74. — Müller S. 94. — Hoffmann Nr. 19. — Parisius Nr. 9. — Meinert S. 23. — Hruschka S. 101 Nr. 15. Zur Geschichte und sonstigen Verbreitung dieses Liedes vgl. Erk-Böhme I S. 378 ff.; Köhler-Meier S. 372 (hier die gleiche Verschmelzung wie in unserer Lesart b). Böckel, Handbuch S. 45 ff. u. S. 130 f.

2a. Der Mädchenräuber.

1. Es ritt ein Ritter wohl über den Ried,
   Er sang ein schönes neues Lied,
   Er tut ja so wunderschön singen
   Ein Liedchen von dreierlei Stimmen.

2. Ein Mädchen aus dem Zimmer sprang,
   Und als sie hörte den schönen Gesang:
   O könnt ich so wunderschön singen,
   Ich gebe meine Treue und Ehre!

3. Gibst du mir deine Treue und Ehre,
   Das Liedchen das will ich dich lehren,
   Das Liedchen das lehre ich dich gerne,
   Gibst du mir deine Treue und Ehre.

4. Er nahm sie an dem blauen Rock
   Und schwang sie auf sein hohes Roß;
   Dann ritten sie geschwind und auch balde
   In einen stockfinsteren Walde.

5. Und als sie in den Wald nein kamen,
   Da saßen zwei Turteltauben da,
   Sie tun sich so wunderschön rühren:
   Schönes Mädchen, laß dich nicht verführen!

6. Er breitet seinen Mantel aus
   Und setzt die schöne Jungfrau drauf:
   Im Walde da mußt du heute sterben,
   Die zwölfte mußt du jetzt werden.

7. Ach Ritter, lieber Ritter mein,
   Erlauben Sie mirs drei Schreielein.
   Drei Schreielein erlaub ich dir gerne,
   'S ist niemand im Walde, ders höret.

8. Den ersten Schrei und den sie tat,
   Den tat sie ihrer Mutter zu:
   Ach Mutter, komm geschwind und auch balde,
   Sonst muß ich noch sterben im Walde!

9. Den zweiten Schrei und den sie tat,
   Den tat sie ihrem Vater zu:
   Ach Vater, komm geschwind und auch balde,
   Sonst muß ich noch sterben im Walde!

10. Den dritten Schrei und den sie tat,
    Den tat sie ihrem Bruder zu:
    Ach Bruder, komm geschwind und behende,
    Sonst nimmt ja mein Leben ein Ende!

11. Ihr Bruder war ein Jägersmann,
    Der jedes Tierlein gut schießen kann.
    Er hörte seine Schwester gleich schreien,
    Sein Hündelein hieß er stillschweigen.

12. Er spannte seinen Hahnen auf
    Und schoß den Ritter wohl über ein Hauf:
    Den Lauf den hab ich dir geben,
    Mein Schwester die laß mir am Leben!

13. Ach Bruder, lieber Bruder mein,
    Wie soll ich dir jetzt dankbar sein?
    Ich hoffe, daß Gott jetzt dir gebe
    Fürs meine das ewige Leben.

14. Er nahm sie bei der rechten Hand
    Und führte sie in ihr Vaterland:
    Zu Hause kannst schaffen und schauen,
    Tu nur keinem Ritter mehr trauen!

Aus Hanhofen.

2b. Der Mädchenräuber.

I.   Aus Gimmeldingen.

Es ritt ein Rit=ter wohl durch den Wald, wo=rin er ein

1. Es ritt ein Ritter wohl durch den Wald,
   Worin er ein schönes Mädchen fand:
   Ach Mädchen, willst du mit mir reiten
   Ein Weilchen auf meinem Gäulchen?

2. Er hob sie auf sein hohes Roß,
   Worauf sie so viel von ihm genoß,
   Er drang ja so schnelle, so balde,
   Sie fanden sich bald im Walde.

3. Den ersten Schrei, den sie ja tut,
   Den tut sie ihrem Vater zu:
   Ach Vater, komme schnelle, komme balde,
   Sonst muß ich ja sterben im Walde.

4. Den zweiten Schrei, den sie ja tut,
   Den tat sie ihrer Mutter zu:
   Ach Mutter, komme schnelle, geschwinde,
   Im Walde kannst du mich hier finden.

5. Den dritten Schrei, den sie ja tut,
   Den tat sie ihrer Schwester zu:
   Ach Schwester, komme schnelle und helfe,
   Sonst nimmt ja mein Leben ein Ende.

6. Den vierten Schrei, den sie ja tut,
   Den tat sie ihrem Bruder zu:
   Ach Bruder, komm schnelle zu Hände,
   Sonst geht ja mein Leben zu Ende.

7. Der Bruder war ein Jägersmann,
   Der alle Mädchen gut schießen kann.
   Er hörte sein Schwesterlein schreien
   Im Walde und auch im Freien.

8. Der Bruder spannte seinen Hahn,
Der auch das Schießen so gut verstand:
Laß du mein Schwesterlein leben,
Oder kost es dich dein Leben.

Aus Gimmeldingen.

Lit. (Erk.=Böhme I. Nr. 41 a–k. — Wunderhorn S. 28, vgl. S. 191. — Simrock Nr. 6–8. — Jungbrunnen Nr. 5. — E. Meier S. 296 ff. Nr. 167 und 168. — Birlinger S. 159 ff. — Wolfram Nr. 33. — Becker Nr. 12. — Tobler II S. 170 Nr. 6. — Gaßmann Nr. 12. — Reifferscheid Nr. 18.

Der Stoff des Liedes gehört einer weitverbreiteten Sage an, die sich in Deutschland an die Namen Ulinger und Adelger, in Frankreich an den Ritter Blaubart (Barbe-Bleue), im Flämischen an den Zauberkönig Halewyn knüpft. Flämische, norwegische, dänische und schottische Balladen ähnlichen Inhalts. S. Uhland I S. 141 ff. Erk=Böhme I S. 120 f. und S. 147 ff. Reifferscheid S. 162 ff. Böckel, Handbuch, S. 114 ff.

Unser Lied gehört zu der in Erk=Böhme I S. 120 aufgestellten I. Gruppe der Mädchenräubersage, worin das entführte Mädchen durch ihren hinzukommenden Bruder gerettet wird. Vgl. die beiden folgenden Lieder, die dem gleichen Sagenkreis angehören.

3. Ottila.

1. Als Ottila schöns Mädchen war
Und Vater und Mutter gestorben,

2. Da kam ein schöns Herrchen und wollte sie haben.
Sie reichte ihr Händchen und zeigte es gleich an.

3. Er griff sie an ihrem seidenen Rock
Und schwenkte sie für sich auf sein Roß.

4. Er setzte sie vor sich wohl auf sein Roß
Und reitet so stets den Wald hinaus.

5. Und als sie in den Wald hinein kamen,
Da steht ein hoher Eichenbaum,
Da hängen sieben schöne Jungfrauen daran.

6. Ottila, willst du hangen am hohen Baum
Oder willst du schwimmen im Wasserstrom
Oder willst du durchs Schwert umkommen?

7. Ich will nicht hangen am hohen Baum,
Und will nicht schwimmen im Wasserstrom,
Ich will durchs Schwert umkommen.

8. Schöns Herrchen, zieh aus dein Oberkleid,
Jungfräuleins Blut spritzt weit und breit.

9. (Der Sänger, dem der Wortlaut dieser Strophe nicht mehr einfiel, erzählt den Inhalt folgendermaßen: Und wie der Ritter seinen Mantel ausgezogen hat, da hat sie den Degen vom Boden genommen und ihm damit den Kopf abgeschlagen).

10. Und als der Stumpen auf dem Boden lag,
Die falsche Zunge noch dreimal sprach:

11. Dort in meinem Sack da steckt eine Pfeif;
Nimm du das Pfeifchen in deinen Mund
Und pfeif es nicht länger als eine Viertelstund.

12. Ottila die setzte sich auf das Roß
Und reitet so stets den Wald hinauf.

13. Und als sie vor den Wald hinauskam,
Schöns Herrchen seine Mutter entgegenkam.

14. Ottila, wo hast du mein Sohn gelassen?
Es däucht mich, es sei sein graues Roß.

15. Dort unten, dort oben im grünen Wald
Dort spielt er mit sieben Jungfrauen bald.

16. Ottila, von was sind deine Schuhe so rot?
Es däucht mich, es sei meinem Sohn sein Blut.

17. Gestern Abend hab ich gemacht Kapaunen tot,
Davon sind meine Schuhe so rot.

Aus Hütschenhausen (diktiert von dem 67 Jahre alten Jakob Schäfer 1908).

Lit. Erk=Böhme I Nr. 41h. — Simrock Nr. 7. — Kretzschmer II Nr. 28.

4. Die schöne Anna und der böse Heinrich.

I

Aus Welchweiler.

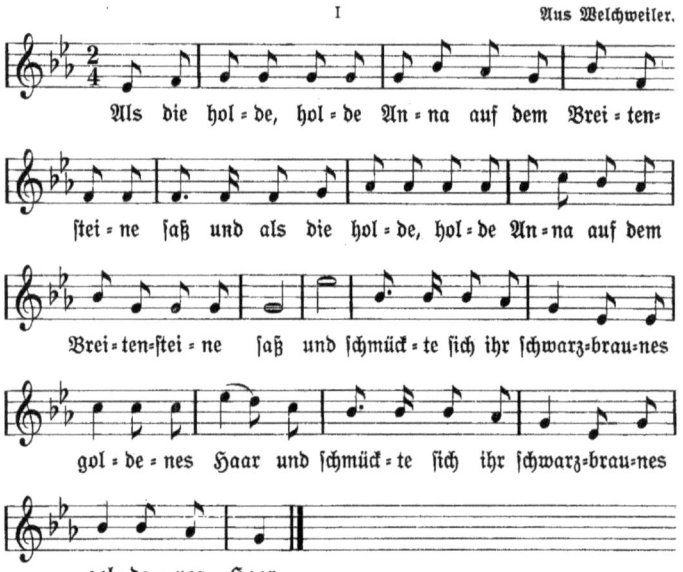

Als die hol=de, hol=de An=na auf dem Brei=ten=stei=ne saß und als die hol=de, hol=de An=na auf dem Brei=ten=stei=ne saß und schmück=te sich ihr schwarz=brau=nes gol=de=nes Haar und schmück=te sich ihr schwarz=brau=nes gol=de=nes Haar.

11

II. Aus Schallodenbach.

Und die wun=der=schö=ne An=na auf dem Brei=ten=stei=ne stand Sie schwenk=te ih=re schwarz=brau=nen Haa=re so schön, sie schwenk=te ih=re schwarz=braun=nen Haa=re so schön.

1. [: Als die wunderschöne Anna an dem Rheinstrome saß, :]
   [: Da kämmt sie ihre schwarzbraunen Haare so schön. :]

2. [: Da kam der Heinerich geritten daher :]
   [: Und sah die wunderschöne Anna weinen so sehr. ;]

3. [: Ach wunderschöne Anna, warum weinest du so sehr? :]
   Ich weine nicht nach Geld und ich weine nicht nach Gut,
   Ich weine, weil ich heute noch sterben muß.

4. [: Und der Heinrich zog sein Schwertchen heraus :]
   [: Und stach die wunderschöne Anna durch und durch :]

5. [: Und der Heinrich der schwinget sich wohl auf sein Roß :]
   [: Und ritt dann wieder seiner Heimat zu. :]

6. [: Ach Heinrich, was hast du mit dem Schwertchen gemacht? :]
   [: Ich habe gestern Abend zwei Täubelein geschlacht. :]

7. [: Zwei Täubelein geschlacht, das kann ja nicht sein! :]
   [: Die wunderschöne Anna wird das Täubelein wohl sein. :]

Aus Bissersheim, Bosenbach, Dudenhofen, Eschenau, Eßweiler, Katzenbach, Lemberg, Mundenheim, Roschbach, Schaidt, Schallodenbach, Welchweiler.

Anfang öfters auch: Als die wunderschöne Anna auf dem Breiten=steine saß (stand). Das ist wohl das ursprüngliche; daraus umgebildet unser „Rheinstrom", dafür auch „Kreuzstein" (Bissersheim) und „Schleif=stein" (Gegend von Pirmasens). Über die Bedeutung des Wortes „Breitenstein" s. Erk=Böhme I S. 146.

1, 2 öfters: Und krollte ihre schwarzbraunen Haare so schön (mundartlich in der Pfalz „krollen" = locken, „Krolle" = Haarlocke, „ge=trolltes" Haar = lockiges Haar). 2, 1 Graf Heinrich der kam ꝛc. (Rosch=bach). 4, 1 sein Schwert wohl aus der Scheid (Eschenau). 5, 2 Und zog nach seinem Familienschloß (Lemberg). 5, 1 und 2 Da schwingt er sich wieder auf sein Pferdchen zurück und kehrte bei der Nacht zu seiner Heimat zurück (Welchweiler). 6, 2 Es ist ja vom Blute, vom Blute so rot (Dudenhofen). 7 Ach die wunderschöne Anna wird das Täubelein wohl sein, Die du gestern Abend erstochen hast (Eschenau).

Aus Lemberg noch folgende Schlußstrophe:
Und der Heinerich der kam ins Gefängnis hinein,
Aber hier ist gut sein, da gibts gut Bier und Wein.

Lit. Erk-Böhme I Nr. 42 l. — Mündel Nr. 10. — Krapp Nr. 11. — Böckel Nr. 103. — Wolfram Nr. 39a. — Lewalter I Nr. 24. — Köhler-Meier Nr. 16. — Becker Nr. 17.

Das Lied hängt gleichfalls mit der Blaubartsage zusammen. Erk-Böhme I S. 145 sagt mit Recht, daß die Sage hier verflacht und zu gemeiner Mordgeschichte geworden ist. Auf die Lit. über diese Sage ist beim vorausgehenden Liede verwiesen. Vgl. das folgende Lied.

5a. Anna auf dem Stein.

I. Aus Kaiserslautern.

Ma-rie-chen saß auf ei-nem Stein, ei-nem Stein, Ma-rie-chen saß auf ei-nem Stein, ei-nem Stein.

II. Aus Kaiserslautern.

Ma-rie-chen saß auf ei-nem Stein, ei-nem Stein, ei-nem Stein, Ma-rie-chen saß auf ei-nem Stein, ei-nem Stein.

1. Die Anna saß auf einem Stein, einem Stein, (einem Stein),
Die Anna saß auf einem Stein, einem Stein.
2. Da kämmte sie ihr goldnes Haar.
3. Und als sie damit fertig war,
4. Da legte sie sich schlafen.
5. Und als sie wieder erwachte,
6. Da fing sie an zu weinen.
7. Da kam ihr Bruder Karl herein.
8. Ach Anna, warum weinest du?
9. Ich weine, weil ich sterben muß.
10. Da kam ihr Bruder Heinrich rein.
11. Wer war denn heut am Taubenschlag?
12. Da zog er aus der Seite
13. Ein Messer lang und breite
14. Und stach die liebe Anna tot.
15. Die Anna war ein Engelein.
16. Der Heinrich war ein Bengelein.
17. Der Karl der war ein gutes Kind.

Aus Lemberg, St. Martin, Mutterstadt, Pirmasens, Ranschbach, Wörth. Ein in der Pfalz sehr verbreitetes Kinderspiellied, wobei der ganze Vorgang dramatisch dargestellt wird. In zahlreichen Dörfern der verschiedensten Gegenden der Pfalz erklärten mir die Kinder, daß ihnen das Spiel bekannt sei und sie führten es mir auf Verlangen gern vor.

Anfang häufig: Maria (Mariechen) saß zc. Der Zusammenhang mit dem vorausgehenden Liede tritt noch deutlicher zu Tage in dem Anfang: Anna (Ännchen) saß am Breitenstein (Mutterstadt, Pirmasens).

Aus Lemberg folgender Schluß: Drum wollen wir alle lustig sein, So lustig wie die Vögelein. Ich teile noch zwei weitere Lesarten mit.

―――――◇―――――

5 b. Mariechen auf dem Stein.

Aus Theisbergstegen.

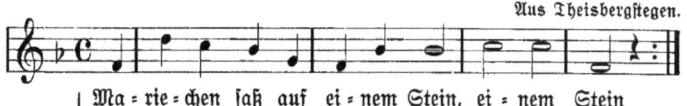

| Ma = rie = chen saß auf ei = nem Stein, ei = nem Stein
| Und trank ein Gläs=chen Brann=te=wein, Brann=te = wein

1. Mariechen saß auf einem Stein, einem Stein,
   Und trank ein Gläschen Branntewein, Branntewein.

2. Und als sie damit fertig war,
   Da ging sie auf die Straße

3. Und setzte sich auf einen Stein;
   Da kam ihr Bruder Karl herein.

4. Da zog er aus der Tasche
   Ein goldnes blankes Messer

5. Und stach Mariechen in das Herz.
   Da kam ihr Bruder Heinerich)

6. Und deckt Mariechen zu.
   Ei Karl, was hast denn du getan?

7. Ich habe mir ein Täublein 'schlacht.
   Ei Heinrich, was hast denn du getan?

8. Ich hab Mariechen zugedeckt.
   Mariechen war ein Engelein.

9. Und Karl das war ein Bengelein.
   Und Heinrich war ein braver Bub.

Aus Theisbergstegen. Das hier erwähnte Schlachten des Täubleins weist ebenfalls deutlich auf das vorige Lied (Nr. 4) hin. Vgl. auch die folgende Lesart Vers 15.

―――――◇―――――

5 c. Mariechen auf dem Stein.

1. Mariechen war allein zu Haus;
2. Da ging sie zu dem Hof hinaus
3. Und setzte sich auf einen Stein;
4. Sie kämmte ihr gelocktes Haar.

5. Und als sie damit fertig war,
6. Da fing sie an zu weinen.
7. Da kam ihr Bruder Heinrich rein:
8. Mariechen, warum weinest du?
9. Ich weine, weil ich sterben muß.
10. Da kam ihr Bruder Karl zu ihr,
11. Der zog das blanke Messer raus
12. Und stach Mariechen in das Herz,
13. Da schoß das rote Blut heraus.
14. Ach Karl, was hast du denn getan?
15. Ich wollte mir ein Täubchen schlachten.
16. Mariechen war ein Engelein.
17. Der Karl der war ein Bengelein.

Aus Ebertsheim, Meckenheim.

Lit. Erk-Böhme I Nr. 42 m. — Wolfram 39 b. — Böckel, Handbuch S. 116. — Vgl. das schwäbische Kinderspiel „Bertha im Walde" bei E. Meier, Schwäbische Kinderreime und Kinderspiele, Nr. 489.

6a. Edelmann und Schäfer.

Aus Pirmasens.

1. Ein Edelmann ritt zum Tor hinaus,
   Ein Schäfer trieb seine Lämmlein aus.
   Valerie valera, valerie valera,
   Ein Schäfer trieb seine Lämmlein aus.

2. Der Edelmann zog sein Käppchen ab
   Und wünscht dem Schäfer schön guten Tag.
   Valerie 2c.

3. Ach Edelmann, laß dein Käppchen auf,
   Ich bin ein armer Schäferssohn.
   Valerie 2c.

4. Bist du ein armer Schäferssohn
   Und gehst in Sammt und Seid' herum?
   Valerie 2c.

5. Was gehts dich stolzer Edelmann an,
   Wenn mirs mein Vater bezahlen kann?
   Valerie 2c.

6. Da nahm der Edelmann Kripp und Kropp (?)
   Und warf den Sohn ins tiefste Loch.
   Valerie 2c.

7. Ach Edelmann, laß mein Sohn noch leben,
   Ich will dir dreitausend (sechs) Lämmlein geben.
   Valerie ꝛc.
8. Dreitausend (sechs) Lämmlein ist kein Geld.
   Dein Sohn soll sterben, wie mirs gefällt.
   Valerie ꝛc.
9. Ach Edelmann, laß mein Sohn noch leben,
   Ich will dir dreitausend (sechs) Taler geben.
   Valerie ꝛc.
10. Willst du mir dreitausend (sechs) Taler geben,
    So soll dein lieber Sohn noch leben.
    Valerie ꝛc.

Aus Pirmasens, Zweibrücken.

6, 1 wohl entstellt aus „Da ward der Edelmann grim und grob".
In Zweibrücken singt man „Krick und Stock".

6b. Edelmann und Schäferin.

1. Eine Schäferin ging zum Tor hinaus
   Mit allen ihren Schäfelein.
   Valerie ꝛc.
2. Und als sie zu dem Tor 'naus kam,
   Da begegnete ihr der Edelmann.
   Valerie ꝛc.
3. Der Edelmann zog sein Käppchen ab
   Und sagt der Schäferin guten Tag.
   Valerie ꝛc.
4. Ach Edelmann, laß dein Grüßen sein,
   Ich bin eine arme Schäferein.
   Valerie ꝛc.
5. Bist du eine arme Schäferin?
   Du hast ja Sammet und Seide an!
   Valerie ꝛc.
6. Das geht dich lumpiger Edelmann nichts an,
   Wenn es mein Vater verdienen kann.
   Valerie ꝛc.
7. Ach Mädchen, treib mich nicht zum Zorn,
   Ich werf dich hinunter in den rauhen Dorn*).
   Valerie ꝛc.
8. Ach Edelmann, schenken Sie mir das Leben,
   Ich will Ihnen tausend Taler geben.
   Valerie ꝛc.
9. Auch tausend Taler ist kein Geld,
   Und du mußt sterben wie mirs gefällt.
   Valerie ꝛc.
10. Ach Edelmann, schenken Sie mir das Leben,
    Ich will Ihnen alle meine Lämmlein geben.
    Valerie ꝛc.

*) = Turm.

11. Willst du mir alle deine Lämmlein geben,
    So sollst du meinen Sohn zum Manne haben.
    Valerie ꝛc.
12. Dein Sohn zum Manne mag ich nicht,
    Er ist so fein wie du einer bist.
    Valerie ꝛc.

Aus Kaiserslautern; aus Schaidt mit dem Anfang: Ein Edelmann ritt zum Tore hinaus, die Schäferin weidet ihre Lämmlein draus.

---

6 c. Edelmann und Schäferin.

1. Ein Edelmann ritt zum Tor hinaus,
   Da treibt eine Schäfrin ihr Lämmlein aus.
   Valerie, valera, valerie, valera,
   Da treibt ꝛc.
2. Der Edelmann zog sein Hütchen ab
   Und bot der Schäferin guten Tag.
   Valerie, valera, valerie, valera,
   Und bot ꝛc.
3. Herr Edelmann, lassens ihr Hütchen stehn,
   Ich bin ja nur eine Schäferin,
   Valerie, valera, valerie, valera,
   Ich bin ꝛc.
4. Du bist ja nur eine Schäferin,
   Wie kannst du in Sammt und Seide gehn?
   Valerie, valera, valerie, valera,
   Wie kannst ꝛc.
5. Was geht es den stolzen Edelmann an?
   Wenn mirs mein Vater nur geben kann.
   Valerie, valera, valerie, valera,
   Wenn mirs ꝛc.
6. Ach Mädchen, reize mich nicht zum Zorn,
   Sonst laß ich dich sterben im düstern Dorn.
   Valerie, valera, valerie, valera,
   Sonst laß ꝛc.
7. Herr Edelmann, schenken's mir doch mein Leben,
   Ich will Ihnen hundert Taler geben.
   Valerie, valera, valerie, valera,
   Ich will ꝛc.
8. Hundert Taler ist für mich kein Geld,
   Und du mußt sterben, wenn mirs gefällt.
   Valerie, valera, valerie, valera,
   Und du ꝛc.
9. Herr Edelmann, schenkens mir doch mein Leben,
   Ich will Ihnen tausend Taler geben.
   Valerie, valera, valerie, valera,
   Ich will ꝛc.
10. Tausend Taler ist für mich kein Geld,
    Und du mußt sterben, wenn mirs gefällt.
    Valerie, valera, valerie, valera,
    Und du ꝛc.
11. Herr Edelmann, schenken's mir doch mein Leben,
    Ich will ihm all meine Lämmlein geben.
    Valerie, valera, valerie, valera,
    Ich will ꝛc.

12. Willst du mir all deine Lämmlein geben,
So will ich dies Söhnchen zum Manne dir geben.
Valerie, valera, valerie, valera,
So will 2c.

13. Dies Söhnchen zum Mann das mag ich nicht,
Denn dieses hat keinen Wert für mich.
Valerie, valera, valerie, valera,
Denn dieses 2c.

14. Hat dieses Söhnchen keinen Wert für dich,
So bist du meiner würdig nicht.
Valerie, valera, valerie, valera,
So bist 2c.

15. Herr Edelmann, schenkens mir doch mein Leben,
Ich will Ihnen die golden Krone geben.
Valerie, valera, valerie, valera,
Ich will 2c.

16. Willst du nun die golden Krone geben,
So schenke ich dir dein junges Leben.
Valerie, valera, valerie, valera,
So schenke 2c.

17. Und als er die golden Kron besaß,
Da war sie aus lauter Hafer und Gras.
Valerie, valera, valerie, valera,
Da war 2c.

Aus Meckenheim.

Lit. Erk-Böhme Nr. 43 a–h. — Elwert S. 43 (abgedruckt Bragur III S. 269 und Wunderhorn S. 155). — Simrock Nr. 31. — E. Meier S. 281 Nr. 160. — Gaßmann Nr. 29. — Bender Nr. 149. — Krapp Nr. 65. — Böckel Nr. 80. — Becker Nr. 20. — Wolfram Nr. 18. — Ditfurth II Nr. 27. — Reifferscheid Nr. 7. — Müller S. 191. — Fiedler S. 141. — Hoffmann Nr. 9 und 10. – Peter I S. 214. — Frischbier Nr. 683. Weiteres über Geschichte und Verbreitung dieses schon im 16. Jahrhundert gekannten Liedes s. bei Erk-Böhme I S. 158, Reifferscheid S. 143 f.

„Standesvorrechte und gewaltiger, frevelhafter Übermut des Adels erpreßte im Mittelalter beim Volk unendliches Leid und Haß. Solche Zustände sind in der Ballade vom „Edelmann und Schäfer" geschildert, die zugleich ein Spottlied auf den verarmten und verkommenen Adelstand ist." (Erk-Böhme).

7a. Ritter Winnebald.

1. Eine alte Burg mit Mauern fest,
Umgeben von dem Wald,
In diesem alten Rabennest
Haust der Ritter Winnebald.
Er ritt des Nachts und ganz allein
Bei Regen und bei Mondesschein,
Er raubte, was er traf nur an,
Er war ein rauher Rittersmann.

2. Im Inneren voll von Begier,
Ritt Winnebald dahin,
Im Herzen lauter Lust und Lieb,
Traf er eine Rittersdirn.

Er sprach gleich: Dirne, du bist mein!
Du sollst jetzt meine Buhlerin sein,
Damit ich kühle meine Lust
An deiner zart schneeweißen Brust.

3. Und als nun Winnebald so sprach,
Kam ein Ritter aus dem Wald.
Der hört des Mädchens Angstgeschrei
Und sah den Winnebald.
Er spornt sogleich sein mutigs Roß,
Nun gings auf ein Gefecht hin los;
Winnebald stürzt gleich zur Erde
Wohl durch des Ritters Schwerte.

4. Und als nun Winnebald so lag,
Sich ganz ergeben sah,
Da war des Ritters Freude groß,
Wenn er die Dirn ansah.
Er nahm die Dirne auf sein Roß
Und ritt mit ihr nach ihrem Schloß,
In des alten Vaters Kreise
Ihre Hand ward ihm zum Preise.

Aus Oppau (geschrieb. Liederbuch aus dem Jahre 1857).

7b. Windebald.

1. Eine feste Burg von Mauern fest,
Da war einst Windebald.
Und das war ein wahres Räubernest,
Da ritt einst Windebald,
Und er ritt des Nachts beim Mondenschein
Im Wald herum beim Mondenschein,
Und er raubte, was er traf nur an,
Er war ein Räuberrittersmann.
Juvivallerallera.

2. Mit voller Sehnsucht in der Brust
Ritt Windebald herum;
Und was traf er zu seiner Herzenslust?
Eine schöne Rittersdirn.
Halt, Dirne, sprach er, du bist mein!
Und du sollst jetzt meine Buhlerin sein,
Und ich werde stillen meine Lust
An deiner weißen zarten Brust.
Juvivallerallera.

3. Kaum hat er dieses Wort gesagt,
Da kam ein Ritter aus dem Wald;
Und er hörte des Mädchens Angstgeschrei,
Halt, rief der Ritter, halt!
Er spornte an sein mutiges Roß
Und es ging auf ein Gefechte los,
Und der Windebald stürzt zur Erde
Wohl durch des Ritters Schwerte.
Juvivallerallera.

Aus Ilbesheim (geschriebenes Liederbuch aus dem Jahre 1888).

Lit. Erk-Böhme I Nr. 44a und b. — Böhme, Volkstümliche Lieder Nr. 158. — Wolfram Nr. 34. — J. Meier, Kunstl. i. V. S. 63 Nr. 397.

8a. Der eifersüchtige Knabe.

I. Aus Rodalben.

Es kann mich nichts Schöneres erfreuen, als wenn der lieb Sommer an geht; da blühen die Rosen im Garten, ja ja im Garten, Soldaten marschieren ins Feld.

II. Aus Pirmasens.

Es gibt doch kein schöneres Leben, als wenn der Sommer anfängt, da blühen die Blumen im Garten, Garten, Soldaten marschieren ins Feld.

III. Aus Hinterweidenthal.

Im Maien da blühen die Rosen, ju ja Rosen, Soldaten marschieren ins Feld. „Ach, Schatz, was hab ich erfahren, ju ja fahren, daß du willst scheiden von mir."

    1. Es kann mich nichts Schönres erfreuen,
       Als wenn der lieb Sommer angeht.
       Da blühen die Rosen im Maien,
       Ju, ja, im Maien,
       Soldaten marschieren ins Feld.

    2. Ei Liebchen, was hab ich erfahren,
       Ei Liebchen, was hör ich von dir?

Du willst ins fremde Land reisen,
Ju, ja, reisen,
Und läſſeſt dein Liebchen allhier?

3. Und als der Knab in die Fremde kam,
Gleich dachte er wieder nach Haus:
O wär ich zu Hauſe geblieben,
Ju, ja, geblieben,
Und hätte gehalten mein Wort!

4. Und als der Knab nach Hauſe kam,
Feinsliebchen ſtand unter der Tür:
Grüß Gott, du Hübſche, du Feine!
Ju, ja, du Feine!
Von Herzen gefalleſt du mir.

5. Was brauch ich denn dir zu gefallen?
Ich habe ſchon längſt einen Mann,
Dazu ein hübſcher und feiner,
Ju, ja, ein feiner,
Der mich ernähren kann.

6. Was zog er aus ſeiner Taſche?
Ein Meſſer, war ſcharf geſpitzt;
Er ſtach es ſeim Liebchen ins Herze,
Ju, ja, ins Herze,
Das rote Blut gegen ihn ſpritzt.

7. Und als er das Meſſer herauſe zog,
Vom Blute war es ſo rot:
Ach großer Gott im Himmel,
Ju, ja, im Himmel,
Wie bitter ſchmeckt mirs der Tod!

8. Und als das Mädchen geſtorben war,
Zur Leiche*) trug man es hinaus
Ins himmliſchen Vaterlands Garten,
Ju, ja, Garten,
Wo weiße Lilien blühn.

9. So gehts, wenn ein Mädchen zwei Knaben lieb hat,
Das tut ja ſelten gut.
Wir beide, wir habens erfahren,
Ju, ja, erfahren,
Was falſche Liebe tut.

Aus Aſſelheim, Grünſtadt, Hettenleidelheim, Hinter=
weidenthal, Ilbesheim, Jettenbach, Kandel, Maudach,
Mörlheim, Mutterſtadt, Pirmaſens, Ranſchbach, Stock=
born, Waldſee, Weſtheim, Winzeln, Zweibrücken.

Anfang auch oft: Es kann mich ja ſonſt nichts (oder nichts Beſſeres,
nichts mehr) erfreuen. Oder: Was kann uns denn Schönres erfreuen.
In Pirmaſens und Umgebung beginnt das Lied häufig: Und als der
Burſch aus der Fremde raus kam (ſ. Str. 4).

1, 3 u. 5 Im Mai da blühn die Roſen, Die Huſaren marſchieren
ins Feld (Grünſtadt). Da ſpielen die Hirſchlein im Maien, Trompeter
die blaſen ins Feld (Zweibrücken). 5, 1 Ich brauch dir ja nicht zu ge=
fallen (oft). 5, 3 Ein ſchöner, ein braver, ein reicher (Stockborn). 5, 5

---

*) = Begräbnis.

Der allzeit gefallen mir kann (Zweibrücken). 7, 1 Er stach es hinein,
zogs wieder heraus (Pirmasens). 7, 3 - 5 Da schreit sie: Gott Vater vom
Himmel, Wie bitter ist mir der Tod! (Stockborn).

Ein Text aus Pirmasens hat zwischen Str. 8 u. 9 folgenden Zusatz:

> Und als Feinsliebchen begraben ward,
> Ging er dem Kirchhof zu,
> Tut nichts als rufen und weinen, weinen:
> Ich hab es ja keine Ruh!
>
> Du brauchst mir nicht mehr zu rufen,
> Ich lieg im kühlen Grab,
> Ich hör kein Vöglein mehr singen, singen,
> Bei Tag als wie bei Nacht.

In einer andern Lesart aus der Gegend von Pirmasens lauten
diese beiden Strophen folgendermaßen:

> Und als Feinsliebchen begraben war,
> Da geht er zu ihrem Grab,
> Tut nichts als rufen und beten,
> Bis daß sie ihm Antwort gab.
>
> Du brauchest mir nicht mehr zu rufen,
> Ich liege schon längst im Grab,
> Ich höre nur ein Vögelein pfeifen,
> Das pfeift die ganze Nacht.

Dieser Zusatz ist sehr bezeichnend für das volksmäßige Zusammen=
schweißungsverfahren. Der Ursprung der beiden Strophen ist in unsern
Liedern „Es schliefen zwei verborgen" und „Nun ade, mein herzlieb
Schätzelein" (zu Erk=Böhme I Nr. 201) zu suchen; auch das „pfeifende
Vöglein" finden wir dort; dieses hat dann auf unser Lied „Es wollte sich
einschleichen" geführt, dessen zweite Strophe beginnt: „Ich hör ein Vöglein
pfeifen, Das pfeift die ganze Nacht."

Um einen Begriff von der Mannigfaltigkeit dieses in der ganzen
Pfalz verbreiteten Liedes zu geben, teile ich noch einige Lesarten mit.

8b. Der eifersüchtige Knabe.

1. Ach Schatz, was hab ich erfahren,
   Daß du willst scheiden von mir?
   Tu du mirs die Wahrheit nur sagen:
   Wann kommst du wieder zu mir?

2. Ein andres Jahr im Sommer,
   Wenn die Rosen im Garten blühn.
   Und als der Knab in die Fremd hinein kam,
   So dacht er gleich wieder nach Haus.

3. Ach, wär ich zu Hause geblieben
   Und hätte gehalten mein Wort!
   Mein Schatz ist mir viel lieber
   Als tausend Dukaten im Sack.

4. Und als der Knab nach Hause kam,
   Feinsliebchen stand unter der Tür.
   Gott grüß dich, du Hübsche, du Feine,
   Von Herzen gefallest du mir!

5. Du brauchſt mich nicht höflich zu grüßen,
   Ich habe ſchon längſt meinen Mann,
   Dazu ein hübſcher und feiner,
   Der mich ernähren kann.

6. Was zog er aus ſeiner Taſche?
   Ein Meſſer wars, ſcharf es geſpitzt.
   Er ſtach es dem Liebchen ins Herze,
   Das rote Blut gegen ihn ſpritzt.

7. Dann zog er es wieder herauſe,
   Vom Blute war es ſo rot.
   Ach großer Gott vom Himmel,
   Wie bitter ſchmeckt mir der Tod!

8. So geht es, wenn ein Mädchen
   Zwei Knaben lieben tut.
   Wir beide, wir habens erfahren
   Was falſche Liebe tut.

Aus Lemberg.

8c. Der eiferſüchtige Knabe.

1. Ach Schätzchen, ich hab es erfahren,
   Daß du willſt ſcheiden von mir,
   Du wolleſt ins fremde Land reiſen,
   Ju, ja, reiſen,
   Wann kommſt du wieder zu mir?

2. Und als ich gleich wieder nach Hauſe kam,
   Feins Liebchen ſtand hinter der Tür.
   Sei gegrüßt, du Junge, Hübſche, Feine,
   Ju, ja, Feine,
   Von Herzen gefalleſt du mir!

3. Du brauchſt mir ja gar nicht zu gefallen,
   Ich habe ſchon längſt es ein Mann,
   Dazu auch ein hübſchen, jungen, feinen,
   Ju, ja, feinen,
   Der mich es jetzt lieben noch kann.

4. Was zog er aus ſeiniger Taſche?
   Ein Meſſer ſo ſcharf und ſo ſpitz;
   So ſtach er ſein Feinsliebchen durchs Herze,
   Ju, ja, durchs Herze,
   Das rote Blut gegen ihn ſpritzt.

5. Und als er das Meſſer herauſe zog,
   Vom Blute war es ſo rot!
   O Himmel, was hab ich getan,
   Ju, ja, getan!
   Die Liebe war ſchuldig daran.

6. Ihr Mädchen und Jungfraun und Geſelln,
   Nehmt euch ein Exempel davon!
   Habet ihr es einander verſprochen,
   Ju, ja, verſprochen,
   So haltet einander die Treu!

Aus Stockborn (geſchriebenes Liederbuch 1861).

8d. Der eifersüchtige Knabe.

1. Die Rosen blühen im Tale,
   Soldaten ziehen ins Feld.
   Ade nun, mein Liebchen, du Feine!
   Ju, ju, du Feine!
   Von Herzen gefällst du mir, du mir,
   Von Herzen gefällst du mir.

2. Ich brauch dir ja nicht zu gefallen,
   Ich hab schon längst einen Mann,
   Der ist ja viel schöner und feiner,
   Ju, ju, viel feiner,
   Von Herzen gefällt er mir, ja mir,
   Von Herzen gefällt er mir.

3. Was zog er aus seiner Tasche?
   Ein Messer, wie scharf und spitz,
   Das stach er dem Mädel ins Herze,
   Ju, ju, ins Herze,
   Das Blut ihm entgegenspritzt, ja spritzt,
   Das Blut ihm entgegenspritzt.

4. Und wenn ein Mädel zwei Buben lieb hat,
   Tut wunderselten gut.
   Das hat man wieder gesehen,
   Ju, ju, gesehen,
   Was blinde Liebe tut, ja tut,
   Was blinde Liebe tut!

Aus Kaiserslautern, Rheingönheim, Schaidt.

Anfang auch: Es blühen die Rosen im Tale, Soldaten marschieren ins Feld (Kaiserslautern).

8e. Der eifersüchtige Knabe.

Aus Göcklingen.

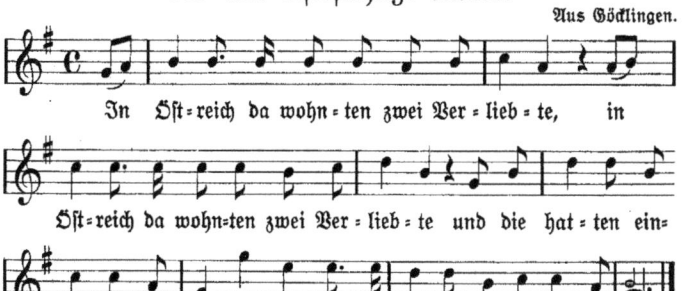

In Ost=reich da wohn=ten zwei Ver=lieb=te, in Ost=reich da wohn=ten zwei Ver=lieb=te und die hat=ten ein=an=der so lieb, lieb, lieb und die hat=ten ein=an=der so lieb.

1. In Österreich da wohnten zwei Verliebte,
   Die hatten einander so lieb, lieb, lieb,
   Die hatten einander so lieb.

2. Alsbald zog der Bursch in die Fremde,
   Sein Feinsliebchen nahm Abschied von ihm, von ihm,
   Sein Feinsliebchen nahm Abschied von ihm.

3. Und alsbald kam der Bursch aus der Fremde
   Um sein Liebchen doch wieder zu sehn, zu sehn,
   Um sein Liebchen doch wieder zu sehn.

4. Er bot seinem Liebchen „Guten Morgen",
   Denn er hatte sie schon lange nicht gesehn, gesehn,
   Denn er hatte sie schon lange nicht gesehn.

5. Du brauchst mir nicht „Guten Morgen" zu bieten,
   Denn ich habe ja schon längst einen Mann, Mann, Mann,
   Denn ich habe ja schon längst einen Mann.

6. Da zog der Bursch aus der Tasche
   Einen Dolch, der war scharf und spitz, spitz, spitz,
   Einen Dolch, der war scharf und spitz.

7. Er stach seinem Liebchen in das Herz,
   Daß das lauwarme Blut daraus spritzt, spritzt, spritzt,
   Daß das lauwarme Blut daraus spritzt.

8. So gehts, wenn ein Mädchen zwei Burschen liebt,
   Denn das tut ja so wunderselten gut, gut, gut,
   Denn das tut ja so wunderselten gut.

Aus Göcklingen.

Lit. Erk-Böhme I Nr. 48a—e. — Wunderhorn S. 197 und S. 301. Simrock Nr. 81 u. 82. — Mittler Nr. 100 u. 101. — Böckel, Handbuch S. 181 f. — Bender Nr. 33 u. 34. — Mündel Nr. 14. — E. Meier S. 289 Nr. 164. — Aumer Nr. 156. — Tobler II S. 206 Nr. 25. — Krapp Nr. 82. — Böckel Nr. 77. — Ditfurth II Nr. 26. — Wolfram Nr. 38. — Lewalter II Nr. 14. — Becker Nr. 13. — Köhler-Meier Nr. 18. — Hoffmann Nr. 229. Weitere Literatur über die verschiedenen Lesarten des weitverbreiteten Liedes vom eifersüchtigen Knaben siehe Erk-Böhme I S. 163—170; Köhler-Meier S. 373; Reifferscheid S. 170 ff. Vgl. auch das folgende Lied. Zum Anfang der Lesart a vgl. das Soldatenlied bei Erk-Böhme III Nr. 1355. Zu unserer Lesart e vgl. unser Lied Nr. 10 a u. b.

Eine Fassung des Liedes wurde im Jahre 1771 von Goethe im Elsaß aufgezeichnet; s. Goethe-Martin S. 32.

9. Der Pfeifer.

1. Es war einmal ein Pfeifer,
   Der pfeift die ganze Nacht,
   Er wollte das Haus durchpfeifen,
   Daß niemand darinnen erwacht.

2. Feinsliebchen, bist du drinnen
   Und liegst in guter Ruh?
   Steig auf, laß mich hinein,
   Es ist ja dein guter Will.

3. Mein guter Wille ist schon da,
   Mein Herzchen ist schon bereit.
   Komm herein, mein lieber Bräutigam,
   Eine Stunde, zwei oder drei.

4. Und als sie wieder beisammen lagen
   Die liebe halbe Nacht
   Bis auf den hellen Morgen,
   Bis endlich der Tag anbrach;

5. Was zog er aus der Scheide?
   Ein Messer, war scharf und spitz,
   Er stach dem Feinsliebchen ins Herze hinein,
   Das rote Blut gegen ihn spritzt.

6. Und als er es wieder herause zog,
   Vom Blute war es so rot!
   Sie schreitet zu Gott in den Himmel hinein:
   Wie bitter schmeckt mir es der Tod!

7. So geht es, wenn ein Mädchen
   Zwei Burschen lieben tut;
   Den einen muß es lassen,
   Sonst kost's sein eignes Blut.

8. Der Bursch fing an zu reisen,
   Zu reisen ins fremde Land,
   Da kam er an ein rotes Wasser,
   Das war ihm sehr unbekannt.

9. Was zog er aus seinem Finger heraus?
   Ein Ringlein von festem Gold;
   Denselben warf er ins Wasser hinein:
   Schwimm unter bis auf den Grund!

10. Schwimm hin, schwimm her, feins Ringelein,
    Schwimm unter bis auf den Grund!
    Kein Mensch wird dich mehr lachen sehn
    Mit deinem rotfarbigen Mund!

Aus Adenbach, Ginsweiler.

Lit. Erk-Böhme I Nr. 48 f. — Haupt und Schmaler I S. 165. — Unser Text, eine Lesart des Liedes vom eifersüchtigen Knaben (s. die Lit. hierüber beim vorausgehenden Liede), nähert sich am meisten der von J. Zingerle in Wolfs Zeitschrift für deutsche Mythologie und Sittenkunde Bd. I S. 143 mitgeteilten Fassung aus Passeier (s. Erk-Böhme I S. 169).

10a Feinslieb verloren.
(Weise s. Nr. 8e).

1. Es reisen zwei Liebcher in Schwaben,
   Und die haben einander so lieb, lieb, lieb,
   Und die haben einander so lieb.

2. Und der Knab der ging spazieren,
   Und da kam er vor sein Liebchens Tür ꝛc.

3. Und er bot ihr einen schönen guten Abend
   Und dazu einen recht freundlichen Gruß ꝛc.

4. Und du brauchst mich ja nicht zu grüßen,
   Denn ich hab ja schon längst einen Mann ꝛc.

5. Und dazu ein recht hübscher, ein reicher,
   Der mich ernähren kann ꝛc.

6. Und der junge Knab ging nach Hause
   Und er weinet und trauert so sehr! ꝛc.

7. Da begegnet ihm seine Mutter:
   Warum weinest du, greinest du so sehr? ꝛc.

8. Warum soll ich denn nicht weinen?
Denn ich habe ja kein Liebchen mehr! ꝛc.

9. Gelt, wärst du zu Hause geblieben,
So hättest du dein Liebchen noch! ꝛc.

Aus Ginsweiler; aus Verschweiler=Wiesweiler (geschrieb. Liederb. 1846) mit dem Anfang: Es gingen zwei Liebcher nach Schwaben, Die hatten einander so lieb.

---

10 b. Feinslieb verloren.

1. Es waren zwei Verliebte in Algier,
Die hatten einander so lieb, lieb, lieb,
Die hatten einander so lieb.

2. Der Verliebte der zog in die Fremde,
Nach drei Jahren kehrt er wiedrum heim ꝛc.

3. Und da kam er an das Haus der Verliebten
Und klopfte so höflich an ꝛc.

4. Brauchst nicht so höflich anzuklopfen,
Denn ich habe ja schon längst einen Mann ꝛc.

5. Drauf ging er das Gäßchen hinunter
Und weinte so bitter=bitterlich ꝛc.

6. Brauchst nicht so bitterlich zu weinen:
Wärest du zu Hause geblieben!

Aus Steinweiler.

---

10 c. Der Metzger.

1. [: Und es war einmal ein Metzger, :]
Und er trug sein Schürzlein weiß, weiß, weiß,
Und er trug sein Schürzlein weiß.

2. [: Und er gab ihn seiner Liebsten, :]
Und die sollt ihn waschen weiß, weiß, weiß,
Und die sollt ihn waschen weiß.

3. [: Ei wie kann ich ihn denn waschen, :]
Da ich gar keine Seif mehr hab, hab, hab,
Da ich gar keine Seif mehr hab!

4. [: Kauf du nur für einen Kreuzer, :]
Und so kannst du ihn waschen weiß, weiß, weiß,
Und so kannst du ihn waschen weiß.

5. [: Da begegnete ihm seine Mutter, :]
Und die fragte: Warum weinest du, du, du?
Und die fragte: Warum weinest du?

6. [: Und warum sollt ich denn nicht weinen, :]
Da ich gar keinen Schatz mehr hab, hab, hab,
Da ich gar keinen Schatz mehr hab!

7. [: Und du wirst schon einen bekommen, :]
Wenn es gleich im Himmel ist, ist, ist,
Wenn es gleich im Himmel ist.

8. [: In dem Himmel da ists zu späte, :]
Und auf Erden da muß es sein, sein, sein,
Und auf Erden da muß es sein.

Aus Rieschweiler.

Lit. Erk=Böhme I Nr. 49 a—c. — Simrock Nr. 88. — Gaßmann Nr. 18. — Böckel, Handb. S. 168f. — Bender Nr. 26. — Marriage Nr. 19. — Mündel Nr. 2 und 3. — Alsatia 1851 S. 57. — Tobler II S. 180 Nr. 9. — E. Meier S. 291 Nr. 165. — Becker Nr. 14. — Lewalter V Nr. 10. — Zurmühlen Nr. 30. — Müller S. 44. — Frischbier Nr. 67. — Weitere Lit. s. bei Marriage S. 41.

Zu Str. 1 der Lesarten a und b vgl. unser Lied „In Ostreich da wohnten zwei Verliebte" Nr. 8e.

11a Die Mordeltern.

1. Es waren mal zwei Bauernsöhn,
Die hatten Lust in den Krieg zu gehn,
[: Wohl um Soldat zu werden. :]

2. Sie haben sich den Entschluß gefaßt
Und haben sich wieder nach Haus gemacht,
[: Um ihre Eltern zu besuchen. :]

3. Der erste ritt vors Vatershaus,
Frau Wirtin schaut zum Fenster heraus
[: Mit ihren schwarzbraunen Augen. :]

4. Frau Wirtin, hat sie die Gewalt,
Daß sie ein Reiter über Nacht behalt,
[: Wohl um ein Reiter zu behalten? :]

5. Ja, die Verwaltnis hab ich schon,
Wies eine Wirtin haben soll,
[: Wohl um ein Reiter zu behalten. :]

6. Stellen Sie ihr Pferd in unsern Stall,
Gehn Sie spazieren in unserm Saal,
[: In unserm Saal spazieren. :]

7. Frau Wirtin, trag sie auf, was sie wollt,
Wir haben noch Kupfer und feines Gold
[: Und auch noch ungrische Dukaten. :]

8. Des Nachts wohl um die Mitternacht
Frau Wirtin zu ihrem Manne sprach:
[: Wir wollen den Reiter ermorden.]:

9. Es währt noch eine Viertelstund,
Da goß sie dem Reiter Blei in den Mund,
[: Daran muß er ja sterben. :]

10. Sie nahm ihn an schneeweißer Hand.
Schleift ihn in den Keller wohl in den Sand,
[: Wohl um das Geld zu gewinnen. :]

11. Des Morgens, als es Tage ward,
Da kam dem Reiter sein Kamerad:
Frau Wirtin, wo ist euer Reiter?
Frau Wirtin sprach: Er ist schon weiter.

12. Ach nein, ach nein, das kann nicht sein,
   Sein Pferd steht noch im Stall allein,
   [: Das wird ihn jetzt verraten. :]

13. Habt ihr dem Reiter was zuleid getan,
    So habt ihrs eurem eignen Sohn getan,
    [: Der aus dem Krieg ist gekommen. :]

14. Der Vater hat sich in der Scheune gehängt,
    Die Mutter ist in den Brunnen gesprengt,
    Die Schwester kam vom Sinne.

Aus Lemberg (alte Leute kennen das Lied noch, ebenso in dem benachbarten Dorfe Glashütte).

11b. Die Mordeltern.

Aus Altenglan.

Es warn einmal zwei Bauernsöhn, die sich beschlossen in den Krieg zu ziehn, wohl um Soldat zu werden, wohl um Soldat zu werden.

1. Es waren einmal zwei Bauernsöhn,
   Die sich beschlossen in den Krieg zu gehn,
   [: Wohl um Soldat zu werden. :]

2. Und als sie kamen vors Elternhaus,
   Frau Wirtin schaut zum Fenster raus
   [: Mit ihren schwarzbraunen Augen. :]

3. Frau Wirtin, habt ihr die Gewalt,
   Ein Reitersmann über Nacht zu behalt,
   [: Ein Reitersmann zu logieren? :]

4. Ja, die Gewalt die hab ich schon,
   Die eine Frau Wirtin haben soll,
   [: Ein Reitersmann zu logieren. :]

5. Und als es war um Mitternacht,
   Die Frau zu ihrem Manne sprach:
   [: Wir wollen den Reiter töten. :]

6. Der Mann der sprach: Das kann ich nicht,
   Ein Reiter und den töt ich nicht,
   [: Ein Reiter der soll leben. :]

7. Die Frau die tats um keinen Preis,
   Macht schon das Fett im Pfännchen heiß,
   [: Ums ihm in den Hals zu gießen. :]

8. Da griff sie ihn mit schneeweißer Hand
Und zog ihn durch den Kellerrand:
[: Hier solls verschwiegen bleiben. :]

9. Als aber da der Morgen kam,
Sein Kamerad sich aus dem Bette macht:
[: Wo ist der Reitersmann geblieben? :]

10. Der Reiter der ist nicht mehr hier,
Er ist schon verritten in aller Früh,
[: Er ist schon fortgeritten. :]

11. Wie kann er denn verritten sein?
Hier steht sein Roß im Stall allein
[: Mit Sattel, Zaum und Zügel. :]

12. Und wenn ihr ihm was Leids getan,
Dann habt ihrs eurem Sohn getan,
[: Der aus dem Krieg ist kommen. :]

13. Der Mann der hat sich aufgehängt,
Die Frau hat sich ins Meer gesprengt,
[: Die Tochter kam von Sinnen. :]

Aus Altenglan, Odernheim; im ganzen Glantal bekannt.

Lit. Erk=Böhme I Nr. 50 a—c. Wunderhorn S. 429. — Simrock Nr. 34. — Böckel, Handb. S. 188 f. — Alsatia 1851 S. 58 Nr. 8. — Mündel Nr. 16. — Gaßmann Nr. 28. — E. Meier S. 339 Nr. 190. — Aumer Nr. 14. — Bender Nr. 151. — Ditfurth II Nr. 41 und 42. — Krapp Nr. 102. — Böckel Nr. 5. — Wolfram Nr. 42. — Köhler=Meier Nr. 20. — Rösch S. 83. — Müller S. 72. — Hruschka Nr. 227. — Hoffmann Nr. 34. — Peter I S. 203. — Das Bayerland 1902 Nr. 25 u. Nr. 33. Über wirkliche Begebenheiten (i. J. 1618 u. 1649), die dem Liede zu Grunde liegen sollen, s. Erk=Böhme I S. 177. Dieses Vorkommnis lieferte Zacharias Werner den Stoff zu seinem Trauerspiel „Der 29. Februar". Eine ähnliche Begebenheit berichtet die Sage „Der heimgekehrte Krieger" in dem pfälzischen Dorfe Odernheim am Glan s. Hebel II S. 145 f. Diese Sage ist offenbar aus unserem im Glantale verbreiteten Volksliede hervorgegangen.

12a. Verführung und Mord.

I. Aus Frankenthal.

Es ging ein=mal ein ver=lieb=tes Paar wohl in den Wald spa=zie=ren, der Jüng=ling, der ihr un=treu war, wollt' sie im Wald ver=füh=ren.

II. Aus Burrweiler.

Es ging ein=mal ein ver=lieb=tes Paar wohl in den Wald spa=zie=ren, der Jüng=ling, der ihr un=treu war, wollt sie im Wald ver=füh=ren.

1. Es ging einmal ein verliebtes Paar
   Wohl in den Wald spazieren.
   Ein Jüngling, der ihr untreu war,
   Der wollte sie verführen.

2. Er führt sie durch den grünen Wald,
   Er führt sie durchs Gebüsche:
   Ach Mädchen, liebes Mädchen mein,
   Was hast du hier für Freude!

3. Was soll ich in dem grünen Wald
   Für eine Freude haben?
   Es ist fürwahr eine Todesgruft,
   Hier wird man mich begraben.

4. Er ließ ihr gar nicht lange Zeit,
   Gab ihr ein kurzes Ende.
   Er zog sein Messer aus der Scheid,
   Tut ihr das Herz durchstechen.

5. Er gab ihr gleich den zweiten Stich,
   Zur Erde tut sie sinken.
   Sie schrie: O Jesu, steh mir bei!
   Verschon mein junges Leben!

Aus Dierbach (geschrieb. Liederbuch 1884/85).

12b. Verführung und Mord.

1. Es ging wohl ein verliebtes Paar
   Im grünen Wald spazieren;
   Der Jüngling, der ihr untreu war,
   Wollt sie im Wald verführen.

2. Er nahm sie bei der rechten Hand,
   Führt sie durch ein Gesträuche:
   Bist dus mein herzallerliebster Schatz,
   So genieße meine Freude!

3. Was soll ich denn im grünen Wald
   Für eine Freude haben?
   Ich mein, es wär eine Todesgruft,
   Wo du mich willst begraben.

4. Er zog sogleich sein Dolch heraus
   Und stach ihr durch das Herze.
   Sie schrie: „O Jesu! steh mir bei
   In meinen Angst und Schmerzen!"

5. Drauf gab er ihr den zweiten Stich;
   Zur Erde sank sie nieder.
   Sie schrie: „O Jesu! steh mir bei!"
   Sie schrie: „O Jesu!" wieder.

6. Auf daß die Schand nicht größer wird
   Und alles bleibt verschwiegen,
   Macht er ein kleines Gräbelein
   Und tritt sie ein mit Füßen.

7. Nun seht, ihr lieben Mädchelein,
   Was dieser Knab getrieben:
   Bis daß er sie hat ums Leben gebracht,
   Ist er ihr treu geblieben.

Aus Speyer und Umgebung.

12c. Verführung und Mord.

1. Es ging einmal ein verliebtes Paar
   Wohl in den Wald spazieren.
   Der Jüngling, der ihr untreu war,
   Wollt sie im Wald verführen.

2. Er nahm sie an der schneeweißen Hand
   Und führt sie ins Gesträuche;
   Sieh hier, mein Kind, mein Engelein,
   Hier genießt du süße Freude.

3. Was sollen das für Freuden sein,
   Die ich im Wald soll finden?
   Ist es vielleicht der bittre Tod,
   Den ich im Wald soll finden?

4. Da gab er ihr den ersten Stich,
   Ganz langsam sank sie nieder.
   Sie schrie: O Jesu, steh mir bei,
   Ich sterb vor lauter Angst und Pein!

5. Da gab er ihr den zweiten Stich,
   Ganz langsam sank sie nieder.
   Sie schrie: O Jesu, steh mir bei,
   Ich sterb in deinen Händen drein!

6. Vor lauter Angst und Todespein
   Konnt er sie nicht begraben,
   Er legte sich zu ihre hin
   Und starb in ihren Armen drin.

7. Ihr Mädchen, nehmt euch wohl in Acht
   Vor solcher Knabenliebe.
   Er hat sein Schatz ums Leben bracht
   Und ist ihr treu geblieben.

Aus Lemberg.

12d. Verführung und Mord.

1. Es ging einst ein verliebtes Paar
   In einem Wald spazieren.
   Der Jüngling, der gar treulos war,
   Der wollte sie verführen.

2. Er führt sie an der weißen Hand
   Weit ab in das Gebüsche.
   Komm her, mein Kind, mein Engelein,
   Komm her, daß ich dich küsse.

3. Was nützen mich die Küsse dein,
   Die ich im Wald soll haben?
   Vielleicht schau ich mein kühles Grab,
   Das hier man mir wird graben.

4. Da zog ein Messer er hervor
   Und stach es ihr ins Herze.
   Sie schrie: O Jesu, steh mir bei
   Und lindre meine Schmerzen!

5. Da gab er ihr den zweiten Stich;
   Sie sank nun leise nieder,
   Sie schrie: o Jesu, steh mir bei
   Und stärke meine Glieder!

6. Es hilft kein Bitten und kein Flehn,
   Im Grabe mußt du liegen.
   Des Jünglings Schuld, so groß, so schwer,
   Ob sie wohl bleibt verschwiegen?

Aus Rehborn.

Diese verschiedenen Lesarten mit unwesentlichen Abweichungen auch aus Adenbach, Asselheim, Bosenbach, Burrweiler, Duttweiler, Eschenau, Glashütte, Jettenbach, Katzenbach, Lambsheim, Maßweiler, Maikammer, Neuhofen, Pirmasens, Rieschweiler, Schauernheim, Thaleischweiler, Theisbergstegen, Utweiler, Waldsee, Weingarten, Wörth (geschr. Liederbuch 1868).

Im Wörther Liederbuch schließen sich an Str. 5 unsrer Lesart a folgende Schlußstrophen an:

Als sie dann gestorben war,
Wollt er sie nicht begraben;
Er stürzt sich weinend auf sie zu
Und sprach zu ihr: Herzliebste du!

Da kamen alle Vögelein
An diesen dunklen Ort.
Er sprach: Man soll an diesem Ort
Eine Klosterkirche bauen!

Zu dieser letzten Strophe vgl. Erk=Böhme I Nr. 52c Str. 8. — Aus Weingarten folgender Schluß:

Was zog er aus der langen Tasche?
Ein Messer scharf gespitzet,
Das stach er ihr ins Herz hinein,
Daß rotes Blut rausspritzet.

Ach Gott, wo ist mein Liebchen?
Mein Liebchen das ist tot!
Ich habe sie erstochen,
Ihr Blut floß rosenrot.

Diese Zusätze stammen aus unsern Liedern „Es kann mich nichts Schönres erfreuen" und „Ich liebte einst ein Mädchen."
Schlußstrophen aus Theisbergstegen:

    Und als der Sohn nach Hause kam,
    Da fragte ihn sein Vater:
    Mein Sohn, mein Sohn, was hast getan?
    Fremd Blut hab ich gesehen.

    Ich hab ja sonst gar nichts getan,
    Als meinen Schatz begraben.
    Der Richter, der das Urteil sprach,
    Gab ihm darauf fünf Jahre.

Lit. Erk-Böhme I Nr. 52. — Mündel Nr. 7. — Gaßmann Nr. 16 u. S. 181 Anm. 16. — E. Meier S. 358 Nr. 203. — Aumer Nr. 173. — Marriage Nr. 38. — Krapp Nr. 78. — Ditfurth II Nr. 45. — Böckel Nr. 24. — Lewalter III Nr. 32. — Wolfram Nr. 37. — Becker Nr. 16. — Köhler-Meier Nr. 21. — Zurmühlen Nr. 60. — Hoffmann Nr. 38. — Hruschka S. 112 Nr. 21. — Weitere Literatur f. bei Köhler-Meier S. 375 und Marriage S. 73.

13a. Giftmord der Geliebten aus Geldsucht.

Aus Rheingönheim.

Es war ein rei=cher Kauf=manns=sohn, der lieb=te ei=ne Ar=me, und als er ü=ber die Stra=ße ging, be=geg=net ihm ei=ne Rei=che.

1. Es war ein reicher Kaufmannssohn,
   Der liebte eine Arme,
   Und als er über die Straße ging,
   Begegnet ihm eine Reiche.

2. Die Reiche gab ihm gleich ein Rat,
   Wie er die Arme sollt umbringen:
   Nimm du ein Glas mit rotem Wein
   Und tu ein halb Lot Gift hinein,
   So wird ihr Herz zerspringen.

3. Und als er an ihr Fenster kam,
   Wollt sie ihm nicht aufmachen.
   Mach nur auf, mach nur auf, lieb Schätzelein mein,
   Ich hab ein Glas mit rotem Wein,
   Zur Gesundheit wollen wirs trinken!

4. Und als sie angetrunken hat,
   Wollt sies ihm wieder geben:

Trink nur aus, trink nur aus, lieb Schätzelein mein,
Ich hab kein Durst nach rotem Wein,
Bin erst aus dem Wirtshaus kommen.

5. Und als sie ausgetrunken hat,
Wollt sie sich niederlegen:
Steig heraus, steig heraus, lieb Schätzelein mein,
Im Wald hats viele Kräuterlein,
Die zu deiner Gesundheit dienen.

6. Und als sie in den Wald hinein kam,
Tut er ein Gräbelein graben.
Er grub das Gräbelein viel zu klein,
Er trat sie mit den Füßen hinein:
Verschwiegen sollst du bleiben!

7. Von fern sah ihm ein Jäger zu,
Wie er sie tut begraben.
Verflucht, verflucht sei Geld und Gut,
Das auf der Welt regieren tut!
Hätt ich die Arme genommen!

Aus Friesenheim, Haßloch, Ludwigshafen, Maudach, Rheingönheim, Waldsee.

1, 2 Der liebte ein armes Mädchen (öfters). Str. 1 hat bisweilen, z. B. in Haßloch, noch folgende Fortsetzung: Ach Gott, ach Gott, was fang ich an, Daß ich die Arm verlassen kann, Die Reich die ist mir lieber. Vgl. Lesart b. 3, 2 Ganz sachte klopfte er an (Friesenheim). 3, 5 Das sollst du gleich austrinken (Ludwigshafen). 4, 1 Und als sies halb getrunken hat (Rheingönheim). 5, 2 Wollt sie sich übergeben (Rheingönheim). Eine sehr bezeichnende Umdeutung! 5, 3 Steh nur auf ꝛc. (Ludwigshafen). 6, 2 Fing er gleich an zu graben (Ludwigshafen). Ein Gräbelein war gegraben (Friesenheim). 7, 1 u. 2 Ein Jäger ihn von ferne sah, Wie er sie neingetreten (Friesenheim). 7, 2 Wie er sie tut umbringen (Rheingönheim).

13b. Giftmord der Geliebten aus Geldsucht.

Aus Siebeldingen.

Es war ein=mal ein fei=ner Knab, der liebt ein ar=mes Mäd=chen.
Und als er ü=ber die Stra=ße ging be=geg=net ihm ei=ne Rei=che.
Ach Gott, ach Gott, was fang ich an, daß ich die Ar=me las=sen kann, die Rei=che ist mir viel lie=ber.

1. Es war einmal ein feiner Knab,
   Der liebt ein armes Mädchen,
   Und als er über die Straße ging,
   Begegnet ihm eine Reiche.
   Ach Gott, ach Gott, was fang ich an,
   Daß ich die Arme lassen kann,
   Die Reiche ist mir viel lieber.

2. Da gab ihm die Reiche gleich ein Rat,
   Er soll die Arme umbringen:
   Nimm dus ein Glas mit rotem Wein
   Und tu ein halb Lot Gift hinein,
   Wird schon ihr Herz zerspringen.

3. Und als das Glöcklein zwölf Uhr schlägt,
   Ging er vor Liebchens Fenster:
   Steh nur auf, steh nur auf, schön Schätzlein mein,
   Ich hab ein Glas mit rotem Wein,
   Die Gesundheit wollen wirs trinken.

4. Als sies halb leer getrunken hat,
   Wollt sies ihm wieder reichen:
   Trinks nur aus, trinks nur aus, schön Schätzlein mein,
   Ich hab kein Durst nach rotem Wein,
   Bin erst im Wirtshaus gsessen.

5. Als sies vollends leer getrunken hat,
   Fing sie schon an zu weinen.
   Schweig nur still, schweig nur still, schön Schätzelein mein,
   Im Wald da wachsen Gekräuterlein,
   Die deiner Gesundheit dienen.

6. Er nahm sie mit den Berg hinauf
   Um sie vollends zu erwürgen.
   Ein Hirtenbub der schaut ihm zu,
   Die Sache blieb nicht verschwiegen.

Aus Siebeldingen.

Lit. Erk=Böhme I Nr. 53. — Mündel Nr. 11. — Krapp Nr. 99. — Wolfram Nr. 40.

14. Der Mörder.

Aus Rheingönheim.

Ich lieb=te einst ein Mäd=chen, wies je=der Jüng=ling

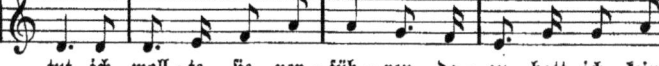
tut, ich woll=te sie ver=füh=ren, da=zu hatt ich kein

Mut; ich lieb=te einst ein Mäd=chen, wies je=der Jüng=ling

tut, ich woll = te sie ver = füh = ren, da = zu hatt ich kein Mut.

1. [: Ich liebte einst ein Mädchen,
   Wies jeder Jüngling tut,
   Ich wollte sie verführen,
   Dazu hatt ich kein Mut. :]

2. Ich ward von ihr gerissen
   Drei Jahr fürs Vaterland,
   Sie schwur mir unter Küssen
   Die Treu wohl in die Hand.

3. Ich schnitt von ihrem Haupte
   Ein blondgelocktes Haar,
   Ich trugs an meinem Busen
   Ein ganzes volles Jahr.

4. Ich kehrte heim in Urlaub
   Wohl in ein Gastwirtshaus,
   Sie aber stellt sich blöde
   Und eilt zur Tür hinaus.

5. Das hat mich sehr verdrossen;
   Ich faßte den Entschluß:
   Ihr Leben muß sie lassen,
   Es kost ja nur ein Schuß.

6. Einst trafen wir zusammen
   Wohl auf dem Kaiserplatz,
   Es schlug die zwölfte Stunde,
   Und sie war leichenblaß.

7. Sie wollte mit mir reden,
   Dazu hatt ich keine Lust,
   Da nahm ich den Revolver
   Und schoß ihr in die Brust.

8. Ich wurde arretieret
   Noch in derselben Nacht,
   Geschlossen abgeführet
   Und in Arrest gebracht.

9. Sie legten mich in Ketten
   An einen eisen Pfahl,
   Hier sollt ich eingestehen
   Die schauderhafte Tat.

10. Und als ich sie gestanden,
    Die schauderhafte Tat,
    Da ward ich lebenslänglich
    Ins Zuchthaus nein gebracht.

11. Ach Gott, wo ist mein Liebchen?
    Mein Liebchen ist jetzt tot:
    Ich habe sie erschossen,
    Ihr Blut war rosenrot.

Aus Bosenbach, Dudenhofen, Dürkheim, Eschenau, Eß=
weiler, Forst, Frankenthal, Freckenfeld, Glashütte, Hetten=
leidelheim, Iggelheim, Ilbesheim, Katzenbach, Lemberg,
Maßweiler, Maudach, Neuhofen, Niederhausen, Pirmasens,
Theisbergstegen, Wachenheim, Wallhalben, Walsheim,
Winterbach.

Anfang auch oft: Einst liebte ich ein Mädchen. — Zu Haus liebt
ich ein Mädchen (Iggelheim). — Ich wollt ein Mädchen lieben (Eschenau).
1, 3 oft: Sie aber zu verführen. 2, 2 Zum Kampf fürs Vaterland (öfters).
4, 1 u. 2 Auf Urlaub kam ich gefahren Wohl in ihr Elternhaus (Franken=
thal). Einst traf ich sie auf (im) Urlaub In einem Gastwirtshaus (oft).
6, 1 Ich ging mit ihr spazieren. 6, 2 häufig: Wilhelmsplatz. 6, 3 u. 4
Und als sie mich sah kommen, da ward sie bleich und blaß (Pirmasens).
Str. 7 oft: Da nahm ich den Revolver Und schoß ihr in die Brust, Ein
Wörtlein wollt sie reden, Doch sie war unbewußt. 8, 3 oft: Nach Köln
hinabgeführet, oder: Nach Straßburg (Rastatt, Spandau) abgeführet.
9 Hier sollte ich gestehen Die schauderhafte Tat, Warum ich dieses Mädchen
Ums Leben hab gebracht (Lemberg). 9, 1 Ich wurde festgebunden (Ilbes=
heim). 10, 3 u. 4 Bekam ich lebenslänglich Für all mein Leben lang.
Aus Eschenau folgende Schlußstrophe:

> Nun sitz ich hier im Kerker
> Als ein gebrochner Mann
> Und denke an mein Liebchen:
> Ach hätt ichs nie getan!

Auch sonst finden sich Zutaten; so beginnt das Lied in Hettenleidelheim:

> Disburg ist ein Städtchen,
> Es liegt so nah am Rhein,
> So manches junge Mädchen
> Soll dort begraben sein.
> Dort liebt ich einst ein Mädchen usw. wie oben.

Vgl. hiezu Erk=Böhme III Nr. 1416. In dem gleichen Orte klingt das Lied aus mit der unserm Liede „Wer lieben will, muß leiden" entlehnten Strophe: Hätt ich dich nicht gesehen, Wie glücklich könnt ich sein 2c.

Lit. Köhler=Meier Nr. 265. — Marriage Nr. 39. — Krapp Nr. 150. — Auch in Württemberg, Magdeburg, Westpreußen bekannt s. Marriage S. 75. Das Lied ist noch nicht alt und hat sich, wie mir versichert wird, an manchen Orten erst vor etwa 15 Jahren eingebürgert. In älteren geschriebenen Liederbüchern fehlt es. Dem Liede soll eine wirkliche Begebenheit zu Grunde liegen, die sich in Straßburg zugetragen hat.

---

15. Die Kindsmörderin.

1. Ach Josef, ach Josef,
   Was hast du gemacht?
   Du hast die schöne Anna
   Ins Unglück gebracht.

2. Die schöne Anna wird hinausgeführet
   Auf einen freien Platz,
   Dort mußt ihr Blut spritzen
   Rosenrot und kohlschwarz.

3. Der Affenterich*) kam geritten,
   Er lächelte schon:
   Haltet ein die schöne Anna,
   Ich bring ihr Pardon!

4. Die schöne Anna ist hingerichtet,
   Sie ist ja schon tot,
   Ihren Geist hat sie aufgegeben,
   Ihre Seel ist bei Gott.

(Jede Strophe wird beim Singen vollständig wiederholt.)

Aus Ilbesheim (geschriebenes Liederbuch 1892).

Lit. Erk=Böhme I Nr. 56 a—e. — Wunderhorn S. 433. — Mittler Nr. 65. — Jungbrunnen Nr. 38. — Krapp Nr. 58. — Wolfram Nr. 65. — Müller S. 97. — Pröhle S. 17. — Böckel, Handbuch S. 184 f. — Weitere Literatur s. Erk=Böhme I S. 185.

*) Entstellt aus „Fähnrich".

16. Verführte und Kindsmörderin.

Aus Lingenfeld.

Komm her, lieb Mann-chen, komm her zu mir, komm her, Du Fei-ne, ich ra-te Dir, komm her, Du Fei-ne, ich ra-te Dir!

1. Komm her, lieb Nannchen, komm her zu mir!
   [: Komm her, du Feine, ich rat es dir! :]
2. Und als dreiviertel Jahr verflossen sind,
   [: Da hat sie geboren ein kleines Kind. :]
3. Sie sprang mit dem Kinde dem Wasser zu:
   [: Hier sollst du schlafen in süßer Ruh! :]
4. Ihr Mädchen alle, nehmt euch in acht,
   [: Seht, was die Liebe für Sorgen macht! :]
5. Ihr Männer alle, grabt euch ein Grab
   [: Und stürzt euch selber in die Gruft hinab! :]
6. Die Rose verwelkt, der Staub zerfällt,
   [: Aber unsere Liebe die nimmt kein End. :]

Aus Abenbach, Dudenhofen, Duttweiler, Göcklingen, Hinterweidenthal, Lemberg, Lingenfeld.

Anfang auch: Komm her, schön Ännchen (Dudenhofen). 1, 2 Komm her, schönes Nannchen, ich rat es dir (Lemberg). 3, 1 Sie nahm das Kindlein und sprang dem Weiher zu (Lemberg). 4, 2 Daß ihr in der Jugend keinen Fehltritt macht (Duttweiler). 5, 1 u. 2 Ihr Männer alle, macht mir ein Grab, Denn ich stürz mich selber in die Gruft hinab (Dudenhofen). 6, 1 Das Laub zerfällt (Göcklingen). 6, 2 Aber unsere Liebe steht ewig fest (Duttweiler).

Lit. Böckel Nr. 54. — Aumer Nr. 169. — Köhler-Meier Nr. 138. — Wolfram S. 480 (Ach Hannchen ꝛc.)

17a. Die verkaufte Müllerin.

1. Es wollt ein Müller früh aufstehn,
   Wollt in den Wald spazieren gehn,
   Auf die Wanderschaft wollte er ziehn.

2. Und als er in den Wald hinein kam,
   Drei Mörder ihm entgegenkamen,
   Drei Mörder und drei Räuber.

3. Guten Tag, guten Tag, Herr Müller mein,
   Habt ihr kein schwangeres Weibelein?
   Wir wollens ihm teuer abkaufen.

4. Der Erste zog sein Beutel raus,
   Dreihundert Taler zog er raus
   Fürs Müller seines Weibchens.

5. Da dacht der Müller in seinem Sinn:
   Es ist kein Geld für Weib und Kind,
   Mein Weibchen ist mir lieber.

6. Der Zweite zog sein Beutel raus,
   Sechshundert Taler zog er raus
   Fürs Müller seines Weibchens.

7. Der Müller dacht in seinem Sinn:
   Das ist kein Geld für Weib und Kind,
   Mein Weibchen ist mir lieber.

8. Der Dritte zog sein Beutel raus,
   Neunhundert Taler zog er raus
   Fürs Müller seines Weibchens.

9. Da dacht der Müller in seinem Sinn:
   Das ist schön Geld für Weib und Kind,
   Mein Weiblein sollt ihr haben.

10. Und als der Müller nach Hause kam,
    Sein Weibchen ihm entgegenkam
    Mit ihren schwarzbraunen Augen.

11. Guten Tag, guten Tag, schöns Weiblein mein,
    Du sollst gleich kommen in den Wald hinein,
    Dein Vater liegt am Sterben.

12. Und als sie in den Wald hinein kam,
    Drei Mörder ihr entgegenkamen,
    Drei Mörder und drei Räuber.

13. Guten Tag, guten Tag, schöns Weibelein,
    Seid ihrs dem Müller sein Weibelein,
    Das wir so teuer erkaufet?

14. Der Erste zog sein Mantel aus,
    Der Zweite legt sie schon darauf,
    Der Dritt wollt sie aufschneiden.

15. Ach, laßt mir noch dreieinzigen Schrei,
    Gott Vater, Sohn und heilger Geist!
    Mein Bruder ist ein Jäger.

16. Wenn dein Bruder ein Jäger ist,
    Er schießt viel Reh und wilde Hirsch,
    Dort droben in jenen Wäldern.

17. Still, Hündelein, still, Hündelein,
    Ich höre meiner Schwester Stimmelein schrein
    Dort droben auf jenem Berge.

18. Und als er auf den Berg' naufkam,
    Seine Schwester an dem Baume hang,
    Ein Ritzer hat sies im Leibe.

19. Den Ersten haben die Hunde zerrissen,
    Den Zweiten hat er totgeschossen,
    Den Dritten hat er erstochen.

Aus Dudenhofen.

17b. Die verkaufte Müllerin.

1. Es ging ein Müller wohl übers Feld,
   Der hat einen Beutel und doch kein Geld,
   Er wird es wohl bekommen.

2. Und als der Müller in den Wald nein kam,
   Drei Räuber ihm entgegenkamen,
   Drei Mörder und drei Räuber.

3. Ach Müller, liebster Müller mein,
   Habt ihr ein schlankes (!) Weibelein?
   Wir wollens euch teuer abkaufen.

4. Der Erste zog den Beutel heraus,
   Dreihundert Taler zahlt er gleich
   Dem Müller für sein Weibchen.

5. Da dacht der Müller in seinem Sinn:
   Dreihundert Taler sind nicht viel,
   Mein Weibchen ist mir lieber.

6. Der Zweite zog den Beutel heraus,
   Sechshundert Taler zahlt er gleich
   Dem Müller für sein Weibchen.

7. Da dacht der Müller in seinem Sinn:
   Sechshundert Taler sind nicht viel,
   Mein Weibchen ist mir lieber.

8. Der Dritte zog den Beutel heraus,
   Neuntausend Taler zahlt er drauf
   Dem Müller für sein Weibchen.

9. Da dacht der Müller in seinem Sinn:
   Neuntausend Taler sind schon viel,
   Mein Weibchen sollt ihr haben.

10. Und als der Müller nach Hause kam,
    Sein Weibchen hinter dem Ofen stand
    Mit ihren schwarzbraunen Äuglein.

11. Ach Weibchen, liebes Weibelein,
    Du mußt jetzt in den Wald hinein,
    Dein Vater liegt am Sterben.

12. Und als das Weibchen in den Wald nein kam,
    Drei Räuber ihr entgegenkamen,
    Drei Mörder und drei Räuber.

13. Guten Tag, guten Tag, lieb Weibelein,
    Seid Ihr des Müllers Weibelein,
    Das wir haben so teuer gekaufet?

14. Ach Gott, hat dies mein Mann getan,
    Er soll keinen Teil am Himmel han,
    Im Himmel und auf Erden!

15. Ach Gott, wenn das meine Mutter wüßt,
    Die ja schon längst gestorben ist,
    Die tät sich ja verrauen!*)

16. Ach Gott, wenn das mein Vater wüßt,
    Der in dem Wald Holzhauer ist,
    Der tät sie all erschlagen.

---

*) sich verrauen = sich zu Tod grämen.

17. Ach Gott, wenn das mein Bruder wüßt,
Der in dem Wald der Jäger ist,
Der tät sie all erschießen.

18. Und als sie das Wort gesprochen hat,
Ihr Bruder aus dem Wald rauskam
Und hat sie all erschossen.

Aus Ebertsheim. Mit dem gleichen Anfang wird das Lied auch aus Haßloch und Lachen gemeldet.

Lit. Erk-Böhme I Nr. 58 a—e. — Wunderhorn S. 148 (Abdruck aus „Musikalisches Kunstmagazin" von J. F. Reichhardt 1782 l. Bd. S. 100). — Simrock Nr. 36. — Mündel S. XII (Alsatia 1851). — Tobler I S. CVII. — E. Meier S. 403 Nr. 233. — Bender Nr. 152. — Krapp Nr. 111. — Böckel Nr. 67. — Lewalter II Nr. 33. — Wolfram Nr. 43. — Ditfurth II Nr. 40. — Becker Nr. 15. — Schmitz S. 161 Nr. 2. — Köhler-Meier Nr. 19. — Müller S. 82. — Rösch S. 85. — Fiedler S. 143 Nr. 3. — Meinert S. 111. — Parisius Nr. 14. — Hruschka S. 127 N. 36. — Hauffen S. 283 Nr. 68. — Böckel, Handb. S. 186 ff.

Weitere Literatur über das Lied und den demselben zu Grunde liegenden Aberglauben s. bei Erk-Böhme I S. 198—201, Köhler-Meier S. 374. Der Glaube, daß die Finger ungeborener, aus dem Mutterleib geschnittener, oder auch ungetauft gestorbener Kinder den Träger unsichtbar machen, ist weit verbreitet, auch in der Pfalz. So schreibt Schandein 1867 in der Bavaria Bd. IV Abt. 2 S. 347: „Der Finger eines ungetauft verstorbenen Kindleins soll unsichtbar machen, so daß noch vor 40—50 Jahren bei Speyer der Kirchhof bewacht werden mußte." Vgl. auch Lewalter II S. 64—66.

Schon im Jahre 1596 liegt auf einem flieg. Blatt ein Lied vor, das in in 29 Strophen erzählt, wie ein Wirt seine schwangere Frau um 300 Gulden an Mörder verkauft, wie jedoch ein Förster dazu kommt und sie rettet. Nach dem erwähnten fl. Bl. liegt dem Lied eine wirkliche Begebenheit zu Grunde, die sich am 6. Januar 1596 in Kirchheimbolanden zugetragen hat („Bastian Schönmundt genandt, in ein Flecken Kirchenboland wohnhafftig gewesen, wie er sein Ehelich Weib, so schwanger Leibs gewesen, dreyn Mördern verkaufft" 2c.). Erk-Böhme I S. 199.

---

18. Das Schloß in Oesterreich.

Aus Burrweiler.

In Oesterreich steht ein schö-nes Schloß, ein wun-der-
schöns Ge-bäu-de, von Sil-ber und von E-del-stein in
Mar-mor aus-ge-hau-en.

1. In Östreich steht ein schönes Schloß,
   Ein wunderschöns Gebäude,
   Von Silber und von Edelstein,
   In Marmor ausgehauen.

2. Darinnen liegt ein stolzer Knab
   Von zweiundzwanzig Jahren
   Sechs Klafter tief wohl unter der Erd
   Bei Kröten und bei Schlangen.

3. Die Mutter zu dem Richter ging:
   Schenkt meinem Sohn das Leben!
   Sechstausend Taler geb ich Euch,
   Schenkt meinem Sohn das Leben!

4. Sechstausend Taler ist kein Geld;
   Euer Sohn und der muß sterben.
   Euer Sohn der trägt eine goldene Kett,
   Die bringt ihn um sein Leben.

5. Und trägt mein Sohn eine goldene Kett,
   Hat er sie nicht gestohlen;
   Sein Liebchen hat sie ihm verehrt
   Und dabei Treu geschworen.

6. Und als man ihn zum Richtplatz führt
   Mit zugebundenen Augen:
   Ach, bindet mir die Augen auf,
   Daß ich die Welt anschaue!

7. Und als er zu der Rechten sah (sieht),
   Sah er sein Vater stehen:
   Ach Sohn, ach Sohn, allerliebster Sohn,
   Muß ich Dich sterben sehen!

8. Und als er zu der Linken sah (sieht),
   Sah er sein Liebchen stehen;
   Sie reicht ihm ihre schneeweiße Hand:
   Im Himmel sehen wir uns wieder!

Aus **Asselheim, Alsheim, Bischheim, Burrweiler, Eßweiler, Forst, Frankenthal, Glashütte, Grünstadt, Hofstätten, Insheim, Jettenbach, Kaiserslautern, Katzenbach, Landau, Maßweiler, Maudach, Mörlheim, Niederhausen, Nußbach, Peppenkum, Pirmasens, Rammelsbach, Ranschbach, Rieschweiler, Roßbach, Schaidt, Theisbergstegen, Utweiler, Wallhalben, Walsheim, Weingarten, Winden, Winterbach, Würzweiler, Zweibrücken.** Eines der verbreitetsten und beliebtesten Volkslieder der Pfalz.

Andere häufige Anfänge: Zu Östreich stand ein schönes (hohes, großes, stolzes) Schloß. — In Österreich steht ein großes Haus. — Es stand ein Schloß in Österreich. In Frankreich steht ein schönes Schloß. — Zu Straßburg stand ein schönes Schloß. — In Schleswig-Holstein steht ein Haus.
2, 1 Darinnen wohnt ein stolzer Graf (Weingarten). 3, 1 Die Mutter ging vors Hauptmanns Haus (Insheim). 3, 2 Bat um des Sohnes Leben (Zweibrücken). 4, 3 Euer Sohn der trug einen goldnen Ring (Winden). 4, 4 Die bringt ihn ins Verderben (Insheim). 5, 1 u. 2 Und wenn mein Sohn ein Ringlein trug, So ist es nicht gestohlen (Winden). 6, 1, Und als man ihn zum Galgen führt (Zweibrücken). 6, 3 Ach öffnet mirs die Augen auf (oft). Macht mir nochmals die Augen auf (Zweibrücken). 6, 4 Daß ich die Welt kann (mag) schauen (oft). 7, 2 Sah er

seine Mutter weinen (Pirmasens). 8, 2 Sah er seine Liebste weinen (Theisbergstegen). 8, 3 Er reichet ihr die schneeweiße Hand (Hofstätten). Komm, reich mir die schneeweiße Hand (Zweibrücken). 8, 4 Wir werden uns wiedersehen (Zweibrücken). Es gibt ein Wiedersehen (Weingarten).

Lit. Erk-Böhme I Nr. 61 a—f. — Wunderhorn S. 149. — Simrock Nr. 26. — Böckel, Handbuch S. 135 f. — Marriage Nr. 7. — Meisinger S. 62. — Glock S. 29. — Krapp Nr. 89. — Böckel Nr. 28. — Köhler-Meier Nr. 4. — Becker Nr. 2. — Wolfram Nr. 44. — Fiedler S. 172 Nr. 12. — Hoffmann Nr. 8 — Meinert S. 53. — Treichel Nr. 1. — Frischbier Nr. 16. — Weiteres über die Geschichte und Verbreitung des Liedes vom unschuldig hingerichteten Knaben s. Erk-Böhme I S. 207 ff., Marriage S. 19.

Eine Umbildung dieses Liedes ist das Lied „Der gefangene Schüler", das Erk im Jahre 1860 aufzeichnete; es wurde ihm von einer aus **Bergzabern** stammenden Webersfrau vorgesungen; s. den Wortlaut desselben bei Erk-Böhme I Nr. 61 g.

19a. Der Gefangene.

Aus Frankenthal.

Es wa-ren drei Kna-ben, ein jung-frisch Blut, für-wahr ein jung-frisch Blut, und der ei-ne war durch-ge-gang-en, und sein Kö-nig hat ihn ge-fang-en, ge-fang-en hat er ihn.

1. Es waren drei Knaben, ein jungfrisch Blut,
Fürwahr ein jungfrisch Blut;
Und der eine war durchgegangen,
Und sein König hat ihn gefangen,
Gefangen hat er ihn.

2. Ach, wenn das meine Eltern wüßten,
Daß ich gefangen bin,
Ein Brieflein würden sie mir schreiben
Von der Herzallerliebsten und der Meinen,
Ja schreiben würden sie mir bald.

3. Und als das Mädchen dies erfuhr,
Da war sie tränenvoll;
Da ging sie unter Klagen, unter Weinen
Nach Frankfurt über den Mainen
Bis vors Gefangenenhaus.

4. Ach Hauptmann, lieber Hauptmann mein,
   Eine Bitt hab ich an Sie:
   [: Den Gefangenen den sollen Sie mir schenken, :]
   Ja schenken sollen Sie mir ihn.

5. Ach Mädchen, liebes Mädchen mein,
   Deine Bitt kann nicht geschehen.
   [: Der Gefangene und der muß sterben, :]
   Ja sterben muß er bald.

6. Da zog sie aus ihrer Tasche heraus
   Ein Ring von feinstem Gold:
   [: Nimm ihn hin, du Hübscher, Feiner, :]
   Das soll dein Denkmal sein.

7. Was soll ich mit deinem Ringlein tun,
   Wenn ichs nicht tragen darf?
   Leg es hin in Kisten und in Kasten,
   Laß es liegen, laß es ruhen, laß es rasten,
   Bis der Tod ein Ende macht.

8. Da zog sie aus ihrer Tasche heraus
   Ein Tüchlein, kreid=, schneeweiß:
   Nimm es hin, du Hübscher und du Feiner,
   Du Herzallerliebster und du Meiner,
   Trockne ab den kalten Schweiß!

Aus Speyer und Umgebung.

19b. Der Gefangene.

Aus Eschenau.

1. Was wird mein Vater und meine Mutter sagen,
   Wenn ich gefangen bin!
   [: Ein Brieflein täten sie mir schreiben, :]
   Ja schreiben täten sie mir ihn.

2. Das Mädchen schwingt sich um und um
   Und redt kein Wörtlein mehr.
   Mit Trauern und mit Weinen
   Zu Straßburg wohl über dem Rheine,
   Wohl vor des Hauptmanns Tür.

3. Ach Hauptmann, lieber Herr Hauptmann mein,
Eine Bitt hab ich an Sie:
Herr Hauptmann, Sie sollen es bedenken,
Einen Gefangenen sollen Sie mir schenken,
Ja schenken sollen Sie mir ihn.

4. Ach nein, ach nein, das kann nicht sein,
Das kann und darf nicht sein!
Ein Gefangener der muß sterben,
Gottes Reich muß er ererben,
Ja sterben muß er bald.

5. Was zog er aus der Tasch heraus?
Einen Ring von Gold so fein:
Nimm hin, du Hübsche, du Feine,
Du Herzallerliebste und Meine,
Nimm hin dies Ringelein.

6. Was tu ich mit dem Ringlein denn,
Den ich nicht tragen darf?
Leg ihn hin in Kisten und in Kasten,
Laß ihn liegen, laß ihn liegen, laß ihn rosten,
Bis du ihn tragen darfst!

Aus Eschenau.

Lit. Erk-Böhme I Nr. 65 a—f. — Wunderhorn S. 35. — Simrock Nr. 59. — Böckel, Handb. S. 164 ff. — Mittler Nr. 242. — Marriage Nr. 9. — E. Meier, S. 374 Nr. 214. — Tobler I S. 111 Nr. 22. — Krapp Nr. 103. — Böckel Nr. 106. — Wolfram Nr. 45. — Becker Nr. 5. — Reifferscheid Nr. 12. — Hoffmann Nr. 230. — Pröhle Nr. 16. — Frischbier Nr. 15. — Weitere Lit. s. bei Erk-Böhme I S. 233 ff. — Marriage S. 24 f. Ueber den Kern dieses Liedes, ein deutsches Rechtsaltertum (das Freibitten vom Tode durch Henkershand) s. Erk-Böhme I S. 234, Böckel S. XLVII—LVI.

20a. Die Linde im Tal.

Von. Dr. Zinßer in einem rheinisch-pfälz. Dorf aufgezeichnet.

Es steht ei-ne Lind im tie-fen Tal, ist o-ben breit und un-ten schmal, ist o-ben breit und un-ten schmal. Da-run-ter zwei Ver-lieb-te saßen, die vor lau-ter Lieb ihr Leid ver-gaßn vor lau-ter Lieb ihr Leid ver-gaßn.

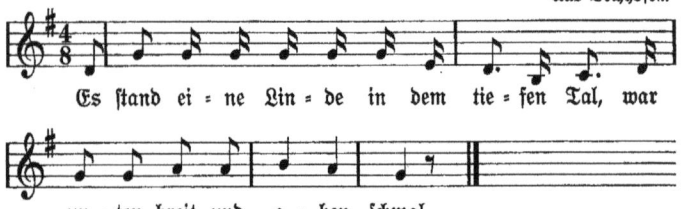

Es stand ei = ne Lin = de in dem tie = fen Tal, war un = ten breit und o = ben schmal.

1. Es stand eine Linde im tiefen Tal,
   [: War unten breit, war oben schmal. :]

2. Gestern bin ich geritten durchs grüne Holz,
   [: Da begegnete mir eine Jungfrau stolz. :]

3. Wohin, du Hübsche, du Feine,
   [: Und auch so ganz alleine? :]

4. Ist dir dein Vater oder Mutter krank,
   [: Oder hast du heimlich einen Schatz? :]

5. Mein Vater und Mutter die sind mir nicht krank,
   [: Und ich hab auch heimlich keinen Schatz. :]

6. Gestern bin ich geritten durch eine Stadt,
   [: Wo dein Feinsliebchen Hochzeit hat. :]

7. Wünschest du ihm auch viel Glück dazu?
   Ja, ich wünsch ihm so und so viel Glück dazu
   Als Sandkörnchen in dem Meere sein.

8. Hättest du ein Schwur oder Fluch getan,
   [: So wär ich geritten eine Stund davon. :]

9. Was zog er von seinem Fingerlein?
   [: Ein Ring von rotem Gold so fein. :]

10. Er warf das Ringlein in ihren Schoß,
    [: Sie weint, sie weint, daß das Ringlein floß. :]

11. Was zog er aus seiner Tasche?
    [: Ein Tuch, war schneeweiß gewaschen. :]

12. Trockne ab, trockne ab deine Äugelein,
    [: Uebers Jahr, übers Jahr sollst du mein eigen sein! :]

Aus Adenbach.

20b. Die Linde im Tal.

1. Es stand eine Linde im tiefen Tal,
   War oben breit und unten schmal.

2. Es ritt ein Reiter durch das hohe Holz,
   Da begegnete ihm ein Mädchen stolz.

3. Und er fragt das Mädchen so hübsch und fein:
   Wo gehst du denn hin so ganz allein?

4. Ist dir dein Vater oder deine Mutter gram,
   Oder hast du heimlich einen Mann?

5. Mir ist nicht Vater und nicht Mutter gram,
   Auch hab ich heimlich keinen Mann.

6. Gestern warens drei Wochen über sieben Jahr,
   Daß mein Feinsliebchen ausgewandert war.

7. Da war ich gestern in der großen Stadt,
   Wo dein Feinsliebchen seine Hochzeit hatt.

8. Was zog er von seinem Fingerlein?
   Ein Ring von rotem Golde fein!

9. Und er warf ihr das Ringlein in den Schoß,
   Und sie weinte, daß das Ringlein floß.

10. Was zog er aus seiner Taschen?
    Ein Tuch, war schneeweiß gewaschen.

11. Trockne ab, trockne ab deine Augelein,
    Uebers Jahr sollst du wieder mein eigen sein!

Aus Bechhofen, Bosenbach, Katzenbach, Wallhalben.
Anfang auch: Stand eine Lind im tiefen Tal.

20c. Die Linden im Tal.

Aus Hofstätten.

Es stan=den zwei Lin=den im tie=fen Tal, die
wa=ren o=ben breit und un=ten schmal.

1. Es standen zwei Linden im tiefen Tal,
   Die waren oben breit und unten schmal;

2. Darunter zwei Liebchen saßen,
   Die Leid und Freud vergaßen.

3. Der eine sprach zu der andern:
   Ich muß noch sieben Jahr wandern.

4. Und als die sieben Jahr um waren,
   Da ging sie in den Garten,
   Um ihren Geliebten zu erwarten.

5. Sie setzte sich hinter das grüne Holz,
   Da kam ein Reiter geritten stolz.

6. Guten Tag, du Hübsche, du Feine,
   Warum sitzest du hier alleine?

7. Ist vielleicht dein Vater oder Mutter krank?
   Oder hast du heimlich einen Mann?

8. Mir ist mein Vater und meine Mutter nicht krank,
   Ich hab auch heimlich keinen Mann.

9. Gestern wars drei Wochen und sieben Jahr,
   Daß mein Herzallerliebster bei mir war.

10. Gestern ritt ich durch jene Stadt,
    Da hat dein Herzliebster Hochzeit gehabt.
11. Was würdest du ihm wünschen an,
    Weil er nicht mehr hat an dich gedacht?
12. Ich wünsche ihm soviel Bestes,
    Soviel der Wald trägt Näste*).
13. Ich wünsche ihm soviel Ehre,
    Soviel als Sand im Meere.
14. Ich wünsch ihm soviel Kindelein,
    Soviel als Engel im Himmel sein.
15. Ich wünsch ihm soviel gute Nacht,
    Weil er nicht mehr an mich gedacht.
16. Hättest du ein Schelter oder Fluch getan,
    So wär ich gleich geritten davon.
17. Was zog er aus seiner Tasche?
    Ein Tuch schneeweißer Wäsche:
18. Trockne ab, trockne ab deine Äugelein,
    Von heut an sollst du meine Braut wieder sein!

Aus Hofstätten.

20d. Die Linde im Tal.

1. Es stand eine Lind im tiefen Tal,
   Ist oben breit und unten schmal,
   Darunter saß ein verliebtes Paar,
   Das in der größten Trauer war.

2. Dem Mägdlein fiel der Abschied schwer,
   Der Bube weinte auch so sehr;
   Er versprach ihr nun ganz treu zu sein
   Bis auch in alle Ewigkeit.

3. Er führte sie von hier nun fort,
   Er zeigte ihr ein andern Ort:
   Hier kannst du warten sieben Jahr,
   Dann bin ich von der Fremde da.

4. Sie ging nun täglich in den Wald,
   Ob ihr Geliebter wird kommen bald.
   Und als die sieben Jahr um waren,
   Flocht sie Vergißmeinnicht ins Haar.

Aus Ludwigshafen.

Lit. Erk-Böhme I Nr. 67a—f. — Wunderhorn S. 44. — Böckel, Handb. S. 146 ff. — Simrock Nr. 84 und 85. — E. Meier S. 287 Nr. 163. — Bender Nr. 4. — Marriage Nr. 4. — Krapp Nr. 91. — Ditfurth II Nr. 25. — Wolfram Nr. 22. — Köhler-Meier Nr. 117. — Becker Nr. 1. — Schmitz S. 161 Nr. 7. — Zurmühlen Nr. 34. — Reifferscheid Nr. 13. — Fiedler S. 147 Nr. 4. — Rösch S. 69. — Pröhle Nr. 18. — Hoffmann Nr. 22. — Meinert S. 243. — Treichel Nr. 3. — Frischbier Nr. 3. — Hruschka S. 87 Nr. 1. — Über die Geschichte und Verbreitung dieses Liedes, das bis in das 15. Jahrhundert zurückgeht, f. Erk-Böhme I S. 243 ff. Marriage S. 13 f.

*) = Äste.

21. Der Matros und sein Lieb.

Aus Rheingönheim.

Es wollt sich ent-schlei-chen ein stol-zer Ma-tros, wollt fah-ren ü-ber den Rhein, da be-geg-net ihm auf der Stra-ße ein Mäd-chen so hübsch und so fein, da be-geg-net ihm auf der Stra-ße ein Mäd-chen so hübsch und so fein.

NB. Vgl. den Anfang des Liedes mit der Weise „Ein liebliches Mädchen, ein jung frisch Blut"!

1. Es wollte einst reisen ein junger Matros,
   Wollt reisen wohl über den Rhein,
   Da begegnete ihm auf der Reise
   Ein Mädchen so hübsch und so fein.

2. Willkommen, du schönes Mädchen hier!
   Willkommen, du junger Matros!
   Sie bot ihm gleich an zu trinken,
   So jung und so zart sie auch war.

3. Sie nahm das Glas in ihre Hand
   Und brachs in der Mitte entzwei:
   Mit diesem Glase da schwör ich dir
   Für ewig Liebe und Treu.

4. Was soll ich mit deiner Treue tun?
   Was soll ich denn fangen mit an?
   Du bist ein armes Mädchen
   Und ich bin ein junger Matros.

5. Daß ich ein armes Mädchen bin,
   Das sagen nicht alle die Leut.
   Matros, wenn du mich nicht haben willst,
   So ist schon ein andrer bereit.

6. Und als das Mädchen ins Dorf nein kam,
   Waren Vater und Mutter schon tot;
   Da war es das reichste Mädchen,
   Das in dem Dorfe wohnt.

7. Als das der junge Matros erfuhr,
　　Ging er zum Steuermann hin:
　　Ach Steuermann, lasset mich fahren
　　Zu meinem Feinsliebchen zurück.

8. Und als der Matros ins Dorf nein kam,
　　Da sah er ein wunderschönes Haus:
　　Feinsliebchen, wohnst du da drinnen,
　　So schau doch noch einmal heraus.

9. Was sagtest du einst, du junger Matros,
　　Als ich dir die Treue anbot?
　　Da war ich ein armes Mädchen
　　Und du warst ein junger Matros.

10. Ach Mädchen, wenn du mich nicht haben willst,
　　So sprich nur ein einziges Wort,
　　Da zieh ich meine schneeweißen Hosen an
　　Und eile zurück auf mein Boot.

11. Sie nahm das Glas in ihre Hand
　　Und füllt es mit rotglühendem Wein:
　　Nimm hin, nimm hin, du junger Matros,
　　Ich bin dein und du bist mein!

Aus Grünstadt und Umgebung, Kaiserslautern, Neuhofen, Ramberg, Rheingönheim.

Anfang auch öfters: Es wollt einmal reisen ein junger (stolzer) Matros. Es wollt sich entschleichen ein stolzer Matros (s. die Singweise). 3, 3 und 4 Da hast du meine Treue, Bist mein und ich bin dein (Grünstadt). 5, 2 Das sagen all die Leut (Ramberg).

Str. 8 als Schlußstrophe in Ramberg:

　　Und als der Matros ins Dorf nein kam,
　　Feinsliebchen stand unter der Tür:
　　Matrose, wenn du mich jetzt haben willst,
　　So komm und schlafe bei mir.

Lit. Erk-Böhme I Nr. 69. — Müllenhoff, Sagen, Märchen und Lieder der Herzogtümer Schleswig-Holstein, Kiel 1845, S. 491.

22a. Graserin und Jäger.

1. Es wollte ein Mädchen grasen gehn,
　　Achtzehn Jahr erst alt,
　　Da begegnet ihr ein Jäger
　　Und bat sie um die Hand.

2. Ach Jäger, liebster Jäger,
　　Ich habe ja noch gar kein Gras;
　　Ich habe gar so närrische Mutter,
　　Die schlägt mich jeden Tag.

3. Hast du so närrische Mutter,
　　Schlägt sie dich jeden Tag,
　　So schneide dir in den Finger
　　Und sage, du hättest gegrast.

4. Ach Jäger, ach liebster Jäger,
   Das steht mir ja nicht an,
   Viel lieber will ich sagen,
   Der Jäger will mich haben.

5. Ach Mutter, ach liebste Mutter,
   Der Jäger will mich haben.
   So packe deine Kleider zusammen
   Und schaff dich mit ihm fort.

6. Ach Mutter, ach liebste Mutter,
   Meine Kleider sind nicht viel;
   Gib du mir tausend Taler,
   So kauf ich mir was ich will.

7. Ach Tochter, liebste Tochter,
   Tausend Taler ist gar nicht viel;
   Hätt dein Vater nicht alles versoffen
   Bei Karten- und Würfelspiel.

Aus Marienthal, Mittelbrunn, Seyweiler.

22b. Graserin und Jäger.

1. Es ging ein Mädchen grasen
   Wohl in den grünen Klee,
   Sie graste nichts als Blumen,
   Den Klee den läßt sie stehn.

2. Da kam ein stolzer Jäger
   Mit einem goldnen Ring,
   Den will er mir verehren,
   Weil ich sein Liebchen bin.

3. Ach Mutter, liebste Mutter,
   Gib mir ein guter Rat,
   Der Jäger ist mir lieber
   Als all mein Gut und Hab.

4. Ach Tochter, liebste Tochter
   Dein Rat der ist nicht gut:
   Nimm du deine Kleider zusammen
   Und pack dich mit ihm fort.

5. Ach Mutter, liebste Mutter,
   Meine Kleider sind auch nicht viel,
   Gib du mir tausend Taler,
   So kauf ich mir was ich will.

6. Ach Tochter, liebste Tochter
   Die Taler sind auch nicht viel,
   Dein Vater hat sie verloren
   Bei Kart- und Würfelspiel.

7 Hat sie mein Vater verloren
   Bei Kart- und Würfelspiel,
   So hilf mir Gott mir Armen,
   Weil ich seine Tochter bin.

Aus Glashütte, Lemberg, Rieschweiler, Robalben.

An letzterem Orte mit folgenden Abweichungen: 3, 2 Gib du mir¾ einen Rat. — 4, 1 und 2 Ist dirs der Jäger lieber Als all dein Hab und Gut. — 6, 2 Tausend Taler ist zu viel. — 6, 3 Dein Vater hat alles „erloschen" (entstellt aus „verrauschet", wie die älteren Texte haben). — Und hats mein Vater erloschen. — 7, 3 So soll sich Gott erbarmen.

22c. Graserin und Jäger (Nonne).

1. Es wollt ein Mädchen grasen gehn,
   Wohl grasen in den Wald,
   Da begegnet ihr ein Jäger,
   Der lange sie aufhalt.

2. Ja lange mich aufhalten,
   Da bekomm ich ja kein Gras.
   Hab gar eine strenge Mutter,
   Die schlägt mich alle Tag.

3. Hast du wohl eine strenge Mutter,
   Schlägt sie dich alle Tag,
   So schneid dir in den Finger
   Und sag, du bekämst kein Gras.

4. Wie sollt ich meine Mutter belügen!
   Das kann und darf nicht sein.
   Viel lieber will ich sagen,
   Der Jäger der ist mein.

5. Wärst du wohl reich an Gütern,
   Heiraten würd ich dich.
   Eine kleine Weile will ich dich lieben,
   Heiraten aber nicht.

6. Und bin ich dir nicht reich genug,
   So bin ich doch ehrlich und fromm,
   Will gehen in ein Kloster,
   Will werden eine Nonn.

7. Des Nachts wohl um die halbe Nacht,
   Da träumts dem Jäger schwer,
   Als ob seine Herzallerliebste
   In ein Kloster gegangen wär.

8. Er tat seinen Knecht aufwecken:
   Sattel mir und dir ein Pferd,
   Wir wollen einen Weg durchreisen,
   Der Weg ist reisenswert.

9. Und als sie vor das Kloster kamen,
   Eine Nonne, die schaut heraus:
   Ist drin meine Herzallerliebste,
   Sie soll mal kommen heraus.

10. Hinaus kann sie nicht kommen,
    Zur Nonn ist sie bereit,
    Ihr Haar ist abgeschnitten,
    Sie trägt ein Nonnenkleid.

11. Und als der Jäger die Worte vernahm
    Da schwang er sein Pferd herum,
    Der Jäger fing zu weinen an,
    Daß sein Herz in Stücke zersprang.

Aus Wallhalben.

22d. Das Mädchen und der Zigarrenmacher.

1. Ach Mutter, liebe Mutter,
Geben Sie mir einen Rat,
[: Denn es lauft mir jeden Morgen
Ein lustiger Zigarrenmacher nach, ja, ja. :]

2. Ach Tochter, liebe Tochter,
Den Rat den geb ich dir:
[: Laß du den Zigarrenmacher laufen,
Bleibe noch zwei Jahr bei mir, ja, ja. :]

3. Ach Mutter, liebste Mutter,
Der Rat der ist nicht gut.
[: Der Zigarrenmacher ist mir lieber
Als mein Hab und mein Gut, ja, ja. :]

4. Ist dir der Zigarrenmacher lieber
Als all dein Hab und Gut,
[: Ei so packe deine Kleider zusammen
Und scher dich aus meim Haus, ja, ja. :]

5. Ach Mutter, liebste Mutter,
Der Rat der ist nicht gut.
[: Geben Sie mir tausend Taler,
So hab ich, was ich will, ja, ja. :]

6. Ach Tochter, liebste Tochter,
Tausend Taler sein viel;
[: Denn dies hat dein Vater verbrauset
Beim Kart= und Würfelspiel, ja, ja. :]

7. Hat dies mein Vater verbrauset
Beim Kart= und Würfelspiel,
[: Ei so solle sich Gott erbarmen,
Daß ich seine Tochter bin, ja, ja. :]

Aus Winden (geschriebenes Liederbuch 1870).

22e. Die Graserin und der Soldat.

Aus Rodenbach.

Es wollt ein Mäd=chen gra=sen gehn wohl in den grü=nen Klee, da be=geg=ne=te ihm ein Rei=ter ein schö=ner Schwo=le=schee Ju=he! =schee.

In Steinwenden nach der Melodie: Es welken alle Blätter!

1. Es ging ein schwarzbraunes Mädchen
   Wohl alle Tag ins Gras;
   Es streicht ihr alle Morgen
   Ein schöner Soldat nach.

2. Der Soldat streut sein Mantel
   Über das grüne Gras;
   Er läßt dem Mädchen keine Ruh,
   Bis sie sich zu ihm saß.

3. Was soll ich mich denn setzen?
   Ich hab ja noch kein Gras;
   Ich hab eine arge Mutter,
   Sie schlägt mich jeden Tag.

4. Hast du eine arge Mutter,
   Schlägt sie dich alle Tag,
   So verbind dirs dein Finger
   Und sag, er wär dir ab.

5. Meine Mutter zu belügen,
   Das wär mir eine Schand;
   Viel lieber will ich sagen:
   Der Soldat will mich haben.

6. Ist dir der Soldat lieber
   Als all dein Hab und Gut,
   So nehme deine Kleider
   Und streiche nach ihm zu.

7. Ach Mutter, meine Kleider,
   Meine Kleider sind nicht viel.
   Geben Sie mir tausend Taler,
   So kauf ich was ich will.

8. Ach Tochter, tausend Taler,
   Tausend Taler sind nicht viel.
   Dein Vater hat viel verrauschet
   Beim Würfel= und Kartenspiel.

Aus Steinbach (geschrieb. Liederb. 1859).

22f. Das Mädchen und der Soldat.

1. Ach Schönste, Allerschönste,
   Was redet man von dir?
   Ich hab gehört, du wollst heiraten,
   Wollst lassen ab von mir, juchhe
   Ich hab gehört, du wollst heiraten,
   Wollst lassen ab von mir.

2. Ach Mutter, liebste Mutter,
   Geb Sie mir einen Rat:
   Es steht mir allfrüh morgens
   Ein stolzer Soldat nach.

3. Ach Tochter, liebste Tochter,
   Den Rat den geb ich dir:
   Laß du den Soldat laufen,
   Bleib noch zwei Jahr bei mir.

4. Ach Mutter, liebste Mutter,
   Der Rate ist nicht gut;
   Der Soldat ist mir lieber
   Als Sie und all Ihr Gut.

5. Wenn dir der Soldat lieber ist,
   Als ich und all mein Gut,
   So pack zusammen deine Kleider
   Und lauf dem Soldat nach.

6. Ach Mutter, liebste Mutter,
   Meine Kleider sind nicht viel;
   Geb Sie mir tausend Taler,
   Kann ich kaufen was ich will.

7. Ach Tochter, liebste Tochter,
   Des Geldes hab ich nicht;
   Dein Vater hat alles verrauschet
   Bei Würfel= und Kartenspiel.

8. Jetzt hab ich noch drei Kreuzer,
   Die gehören mein und dein,
   Die wollen wir versaufen
   An lauter Bier und Wein.

9. Und wenn mein Vater alles verrauschet hat
   An lauter Bier und Wein,
   So dank ich Gott dem Herren,
   Daß ich ein Mädchen bin.

10. Wär ich als Prinz geboren,
    So zög ich in das Feld,
    Ließ ich den Trompeter schlagen
    Wohl um das bayerisch Geld.

Aus Verschweiler=Wiesweiler am Glan (geschr. Liederb. 1845).

───◆───

22g. Das Goldringelein.

1. Es wollt ein Jäger jagen
   Mit seinem Goldringlein;
   Er jaget alle frühe Morgen,
   Sobald die Sonn erscheint.

2. Und wie er heime kam,
   Stands Liebchen unter der Tür:
   Da, da, mein Herzallerliebste,
   Nimm du den Ring von mir!

3. Wann dich dein Mutter tut fragen,
   Wo du den Ring hast kriegt,
   So sag, du hast ihn funden
   Im Gras und grünen Klee.

4. Soll ich mein Mutter belügen?
   Das steht mir übel an;
   Viel lieber will ich sagen,
   Der Jäger will mich han.

5. Ach Mutter, liebste Mutter,
   Gebt Ihr mir einen Rat:

Es geht mir alle früh Morgen
Ein stolzer Jäger nach.

6. Ach Tochter, liebste Tochter,
Den Rat den geb ich dir:
Laß du den Jäger jagen,
Bleib noch ein Jahr bei mir!

7. Ach Mutter, liebste Mutter,
Der Rat, der ist nicht gut;
Der Jäger ist mir lieber
Als euer Hab und Gut.

8. Ist dir der Jäger lieber
Als all mein Hab und Gut,
So nimm deine Kleider zusammen
Und scher dich mit ihm fort!

Aus Weidenthal (geschrieb. Liederb. 1827).

Lit. Erk-Böhme I Nr. 71a—h. — Wunderhorn S. 309. — Simrock Nr. 24. — Tobler II S. 207 Nr. 26. — Alsatia 1855 S. 170 Nr. 1. — E. Meier S. 331 ff. Nr. 185 und 186. — Birlinger S. 13 Nr. 12. — Krapp Nr. 77. — Ditfurth II Nr. 63 und 64. — Böckel Nr. 86. — Lewalter I Nr. 26. — Wolfram Nr. 21. — Becker Nr. 24. — Pröhle Nr. 87. — Hoffmann Nr. 235. — Meinert S. 199. — Peter I S. 235. Weitere Lit. s. bei Erk-Böhme I S. 252 ff.

Zu Lesart c vergleiche unser Lied von der Nonne „Ich stand auf hohem Berge". Das Mädchen wird von ihrem Geliebten verschmäht, weil sie nicht reich genug ist, und geht ins Kloster. Vergl. auch Köhler-Meier Nr. 326. Mit unsrer Lesart d hat gleichen Anfang die von Tobler mitgeteilte Fassung aus der Schweiz.

Die Lesart f hat die gleiche Einleitungsstrophe wie Ditfurth II Nr. 64. Vergl. zu dieser Strophe Erk-Böhme II Nr. 869a und unser Lied „Was hört man, was spricht man, schönes Schätzel, von dir?"

Die Lesart g bietet in der Einleitung eine Verquickung eines Jägerliedes mit dem Liede vom „Goldschmied" s. Erk-Böhme I Nr. 71 g.

23a. Grün und blau.

1. Wenn ich des Morgens früh aufsteh
Und die Sonn auf tut gehn,
Geh ich in den Wald hinein,
Begegnet mir ein Mädchen hier,
Das Blumen und Erdbeern pflückt.

2. Komm her, komm her zu mir, mein Kind,
Laß die Blumen und Erdbeern stehn.
Laß mich ein wenig disturiern
Und dir in die Äuglein sehn.

3. Ach nein, ach nein, mein lieber Jäger,
Das dürfest du ja nicht;
Denn meine Äuglein, die sind blau,
Denn ich hab gemeint, ein Jägersbu
Dürft nur ins Grüne schaun.

4. Ach nein, ach nein, mein liebes Kind,
Das ist die Wahrheit nicht.

Wenn ich die Vöglein runterschieß,
Der Himmel blau ja ist.

5. Komm her, komm her, mein liebes Kind,
Ein Ring will ich dir geben.
Ach nein, ach nein, mein lieber Jäger,
Ein Ring von einem Jägersmann
Könnt wohl mein Unglück sein.

Aus Lemberg.

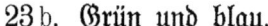

23b. Grün und blau.

Aus Pirmasens.

Es sucht ein Dirn=del Holz im Wald recht zei=tig in der Fruh, a=ber hin=ter ihr da schleicht sich drein ein saub=rer Ja=gers=bu.

1. Es sucht ein Dirndel Holz im Wald
Ganz zeitlich in der Fruh,
Und hinter ihr da schleicht sich her
Ein schmucker Jägersbu.

2. Und wies im Wald war, sagt der Bu:
Ei Dirndel, was machst du da?
Und sie antwort drauf: Mei(n) lieber Bu,
Dürre Ästeln brech ich ab.

3. Laß du die Ästeln Ästeln sein,
So sagt der Bu ganz schön,
Denn ich möcht so gern mit dir diskuriern
Und dir in die Äuglein sehn.

4. In meine Äuglein sehn, das darfst du nicht,
Meine Äuglein die seins blau,
Und wie ich weiß, dürfen Jägersleut
Ja nur ins Grüne schaun.

5. Nit wahr, sagt drauf der Jägersbu,
Mei(n) herzigs Dirndel schau,
Wenn ich die Vöglein oben schieß,
Is a der Himmel blau.

6. So schau denn hin in Gottes Nam,
Sagts Dirndel gar so lieb,
Aber mach, daß ich nit weine muß,
Sonst wird der Himmel trüb.

Aus Gersbach, Insheim, Kandel, Pirmasens, Rod=
alben, Schweigen, Wörth.

Anfang: Holds Dirndel wollt in Wald nein gehn (Insheim).
A Dirndl ging um Holz in Wald (Schweigen). — Es holt ein Dirndl ꝛc. (Kandel).

 Was suchst du hier, du Dirndelein, So zeitig in der Fruh? Ich breche von den Bäumelein Die dürre Ästlein nur (Rodalben). 3, 1 u. 2 Liebs Dirndl, sagt der Jägersbu, Laß 's Afterlbrechen gehn (Schweigen). 4, 1 Das Dirndl sagt drauf: Mei(n) lieber Bu (Insheim). 4, 3 u. 4 Ich hab geglaubt, so ein Jagersbu Könnt nur ins Grüne schaun (Pirmasens). 4, 3 Und a Jäger darf, soviel ich weiß (Schweigen). 6, 1 So schau denn zu ins Himmelsblau (Schweigen).

Das Lied wird häufig mit mehr oder weniger Anklängen an den altbayerischen Dialekt gesungen, obwohl man es in der Südpfalz merkwürdiger Weise als „Schweizerlied" bezeichnet.

Lit. Erk-Böhme I Nr. 73 a u. b; Nr. 73 b „Die Holzleserin und der Jäger" ist im Jahre 1889 im Elsaß aufgezeichnet worden. — Schlossar Nr. 304. — Marriage Nr. 86. — Hruschka S. 118 Nr. 26. — J. Meier, Kunstl. i. B. S. 1 Nr. 3. — Die Grundlage unserer Lesarten bildet ein Gedicht von Anton Freiherr von Klesheim (Wien 1843), s. Böhme, Volkstüml. Lieder S. 598 Zusatz 6. Unsere Lesart a entfernt sich beträchtlich von dieser Vorlage.

---

24 a. Die Unbestechliche.

Aus Eschenau.

1. Es saß ein armes Mädchen
   An seinem Spinnerädchen,
   Sie spinnt ja ganz allein, ja, ja,
   Sie spinnt ja ganz allein.

2. Es kam ein Herre geritten,
   Er tut sie freundlich grüßen,
   Warum so fleißig sie sei.

3. Womit ist dem Herrn zu dienen?
   Warum ich das Brot verdiene?
   Ich bin ja ganz allein.

4. [: Ach Mädchen, laß dein Spinnrädchen, :]
   Geh mit mir auf mein Schloß!

5. Dort gehst du in Samt und Seide
In einem so schönen Kleide,
Wenn du mir getreu willst sein.

6. [: Viel lieber will ich spinnen, :]
Als reich und schlecht zu sein.

Aus Eschenau.

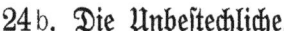

24b. Die Unbestechliche.

Aus Clausen.

Es sitzt ein ar = mes Mäd = chen an sei = nem Spin = ne=
räd = chen, es spin = net das Garn so fein, ja, ja, es
spin = net das Garn so fein.

1. Es saß ein armes Mädchen
An seinem Spinnerädchen,
Es spinnt so hübsch und fein, ju, ja,
Es spinnt so hübsch und fein.

2. Ja, fleißig muß man spinnen,
Muß selbst sein Brot verdienen,
Ja fleißig muß man sein.

3. Da kam ein Herr geritten,
Der wollte das Mädchen lieben,
Weil sie so fleißig spinnt.

4. Ach Mädchen, liebstes Mädchen,
Verlaß dein Spinnerädchen,
Komm mit mir auf mein Schloß.

5. Dort kommst du in Samt und Seide
Und in einem schneeweißen Kleide,
Bleib du mir nur getreu.

6. Ja, lieber will ich spinnen
Und selbst mein Brot verdienen,
Als reich und schlecht zu sein.

Aus Olsbrücken. Ähnlich aus Clausen, Waldsee (mit dem Anfang: Es war ein feines Mädchen, Die spann an ihrem Rädchen) und aus Mörlheim. (Anfang: Es saß ein feines Mädchen An ihrem Spinnerädchen Und sang ein Lied dazu.)

24c. Die Unbestechliche.

Aus Pirmasens.

Es woll=te ein Mäd=chen spin=nen im dun=keln Wald im Grü=nen ganz ein=sam und al=lein, ja, (Wiederholen!) ja, ganz ein=sam und al=lein.

1. Es wollte ein Mädchen spinnen
   Im dunkeln Wald im Grünen
   Ganz einsam und allein, ja, ja,
   Ganz einsam und allein.

2. Ja fleißig muß man spinnen,
   Muß selbst sein Brot verdienen,
   Ja fleißig muß man sein.

3. Und als sie so gesprochen,
   Da kam ein Herr gegangen,
   Ein reicher, hübsch und fein.

4. Ei du mein liebes Mädchen
   Mit deinem Spinnerädchen,
   Du spinnst das Garn zu fein.

5. Was brauchst du so zu spinnen
   Und so dein Brot verdienen?
   Geh mit mir auf mein Schloß!

6. Da bekommst du schöne Kleider
   Von lauter Samt und Seide,
   Bleibe du mir nur getreu.

7. Viel lieber will ich dienen,
   Als so mein Brot verdienen,
   Als reich und schlecht zu sein.

Aus Bobenheim a. Rh., Frankenthal, Ludwigshafen, Neuhofen.

Anfang auch: Im dunklen Wald im Grünen, Da wollt ein Mädchen spinnen (Bobenheim).

24d. Das Mädchen am Rädchen.

1. Ein Mädchen mit holder Miene
   Muß sich ihr Brot verdienen
   Mit dem Rädchen ganz vergnügt, ja, ja,
   Mit dem Rädchen ganz vergnügt.

2. Sie sitzt an ihrem Rädchen
Und spinnt ein feines Fädchen,
Singt auch ein Lied dazu.

3. Als sie das Lied gesungen,
Da kam ein Herr gesprungen,
Ein Grenadier hübsch und fein.
(Gesprochen: Hast du auch Eltern, mein liebes Kind?)

4. Nein, nein, ich habe keine,
Ich bin für mich alleine,
Denn früh nahm sie mir der Tod.

Aus Westheim.

Lit. Erk-Böhme I Nr. 74d. — Böhme, Volkstüml. Lieder Nr. 164 und 165. — Mündel Nr. 18 und 19. — Bender Nr. 137. — Köhler-Meier Nr. 133. — Wolfram Nr. 78. — Lewalter IV Nr. 34. — Weitere Lit. s. J. Meier, Kunstlieder i. V. S. 12 Nr. 76 und S. XIX—XXXI, wo zahlreiche Umgestaltungen des zu Grunde liegenden, von H. W. von Stamford (1780) herrührenden Kunstliedes aufgeführt sind.

25. Die Losgekaufte.

Aus Bosenbach.

Ach Schiffer, Schiffer, warte noch einmal, wart mit deim Schiff, so lang du warten kannst, denn ich hab ja einen Vater und der liebet mich, ja der schönste auf der Welt, ja auf der Welt.

1. Ach Schiffer du, ach warte noch einmal,
Wart mit deim Schiff so lang du warten kannst,
Denn ich hab ja einen Vater und der liebet mich,
Ja der schönste auf der Welt, ja auf der Welt.

2. Und als der Vater angekommen war
Und seine Tochter traurig sitzen sah:
Ach Vater, versetze deinen schwarzen Hut
Und rett mein jungfrisch Leben!

3. Meinen schwarzen Hut versetze ich ja nicht,
Dein jungfrisch Leben rette ich ja nicht.
Ach Schifflein, du mußt sinken,
Und die wunderschöne Anna muß ertrinken.

4. Ach Schiffer du, ach warte noch einmal,
Wart mit deim Schiff so lang du warten kannst,
Denn ich hab ja eine Mutter und die liebet mich,
Ja die schönste auf der Welt, ja auf der Welt.

5. Und als die Mutter angekommen war
Und ihre Tochter traurig sitzen sah:
Ach Mutter, versetze deinen roten Rock
Und rett mein jungfrisch Leben!

6. Meinen roten Rock versetze ich ja nicht,
Dein jungfrisch Leben rette ich ja nicht.
Ach Schifflein, du mußt sinken,
Und die wunderschöne Anna muß ertrinken.

7. Ach Schiffer du, ach warte noch einmal,
Wart mit deim Schiff so lang du warten kannst,
Denn ich hab ja eine Schwester und die liebet mich,
Ja die schönste auf der Welt, ja auf der Welt.

8. Und als die Schwester angekommen war
Und ihre Schwester traurig sitzen sah:
Ach Schwester, versetze dein weißes Kleid
Und rett mein jungfrisch Leben!

9. Mein weißes Kleid versetze ich ja nicht,
Dein jungfrisch Leben rette ich ja nicht.
Ach Schifflein, du mußt sinken,
Und die wunderschöne Anna muß ertrinken.

10. Ach Schiffer du, ach warte noch einmal,
Wart mit deim Schiff so lang du warten kannst,
Denn ich hab ja einen Bruder und der liebet mich,
Ja der schönste auf der Welt, ja auf der Welt.

11. Und als der Bruder angekommen war
Und seine Schwester traurig sitzen sah:
Ach Bruder, versetze deine goldne Uhr
Und rett mein jungfrisch Leben!

12. Meine goldne Uhr versetze ich ja nicht,
Dein jungfrisch Leben rette ich ja nicht.
Ach Schifflein, du mußt sinken,
Und die wunderschöne Anna muß ertrinken.

13. Ach Schiffer du, ach warte noch einmal,
Wart mit deim Schiff so lang du warten kannst,
Denn ich hab ja einen Schatz und der liebet mich,
Ja der schönste auf der Welt, ja auf der Welt.

14. Und als der Schatz wohl angekommen war
Und sein Liebchen traurig sitzen sah:
Ach Schatz, versetze deinen goldnen Ring
Und rett mein jungfrisch Leben!

15. Meinen goldnen Ring versetze ich ja schon,
Dein jungfrisch Leben rette ich ja schon.
Das Schifflein das muß landen
Und die wunderschöne Anna saß am Strande.

Aus Grünstadt, Maßweiler, Maudach, Pirmasens, Wernersberg.

Anfang auch: Ach Schiffer du, erwarte noch einmal, errett dein Schiff so lang dus retten kannst (Pirmasens). Schiffer, Schiffer, ach erwarte es noch einmal (Maßweiler). Ach Schiffer, halt das Schiff so lang du kannst und warte ja auf jegentlichen (= jeglichen) Mann (Grünstadt).
2, 4 (ebenso 5, 4 ꝛc.) lautet öfters: Und errette mich von dem Schiff, ja von dem Schiff. In Grünstadt: Und rette mich ans Leben.
3, 4 (ebenso 6, 4 ꝛc): Das Schifflein das muß sinken (Und sieh das Schifflein das muß sinken) Und die zuckersüße Anna muß ertrinken.
15, 3 u. 4 Und sieh, das Schifflein kam zu Lande, Und die wunderschöne Anna war am Strande (Grünstadt).

Lit. Erk=Böhme I Nr. 78 a–e. — Simrock Nr. 39. — Reifferscheid Nr. 5. — Krapp Nr. 213. — Hoffmann Nr. 23. — Weiteres über Geschichte und Verbreitung dieses schon im 17. Jahrhundert bekannten Liedes siehe Erk=Böhme I S. 272 f. u. S. 278. Reifferscheid S. 138 ff.

---

26. Die erlöste Sklavin.

Aus Bobenheim a. Rh.

Einstmals fuhr ich auf hoher See, ich fürcht das Schiff muß un-ter-gehn; da spannt ich mei-ne Se-gel an, auf daß ich wei-ter fah-ren kann.

1. Einstmals fuhr ich auf dem See,
Ich fürcht, das Schiff möcht untergehn;
Da spannt ich meine Segel an,
Auf daß ich weiter fahren kann.

2. Ich fahre hin und fahre her,
Da kommt ein fremdes Schiff daher,
Da saß eine schöne Dame drein,
Ach könnt ich doch nur bei ihr sein!

3. Tausend Taler wag ich dran,
Wenn ich sie nur haben kann.
Und wenn du gäbest noch so viel,
So mußt dus bleiben in der Still.

4. Und wenn du willst mein eigen sein,
So steig zu mir in mein Schiff herein,
Und reich mir deine rechte Hand
Und fahr mit mir in mein Vaterland.

Aus Asselheim, Böckweiler, Burrweiler, Eschenau, Freckenfeld, Hagenbach, Iggelheim, Ilbesheim, Impflingen, Jettenbach, Kandel, Klingen, Offenbach, Oppau (geschrieb. Liederb. 1857), Ranschbach, Schallodenbach, Waldsee, Westheim.

Anfang auch: Einstmals fahr (fahrt) ich auf dem See.

3, 1 und 2 Tausend Taler geb ich drein, Ach wenn ich nur könnt bei ihr sein (oft). Tausend Taler geb ich dir, Wenn ich könnt bleiben stets bei ihr (Schallodenbach). 3, 3 und 4 Tausend Taler ist kein Geld, Wenns der Dame nur gefällt (Oppau). 3, 4 So mußt du bleiben in dem Schiff (Eschenau). 4, 1 statt „mein eigen" oft „mein Äuglein" (Eiglein). 4, 4 oft: Und führ mich in dein Heimatland. Str. 4 aus dem Oppauer Liederbuch:

Schiffmann, Schiffmann, Schiffskapitän,
Reich mir deine Hand daher,
Reich mir deine rechte Hand,
Führ mich in mein Vaterland.

Lit. Erk-Böhme I Nr. 79a—b. — E. Meier S. 363 Nr. 207. — Bender Nr. 48. — Wolfram Nr. 76. — Krapp Nr. 138.

27a. Die Königskinder.

1. An einem Sonntagmorgen
   War alles so heiter und froh,
   Bis auf die Königstochter,
   Die war so traurig, so.

2. Ach Mutter, ach liebste Mutter,
   Mein Kopf tut mir so weh!
   Ich möchte ein wenig spazieren gehn
   Hinaus an die Ufer der See.

3. Ach Tochter, ach liebste Tochter,
   Allein darfst du nicht gehn!
   Nimm deine jüngste Schwester,
   Die wird gleich mit dir gehn.

4. Ach Mutter, ach liebste Mutter,
   Meine Schwester ist ja noch ein Kind;
   Sie pflücket mir alle die Blumen,
   Die an dem Strande sind.

5. Ach Tochter, ach liebste Tochter,
   Allein kannst du nicht gehn!
   Sags deinem jüngsten Bruder,
   Der wird gleich mit dir gehn.

6. Ach Mutter, ach liebste Mutter,
   Mein Bruder ist nicht mehr so klein
   Er schießet mir alle die Vögel,
   Die an dem Strande sein.

7. Ach Mutter, ach liebste Mutter,
   Ich möchte so gerne allein!
   Dort, wo der Strom sich teilet,
   Soll meine Ruhstätt sein.

Aus Dürkheim.

27b. Die Königskinder.

1. Es waren zwei Königskinder,
   Die hatten einander so lieb;
   Zusammen konnten sie nicht kommen,
   Das Wasser war viel zu tief.

2. Ach Fischer, liebster Fischer,
   Willst du verdienen deinen Lohn,
   So senke dein Netz ins Wasser,
   Fisch mir den Königssohn!

3. Er senket sein Netz ins Wasser,
   Er senkets bis auf den Sand
   Und fischt und fischt so lange,
   Bis er den Königssohn fand.

4. Sie schloß ihn in ihre Arme,
   Sprang mit ihm in den See:
   Ade, lieber Vater und Mutter,
   Wir sehn uns im Leben nicht mehr!

5. Da hörte man Glockengeläute,
   Da hörte man Jammer und Not:
   Es waren zwei Königskinder,
   Sie sind alle beide tot.

Aus Dürkheim.

27c. Die Königskinder.

In vielen Orten der Pfalz gesungen nach der Melodie, die den pfälz. Sängerbundsheften entnommen ist.

Es wa = ren zwei Kö = nigs = kin = der, die hat = ten ein=
an = der so lieb, sie konn = ten zu = sam = men nicht
kom = men, das Was = ser war viel zu tief, das
Was = ser war viel zu tief.

1. Es waren zwei Königskinder,
   Die hatten einander so lieb;
   Sie konnten zusammen nicht kommen,
   Das Wasser war viel zu tief.

2. Ach Schätzchen, könntest du schwimmen,
   So schwimm doch herüber zu mir!
   Ich will drei Kerzen anzünden
   Und die sollen leuchten dir.

3. Das hörte ein falsches Nönnlein,
   Sie tat, als wenn sie schlief,
   Sie tut die Kerzen auslöschen,
   Der Jüngling ertrank so tief.

4. Es war ein Sonntagsmorgen,
   Die Leute waren all so froh,
   Nicht so die Königstochter,
   Die Augen fielen ihr zu.

5. Ach Mutter, herzliebste Mutter,
   Mir tut der Kopf so weh!
   Ach laß mich doch spazieren
   Wohl an die grüne See!

6. Ach Tochter, herzliebste Tochter,
   Allein darfst du nicht gehn!
   Nimm deine jüngste Schwester
   Und die soll mit dir gehn.

7. Ach Mutter, herzliebste Mutter,
   Meine Schwester ist noch ein Kind,
   Sie pflückt mir all die Blümelein,
   Die auf der Heide sind.

8. Ach Tochter, herzliebste Tochter,
   Allein darfst du nicht gehn!
   Nimm deinen jüngsten Bruder
   Und der soll mit dir gehn.

9. Ach Mutter, herzliebste Mutter,
   Mein Bruder ist noch ein Kind,
   Er fängt mir all die Vöglein,
   Die auf der Heide sind.

10. Die Mutter ging nach der Kirche,
    Die Tochter hielt ihren Gang,
    Sie ging so lang spazieren,
    Bis sie den Fischer fand.

11. Ach Fischer, liebster Fischer,
    Willst du verdienen dein Lohn,
    So wirf dein Netz ins Wasser
    Und fisch mir den Königssohn.

12. Er warf das Netz ins Wasser,
    Es ging bis auf den Grund;
    Den ersten Fisch, den er fischte,
    Das war des Königs Sohn.

13. Sie faßt ihn in ihre Arme
    Und küßt seinen toten Mund:
    Ach Mündlein, könntest du sprechen,
    So wär mein Herz gesund!

14. Was nahm sie von ihrem Haupte?
    Eine goldene Königskron:
    Sieh da wohl, edler Fischer,
    Hast deinen verdienten Lohn!

15. Was zog sie von ihrem Finger?
Ein Ringlein von Golde so rot:
Sieh da wohl, edler Fischer,
Kauf deinen Kindern Brot!

16. Sie schwang sich um ihren Mantel
Und sprang wohl in den See:
Gut Nacht, mein Vater und Mutter,
Ihr seht mich nimmermehr!

17. Da hört man Glöcklein läuten,
Da hört man Jammer und Not:
Hier liegen zwei Königskinder,
Die sind alle beide tot!

Aus Schaidt.

Lit. Erk=Böhme I Nr. 84 a—h. — Wunderhorn S. 467 ff. — Tobler II S. 177 Nr. 8. — Krapp Nr. 101. — Wolfram Nr. 30. — Reifferscheid Nr. 1. Weitere Lit. s. Reifferscheid S. 127 ff., Wolfram S. 58, Marriage S. 4. Vergl. die folgende Lesart des Liedes von den Königskindern, die in der Pfalz verbreiteter ist.

---

28. Die Jüdin (die Königskinder).

I. Aus Steinwenden.

Es war ein=mal ei=ne Jü=din, ein wun=der=schö=nes Weib, die hat=te ei=ne Toch=ter, zum To=de war sie be=reit

II. Aus Olsbrücken.

Es war einmal ei=ne Jü=din, ein wun=der=schö=nes Weib, die hat=te ei=ne Toch=ter, die war zum Tod be=reit.

1. Es war einmal eine Jüdin,
   Ein wunderschönes Weib,
   Die hatte eine Tochter,
   Die war zum Tod bereit.

2. Ach Mutter, liebste Mutter,
   Mein Kopf tut mir so weh!
   Laß mich ein wenig spazieren gehn
   Wohl an dem Ufer des Sees.

3. Ach Tochter, liebste Tochter,
   Allein kannst du nicht gehn,
   Nimm deine jüngste Schwester,
   Die kann ja mit dir gehn.

4. Ach Mutter, liebste Mutter,
   Meine Schwester ist noch ein Kind,
   Die pflückt mir all die Blümelein,
   Die auf der Wiese dort sind.

5. Ach Mutter, liebste Mutter,
   Mein Kopf tut mir so weh!
   Laß mich ein wenig spazieren gehn
   Wohl an dem Ufer des Sees.

6. Ach Tochter, liebste Tochter,
   Allein kannst du nicht gehn,
   Nimm deinen jüngsten Bruder,
   Der kann ja mit dir gehn.

7. Ach Mutter, liebste Mutter,
   Mein Bruder ist noch so klein,
   Er scheucht mir all die Vögelein,
   Die auf den Bäumen sein.

8. Die Mutter ging zur Ruhe,
   Die Tochter war allein,
   Sie ging ein wenig spazieren
   Hinaus an des Ufers Rain.

9. Ach Fischer, lieber Fischer,
   Was tust du so frühe hier?
   Ich suche den jungen Prinzen,
   Der gestern ertrunken ist hier.

10. Sie zog von ihrem Finger
    Ein goldnes Ringlein fein:
    Nimm hin, du guter Fischer,
    Das soll dein Denkmal sein!

11. Sie schwingt sich auf die Mauer
    Und stürzt sich in den See:
    Ade, du lieber Fischer,
    Wir sehn uns nimmermehr!

Aus Burrweiler, Dürkheim, Eschenau, Frankenthal, Freckenfeld, Godramstein, Kaiserslautern, Lemberg, Mörlheim, Offenbach, Olsbrücken, Rodalben, Roßbach, Wachenheim, Wallhalben, Würzweiler. Ein sehr beliebtes Lied.

Anfang auch: Es war einst eine reiche Jüdin (Offenbach). Bisweilen beginnt das Lied mit der 2. Strophe: Ach Mutter, liebste Mutter, wie tut mein Kopf so weh (Rodalben). 3, 3 oft: Sags deiner jüngsten (kleinen) Schwester (und demgemäß 6,3). 4, 4 oft: Die an dem Ufer sind (sein). Die sein am Ufer des Rheins (Rodalben, ebenso 7,4). 7,3 Er schießt mir ꝛc. (öfters). 7, 4 Die auf dem Felde sind (Eschenau). Die an dem Ufer sein (oft). 8, 2—4 Die Tochter sie stand auf, Sie ging ein wenig spazieren, Spazieren am Ufer hinauf (Olsbrücken). 8, 3 und 4 Da begegnet ihr der Fischer Mit seinem Söhnelein (Eschenau). 9,2 Was fischest du hier so früh? (Wallhalben). 11, 1 und 2 Sie stieg hinauf auf die Brücke Und stürzt sich hinunter in den See (Roßbach). 11, 3 Ade, lieb Vater und Mutter (Kaiserslautern). Vers 3 und 4 jeder Strophe wird beim Singen meist wiederholt; statt der Wiederholung wird auch gesungen (Roßbach): Aber ja, aber ja, aber ja, Die war zum Tod bereit (und dementsprechend in den übrigen Strophen). Öfters habe ich auch das Lied so singen hören, daß es mit Str. 8 folgendermaßen schloß:

    Die Mutter ging zur Ruhe,
    Die Tochter ging zum See:
    Ade, mein Vater und Mutter,
    Wir sehn uns nimmermehr!

In Rodalben Str. 8 als Schluß:

    So ging sie nun alleine
    Entlang am Ufer des Rhein,
    Und als die Uhr dann zwölfe schlug,
    Sprang sie in den Rhein hinein.

Lit. Erk=Böhme I Nr. 84 h. — Gaßmann Nr. 11. — Mündel Nr. 17 („Königin"). — Lender Nr. 6. — Marriage Nr. 1. — Böckel Nr. 105 („Gräfin"). — Lewalter III Nr. 9. — Köhler=Meier Nr. 6 (6 b „Jude"). — Rösch S. 71. — J. Meier, Kunstl. i. V. S. XCIV f. Es ist das alte Lied von den Königskindern, in der 1. Strophe verquickt mit dem Liede von der Jüdin (s. unsre Nr. 34), die zum Tanz gehen will. In Lemberg singt man noch 1, 4: Zum Tanz war sie bereit. Die zu Grunde liegende Schwimmersage (vergl. Hero und Leander) ist uralt und war wohl schon um 1100 in Deutschland bekannt. Ein anderes zu diesem Sagenkreis gehörendes Lied mit dem Anfang „Ach Elslein, liebes Elslein" (s. Erk=Böhme I Nr. 83) wird in der Pfalz bisweilen gesungen und ist wohl durch Gesangvereine eingeführt und verbreitet worden. Vergl. Erk=Böhme I S. 291 f. Weitere Lit. s. beim vorausgehenden Lied.

29a. Die Nonne (I).

Aus Frankenthal.

Ich stand auf ho=hem Fel=sen, schaut hin=un=ter ins tie=fe Tal, da sah ich ein Schiff=lein schwim=men, da=rin drei Gra=fen war'n.

In Pirmasens nach der Melodie: Wer lieben will, muß leiden.

1. Ich stand auf hohem Felsen,
   Schaut hinunter ins tiefe Tal,
   Da sah ich ein Schifflein schwimmen,
   Darin drei Grafen warn.

2. Der jüngste von den Grafen,
   Der in dem Schifflein war,
   Gab mir einmal zu trinken
   Roten Wein aus seinem Glas.

3. Warum gibst du mir zu trinken?
   Warum schenkest du mir ein?
   Das tu ich aus lauter Liebe,
   Weil du mein Schatz sollst sein.

4. Ich weiß von keiner Liebe,
   Weiß auch von keinem Mann:
   Ins Kloster will ich ziehen,
   Will werden eine Nonn.

5. Willst du ins Kloster ziehen,
   Willst werden eine Nonn,
   So will ich die Welt durchreisen,
   Bis ich wiedrum zu dir komm.

6. Ans Kloster angekommen,
   Ganz leise klopft er an:
   Gebt heraus die jüngste Nonne,
   Die zuletzt ins Kloster kam.

7. 'S ist keine reingekommen,
   Und kommt auch keine raus.
   So will ich das Kloster zerstören,
   Das schöne Nonnenhaus.

8. Ganz leis kommt sie geschritten,
   Schneeweiß war sie gekleidt,
   Ihre Haar waren abgeschnitten,
   Zur Nonn war sie bereit.

9. Was trug sie unter der Schürze?
   Eine Flasche roten Wein:
   Nimm hin, du Herzallerliebster,
   Das soll der Abschied sein!

Aus Kaiserslautern, Lemberg, Mörlheim, Nußbach, Pirmasens, Ranschbach, Rheingönheim, Rieschweiler, Wallhalben Die verbreitetste Lesart, die ich noch in vielen andern Orten singen hörte. Die folgenden Lesarten b—e teile ich mit, weil darin andere Bestandteile auftreten und um einen Begriff von der Vielgestaltigkeit dieses Liedes zu geben, das früher eines der beliebtesten Spinnstubenlieder war.

Anfang auch: Ich stand auf hohem Berge. — Stand ich auf hohem Berge. — Einst stand ich auf hohem Berge. 2, 4 Guten (kühlen, süßen, Rhein=) Wein ꝛc. 4, 2 Weiß auch von keiner Treu (oft). 4, 3 und 4 Daß mich mein Schatz verlassen hat, Das laß ich nicht dabei (Rheingönheim). 7, 3 So will ich das Kloster (er)stürmen (oft). 7, 3 und 4 Was drin ist muß drin bleiben Im schönen Gotteshaus (Kaiserslautern). 8, 1 Da kam sie leis geschlichen (öfters). Zwischen 8 und 9 aus Kaiserslautern folgende Strophe:

Was trug sie an dem Finger?
Ein Ring aus purem Gold:
Nimm hin, mein Herzallerliebster,
Das soll dein Denkmal sein.

9, 2 Eine Flasch Champagnerwein (Lemberg). 9, 3 und 4, Trink aus, trink aus, Geliebter, Es soll dein mein Letztes sein (Lemberg). Er sank in ihre Arme: Ach Gott, das kann nicht sein! (Pirmasens). 9, 4 Das soll das Ende sein (Kaiserslautern).

29b. Die Nonne.

I. Aus Heuchelheim.

Einst stand ich auf ho-hem Ber-ge, schaut hin-un-ter ins tie-fe Tal, da sah ich ein Schiff-lein fah-ren, da-rin drei Gra-fen warn.

II. Aus Bobenheim a. Rh.

Einst stand ich auf ho-hem Ber-ge, schaut hin-un-ter ins tie-fe Tal, da sah ich ein Schiff-lein fah-ren, da-rin, drei Gra-fen warn.

III. Aus Schallodenbach.

Ich stand auf ho-hem Ber-ge und sah ins tie-fe Tal, ein Schiff-lein sah ich schwim-men, schwim-men, da-rin drei Gra-fen warn.

Vgl. Mel.: „Im Krug zum grünen Kranze"!

1. Ich stand auf hohem Berge,
   Schaut hinunter ins tiefe Tal,
   Da sah ich ein Schifflein fahren,
   Darin drei Grafen waren.

2. Der jüngste von den dreien,
   Der in dem Schifflein war,
   Der gab mir einmal zu trinken
   Roten Wein aus seinem Glas.

3. Was gibst du mir zu trinken?
   Was schenkest du mir ein?
   Das tu ich aus lauter Liebe,
   Aus lauter Lieb und Treu.

4. Ich weiß von keiner Liebe,
   Weiß auch von keiner Treu:
   Ins Kloster will ich gehen,
   Will werden eine Nonn.

5. Willst du ins Kloster gehen,
   Willst werden eine Nonn,
   So tu ich die Welt durchreisen,
   Bis daß ich zu dir komm.

6. Er sprach zu seinem Knechte:
   Sattle mir und dir zwei Pferd.
   Wir haben einen Weg zu reisen,
   Der ist des Reisens wert.

7. Nach vierundzwanzig Stunden
   Kamen sie am Kloster an:
   Sie fragten nach der Jüngsten,
   Die angekommen war.

8. Es ist keine reingekommen,
   Wir geben auch keine raus.
   So will ich das Kloster anzünden,
   Das schöne Gotteshaus.

9. Da kam sie herausgeschritten,
   Schneeweiß war sie gekleidt,
   Ihr Haar war abgeschnitten,
   Zur Nonn war sie bereit.

10. Sie hieß die Herrn willkommen,
    Willkommen aus fremdem Land:
    Wer hat euch heißen kommen?
    Wer hat euch hergesandt?

11. Was trug sie unter der Schürze?
    Ein Glas mit rotem Wein:
    Das wollen wir mitnander trinken,
    Das soll unser Abschied sein!

Aus Frankenthal, Grünstadt, Hagenbach, Heltersberg, Zweibrücken. Hier tritt die Aufforderung des Grafen an seinen Knecht hinzu, mit ihm den Ritt zum Liebchen zu unternehmen.
Str. 7 hat oft auch den Wortlaut der Lesart a Str. 6.

29c. Die Nonne.

1. Ich stand auf hohem Felsen,
   Schaute hinunter ins tiefe Tal,
   Da sah ich ein Schifflein fahren,
   Darinnen drei Ritter waren.

2. Der Jüngste von den Rittern,
   Der in dem Schifflein saß,
   Der gab dem Mädchen zu trinken
   Aus einem chinesischen Glas.

3. Warum gibt er mir zu trinken?
   Warum schenkt er mir seinen Wein?
   Ins Kloster will ich ja gehen,
   Gottes Dienerin will ich ja sein.

4. Und nach einem Jahre
   Da träumts dem Ritter schwer,
   Als wenn seine Herzallerliebste
   In einem Kloster wär.

5. Wach auf! steh auf! mein lieber Knecht,
   Sattel mir und dir ein Pferd!
   Den nächsten Weg wollen wir reiten,
   Der Weg ist reitenswert.

6. Und sie kamen vors Kloster,
   Vor das große hohe Haus:
   Ist mein Liebchen darinnen,
   So laßt sie mir kommen heraus.

7. Die Nonne, die kam gegangen
   In einem schneeweißen Kleid;
   Die Haare waren ihr abgeschnitten,
   Zur Nonne war sie bereit.

8. Der Ritter dreht sich rum und um
   Und schaut sie nochmals an,
   Bis ihm sein jung frisch Herzchen
   In tausend Stücke sprang.

9. Ist dir dein Herz zersprungen
   Wohl um die Liebe mein,
   So will ich ein Häuschen mir bauen,*)
   Um ewig bei dir zu sein.

Aus Gehrweiler; ähnliche Lesarten aus Eschenau, Heidesheim (altes geschriebenes Liederbuch) und Niedermoschel. Diese Lesart enthält den Traum des Ritters (Str. 4), dessen Tod (Str. 8) und den Entschluß der Nonne, auf dem Grabe des Geliebten ein Häuschen zu bauen; vgl. Erk=Böhme I Nr. 89 c. Str. 19: „Ein Kirchlein will ich bauen auf meines Liebsten Grab."

1, 4 Mit Reitern wars schwer beladen (Eschenau). — 2, 1 Der allerschönste Reitersmann (Eschenau). 2, 4 Aus seinem goldenen Glas (Heidesheim). Aus seinem venezischen**) Glas (Eschenau). 4, 1 Es stund wohl um die halbe Nacht (Heidesheim). 4, 3 u. 4 Als wenn sein lieb Mariannchen Ins Kloster gegangen wär (Heidesheim). 5, 1 Er weckte seinen Reitersknecht (Eschenau). 6, 2—4 Wohl vor die Klostertür, Da kam sein lieb Mariannchen Und trat schneeweiß herfür (Heidesheim). 7, 3 u. 4 Zog ein als Klosterfraue Zur wahren Himmelsfreud (Niedermoschel). 8, 1 u. 2 Der Reiter sah sein Liebchen an Und dreht sich dreimal rum (Heidesheim).

---

*) Der Einsender bemerkt hiezu: Das Volk denkt sich das Häuschen auf dem Grabe des Ritters.

**) Unser Text hat „chinesisches Glas", die Eschenauer Lesart „venezisches Glas" dafür in dem 1771 von Goethe im Elsaß aufgezeichneten Text „venedisches Glas" = venetianisches Trinkglas. S. die Anmerkung bei Erk=Böhme I S. 314. Der Wunderhorntext hat „römisches Glas".

Str. 8 aus Eschenau als Schlußstrophe:

> Der Herr der schwingt sich um und um,
> Sein Herz war ihm zersprung.
> So gehts noch vielen Knaben,
> Die zwei Mädchen lieben tun.

Str. 9 in Heidesheim (als Schluß):

> So muß es allen jungen Gesellen gehn!
> Sie trachten nach großem Gut,
> Sie hätten gern schöne Weiber;
> Sie sind ihnen nicht reich genug.

29d. Die Nonne.

1. Ich stand auf hohem Berge,
   Sah hinunter ins tiefe Tal,
   Sah ich ein Schifflein schwimmen,
   Worin drei Grafen warn.

2. Der erste von den Grafen,
   Der in dem Schifflein saß,
   Gab mir einmal zu trinken
   Guten Wein aus seinem Glas.

3. Dann zog er aus dem Fingerlein
   Ein gold'nes Ringelein:
   Nimm hin, du hübsches Mädchen,
   Das soll dein Denkmal sein!

4. Was soll ich mit dem Ringlein tun?
   Bin noch jungfrisches Blut,
   Dazu ein armes Mädchen,
   Hab weder Geld noch Gut.

5. Bist du ein armes Mädchen,
   Hast weder Geld noch Gut,
   So denk an unsre Liebe,
   Die zwischen uns beiden ruht.

6. Ich denk an keine Liebe,
   Denk auch an keinen Mann:
   Ins Kloster will ich gehen,
   Will werden eine Nonn.

7. Willst du ins Klosters gehen,
   Willst werden eine Nonn,
   So will ich die Welt durchreisen,
   Bis daß ich zu dir komm.

8. Er sprach zu seinem Knechte:
   Sattle mir und dir ein Pferd!
   Wir wollen die Welt durchreisen
   Die Welt ist Reisens wert.

9. Und als er an das Kloster kam,
   Ganz leise klopft er an:
   Gebt heraus die jüngste Nonne
   Die zuletzt ins Kloster kam.

10. Es ist noch keine herangekommen
    Und kommt auch kein hinaus.
    So wollen wir anzünden
    Das schöne Nonnenhaus!

11. Da kam sie gleich geschritten,
    Schneeweiß war sie gekleidt,
    Ihr Haar war geschnitten,
    Zur Nonn war sie bereit.

12. Sie gab ihm gleich zu trinken
    Aus ihrem Becherlein;
    In zweimal dreizehn Stunden
    Sprang ihm'sein Herz entzwei.

13. Mit ihrem kleinen Messerlein
    Grub sie ein Gräbelein,
    Mit ihren zarten Händen
    Legt sie ihn selbst hinein.

14. Mit ihrer hellen Stimme
    Sang sie den Lobgesang,
    Mit ihrer zarten Zunge
    Schlug sie den Glockenklang.

Aus Wachenheim. Diese Lesart hat Bestandteile (Ring, Zurückweisung desselben, Tod und Begräbnis des Grafen) die Erk-Böhme I Nr. 89c Str. 3—6 und 15—17 entsprechen.

29e. Die Nonne.

1. Stand ich auf hohem Berge,
   Schaut hinunter ins tiefe Tal,
   Da sah ich ein Schifflein schwimmen,
   Darin drei Grafen saßen.

2. Der eine von den Grafen,
   Der in dem Schifflein saß,
   Der gab mir einmal zu trinken
   Aus seinem vollen Glas.

3. Was gibst du mir zu trinken?
   Was schenkest du mir ein?
   Das tu ich aus lauter Liebe,
   Weil du mein Schatz sollst sein!

4. Was zog er aus seinem Finger?
   Ein goldenes Ringelein:
   Nimm hin, du Hübsche, du Feine,
   Das soll dein Denkmal sein!

5. Ich weiß von keiner Liebe,
   Weiß auch von keinem Ring:
   Ins Kloster will ich ziehen,
   Will werden eine Nonn.

6. Willst du ins Kloster ziehen,
   Willst werden eine Nonn,
   So will ich die Welt durchreisen,
   Bis daß ich zu dir komm.

7. Und als er kam ans Kloster,
Ganz leise klopft er an:
Gebt heraus die jüngste Nonne,
Die zuletzt ins Kloster kam.

8. 'S ist keine reingekommen,
Es kommt auch keine naus.
So tu ich das Kloster anzünden,
Das schöne Nonnenhaus.

9. Da kam sie dahergeschritten,
Schneeweiß war sie gekleidet,
Ihre Haar warn abgeschnitten,
Zur Nonn war sie bereit.

10. Sie ließ ihr Küttelein fallen:
Adje, ihr Schwestern mein!
Ich kann nicht länger mehr dienen,
Nicht länger mehr bei euch sein!

11. Sie ließ den Schleier fallen:
Gute Nacht, ihr Schwestern all!
Gute Nacht, ihr Schwestern alle,
Dem Grafen muß ich nach!

Aus Freckenfeld; ähnlich auch aus Dierbach. Eine Lesart mit gutem Ausgang: Das Mädchen verläßt das Kloster und folgt dem Geliebten. Vergl. hiezu Erk-Böhme I Nr. 68. Auch sonst finden wir die Flucht aus dem Kloster, so bei Ditfurth II Nr. 23, Marriage S. 8 in den Anmerkungen. Vergl. auch unser Lied „Es wollte ein Jäger jagen" (Jäger und Nonne). In Dierbach nach Str. 9 folgender Schluß:

Da fragt die Frau Abtissin,
Was sie da macht in der Nacht?
Da sprach sie: Frau Abtissin,
Dem Grafen muß ich nach!

Lit. Erk-Böhme I Nr. 89 a—f. Vgl. Nr. 68. — Wunderhorn S. 173. — Simrock Nr. 22. — Böckel, Handb. S. 169 f. — Gaßmann Nr. 10. — Mündel S. XII. — E. Meier S. 292 Nr. 166. — Bender Nr. 7. — Marriage Nr. 3. — Meisinger S. 52. — Zopf Nr. 18. — Wolf S. 191. — Krapp Nr. 151. — Ditfurth II Nr. 18—23. — Böckel Nr. 120. — Wolfram Nr. 17. — Lewalter III Nr. 4. — Köhler-Meier Nr. 97. — Schmitz Nr. 4. — Becker Nr. 7. — Pröhle Nr. 3. — Hoffmann Nr. 15. — Treichel Nr. 2. — Hruschka Nr. 14. Weitere Lit. s. Erk-Böhme I S. 314 ff. Köhler-Meier S. 393 f. Marriage S. 11.

Das seit dem 16. Jahrhundert nachgewiesene Lied wurde 1771 von Goethe im Elsaß aufgezeichnet. Mit unserm Liede verschmolzen sind „Es wollt ein Mädchen grasen gehn" Lesart c und „Es wollt ein Jägerlein jagen" Lesart b. Vergl. das folgende Lied.

30. Die Nonne (II).

Aus Steinwenden.

Es fal-len al-le Blät-ter, sie fal-len all auf

mich, weil mich mein Schatz ver=laſ=ſen hat, weil mich mein

Schatz ver=laſ=ſen hat, das kränͣ=ket mich ſo ſehr.

1. Es welken alle Blätter,
   Sie fallen all auf mich,
   [: Weil mich mein Schatz verlaſſen hat, :]
   Das kränket, kränket mich.

2. Ins Kloſter will ſie gehen,
   Will werden eine Nonn;
   [: Ei ſo tu ich die Welt durchreiſen, :]
   Bis daß ich zu ihr komm.

3. Im Kloſter angekommen,
   Ganz leiſe klopft ich an:
   [: Gebt heraus die jüngſte Nonne, :]
   Die zuletzt ins Kloſter kam.

4. 'S iſt keine reingekommen,
   Wir geben auch keine raus,
   [: Denn was drin iſt, muß drin bleiben :]
   Im ſchönen Nonnenhaus.

5. Sie kam dahergeſchritten
   In ihrem ſchneeweißen Kleid,
   [: Ihr Haar war abgeſchnitten, :]
   Zur Nonn war ſie geweiht.

6. Was trägt ſie an dem Finger?
   Ein goldnes Ringelein:
   [: So nimm hin, mein Herzallerliebſter, :]
   Das ſoll der Abſchied ſein!

7. Was trägt ſie unter der Schürze?
   Eine Flaſche mit rotem Wein:
   [: So nimm hin, mein Herzallerliebſter, :]
   Das ſoll das Letzte*) ſein.

Aus Groß=Fiſchlingen, Hagenbach, Hoffſtetten, Ingen=heim, Insheim, Landſtuhl, Roßbach. Dieſe verkürzte Form des Liedes von der Nonne iſt in der Pfalz weit verbreitet; in der Südoſtpfalz ſingt man es ſo ziemlich in jedem Dorfe.

Anfang auch: Es fallen alle Blätter, ſie fallen alle ab. Oder: Die Blätter von den Bäumen, ſie fallen alle ab.
1, 3 Denn mein Schatz hat mich verlaſſen (Roßbach). So muß ich mein Schatz verlaſſen (Hoffſtetten). 1, 4 Das kränket mich ſo ſehr (oft). In den übrigen Strophen treten häufig Varianten auf, wie ich ſie bei dem vorausgehenden Liede mitgeteilt habe.

---

*) Die Lemberger Variante der Lesart a des vorausgehenden Liedes zu Str. 9 hat: „Es ſoll dein mein Letztes ſein." Letzte = „Letze" in der Bed. „Abſchiedstrunk" ſ. Deutſches Wörterb. VI, 797 ff.

Lit. S. das vorausgehende Lied. Zu Str. 1 vgl. Erk=Böhme I Nr. 527a Str. 3 u. Nr. 683 b—d Str. 2 und unser Lied „Ich lag unter einem Baume". Die Übertragung dieser Einleitungsstrophe auf das Lied von der Nonne ist wohl dem Einflusse der Singweise zuzuschreiben. Die gleiche Verschmelzung findet sich auch im Odenwald (Krapp Nr. 104).

31 a. Wiedersehen am Sterbebette.

I. *Aus Theisbergstegen.*

Es war ein=mal ein fei=ner Knab, der liebt sein Schatz ein gan=zes Jahr, ein gan=zes Jahr und noch viel mehr, die Lieb, die nahm kein En=de mehr.

II. *Aus Göcklingen.*

Es war ein=mal ein fei=ner Hu=sar, der liebt sein Schatz ein gan=zes Jahr, ein gan=zes Jahr und noch viel mehr, die Lieb, die nahm kein En=de mehr.

III. *Aus Duttweiler.*

Es reist ein Knab ins frem=de Land, zur Zeit ward ihm sein Lieb=chen krank, so krank, so krank, bis in den Tod, drei Tag, drei Nacht, sprach sie kein Wort.

1. Es war einmal ein feiner Knab,
Der liebt sein Schatz ein ganzes Jahr,
Ein ganzes Jahr und noch viel mehr,
Die Lieb die nahm kein Ende mehr.

2. Der Knab der zog ins fremde Land,
Derweil ward sein Feinsliebchen krank,
So krank, so krank bis auf den Tod,
Drei Tag, drei Nacht sprach sie kein Wort.

3. Und als der Knab die Botschaft kriegt,
Daß sein Feinsliebchen so krank daliegt,
Da verließ er all sein Hab und Gut
Und schaut, was sein Feinsliebchen tut.

4. Und als der Knab die Tür aufmacht,
Da tut sein Schatz einen hellen Lach:
Willkomm, willkomm, du feiner Knab!
Mit mir wirds heißen: Bald in das Grab!

5. Ins kühle Grab, wohl vors Gericht,
Wo Jesus Christ das Urteil spricht.
Ach nein, ach nein, nicht so geschwind,
Dieweil wir zwei so Verliebte sind!

6. Er schließt sie ein in seinen Arm,
Sie wird schon kalt und nicht mehr warm:
Geschwind, geschwind, zünd mir ein Licht,
Sonst stirbt mein Schatz, daß's niemand sicht!

7. Jetzt muß ich haben vier feine Knaben,
Die mir mein Schatz auf den Kirchhof tragen.
Vier feine Knaben sein schon bereit,
In Gold und Silber sein sie gekleidt.

8. Zuvor hatten wir eine große Freud,
Jetzt muß ich haben ein schwarzes Kleid,
Ein schwarzes Kleid und noch vielmehr,
Die Trauer die nimmt kein Ende mehr.

Aus Asselheim, Verschweiler=Wiesweiler am Glan (ge=
schriebenes Liederbuch 1845), Bissersheim, Ebertsheim, Eschenau,
Eßweiler, Glashütte, Hinterweidenthal, Impflingen, Lem=
berg, Odernheim, Theisbergstegen, Utweiler, Wallhalben,
Weisenheim a. B., Würzweiler, Zweibrücken.

In der Vorderpfalz fehlt bisweilen die erste Strophe; so beginnt
z. B. das Lied in Impflingen folgendermaßen:

Es reist ein Knab ins fremde Land,
Über Zeit, über Zeit wirds Schätzlein krank,
Sehr krank, sehr krank bis auf den Tod,
Drei Tag, drei Nacht redt sie kein Wort.

Vgl. auch Singweise III.

2, 1 Und als der Knab ins Fremdland zog (Würzweiler). Str. 2
in Hinterweidenthal und Lemberg:

Und als die Lieb kein End mehr nahm,
Da reist er fort ins fremde Land;
Und als der Knab in die Fremd nein kam,
Da kam Botschaft, sein Schatz wär krank.

3, 4 Er kehrt nach Haus in tiefster Not (Lemberg). 4, 1 u. 2 Und
als der Knab nach Hause kam, Traf er Herzliebste aufm Krankenbett an
(Impflingen). 4, 2 Da fing sein Liebchen zu weinen an (Zweibrücken).
4, 3 u. 4 Grüß Gott, grüß Gott, du feiner Knab, Mit mir wirds heißen
ins kühle Grab (Zweibrücken). Str. 4 öfters:

Und als er an das Bettlein kam,
Da fing er laut zu weinen an.
Ach weine nicht, du feiner Knab,
Mit mir heißts jetzt ins kühle Grab.

4, 4 Willt mit mir reisen ins kühle Grab? (Verschweiler). 5, 2 Wo Gott der Herr der Richter ist (Zweibrücken). 6, 3 oft: holt (schafft, bringt) mir ein Licht. 7, 1 Wo sein denn die vier feinen Knaben? (Impflingen). Str. 7 öfters:

Sechs feine Damen die müssen wir haben,
Die mein Feinsliebchen zum Kirchhof tragen,
Sechs feine Kaben wohl auch dazu,
Die Feinsliebchen tragen zur ewigen Ruh.

8, 1 Vor wenigen Tagen hast du mich gfreut (Impflingen). Jetzt hab ich bekommen ein großes Leid (Verschweiler). Str. 8 in Lemberg:

Jetzt hab ich getragen ein großes Leid,
Jetzt muß ich haben ein schwarzes Kleid,
Ein schwarzes Kleid, ein weißer Hut,
Dran kann man sehn, was Liebe tut.

---

31 b. Wiedersehen am Sterbebette.

1. Es war einmal ein junger Husar,
   Der liebte sein Mädchen ein ganzes Jahr,
   Ein ganzes Jahr und noch viel mehr,
   Die Liebe nahm kein Ende mehr.

2. Kaum war der Husar drei Tag in der Fremd,
   Da bekam er ein Brief vom Liebchen gesendt,
   Sie sei so krank bis auf den Tod;
   Drei Tag, drei Nächt sprach sie kein Wort.

3. Und als der Husar die Botschaft liest,
   Daß sein Feinsliebchen am Sterben liegt,
   Verließ er schnell sein Hab und Gut
   Und eilte seinem Feinsliebchen zu.

4. Und als der Husar zur Tür nein kam,
   Da fand er sein Feinsliebchen im Sterben an:
   Ach Mutter, ach Mutter, zünd an ein Licht,
   Sonst stirbt mein Schatz und sieht mich nicht.

5. Bestellet mir sechs junge Knaben,
   Die mein Feinsliebchen auf den Kirchhof tragen.
   Sechs junge Knaben sein schon bereit,
   In Gold und Silber sein sie gekleidet.

6. Jetzt hab ich getragen ein Husarenkleid,
   Jetzt muß ich tragen ein schwarzes Kleid,
   Ein schwarzes Kleid, ein weißen Hut,
   Jetzt hab ich erfahren, was Lieben tut.

Aus Grünstadt, Iggelheim, Ilbesheim, Maudach, Nuß=
bach, Odenbach, Olsbrücken, Pirmasens, Rockenhausen,
Schaidt, Steinweiler.

Anfang auch: Es war einmal ein treu Husar, der liebte seine Lina gar (Grünstadt). Es war einmal ein stolzer (junger, roter, blauer) Husar (öfters). 2, 1 und 2 Und als der Husar in die Fremd nauszog, Ward ihm die Liebſte ſo krank, ſo ſchwach (Steinweiler). Der Huſar mußt fort in ein fremdes Land, Da ward ſein feins Herzliebchen krank (Ilbesheim). 2, 2 Brief aus Liebchens Händ (Rockenhauſen).

Str. 4 aus Grünſtadt:

Und als Huſar die Tür aufmacht,
Tut ſeine Lina ein hellen Lach:
Willkomm, willkomm, du treu Huſar,
Mit mir gehts auf die Totenbahr.

O Mutter ſchnell, hol mir ein Licht,
Meine Lina ſtirbt, ich ſeh ſie nicht,
Sie iſt ſchon kalt, wird nicht mehr warm,
Meine Lina ſtirbt in meinem Arm.

Str. 5 aus Odenbach:

Wo kriegen wir ſechs Träger her?
Sechs Bauern, die ſind uns zu ſchwer.
Sechs blaue Huſaren müſſens ſein,
Die meine Lina tragen heim.

6, 3 und 4 Ein ſchwarzes Kleid, ein Flor am Hut, Da kann man ſehn, was die Liebe tut (öfters).

In Olsbrücken weichen Str. 3 und 4 ſtark von den übrigen Lesarten ab:

Der Knabe ſchwingt ſich auf ſein Roß
Und eilte nach ſeines Feinsliebchens Schloß:
Willkommen, willkommen, Schwiegermutter mein,
Was macht denn euer liebs Töchterlein?

Meine Tochter die liegt auf hartem Stroh,
Bis morgen frühe iſt ſie tot.
Zündet an, zündet an, zündet an ein Licht,
Sonſt ſtirbt mein Schatz und ich ſeh ihn nicht.

Vgl. hiezu unſer Lied „Nun ade, jetzt reis ich fort" Str. 5 und 6.

Lit. Erk-Böhme I Nr. 93 a—g. — Wunderhorn S. 634. — Simrock Nr. 142. — Gaßmann Nr. 20. — Mündel Nr. 15. — E. Meier S. 285 Nr. 162. — Aumer Nr. 182. — Bender Nr. 3. — Marriage Nr. 17. — Krapp Nr. 94 — Volk S. 191. — Ditfurth II Nr. 10. — Wolfram Nr. 27. — Lewalter II Nr. 22. — Köhler-Meier Nr. 263. — Becker Nr. 9. — Schmitz S. 161. — Reifferſcheid Nr. 20. — Fiedler S. 178. — Pröhle Nr. 44. — Hoffmann Nr. 259—241. — Hruſchka S. 90 Nr. 2. Weitere Lit. ſ. bei Erk-Böhme I S. 335, Köhler-Meier S. 439, Marriage S. 39.

32. Die ſterbende Geliebte.

I.   Aus Großfiſchlingen.

Zwei lieb-ten ſich in ih-rem Sinn, ſie lieb-ten ſich im Stil-len hin, ſie lieb-ten ſich herz-in-nig-

1. Zwei liebten sich in ihrem Sinn,
   Sie liebten sich im Stillen hin,
   Sie liebten sich herzinniglich,
   Das Schicksal traf sie sicherlich.

2. Der Jüngling wollt auf Reisen gehn,
   Und ließ sein Liebchen weinend stehn.
   Die Mutter sprach: Mein liebes Kind,
   Du weinst dir ja die Äuglein blind.

3. Ach Mutter, dies hat keine Not,
   Ich wart schon längst auf meinen Tod;
   Für mich gibts keine Rettung mehr;
   Wenn ich doch niemals geboren wär!

4. Die Mutter schrieb auf dieses Wort
   Dem Jüngling gleich an seinem Ort:
   Wenn du nicht kehrest bald zurück,
   So kommst du um dein Liebesglück.

5. Des andern Morgens in aller Früh
   Stand er vor seines Liebchens Tür;
   Wie es ihm da zu Mute war,
   Als er sein krankes Liebchen sah!

6. Sie flüstert ihm ganz leis ins Ohr:
Mit mir gehts bald zur Grabesruh.
Die roten Wangen waren weiß
Und ihre Händ so kalt wie Eis.

7. Er schaute sie noch einmal an
Und griff sie bei der rechten Hand,
Ganz unschuldsvoll und engelrein
Schlief sie in seinen Armen ein.

8. Er ließ sich machen ein schwarzes Kleid,
Er trug es voller Traurigkeit,
Er trug es sieben volle Jahr,
Bis daß sein Liebchen verweset war.

9. Er ließ ihr machen einen Grabenstein
Von lauter Gold und Edelstein,
Und darauf stand mit Gold geschrieben:
Sie ist mir ewig treu geblieben.

Aus Brenschelbach, Frankenthal, Glashütte, Göcklingen, Großfischlingen, Hettenleidelheim, Lingenfeld, Maudach, Maßweiler, Peppenkum, Pirmasens, Rieschweiler, Roßbach, Schönau, Thaleischweiler, Utweiler, Wachenheim, Weisenheim a. B.

Anfang auch oft: Zwei liebten sich aus einem Sinn. — Zwei liebten sich in ihrem Sinn. — Zwei verliebten sich in einem Sinn. — Es liebten zwei sich in einem Sinn. — Es liebten zwei sich in ihrem Sinn. — 1, 2 Sie liebten sich in Wehmut hin (öfters). Sie gaben sich der Liebe hin (Brenschelbach). Sie gingen wehmutsvoll dahin (Lingenfeld). 1, 3 Sie liebten sich so inniglich (innerlich) (oft). 1, 4 Das Schicksal trennt sie wunderlich (Lingenfeld). Das Schicksal traf sie wunderlich (Peppenkum). Das Schicksal dreht sich wunderlich (Hettenleidelheim). 2, 2 Sein Liebchen blieb ganz traurig stehn (Brenschelbach). 3, 2 Ich wollt, ich wär beim lieben Gott (Roßbach). Ich denk schon längst an meinen Tod (öfters). 3, 3 und 4 Wenn er nicht kommt, der junge junge Herr, Nach dem verlangt mein Herz so sehr (Hettenleidelheim). Ach wenn der Tod nur einmal käm Und meinem Schmerz ein Ende nähm (Fischlingen), 4, 1 Die Mutter schrieb ein Brieflein fort (Schönau). 4, 2 Dem Jüngling in die Fremde fort (Fischlingen). 4, 3 und 4 Wenn er nicht kommt, kehrt bald zurück, Findt er sein Schatz im Grabe lieg'n (Hettenleidelheim), 4, 4 öfters: Verloren wär sein teures Glück (Erdenglück, Ehrenglück, Liebchensglück). 5, 1 Des Sonntagsmorgens in aller Früh (öfters). 5 aus Schönau:

Der Jüngling macht sich wohl aus der Fern
Zu seinem Liebchen, das er so gern.
Seht doch, was nun da geschah,
Als er sein krankes Liebchen sah.

5 und 6 sind in Roßbach folgendermaßen zusammengezogen:

Der Jüngling kehrt nun aus der Fern
Zu seinem Liebchen jetzt nun gern,
Er griff sie an dem rechten Arm,
Da war sie kalt, aber nicht mehr warm.

6, 3 und 4 Die Wangen waren leichenblaß, Die Lippen waren kalt wie Eis (Großfischlingen). 6, 4 Ihre Händ und Füß so kalt wie Eis (Frankenthal). 7, 1 und 2 Er nahm sie fest in seinen Arm, Da war sie kalt und nicht mehr warm (öfters). Er nahm sie liebreich in seinen Arm 2c. (Weisenheim). 7, 3 So lieb, so hold, so engelrein. (Frankenthal). 7, 3 und 4 Sie ward schneeweiß wie ein Engelein, In seinen Armen da schlief sie ein (Schönau). 8, 4 Bis daß sein Liebchen vergessen war (Schönau). Mit Str. 8 schließt das Lied gewöhnlich; Str. 9 nur aus Roß-

bach und Weisenheim a. B. Hier 9, 2 In Marmor ausgehauen sein. Eine stark gekürzte Lesart aus Lingenfeld endigt mit folgender Strophe:
Und als der Knab aus der Fremde kam,
Schon liegt sein Schatz auf der Todesbahr,
So schön, so jung, so lilienweiß:
Ihm bricht sein Herz vor lauter Leid.

Lit. Erk=Böhme I Nr. 93 h. — Bender Nr. 2. — Marriage Nr. 18. — Glock S. 23. — Krapp Nr. 83. — Wolfram Nr. 26. — Lewalter IV Nr. 23. — Köhler=Meier Nr. 184. — Becker Nr 9 c. — Treichel Nr. 22. — Frischbier Nr. 2.

33. Der Todwunde.

Aus Pirmasens.

Es woll = te ein Mäd = chen in der Frü = he auf = stehn, wollt durch den grü = nen Wald, wollt durch den grü = nen Wald spa = zie = ren gehn.

1. Es wollte ein Mädchen
   In der Fruh aufstehn,
   [: Sie wollte durch den grünen Wald :]
   Spazieren gehn.

2. Und als sie ein Stückchen
   In den Wald hinein kam,
   [: Sieh, da traf sie einen :]
   Verwundten an.

3. Verwundet war er,
   Vom Blute so rot,
   Und als man ihn erkannt,
   Und als man ihn verband,
   War er schon tot.

4. Ach soll ich schon sterben
   Und bin noch so jung!
   Bin noch keine zwanzig Jahr,
   Soll schon kommen auf die Todesbahr,
   Auf die Todesbahr.

5. Ach soll ich schon sterben
   Und bin noch so jung!
   Bin ein noch so jungfrisch Blut,
   Weiß noch gar nicht wie das Lieben tut,
   Wie das Lieben tut.

6. Ach Schatz, wie lang soll ich
   Denn trauern für dich?
   [: Bis daß alle Wässerlein :]
   Beisammen sein.

7. Alle Wässerlein fließen
Zusammen ins Meer:
[: Ei so nimmt ja mein Trauern :]
Kein Ende mehr.

Aus Bosenbach, Dierbach, Eschenau, Forst, Glashütte, Grünstadt, Hagenbach, Homburg, Insheim, Lemberg, Mörlheim, Pirmasens, Roßbach, Schaidt, Schallodenbach, Stockborn, Wachenheim, Waldsee, Weingarten, Westheim, Winden. Ein in der ganzen Pfalz verbreitetes und noch vielgesungenes Lied.

——————

Anfang auch: Eine Dame wollte früh aufstehn (Pirmasens). Es wollt eine Dame früh aufstehn (Grünstadt).
1, 3 Wollt in den grünen Wald (oft). 2, 1 Und als sie ein Stückelein (Stündchen, Stündlein) 2c. (oft). Und als nun das Mädchen (oft). 2, 3 u. 4 Da fand sie einen verwundten Knab (oft). Da traf sie einen an, Der verwundet war (Hagenbach). 3, 1 Der Verwundete war ja (Dierbach). 3, 1 u. 2 Der Knab war ja von Blut ganz rot (Grünstadt) 3, 3 Und als sie ihn verband od. erkannt (oft). 4 So mußt du schon sterben Und bist noch so jung! Bist kaum erst zwanzig Jahr, Schon auf der Totenbahr (Hagenbach). 4, 3 Bin erst achtzehn Jahre alt (Dierbach). 5, 4 Weiß ja auch schon wie das Lieben tut (Lemberg). 6, 3 u. 4 So lang bis alle Wässerlein Getrocknet sind (Lemberg). 6, 4 Zusammenfließen (oft). Str. 6 in Wallhalben:

Ach Schatz, wie lange soll ich traurig um dich sein?
Bis daß zusammen sind alle Wässerlein,
Zusammen im Meer.

7, 1 u. 2 Alle Wässerlein, alle Wässerlein Fließen zammen ins Meer (Hagenbach).

——————

Lit. Erk-Böhme I Nr. 96 a—i. — Wunderhorn S. 273. — Simrock Nr. 25. — E. Meier S. 314 Nr. 175. — Bender Nr. 148. — Marriage Nr. 2. — Zopf Nr. 5. — Krapp Nr. 108. — Ditfurth II Nr. 37. — Böckel Nr. 33. — Wolfram Nr. 29. — Lewalter IV Nr. 17. — Köhler-Meier Nr. 9. — Becker Nr. 8. — Zurmühlen Nr. 16. — Rösch S. 82. — Fiedler S. 188 Nr. 21. — Pröhle Nr. 6. — Hoffmann Nr. 167—169. — Frischbier Nr. 10. — Weitere Literatur über dieses Lied, das seit 1531 nachgewiesen ist, s. Erk-Böhme I S. 342 ff., Marriage S. 6.

——————

34a. Die Jüdin und der Schreiber.

1. Es war einmal eine Jüdin,
Ein wunderschönes Weib,
Sie hatt eine schöne Tochter,
Die Haar warn ihr geflochten,
Zum Tanz war sie bereit.

2. Ach Tochter, herzliebe Tochter,
Was sagen denn die Leut,
Wenn du zum Tanze gehest
Und du dich unterstehest
Auf unsrer jüdischen Seit?

3. Die Tochter dreht sich ume
Und tat wohl einen Sprung,
Sie sprang wohl über die Gasse,
Wo dort ein Schreiber saße,
Dem Schreiber sprang sie zu.

4. Ach Schreiber, herzlieber Schreiber,
Schreib meiner Mutter ein Brief!
Schreib mich und dich zusammen,
Zusammen in Gottes Namen,
Dich Schreiber hab ich lieb!

5. Du mußt dich lassen teufen,
Mein Weibchen sollst du sein,
Katharina sollst du heißen,
Den Weg will ich dir weisen,
Dich lieb ich nur allein.

6. Es kann ja nicht geschehen,
Und fällt es mir auch schwer:
Eh ich mich lasse teufen,
Viel lieber will ich ersäufen
Im allertiefsten Meer.

7. Sie spreute ihren Mantel
Wohl bis ans rote Meer:
Gut Nacht, mein Vater, meine Mutter,
Wie auch mein Schwester, mein Bruder,
Ich seh euch nimmermehr!

Aus Haardt.

34b. Die Jüdin und der Schreiber.

1. Es war einmal eine Jüdin,
Ein wunderschönes Weib,
Sie hatte eine Tochter,
Ihr Haar war schön geflochten,
Zum Tanz war sie bereit.

2. Ach Mutter, liebste Mutter,
Laß mich zum Tanzball gehn!
Ei das wäre ja eine Schande
Fürs ganze jüdische Lande,
Wenn du zum Tanzball gingst.

3. Die Mutter die kehrt den Rücken,
Die Tochter die macht einen Sprung,
Sie sprang durch enge Gassen,
Wo Herren, wo Schreiber saßen,
Sie sprang dem Schreiber zu.

4. Ach Schreiber, liebster Schreiber,
Schreib du für mich einen Brief,
Schreib an mein Vater, meine Mutter,
Mein Schwester, mein jüngsten Bruder.
Daß ich eine Jüa=Jüdin bin!

Aus Niederkirchen im Ostertal.

Lit. Erk=Böhme I Nr. 98 a—d. — Wunderhorn S. 170. — Mittler Nr. 208 und 209. — Simrock Nr. 256. — Mündel S. XI. — E. Meier S. 341 Nr. 191. — Bender Nr. 5. — Krapp Nr. 92. — Böckel Nr. 64. — Lewalter III Nr. 9. — Wolfram Nr. 20. — Ditfurth II Nr. 11. — Hoffmann Nr. 25 und 26. — Hruschka Nr. 46. — Meinert S. 135. — Weitere

Lit. f. Erk=Böhme I S. 354, Köhler=Meier S. 369 (Anm. 6. Version B), Marriage S. 4, Böckel S. 115 Anm. 64 (wo auch eine Lesart aus der Pfalz erwähnt wird). Das Lied von der Jüdin und dem Schreiber wurde mit dem Liede von den Königskindern vermischt vgl. Nr. 27.

35a. Des Müllers Töchterlein.

Aus Waldsee.

Mei=ster Mül=ler, du mußt mal sel=ber se=hen, was an dei=ner Müh=le ist ge=sche=hen; denn das Rad bleibt von sich sel=ber stehn, es wird ja wohl zu=grun=de gehn.

1. Meister Müller, tu mal nachsehen,
Was an deiner Mühle ist geschehen,
Denn das Rad bleibt von sich selber stehn,
Es muß etwas zu Grunde gehn.

2. Frau Müllerin stand oben in der Kammer,
Schlug die Hände überm Kopf zusammen,
Denn sie hat ein einzig Töchterlein,
Das wird ihr wohl ertrunken sein.

3. Frau, ich bitt dich um Gotteswillen,
Laß doch Gott seinen Wunsch erfüllen,
Laß das Kind in seiner Qual und Pein
Dem lieben Gott empfohlen sein.

4. Liebste Eltern, lasset euch sagen:
Von sechs Trägern lasset mich tragen,
Traget mich dem schönen Friedhof zu
Und legt mich sanft in meine Ruh.

5. Dort in jenem schönen Rosengarten
Wird mein Bräutigam schon lange auf mich warten;
Denn mein Hochzeitskleid ist schon bereit
Bei Gott in jener Ewigkeit.

Aus Dürkheim, Haardt, Hofstetten, Katzenbach, Ludwigshafen, Mörlheim, Waldsee.

Anfang auch: Meister Müller, du mußt selber sehen (Ludwigshafen). Du, Herr Müller, tu nachsehen (Katzenbach). Frau Müllerin, du mußt ja selber sehen (Waldsee). Meister Müllerin, das sollten Sie mal sehen (Hofstetten).

2, 3 Wir haben nur ein einzig Töchterlein (Haardt). 2, 4 Denn es wird ja nicht erkranket sein (Hofstetten). 3, 3 u. 4 Das Kind es starb und er allein Weiß wie es wird uns Eltern sein (Haardt).

Str. 5 in Haardt:
 Droben in dem Himmelsgarten
 Wird der Bräutigam ihrer warten,
 Und ihr Brautbett steht bereit
 In der frohen Ewigkeit.

5, 3 u. 4 Dort in jener großen (schönen) Ewigkeit Dort ist mein Ruhebett (Ruheplatz) schon längst bereit (Ludwigshafen, Hofstetten).

In Ludwigshafen ist Str. 3 an den Schluß gestellt, gleichsam als Antwort auf die Worte der Tochter:

 Die Frau Müllerin sprach: Um Gotteswillen,
 Lasset ihren Willen erfüllen!
 Denn was Gott tut, das ist wohlgetan,
 Wir beide sind nicht schuld daran.

35 b. Des Müllers Töchterlein.

Aus Eschenau.

Da drun=ten im tie=fen Ta=le stand ei=ne Müh=le zum Mah=len, die Müh=le stand stil=le, das Mühl=rad blieb ste=hen. „Ach Gott, was ist an uns=rer Müh=le ge=sche=hen?"

1. Da drunten im tiefen Tale
 Stand eine Mühle zum Mahlen;
 Die Mühle stand stille,
 Das Mühlrad blieb stehen,
 Ach Gott, was ist an unsrer Mühle geschehen?

2. Frau Müllerin stand oben am Fenster,
 Schlug die Hände am Kopf zusammen:
 Wir haben das einzige
 Schöne Töchterlein,
 Ach Gott, ach soll es uns ertrunken sein?

3. Nun läuteten die Glocken zusammen,
 Die Träger die kamen gegangen,
 Sie trugen das Mägdlein
 Dem Grabe hinzu.
 Ach Gott, so schenke ihm die ewige Ruh!

Aus Eschenau.

Lit. Erk=Böhme I Nr. 108 a—c. — Simrock Nr. 66. — Mittler Nr. 228. — Marriage Nr. 21. — Krapp Nr. 192. — Volk S. 191. — Ditfurth II Nr. 44. — Böckel Nr. 23. — Lewalter I Nr. 32. — Wolfram Nr. 12. — Becker Nr. 11. — Müller S. 84. — Hoffmann Nr. 33. — Peter Nr. 24. — Weitere Literatur f. bei Erk=Böhme I S. 386, Marriage S. 44. — Eine Lesart aus der Pfalz findet sich auch bei Scherer, Volks= lieder 1868 Nr. 24.

36. Des Markgrafen Töchterlein.

Aus Hütschenhausen.

1. Es hatte ein Markgraf ein Töchterlein,
   Sie wollten ihr geben einen Mann,
   Frau Herzogin sollte sie werden.

2. Ich will und mag noch keinen Mann,
   Ich sein noch nicht älter als elf Jahr,
   Ich kriege ein Kind und da sterb ich fürwahr.

3. Die Mutter die hörte die Rede nicht an,
   Sie gab der Tochter einen Mann,
   Frau Herzogin sollte sie werden.

4. Es stand wohl an dreiviertel Jahr,
   Gut Fräulein da schon schwanger war,
   Sie saß auf Samt und Seide,
   Da sie die Not zerreiße.

5. Und als der Markgraf die Rede vernahm,
   Das Pferd ja schon gesattelt stand;
   Da ritt er fort in schneller Eil,
   Der Weg war hundertundvierzig Meil.

6. Und als der Markgraf den Hof hineinritt,
   Die Schwiegermutter ihm entgegenschritt:
   Sei du willkommen, mein Tochtermann!
   Wie läßt sich eure heiratige Hausfrau an?

7. Heiratige Hausfrau, die läßt sich gut an,
Sie liegt zu Hause in Kindchesnot,
Und ich fürcht, wenn ich heimkomm, so find ich sie tot.

8. Und als die Schwiegermutter die Rede vernahm,
Die Pferde schon gesattelt standen,
Da ritten sie fort in schneliger Eil,
Der Weg war hundertundvierzig Meil.

9. Und als sie auf die Heide nauf kamen,
Da hörten sie ein Glöcklein läuten,
Schöns Herdlein sahen sie weiden.

10. Ist das für eine Vesperzeit
Oder ist es für ein Todesgeläut?
Es ist für keine Vesperzeit,
Es ist für dem jungen Markgraf sein Weib.

11. Was zog er herab seinen samtenen Hut?
Den nimm du hin für wahres Gut!
Hast mir es mein Liebchen daher genennt
Und hast es fürwahr noch nicht gekennt.

12. Und als der Markgraf in den Hof hineinritt,
Gut Fräulein wohl in der Lade schon liegt,
Das Kindchen in der Wiege,
Da waren sie beide verschwiegen.

13. Jetzt zog er heraus sein goldenes Schwert
Und stach sich selbst wohl in das Herz:
Hast du gelitten die Qual und Not,
So will ich auch leiden den bittren Tod.

14. Haut ein, haut ein ein tiefes Grab
Mit hüben und drüben zwei Mauern,
Gebt mir mein Liebchen in den rechten Arm,
Darinnen soll es verfaulen!

15. Es stand wohl an dreiviertel Jahr,
Drei Lilien auf ihrem Grabe standen,
Darauf da stand geschrieben:
Bei Gott sein sie geblieben!

Aus Hütschenhausen.

Lit. Erk-Böhme I Nr. 109 a—g. — Wunderhorn S. 466. — Bothe Frühlingsalmanach, Berlin 1806 S. 132 (abgedruckt bei Büsching und Hagen Nr. 12). — Seckendorfs Musenalmanach für 1808 S. 23. — Jungbrunnen Nr. 25. — Ditfurth II Nr. 9. — Reifferscheid Nr. 8. — Hoffmann Nr. 5. — Meinert Nr. 123. — Ein Bruchstück schon 1556 bei Georg Forster V Nr. 3.

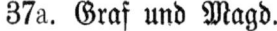

37a. Graf und Magd.

Aus Duttweiler.

Es schlief ein Graf bei sei-ner Magd bis an den

hel-len Mor-gen und als der hel-le Tag an-brach und als der hel-le Tag an-brach, da fing sie an zu wei-nen, da fing sie an zu wei-nen.

1. Es schlief ein Graf bei seiner Magd
   Bis an den hellen Morgen,
   Und als der helle Tag anbrach,
   Da fing sie an zu weinen.

2. Weine nicht, weine nicht, mein liebes Kind!
   Deine Ehr will ich bezahlen;
   Ich geb dir meinen Reitersknecht,
   Dazu dreitausend Taler.

3. Den Reitersknecht den mag ich nicht,
   Ich will den Herren selber!
   Den Herren selber kriegst du nicht,
   Geh heim zu deiner Mutter.

4. Ach Tochter, liebste Tochter mein,
   Was ist mit dir geschehen?
   Dir wird von vorn das Kleid zu kurz
   Und von hinten immer länger.

5. Ach Mutter, liebste Mutter mein,
   Schaff mir eine dunkle Kammer,
   Worin ich weinen und beten kann
   Und stillen meinen Jammer.

6. Da sprach der Graf zu seinem Knecht:
   Sattle mir und dir zwei Pferde,
   Wir wollen einmal auf Reisen gehn
   Und uns die Welt anschauen!

7. Und als sie vor das Stadttor kamen,
   Da trug man eine Leiche.
   Ach Träger, liebste Träger mein,
   Wen tragt ihr da zu Grabe?

8. Es ist ein rotenroter Mund,
   Ein Kind von achtzehn Jahren,
   Sie hat bei einem Graf gedient
   Und auch bei ihm geschlafen.

9. Ach Träger, liebste Träger mein,
   Stellt ab, stellt ab die Leiche,
   Daß ich sie nochmals küssen kann,
   Bevor sie von mir scheidet.

10. Da zog der Graf aus seiner Brust
    Ein langes blankes Messer
    Und stach sich selber in die Brust
    Und tot stürzt er vom Pferde.

Aus Duttweiler, Frankenthal, Gersbach, Göcklingen, Hauptstuhl, Hütschenhausen, Pirmasens, Schaidt, Siebeldingen, Speyer.

1, 2 Vom Abend bis zum Morgen (Hütschenhausen). 5, 2 Sperr mich in eine Kammer (Speyer). 6, 1 Der Graf zu seinem Reitknecht sprach (Duttweiler). 6, 3 Damit wir reisen durch die Welt (Speyer). 7, 4 Was ist das für ne Leiche? (öfters).

37b. Der treulose Graf.

1. Es spielt ein Graf mit seiner Dam,
   Sie spielten miteinander,
   Sie spielten kaum dreiviertel Jahr,
   Die fein Madam war schwanger.

2. Und als sie auch schon schwanger war,
   Da fing sie an zu weinen.

3. Ach Mädchen, warum weinest du?
   Deine Ehr will ich dir bezahlen.
   Ich gebe dir den Reitmannsknecht
   Und noch fünfhundert Taler.

4. Den Reitmannsknecht den will ich nicht,
   Ich will den Herren selber;
   Wenn ich den Herrn nicht selber krieg,
   Reis ich zu meiner Mutter.

5. Und als sie nach Stadt Ramsburg*) kam
   Wohl in die enge Gasse,
   Stand ihre liebe Frau Mutter da
   Mit einem Krug voll Wasser.

6. Ach Tochter, liebste Tochter mein,
   Wie ist es dir gegangen?
   Dein Röckel ist dir vorn zu kurz
   Und hinten viel zu lange.

7. Ach Mutter, liebste Mutter mein,
   Die Wahrheit will ich auch sagen:
   Ich hab gespielt mit einem Graf,
   Ein Kindlein muß ich tragen.

8. Schweig still, schweig still, lieb Tochter mein,
   Das wollen wir schon machen:
   Wenn uns das Kind geboren wird,
   Ins Wasser wollen wirs werfen.

9. Ach nein, ach nein, lieb Mutter mein,
   Das wär für uns beid 'ne Schande;
   Denn sein Vater ist Pfalzgraf an dem Rhein
   Wohl in dem fremden Lande.

Aus Weingarten.

Lit. Erk-Böhme I Nr. 110a—e. — Bragur I S. 268. — Wunderhorn S. 37. — Simrock Nr. 12. — Tobler I S. CVI. — E. Meier S. 316 Nr. 177. — Marriage Nr. 12. — Krapp Nr. 86. — Böckel Nr. 6. — Lewalter II Nr. 2. — Wolfram Nr. 61. — Ditfurth II Nr. 6—8. — Pröhle

---

*) = Regensburg s. Erk-Böhme Nr. 110a Str. 5.

Nr. 11. — Müller S. 98. — Hoffmann Nr. 4. — Peter Nr. 10. — Parisius Nr. 10. — Frischbier Nr. 21 — Hruschka S. 106 ff. Weitere Lit. f. bei Erk=Böhme I S. 403 ff. und Marriage S. 29 ff. Das Lied wurde 1771 im Elsaß von Goethe für Herder aufgezeichnet.

38. Trauriges Wiedersehen.

Aus Ludwigshafen.

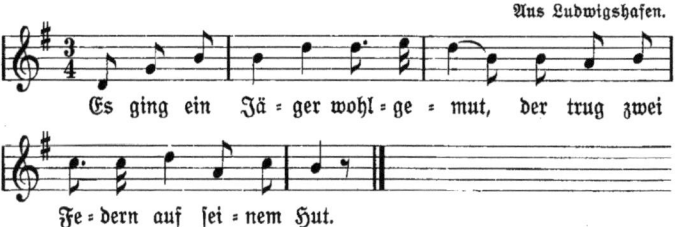

Es ging ein Jä=ger wohl=ge=mut, der trug zwei Fe=dern auf sei=nem Hut.

1. Es ging ein Jäger wohlgemut,
   Der trug zwei Federn auf dem Hut.

2. Die eine war weiß, die andere rot:
   Ich glaub fürwahr, mein Schatz ist tot.

3. Und als er in den Wald nein kam,
   Hört er das Glöcklein läuten schon.

4. Das Glöcklein hat einen Todesklang:
   Ich glaub fürwahr, mein Schatz sei krank.

5. Und als er an den Kirchhof kam,
   Sah er die Gräber graben schon.

6. Ach Gräber, liebste Gräber mein,
   Für wen grabt ihr das Grab so fein?

7. Das Grab, das graben wir so fein,
   Es ist gestorben ein Jungferlein.

8. Es ist gestorben ein jungfrisch Blut,
   Für dies graben wir das Grab so gut.

9. Ist gestorben ein Jungferlein,
   Wirds doch nicht meine eigne sein?

10. Und als er in den Hof nein kam,
    Hört er die Mutter weinen schon.

11. Ach Mutter, liebstes Mütterlein,
    Wo ist denn euer Töchterlein?

12. Mein Töchterlein hats wohl bedacht,
    Hat sich zu Gott hinauf gemacht.

13. [Ach wenn ich doch gestorben wär,
    Daß ich bei meiner Liebsten wär!]

Aus Burrweiler, Homburg, Kaiserslautern, Kusel, Lemberg, Ludwigshafen, Odenbach, Wallhalben, Würz= weiler.

Anfang auch oft: Es war ein Jäger wohlgemut. 4, 1 Glöcklein läutet so einen traurigen Klang (Kaiserslautern). Das Glöcklein läutet Trauerklang (Wallhalben). 4, 1 u. 2 Die Glocke führt ein falschen Ton,

Ich glaub fürwahr mein Schatz wär tot (Lemberg). 5, 2 Sah er die Gräbersleute schon (Lemberg). Sah er drei Gräber, die graben schon (Kaiserslautern). 6, 1 u. 2 Gutn Tag, gutn Tag, ihr Gräbersleut, Für wen grabt ihr das Gräbelein? (Lemberg). 7, 1 u. 2 Es ist gestorben ein Jungfräulein, Drum graben wir das Grab so fein (Kaiserslautern). Hier ist in Würzweiler folgender Zusatz eingeschoben:

        Ein Jungferlein von achtzehn Jahr,
        Die ihre erste (statt „Eltern") Freude war.

10, 1 öfters: Als er in das Dorf nein kam, in die Stub nein kam, an das Stadttor kam, an das Haus hin kam. 10, 2 Hört er die Eltern, die weinen schon (Kaiserslautern). Schwiegermutter ihm entgegenkam (Odenbach). 11, 1 Eltern, liebste Eltern mein 2c. (Kaiserslautern). Guten Tag, guten Tag, lieb Schwiegermutter mein (Ludwigshafen). 12, 1 oft: Mein Töchterlein hats gut gemacht. 12, 2 Sie hat sich schon zu Gott geschafft (Wallhalben). 12, 1 u. 2 Unser Töchterlein das ist gestorben früh, Ihr seht sie im Leben nie (Odenbach). — Sie liegt zu Haus auf frischem Stroh, Morgen früh wird sie begraben schon (Kusel).

Mit Strophe 12 schließt das Lied gewöhnlich. Strophe 13 nur aus Wallhalben.

Lit. Erk-Böhme I Nr. 110 f u. g. — Krapp Nr. 93. — Wolfram Nr. 28. — Böckel Nr. 118 b. — Vgl. das nahe verwandte folgende Lied.

39. Wiederjehen an der Bahre

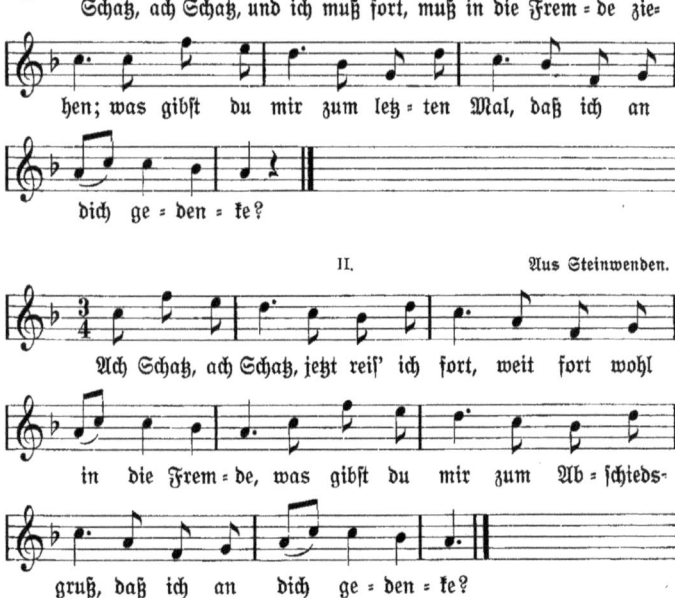

III.
Aus Pirmasens.

Jetzt reif' ich in die Frem=de, jetzt reif' ich in die Frem=de, was gibst du mir zum letz=ten Mal, daß ich an dich ge=den=te?

IV.
Aus Theisbergstegen.

Ein Burſch zog in die Frem=de. „Was gibst du mir zum letz=ten Mal, daß ich an dich ge=den=te?"

1. Nun adé, jetzt reis ich fort,
   Schatz, wohl in die Fremde.
   Was gibst du mir zum letzten Mal,
   Daß ich an dich gedenke?

2. Und was ich dir noch geben kann:
   Ein Kuß auf deinen Munde,
   Daß du an mich gedenken sollst
   Alle Tag und alle Stunde.

3. Und als der Knab in der Fremde war,
   Feinsliebchen war vergessen;
   Er schreibt kein Brief, er schickt kein Gruß,
   Feinsliebchens Herz muß brechen.

4. Auf einmal träumts dem Knab so schwer,
   Sein Liebchen wär gestorben.
   Des andern Morgens in aller Fruh
   Nahm er den Weg nach Hause.

5. Und als der Knab nach Hause kam,
   Schwiegermutter ihm entgegen kam:
   Grüß Gott, grüß Gott, Schwiegermutter mein,
   Wo habt ihr eure Tochter?

6. Und wo ich meine Tochter hab,
   Das werd ich dir gleich sagen:
   Sie liegt zu Haus auf frischem Stroh,
   Morgen früh wird sie begraben.

7. Und als er in das Zimmer trat,
   Zwei Kerzen sah er leuchten,
   Zwei Jungfraun, die ihr zur Seite stehn,
   Ganz bitterlich um sie weinten.

8. Da zog der Knab den Schleier weg
   Schaut seim Feinsliebchen in die Augen:
   Gelt, du bist mein Schatz, gelt, du warst mein Schatz,
   Hasts niemals wollen glauben.

9. Er zog heraus sein Silberschwert
   Und stach sichs in das Herze:
   Hast du gelitten den bittern Tod,
   So will ich leiden die Schmerzen.

10. Macht mir und meinem Schatz ein kühles Grab,
    Zwischen beiden Seiten eine Mauer,
    Gebt mir mein Schatz in meinen Arm,
    Wir beiden wollen verfaulen.

[11. Und als sechs Monat vorüber waren,
    Der Jüngling lag im Grabe,
    Und schon darauf geschrieben stand:
    Wir beide sein im Himmel.]

Aus Frankenthal, Fredenfeld, Hofstetten, Kaiserslautern, Lemberg, Ludwigshafen, Maßweiler, Mörlheim, Pirmasens, Ranschbach, Rieschweiler, Roßbach, Schaidt, Seyweiler, Theisbergstegen.

Anfang auch: Nun ade, mein lieber Schatz, Jetzt reis ich fort in die Fremde (Fredenfeld). Ade, mein Schatz, jetzt reis ich fort, Reis fort wohl in die Fremde (Ludwigshafen). Schatz, ach Schatz, und ich muß fort, Muß in die Fremde ziehen (Roßbach). Ach Schatz, ach Schatz, jetzt muß ich fort, Ach fort wohl in die Fremde (Hofstetten). Morgen muß ich fort von dir (Kaiserslautern). Jetzt reis ich in die Fremde (Pirmasens). Mein Schatz reist in die Fremde (Maßweiler). Ein Bursch zog in die Fremde (Theisbergstegen). Die letzten drei Anfänge werden meist als zweiter Vers wiederholt; findet eine Wiederholung nicht statt, so wird bei der ersten Strophe die Melodie gekürzt, indem die auf den ersten Vers treffenden Takte wegfallen.

2, 1 Ich gebe dir mein jungfrisch Blut (Roßbach). 2, 2 Ein Kuß aus (von) meinem Munde (oft). Das werd ich dir gleich sagen (Kaiserslautern) mit der Fortsetzung 3 u. 4: Einen Kuß auf deinen rosenroten Mund, Daß du an mich gedenkest. 2, 4 Bei Tag und jede Stunde (oft). 3, 1 Der Knab reist fort ins fremde Land (Rieschweiler). Und als der Knab (Bursch) in die Fremde kam (oft). 3, 2 Die Lieb die war vergessen (Ludwigshafen). Die Liebschaft hat er vergessen (Hofstetten).

Strophe 4 in Roßbach:

Und als es um die Mitternacht war,
Sprach er zu seinem Knecht:
Geschwind, geschwind, zäum mir ein Pferd,
Mein Schatz der ist noch rettenswert.

5, 1 oft: Und als er vor das Stadttor (Hoftor) kam, oder: in den Hof eintrat. 5, 2 Sah er seine Schwiegermutter stehen (Roßbach). Schwiegermutter stand unter der Türe (Rieschweiler). 5, 3 Willkomm, willkomm (oder: Guten Tag, guten Tag), Schwiegermutter mein (öfters). 5, 4 Was macht denn eure Tochter? (oft). 6, 1 Was meine jüngste Tochter macht (Roßbach). Und was mein schwarzbraunes Mädel macht (Hofstetten). 6, 3 Sie liegt in der Kammer (daheim, da drin) auf frischem Stroh (oft). 7, 1 Und als der Knab die Tür aufmacht (Lemberg). 7, 2 Das Lichtlein sah er schon scheinen (Hofstetten). 7, 3 Dabei auch ihre zwei Schwesterlein stehn (Ludwigshafen). 8, 1 Er nahm sie bei der eiskalten Hand (Pirmasens).

Er zog herab das schneeweiß Tuch (Roßbach). Er hob dann auf das Leichentuch (Ludwigshafen). 9, 1 u. 2 Da zog er aus der Tasche Ein blinkes blankes Messer (Theisbergstegen). Str. 10 aus Pirmasens:

> Legt mir mein Liebchen in meinen Arm,
> Darin soll sie verfaulen,
> Bis wir einst am allerjüngsten Tag
> Vor Gott uns wiederschauen.

Str. 11 nur aus Hofstetten.

Lit. Vgl. Erk-Böhme I Nr. 110 f u. g. — Gaßmann Nr. 19. — Mündel Nr. 27. — Marriage Nr. 13. — Meisinger S. 64. — Aumer Nr. 188. — Köhler-Meier Nr. 181. — Becker Nr. 87. — Schmitz S. 162 Nr. 13. — Unser Lied steht dem vorausgehenden sehr nahe.

40a. Ritter Ewald und sein Liebchen.

Sil=ber=schein, saß ein Rit=ter bei seim Lieb=chen in der Lau=be ganz al=lein.

IV.
Aus Steinwenden.

In des Gar=tens dunk=ler Lau=be bei der Nacht und Mon=den=schein saß ein Rit=ter bei seim Lieb=chen in der Lau=be ganz al=lein.

V.
Aus Dahn.

In des Gar=tens dunk=ler Lau=be sa=ßen bei=de Hand in Hand, Rit=ter E=wald und die Li=na, schlos=sen bei=de, schlos=sen beid ein fe=stes Band.

1. In des Gartens dunkler Laube
Saßen treulich Hand in Hand
Ritter Ewald und die Lina,
Schlossen beide ein festes Band.

2. Liebste Lina, sprach er tröstend,
Lina, laß dein Weinen sein!
Übers Jahr, wenn die Rosen blühen,
Werd ich wieder bei dir sein.

3. Mutig zog er hin zum Kampfe
Für das teure Vaterland,
Oft gedacht er an seine Lina,
Wenn der Mond am Himmel stand.

4. Und ein Jahr war kaum verflossen,
Als die erste Knospe brach,
Da ging Ewald zu der Laube,
Wo er einst die Holde traf.

 5. Und was sah er aus der Ferne?
   Einen Grabstein in Spalier,
   Und auf Marmor stand geschrieben:
   Lina ruht in Frieden hier.

  6. Ritter Ewald ging ins Kloster,
   Legte Schwert und Panzer ab.
   In des Gartens dunkler Laube
   Gruben Mönche ihm sein Grab.

Aus Adenbach, Asselheim, Bissersheim, Bosenbach, Dahn, Dierbach Dürkheim, Eschenau, Eßweiler, Ginsweiler, Großfischlingen, Hagenbach, Harthausen, Hergersweiler, Insheim, Jettenbach, Kandel, Katzenbach, Maßweiler, Maudach, Mörlheim, Mundenheim, Mutterstadt, Neuhofen, Nußbach, Odenbach, Oppau, Ranschbach, Rießchweiler, Rothselberg, Schaidt, Schallodenbach, Schweigen, Stockborn, Wachenheim, Waldsee, Wallhalben, Weingarten, Westheim, Winden, Wörth, Würzweiler, Zweibrücken.

 Die Varianten dieses Liedes sind ungemein zahlreich. Unter den vielen mir vorliegenden Texten sind kaum zwei einander vollkommen gleich; selbst Lesarten aus dem gleichen Dorfe zeigen oft auffallende Abweichungen, je nachdem sie von älteren oder jüngeren Leuten stammen. Ich teile nur die wichtigsten Varianten mit.

 Die Namen des Ritters und seiner Geliebten sind verschieden: Ewald, Dewald (= Theobald), Edmund, Ehrhard, Kuno, Ida, Lina, Mina.

 Anfang oft: In des Waldes dunkler Laube, oder: In des Gartens grüner Laube. Auch hier findet sich häufig als erste Strophe die bei der Lesart b mitgeteilte Str. 1.

 1, 2 Saßen einstmals (beide) Hand in Hand (oft). 1, 3 u. 4 Ihre Liebe zu verbinden Durch ein teures festes Band (Wachenheim) 1, 4 In der Laube festgebannt (Schweigen). Schlossen hier der Liebe Band (oft). Von der Liebe ganz entbrannt (Hergersweiler.) Ihr in Treue fest verbandt (Hagenbach). 2, 1 Ida, sprach der Ritter leise (oft). 2, 3 Eh die Rosen wieder blühen (oft). 3, 2 Streitend für sein Vaterland (oft). 3, 1 u. 2 Und er zog bei Mondesscheine In den Krieg ins heilge Land (Stockborn). Strophe 3 aus Pirmasens:

   Und der Ritter zog zum Kampfe
   In den blutgen grausigen Krieg,
   Um zu kämpfen für die Ehre,
   Um zu streiten für den Sieg.

4, 2 Und der Rose Knospe sprang (oft). Als man wieder Knospen brach (Wachenheim). Da war der Ritter wieder da (Mutterstadt). 4, 4 oft: Wo er sie zum letztmal sah (fand, sprach). 5, 1 u. 2 Und was sah er? In der Ferne hub ein Grabeshügel sich (Wachenheim). 5, 4 Lina lebt nicht mehr für dich (oft). 6, 3 Und nach wenig Trauerjahren (Mutterstadt). Und eh die Rosen wieder blühten (Pirmasens). An der stillen Kirchhofsmauer (Weingarten). Und schon heute übers Jahr (Zweibrücken). In dem Garten neben Lina (Würzweiler). 6, 3 u. 4 Grub mit seinen eignen Händen Neben Lina sich ein Grab. 6, 4 Grub ein Mönch sich selbst ein Grab (oft). Sank auch er zu ihr ins Grab (Hergersweiler).

---

40 b. Der Ritter und sein Liebchen.

1. In des Gartens grüner Laube,
   In der Nacht beim Mondenschein
   Saß ein Ritter bei seim Liebchen
   In der Laube ganz allein.

2. Und er sprach und tat sie küssen:
   Ewig bist du, Teure, mein!
   Übers Jahr, wenn die Rosen blühen,
   Werd ich wiedrum bei dir sein.

3. Und ein Jahr ist bald verflossen;
   Eh der Rose Knospe brach,
   Ist der Ritter wiedrum kommen
   In die Laub bei stiller Nacht.

4. Und er sah hinab ins Grüne,
   Sieh, da liegt ein Marmor hier,
   Auf dem Marmor stand geschrieben:
   Ida ruht in Frieden hier.

5. Und er ging hinweg ins Kloster,
   Legte Schwert und Panzer ab.
   In dem schönen, grünen Hofe
   Gruben Mönche bald sein Grab.

Aus Hinterweidenthal, Lemberg, Pirmasens.

---

40 c. Ritter Ewald und sein Liebchen.

1. In des Gartens dunkler Laube
   Saßen abends Hand in Hand
   Ritter Ewald, Fräulein Lina,
   Schlossen fest ihr Liebesband.*)

2. Liebe Lina, sprach er zärtlich,
   Lina laß das Weinen sein!
   Eh die Rosen wieder blühen,
   Will ich wieder bei dir sein.

3. Eh die Rosen wieder blühen,
   Hab ich mein Leben ausgehaucht,
   Und du findest anstatt meiner
   Ein schönes Grabmal ausgehaun.

4. Ewald ritt nun fort zum Kampfe
   Fürs geliebte Vaterland,
   Er gedacht an seine Lina,
   Wenn der Mond am Himmel stand.

5. Und ein Jahr war kaum vergangen,
   Eh der Rose Knospe brach,
   Fand sich Ewald ein im Garten,
   Wo er sie verlassen hat.

---

*) Ältere Leute in Westheim singen noch wie ich selbst es in den 60er Jahren hörte 1, 3 u. 4: Ritter Ewald, schön und mutig, Neben Ida festgebannt.

6. Und was fand er statt der Lina?
   Einen Grabeshügelstein,
   Und was stand darauf geschrieben?
   Lina ist nun nicht mehr dein!

7. Ewald zog nun fort ins Kloster,
   Legte Schwert und Panzer ab:
   In des Klosters dunklen Mauern
   Gruben Mönche Ewalds Grab.

Aus Westheim.

———◇———

40d. Ritter Dewald und sein Liebchen.

1. In des Gartens dunkler Laube
   Saßen abends Hand in Hand
   Ritter Dewald, liebe Lina,
   Von der Liebe festgebannt.

2. Liebe Lina, sprach er zärtlich,
   Lina, laß das Weinen sein!
   Eh die Rosen wieder blühen,
   Will ich wieder bei dir sein.

3. Eh die Rosen wieder blühen,
   Ist mein Leben ausgehaucht,
   Und du findest anstatt meiner
   Einen Grabstein aufgebaut.

4. Dewald sah nun in der Ferne,
   Wie ein Grabstein sich erhob
   Und darüber auch die Inschrift:
   Lina lebt nicht mehr für dich!

5. Dewald war betrübt und traurig:
   Ist denn das der Liebe Lohn?
   Dein Geliebter ist gekommen,
   Findet dich im Grabe ruhn.

6. Dewald ging nun in ein Kloster,
   Legte Speer und Sporen ab:
   In des Gartens dunkler Pforte
   Gruben Mönche ihm sein Grab.

Aus Ginsweiler.

———◇———

40e. Ritter Ewald und sein Liebchen.

1. In des Gartens dunkler Laube
   Saßen beide Hand in Hand,
   Ritter Ewald, kühn und mutig
   Neben Ida festgebannt;

2. Unter blühendem Holunder,
   Unter Rosen Balsamduft,
   Und der Nachtigall ihre Lieder
   Drangen durch die milde Luft.

3. Und er sprach und wollt sie küssen:
Ewig, Teure, bist du mein!
Wenn die Rosen wieder blühen,
Will ich wieder bei dir sein.

4. Und er zog bei Mondesscheine
Hin zum Kampf fürs Vaterland,
Und da dacht er oft an Ida,
Wenn der Mond am Himmel stand.

5. Und ein Jahr war schon verschwunden,
Und der Rose Knospe brach,
Da trat Ewald hin zur Laube,
Wo er oft mit Ida sprach.

6. Und was sah er? Frisch und grüne
Hob ein Grab sich am Spalier,
Und in Marmor stand geschrieben:
Ida ruht in Frieden hier.

7. Und er sprach ganz dumpf und leise:
Ist denn das der Liebe Lohn?
Ich, Geliebter, bin gekommen,
Aber du bist mir entflohn.

8. Und er zog hinab ins Kloster,
Legt sein Schwert und Panzer ab:
In des Gartens dunkler Laube
Gruben Männer bald sein Grab.

Aus Oppau (geschriebenes Liederbuch 1858) und Stockborn (geschriebenes Liederbuch 1861).

Das Lied besteht meist aus den sechs Strophen der Lesart a; bisweilen fehlt Str. 3, vgl. die Lesart b. In einigen Gegenden treten weitere Strophen hinzu, die wohl dem ursprünglichen Kunstliede, aus dem unser Volkslied hervorgegangen zu sein scheint, angehört haben. Diese Bestandteile sind:

1) Die Todesahnung der Braut, s. Lesart c u. d Str. 3. Derselbe Zusatz findet sich auch in der badischen Pfalz s. Bender Nr. 1, Str. 3 und Marriage Nr. 27 Str. 3.

2) Die Klage des Ritters über den verlorenen Lohn der Liebe, s. Lesart d Str. 5 und e Str. 7. Den gleichen Zusatz haben Texte aus Dahn, Pirmasens, Wachenheim, Zweibrücken, zum Teil etwas abweichend von dem oben mitgeteilten Wortlaut. In Dahn lautet die Strophe:

Großer Gott im Himmel droben,
Ist das mein verdienter Lohn?
Ich, dein Geliebter, bin gekommen,
Finde dich im Grabe schon.

In Pirmasens:

Und so gehts in jungen Jahren,
Das ist sauerer Liebeslohn!
Ich usw. (wie oben).

Die Klage des Ritters findet sich auch bei Erk-Böhme I Nr. 112a und c Str. 6, Köhler-Meier Nr. 183 Str. 6, Wolfram Nr. 32 Str. 6, Becker Nr. 104 Str. 9, Bender Nr. 1 Str. 5, Krapp Nr. 170 Str. 6. Vgl. das fliegende Blatt c. 1810 bei Erk-Böhme I S. 410 Str. 6.

3) Die „Holunderstrophe" s. Lesart e Str. 2; ganz gleichlautend aus Stockborn; aus Pirmasens etwas abweichend:

> Und es blühte der Holunder,
> Und der Rosen Balsamduft
> Bei der Nachtigall sanftem Schlage
> Wehet freudig durch die Luft.

Dieser Zusatz auch bei Becker Nr. 104 Str. 2.

4) In einem geschriebenen Liederbuch aus Mutterstadt fand ich zwischen Str. 5 u. 6 der Lesart a folgende Strophe eingeschoben:

> Ritter Ewald fing an zu weinen,
> Weinte oftmals Tag und Nacht,
> Aber nur um seine Lina,
> Weil er sie verloren hat.

Lit. Erk-Böhme I Nr. 112 a—c. — Gaßmann Nr. 22. — Bender Nr. 1. — Marriage Nr. 27. — Meisinger S. 61. — Krapp Nr. 170. — Wolfram Nr. 32. — Lewalter IV Nr. 8. — Köhler-Meier Nr. 183. — Becker Nr. 104. — Treichel Nr. 30. — Weitere Literatur s. bei Marriage S. 54, Köhler-Meier S. 416, wo auch das fliegende Blatt aus dem Anfang des 19. Jahrhunderts, der älteste Nachweis unseres Liedes, abgedruckt ist, und J. Meier, Kunstl. i. V. S. 74 Nr. 474; vgl. auch S. CXLIII.

41a. Die verlorene Ehre.

1. Ich ging einmal spazieren,
   Spazieren durch den grünen Wald,
   [: Da begegnet mir ein Mädchen,
   'S war achtzehn Jahre alt. :]

2. Ich griff sie bei der Hand
   Und führt sie durch den grünen Wald,
   [: Aus dem Walde, aus dem Walde
   Ins Wirtshaus hinein. :]

3. Frau Wirtin, schenk sie einen
   Für diese Jungfrau feine,
   [: Denn sie hat ja Samt und Seide,
   Die versoffen müssen sein. :]

4. Und als das Mädchen dies vernahm,
   Da fing sie an zu weinen,
   [: Zu weinen, zu weinen,
   Zu weinen fing sie an. :]

5. Ach Mädchen, warum weinest du?
   Weinest du um deinen stolzen Mut?
   [: Oder weinest du um deine Ehre,
   Die du längst verloren hast? :]

6. Ich weine nicht um meinen stolzen Mut,
   Wein auch nicht um meine Ehre,
   [: Darum weine ich, darum weine ich,
   Darum weine ich ja nicht. :]

7. In meinen jungen Jahren
   Da hab ich was verloren,
   [: Und das suche ich, und das suche ich,
   Und das finde ich nimmermehr :]

Aus Niederkirchen i. O.

41b. Die verlorene Ehre.

1. [: Es ging ein Knab spazieren, :]
   Spazieren, spazieren,
   Spazieren in den Wald.

2. [: Da begegnet ihm ein Mädchen, :]
   Sie war achtzehn, sie war achtzehn,
   Sie war achtzehn Jahre alt.

3. [: Und er nahm das Mädchen bei der linken, linken Hand :]
   Und führte sie, und führte sie,
   Bis sie an ein Wirtshaus kam.

4. Frau Wirtin, schenk sie eine
   Für diese Jungfrau reine,
   Denn sie ist von Samt und Seide,
   Versoffen muß sie sein.

5. Als das Mädchen dies vernahm,
   Da fing sie gleich an zu weinen,
   Zu weinen, zu weinen,
   Zu weinen fing sie an.

6. Weint sie wohl um ihr väterliches Gut
   Oder wohl um ihren schönen Hut?
   Ich weine, ich weine,
   Ich weine um meine Ehr.

7. Meine Ehr hab ich verloren
   In meinen schönen jungen Jahren,
   Und ich find sie nimmermehr, ja mehr,
   Und ich find sie nimmermehr.

Aus Steinweiler.

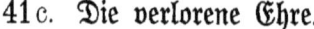

41c. Die verlorene Ehre.

Aus Eschenau.

Ich ging ein=mal spa=zie=ren, ich ging ein=mal spa=zie=ren, spa=zie=ren, spa=zie=ren, spa=zie=ren in den Wald.

1. [: Ich ging einmal spazieren, :]
   Spazieren, Spazieren,
   Spazieren in den Wald.

2. [: Da begegnet mir ein Mädchen, :]
   Ein Mädchen, ein Mädchen,
   'S war achtzehn Jahre alt.

3. [: Ich nahm das Mädchen bei mich, :]
   Ja bei mich, ja bei mich,
   Aus dem Wald in das Wirtshaus hinein.

4. [: Der Wirt der wollt sie kaufen, :]
Ja kaufen, versaufen,
Versoffen muß sie sein.

5. [: Da fing sie an zu weinen, :]
Zu weinen, zu weinen,
Zu weinen fing sie an.

6. [: Ach Mädchen, warum weinest du? :]
Ich weine, ich weine,
Ich wein um meine Ehr.

7. [: Meine Ehr hab ich verloren, :]
Verloren, verloren,
Ich find sie nimmermehr.

Aus Eschenau.

Lit. Erk=Böhme I Nr. 114. — Simrock Nr. 56. — Kretzschmer II Nr. 327. — Mittler Nr. 220. — Mündel S. XI (Es ging ein Knab 2c.) — Marriage Nr. 5. — Ditfurth II Nr. 35. — Böckel Nr. 88. — Wolfram Nr. 99. — Köhler=Meier Nr. 137. — Reifferscheid Nr. 29. — Treichel Nr. 9. — Frischbier Nr. 12. — Hruschka S. 124 Nr. 33. — Meinert S. 168.

Das Lied ist ein Nachkömmling des alten Schlemmerliedes von den versoffenen Kleidern „Nun schürz dich, Gretlein" (Erk=Böhme I Nr. 113). Vgl. auch das folgende Lied.

42a. Die versoffenen Kleider.

Aus Gimmeldingen.

Schaut hi=nauf auf ho=he Berge, schaut hin=un=ter in das tie=fe Tal, ei da sah ich ja drei Hand=werks=bur=sche bei ei=nem Mäd=chen stehn.

1. Ich stand droben auf hohem Berge,
Schaute hinunter in das tiefe Tal,
Und da sah ich drei Gesellen
Bei einem Mädchen stehn.

2. Der eine war ein Schäfer,
Der andre war ein Kaufmannssohn,
Der dritte war ein Handwerksbursche,
Dieser liebte das Mädchen schon.

3. Und der Handwerksbursche dreht sich rum und rum,
Nimmt das Mädchen bei der Hand
Und führte sie so lange
Bis er an ein Wirtshaus kam.

4. Guten Morgen, Frau Wirtin,
Haben Sie nicht ein gut Glas Wein?
Denn das Mädchen hat so schöne Kleider an,
Versoffen müssen sie sein.

5. Versoffen sein die Kleider,
Kein Kreuzer Geld ist nicht mehr da;
Aber du, du armes Mädchen,
Du kannst jetzt gehn nach Haus.

6. Nach Hause kann ich gehen,
Aber nicht in meines Vaters Haus.
Ei das hätt ich ja in meinem Leben
Keinem Handwerksburschen zugetraut.

7. Handwerksburschen das sein schöne Leut,
Wenn sie auf der Reise sein,
Sie verführen alle schöne Mädchen,
Wenn sie auf der Reise sein.

Aus Steinweiler, Schönau; aus letzterem Orte mit folgenden Abweichungen: Anfang: Als ich auf hohem Berge stand. 2, 4 Der liebte die Mädcher schon. 3, 1 Der Wandersbursche dreht sich um. 3, 3 und 4 Und so zogen sies die Straße weiter, Bis sie an ein Wirtshaus kamen. 4, 2 Schenkt mal ein gut Glas Wein. 5, 2 Kein Kreuzer Geld mehr in der Tasch. 5, 3 Und so mußte ja das arme Mädchen 5, 4 Ohne Kleider nach Hause gehn.

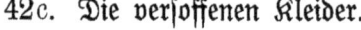

42b. Die versoffenen Kleider.

1. Stand draußen auf hohem Berge,
Schaut herunter ins tiefe Tal,
Da sah ich von fern ein Mädchen,
Drei Bursche bei ihr stehn.

2. Und der erste war ein Müller
Und der zweite ein Witmannssohn,
Und der dritte war ein Soldat,
Der das Mädchen haben soll.

3. Und er nahm sie und führte
Sie ins Wirtshaus hinein,
Und das Mädchen hat so schöne Kleider an,
Versoffen müssen sie sein.

4. Versoffen sind die Kleider,
Kein Geld ist nicht mehr da;
Ei so will ich, daß ich all mein Lebtag
Kein Soldat hätt gesehn!

5. Soldaten sind lustig, sind fröhliche Leut,
[: Sie belügen, sie betrügen :]
Wunderschöne Mädelein

Aus Ginsweiler.

42c. Die versoffenen Kleider.

Aus Siebeldingen.

Es wa-ren drei Hand-werks-bur-schen, die auf der

Rei = se sein, der ei = ne war ein Kauf=mann und der

zwei=te war ein Mül=lers=sohn und der drit=te war ein

Hand=werks=bur = sche, die=ser liebt das Mäd=chen schon.

1. Es waren drei Handwerksburschen,
Die auf der Reise sein;
Der eine war ein Kaufmann,
Und der zweite war ein Müllerssohn,
[: Und der dritte war ein Handwerksbursche,
Dieser liebt das Mädchen schon. :]

2. Und der Handwerksbursche dreht sich rum und um,
Nahm das Mädchen wohl bei der Hand,
Und er führte sie ja gar so lange,
Bis er an ein Wirtshaus kam.
Guten Tag, Frau Herbergsmutter,
Haben Sie's brav Käs und Butter?
Denn das Mädchen hat so schöne Kleider an,
Ja, ja versoffen müssen sie sein.

3. Versoffen seins die Kleider,
Und kein Kreuzer Geld ist in der Tasch.
O du armes, du armes Mädchen,
Du kannst gehen nach Haus.
Nach Hause kann ich gehen,
Aber nicht in meines Vaters Haus;
Ei das hätt ich ja in meinem Leben
Keinem Handwerksburschen zugetraut.

4. [: Und die Handwerksburschen die sein schlimme Leut,
Wenn sie auf der Reise sein.
Sie verführen ja die schönsten Mädchen,
Wenn sie noch viel schöner sein. :]

Aus Siebeldingen.

Lit. Erk=Böhme Nr. 115 a u. b. — Simrock Nr. 57. — Mittler Nr. 220–223. — Meier S. 361 Nr. 206. — Krapp Nr. 228. — Böckel Nr. 93. — Wolfram Nr. 74. — Köhler=Meier Nr. 136. — Becker s. Anm. zu 7 a. — Müller S. 81. — Rösch S. 32. — Hoffmann Nr. 127 u. 128. — Vgl. Lewalter II Nr. 16.

Gleichfalls aus dem alten Liede von Hans und Gretchen hervor=
gegangen; vgl. das vorausgehende Lied.

43a. Winterrosen.

1. Es wollte ein Mädchen Wasser holen
   An einem tiefen Brunnen,
   Da kam ein Ritter dahergeritten
   Und wollte bei ihr schlafen.

2. Ja bei mir schlafen kannst du wohl:
   Bring mir zuerst drei Rosen,
   Die mitten im Winter gewachsen sind
   Und blühen auf die Ostern.

3. Er ritt die Landstraß auf und ab,
   Aber Rosen fand er keine;
   Da kam er vor ein Malershaus,
   Der Maler schaut zum Fenster raus.

4. Ach Maler, liebster Maler mein,
   Mal mir sogleich drei Rosen,
   Die mitten im Winter gewachsen sein
   Und blühen auf die Ostern.

5. Und als die Rosen fertig waren,
   Da nahm er sie am Stiele:
   Schatz freue dich, Schatz freue dich,
   Ich hab getan dein Willen.

6. Schatz freue dich, Schatz freue dich,
   Hier bring ich dir drei Rosen,
   Die mitten im Winter gewachsen sind
   Und blühen auf die Ostern.

Aus Landau, Ludwigshafen, Maudach.

43b. Winterrosen.

1. Es ging ein Mädchen Wasser holen
   An einem tiefen Brunnen,
   Ja, ja, ja, ja, ja, ja, (trarira, trarira,)
   An einem tiefen Brunnen.

2. Das hat ein schneeweiß Kleidchen an
   Und dadurch schien die Sonne.

3. Da kam ein Reitersmann zu ihr
   Und sprach: Du bist die Meine.

4. Ich bin dir gar nicht reich genug,
   Drum frage deine Eltern.

5. Und wenn du sie gefraget hast,
   So schicke mir drei Rosen.

6. Dann ging er über Berg und Tal,
   Konnt aber keine finden.

7. Da ging er zu dem Maler hin
   Und ließ sich dreie malen.

8. Die erste weiß, die zweite rot,
   Die dritte wie Veiolen.

9. Ich hab ja nur ein Spaß gemeint
   Mit diesen dreien Rosen.

Aus Eschenau, Rieschweiler, Zweibrücken.

Lit. Erk-Böhme I Nr. 117 a–e. — Wunderhorn S. 235 u. S. 658. — Simrock Nr. 311. — Krapp Nr. 110. — Böckel Nr. 114. — Ditfurth II Nr. 58. — Köhler-Meier Nr. 139. — Zurmühlen Nr. 18. — Reifferscheid Nr. 10. — Pröhle S. 36 ff. — Peter I S. 268 f. — Meinert S. 95. — Vgl. Mündel Nr. 6, Meier S. 388 Nr. 223. Das Lied findet sich schon in Liedersammlungen des 16. Jahrhunderts in Joh. Otts 121 Liedlein, Nürnberg 1534, Nr. 62; in Forsters frischen teutschen Liedlein II, 1540, Nr. 23 (in beiden Fällen nur die erste Strophe); im Reutterliedlin, Frankfurt 1535 Nr. 10; im Ambraser Liederbuch 1582; im Frankfurter Liederbuch 1584. Weiteres über die Geschichte und Verbreitung s. Erk-Böhme I S. 419–423. Reifferscheid S. 147 ff.

44. Müllers Töchterlein und der Fähnrich.

1. Es wohnt ein reiches Müllerlein
   [: Zu Köln wohl an dem Rheine. :]

2. Der hat zwei schöne Töchterlein,
   Eine große und eine kleine.

3. Die eine hat den Fähndrich so lieb,
   Die andre den Markgrafen.
4. Ach Tochter, liebste Tochter mein,
   Was reden die Leut von dire?
5. Ich hab gehört, du hätteſt den Fähndrich so lieb,
   Das leid ich nicht von dire?
6. Ach Mutter, liebſte Mutter mein,
   Die Leut die lügen gar ſehre.
7. Wenn der Fähndrich daher geritten käm,
   Ich wüßte nicht, ob ers wäre.
8. Es ſtand wohl an dreiviertel Stund,
   Schöns Fähndrich kam geritten.
9. Er klopft so leis mit ſeinem gülbnen Ring:
   Schöns Schätzchen komm herfüre!
10. Ach Fähndrich, mein liebſtes Fähndrich mein,
    Wart nur noch ein kleines Weilchen,
11. Bis ich mein Haar geflochten hab
    Und zuſammengepackt meine Kleider.
12. Und als wir kamen auf die Heide,
    Da begegnet uns ein Mann mit Schweinen.
13. Sags meim Vater vieltauſendmal gute Nacht,
    Meiner Mutter aber nicht einmal.
14. Du ſagſt, ich wär mit dem Fähndrich fort,
    Käm mein Lebtag nicht mehr heime.

Aus Verſchweiler=Wiesweiler am Glan (geſchr. Liederb. 1845).

Lit. Erk=Böhme I Nr. 120 a—c. — Simrock Nr. 63. — Meinert Nr. 93.

45a. Die Brombeeren.

I. Aus Steinwenden.

Es wollt ein Mäd=chen in der Früh auf=ſtehn, drei=vier=tel Stund vor Tag, ſie wollt in den Wald ſpa=zie=ren gehn, ju, ja, ſpa=zie=ren gehn, bis daß der Tag an=brach.

II. Aus Ranſchbach.

Es wollt ein Mäd=chen in der Früh auf=ſtehn drei=

vier=tel Stund vor Tag und sie woll=te in den grü=nen Wald,

ju, ja grü=nen Wald, ju, ja grü=nen Wald wollt' Brom=beer

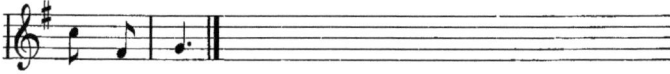
su=chen gehn.

1. Es wollt ein Mädchen in der Früh aufstehn,
   Dreiviertel Stund vor Tag,
   Sie wollte in den grünen Wald,
   [: Ju, ja, grünen Wald, :]
   Wollt Brombeern brechen gehn,

2. Und als sie ein Stückchen in den Wald nein kam,
   Da kam des Jägers Knecht:
   Ach Mädchen, scher dich aus dem Wald,
   [: Ju, ja, aus dem Wald, :]
   'S ist meinem Herrn nicht recht.

3. Und als sie ein Stückchen weiter nein kam,
   Da kam des Jägers Sohn:
   Ach Mädchen, setz dich nieder,
   [: Ju, ja, nieder, :]
   Brech dir dein Körbchen voll.

4. Ein Körben voll, das brauch ich nicht,
   Eine Handvoll ist genug,
   Denn in meines Vaters Garten,
   Hats Brombeern grad genug.

5. Und als dreiviertel Jahr rum warn,
   Die Brombeer die ward groß,
   Da trug das schwarzbraune Mädchen,
   [: Ju, ja, Mädchen, :]
   Ein Kind auf ihrem Schoß.

6. Sie schaut das Kind ganz traurig an:
   Ach Gott, was ist denn das?
   Sind das die schwarzbraunen Beeren,
   [: Ju, ja, Beeren, :]
   Die ich gebrochen hab?

7. Und wer eine schöne Tochter hat,
   Der schick sie nicht in den Wald:
   Im Wald da wachsen Beeren,
   [: Ju, ja, Beeren, :]
   Die reifen gar zu bald.

Aus Böckweiler, Dürkheim, Eschenau, Jettenbach, Kaiserslautern, Mörlheim, Niederhausen, Ranschbach, Steinweiler, Waldsee, Winzeln, Winterbach, Zweibrücken. In der Landauer Gegend und in den Dörfern der Südpfalz eines der beliebtesten Lieder.

2, 1 Und als das Mädchen in den Wald nein kam (oft). 2, 2 Da begegnet ihr des Jägers Knecht (oft). 2, 3 Mädchen, schaff (pack) dich aus dem Wald (oft). 2, 5 Mein Herr, der leidt es nicht (Eschenau). 4, 1 Ein Körblein voll, das ist zuviel (Winzeln). Ich brauch ja gar kein Körblein voll (Dürkheim). 4, 3—5 Und so sprang das wackre Mädchen Dem Jäger in sein Schoß (Winzeln). 4, 3 Daheim in unserm Garten (Eschenau). 4, 5 Ist Brombeerkraut (Schwarzbeerkraut) genug; oder: Stehn Brombeerstöck genug (oft). 5, 2 Da war was andres los (Dürkheim). Da kam des Jägers Los (Böckweiler; hier wird statt „Los" auch „Lohn" gesungen). Da waren die Brombeeren reif (oft). 6, 1 Sie sah das Kind barmherzig an (mehrfach). 6, 2 Ach Gott (o Himmel), was hab ich getan? (öfters). 7, 1 Und wer ein schwarzbrauns Mädchen hat (Zweibrücken). In Kaiserslautern mit tragischem Ausgang:

> Und als dreiviertel Jahr um waren,
> Da wurden die Brombeeren reif,
> Das Mädchen legt sich nieder
> Und schlief in Ewigkeit.

———⸎———

45 b. Die Brombeeren.

1. Es wollte ein Mädchen in der Früh aufstehn,
Dreiviertel Stund vor Tag,
Sie wollte in den grünen Wald,
[: Ju, ja, grünen Wald, :]
Wollt Brombeern brechen gehn.

2. Und als sie ein Stückchen in den Wald nein kam,
Da begegnet ihr des Jägers Sohn:
Ach, Mädchen, scher dich aus dem Wald,
[: Ju, ja, aus dem Wald :]
Und laß die Brombeern stehn.

3. Und als sie ein Stückchen weiter nein kam,
Da kam der Jäger daher:
Ach, Mädchen, scher dich aus dem Wald,
[: Ju, ja, aus dem Wald :]
Denn es ist meinem Herrn sein Recht.

4. Und als sie ein Stückchen weiter nein kam,
Da kam der Herr daher:
Ach, Mädchen, setz dich nieder,
[: Ju, ja, nieder :]
Und brech dein Körblein voll.

5. Ein Körblein voll, das brauch ich nicht,
Eine Hand voll ist genug;
Denn in meines Vaters Garten,
[: Ju, ja, Garten :]
Sind Brombeern ja genug.

6. Und als dreiviertel Jahr rum warn,
Da warn die Brombeern reif;
Da hat das schwarzbraune Mädel,
[: Ju, ja, Mädel :]
Ein Kindlein schon im Schoß.

Aus Roßbach.

———⸎———

45c. Die Brombeeren.

1. Es wollt ein Mädel früh aufstehn,
   Wollt gehen in den Wald,
   Wollte Brombeer brechen gehen,
   Holdjeh, holdjeh, ja gehen,
   Wollte Brombeer brechen gehn.

2. Und als das Mädel in den Wald hinein kam,
   Begegnet ihr der Jägersknecht:
   Mädel, pack dich aus dem Walde,
   Holdjeh, holdjeh, ja Walde,
   Meim Herrn dem ists nicht recht.

3. Und als das Mädel weiterging,
   Begegnet ihr der Jägerssohn:
   Mädel, willst du Brombeer brechen,
   Holdjeh, holdjeh, ja brechen,
   Breche dirs dein Körblein voll!

4. Ein Körblein voll das brauch ich nicht,
   Ich hab genug an drei;
   Geh hin in meines Vaters Garten,
   Holdjeh, holdjeh, ja Garten
   Stehn alle Bäumlein frei.

5. Es dauert kaum dreiviertel Jahr
   Und die Brombeern wurden groß,
   Sieh da kam das Mädel aus dem Walde
   Holdjeh, holdjeh, ja Walde,
   Hielt ein Knäblein auf dem Schoß.

Aus Lemberg.

45d. Die Brombeeren.

Aus Pirmasens.

1. Es wollte ein Mädchen in der Frühe aufstehn,
   Dreiviertel Stund vor Tag,
   Wollt in den Wald spazieren gehn,
   Ju, ja, spazieren gehn,
   Wollte Brombeeren brechen gehn.

2. Und als sie ein Stündlein in den Wald hinein kam,
Da begegnet ihr des Jägers Knecht:
Ach Mädchen, schier dich aus dem Wald,
Hier hat mein Herr sein Recht.

3. Drauf ging sie tiefer in den Wald hinein,
Da begegnet ihr des Jägers Sohn:
Feinsliebchen, setz dich nieder,
Breche dir dein Körblein voll!

4. Ein Körblein voll das brauch ich nicht,
Eine Handvoll ist genug.
In meines Vaters Garten
Stehen Brombeeren grad genug.

5. Nach kurzer Zeit — dreiviertel Jahr —
Da war der Teufel los:
Da hat das schwarzbraune Mädchen
Ein kleines Kind im Schoß.

6. Und als dies Kind ihre Mutter sah,
Sprach sie: Ei was ist denn das?
Sind das die schwarzen Beeren,
Die du gegessen hast?

[7. Die Geburt meldet sie dem Förster an
Binnen einer kurzen Zeit,
Sie erwartet ihn den ganzen Tag,
Doch der Förster fand sich nicht ein.

8. Da wards der Mutter schwer ums Herz
Vor lauter Kummer und Gram:
So will ich leiden auch diesen Schmerz,
Ach Gott nimm dich meiner an!

9. Und als das Kind sechs Jahr alt war,
Zur Schule durch den Wald mußts gehn;
Da begegnet ihm der Förstersohn,
Der blieb starrend vor ihm stehn.

10. Erschrecke nicht, du holdes Kind,
Und gesteh mir deinen Nam.
Meine Mutter die heißt Rosalin,
Meinen Vater hab ich nie gekannt.

11. So will ich dein lieber Vater sein
Und du mein holdes Kind,
Will bei der Mutter um Vergebung flehn,
Auf daß wir alle glücklich sind.

12. Rosalin, ich will um Vergebung flehn,
Das Kind hat mirs mein Herz erweicht.
Getrost wollen wir durchs Leben gehn,
Bis der Tod voneinander uns scheidet.]

Aus Pirmasens. Str. 7—12 sind offenbar von jemand hinzugedichtet, den der Schluß des Liedes nicht befriedigte.

Lit. Erk-Böhme I Nr. 121 a—c. — Wunderhorn S. 435. — Simrock Nr. 195. — Gaßmann Nr. 26. — Mündel S. XII. — E. Meier S. 304. Nr. 169. — Bender Nr. 86. — Marriage Nr. 6. — Krapp Nr. 109. — Ditfurth II Nr. 53 und 54. — Böckel Nr. 57a. — Lewalter II Nr. 18. —

Wolfram Nr. 54. — Köhler=Meier Nr. 140. — Becker Nr. 172. — Schlossar Nr. 305. — Rosegger Nr. 17. — Pogatschnigg II Nr. 596. — Hruschka S. 116 f. Nr. 24. — Hoffmann Nr. 179 u. 180. — Peter I S. 286 Nr. 92. — Pröhle Nr. 52. — Frischbier Nr. 78. — Weiteres über Geschichte und Verbreitung des Brombeerliedes s. Erk=Böhme I S. 434, Marriage S. 17, Köhler=Meier S. 407.

46. Markgräfin und Soldat.

Aus Frankenthal.

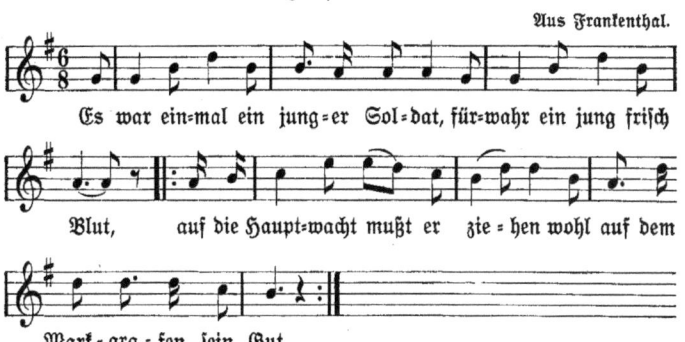

Es war ein=mal ein jung=er Sol=dat, für=wahr ein jung frisch Blut, auf die Haupt=wacht mußt er zie=hen wohl auf dem Mark=gra=fen sein Gut.

1. Es war einmal ein junger Soldat,
Es war ein jungfrisch Blut;
Und auf die Wacht mußt er ziehen
Wohl auf der Markgräfin ihr Gut.

2. Und als er auf dem Posten stand,
Setzt er sich nieder und schlief;
Da kam ja die junge Markgräfin daher
Mit leiser Stimme und rief:

3. Steh auf, steh auf, du junger Soldat,
Steh auf, es ist schon Zeit!
Eine kleine Weil sollst du bei mir schlafen,
Das wär meine einzige Freud.

4. Und wenn ich bei dir schlafen tät,
Wärs für mich und dich eine Schand,
Und wenn es der junge Markgraf erfährt,
So jagt er uns aus dem Land.

5. Er tat ihr zwar den Willen
Und glaubte, sie wären allein;
Da führte der Teufel die Zofe bei,
Zum Schlüsselloch schaut sie hinein.

6. Was Neues, was Neues, mein junger Markgraf,
Was Neues von Ihrem Weib!
Es schläft fürwahr ein blutjunger Soldat
Auf ihrem schneeweißen Leib.

7. Ist es fürwahr ein junger Soldat,
Gehänget muß er sein;
Einen Galgen laß ich bauen
Von Silber und Edelstein.

8. Und als der Galgen fertig war,
   Zum Tode führt man ihn hinaus;
   Da kam das Urteil vom Kaiser daher,
   Man sollte ihm lassen sein Lauf.

9. Soldat stand da auf grüner Heid,
   Seine Augen leuchten weit und breit;
   Da kam die junge Markgräfin daher
   In ihrem schneeweißen Kleid.

10. Was zog sie aus ihrem Finger?
    Ein Ringlein von Gold so fein:
    Nimm hin, nimm hin, du junger Soldat,
    Das soll dein Denkmal sein!

11. Was zog sie aus ihrer Tasche?
    Zwölf Dutzend Dukaten von Gold:
    Nimm hin, nimm hin, du junger Soldat,
    Und kauf dir Wein und Brot.

12. Ist dir der Wein zu sauer,
    So kauf dir was Süßes dafür,
    Und wenn du das Geld versoffen hast,
    So komm und schlaf wieder bei mir!

Aus Alsheim, Ebertsheim, Frankenthal, Freckenfeld, Ginsweiler, Ludwigshafen, Mörlheim, Stockborn.

Anfang auch: Es war fürwahr ein junger Soldat. 1, 2 Ein jungfrisch Leben und Blut (Freckenfeld). Der hatte gesund frisch Blut (Mörlheim). 2, 1 Und als er auf der Markgräfin ihr Gut ankam (Freckenfeld). 2, 3 u. 4 Da kam es dem jungen Markgraf sein Weib Mit ihrem schneeweißen Kleid (Ginsweiler). Da kam die junge Markgräfin Ganz leise geschlichen und rief (Ebertsheim). 2, 4 Mit freundlichen Worten und rief (Freckenfeld). 3, 1 Steig auf, steig auf, oder: Wach auf zc. (öfters). 4, 1 Was wärs, wenn ich bei dir schlafen tät? 'S wär für mich zc. (Freckenfeld) 4, 1 u. 2 Das wär für uns beide eine Freud, Das wär für uns beide eine Schand (Ginsweiler). 5, 1 u. 2 Und als sie so beisammen waren, Und dachten, sie wären allein (Freckenfeld). 5, 3 Da führte der Schneider das Kammermensch bei (Stockborn). Auch sonst wird statt „Zofe" oft „Kammermädchen", „Kammermensch" (in Ginsweiler „Kellermensch") gesungen. 6, 1 u. 2 Markgraf, Markgraf, ach lieber Markgraf, Was glaubens von Ihrem Weib? (Frankenthal). Herr Graf, Herr Graf, was Neues Was Neues von Ihrigem Weib (Ginsweiler). Was meinen Sie wohl, gnädiger Herr Graf, Groß Wunder von Ihrem Weib (Ebertsheim). 6, 4 statt „Leib" wird meist „Kleid" gesungen. 7, 1 Wenn einer auf ihrem schneeweißen Leibe ruht (Ludwigshafen). 7, 1 u. 2 Mein Kind, wenn das die Wahrheit ist, Gehänget soll er sein (Ebertsheim). 8, 1 Zum Tor führt zc. (Frankenthal). 8, 3 Da kam der Befehl vom Kaiser heraus (Ludwigshafen). Str. 9 aus Ginsweiler:

Und als ihm der Lauf gelassen war,
Schwingt er sich auf grünige Heid;
Da kam dem jungen Markgraf sein Weib
Mit ihrem weißen Kleid.

Str. 11 als Schlußstrophe aus Frankenthal:

Nimm hin, nimm hin, du junger Soldat,
Zehntausend Dukaten von mir,
Und wenn du das Geld versoffen hast,
So kommst und schläfft wieder bei mir.

Lit. Erk-Böhme I Nr. 128 u. 129 a—d. — Wunderhorn S. 455. — Simrock Nr. 46. — Mündel S. XI. — E. Meier S. 319 Nr. 178. — Ditfurth II Nr. 15—17. — Mitteil. u. Umfragen zur bayer. Volkskunde 1896 Nr. 2 (aus Wiesen im Spessart). — Bender Nr. 49. — Krapp Nr. 96. — Böckel Nr. 100. — Wolfram Nr. 66. — Pröhle S. 13. — Müller S. 101. — Fiedler S. 164. — Hoffmann Nr. 21. — Parisius Nr. 17. — Weitere Literatur s. bei Erk-Böhme I S. 446 u. S. 448.

Der „Soldat" ist ursprünglich ein „Handwerksgeselle" (Zimmergesell, Fischergesell, Faßbinder ꝛc.), in der ältesten Fassung des Ambraser Liederbuches 1582 Nr. 78 ein „Schreiber". Das Lied vom Zimmergesellen wurde 1771 von Goethe im Elsaß aufgezeichnet.

Unsere Str. 12 ist stark vergröbert. Vgl. hiemit Erk-Böhme I Nr. 129a Str. 21:

> Und wenn dir der Wein zu sauer ist,
> So trinke Malvasier;
> Doch wenn mein Mündlein dir süßer ist,
> So komm nur wieder zu mir!

47. Der geräderte Kaufmannssohn.

Aus Eschenau.

Es ging ein Knab spa-zie-ren, spa-zie-ren in den Wald; da be-geg-net ihm ein Mäd-chen, 's war acht-zehn Jah-re alt, von ei-ner schö-nen Ge-stalt.

1. Es ging ein Knab spazieren,
   Spazieren in den Wald;
   Da begegnet ihm ein Mädchen,
   'S war achtzehn Jahre alt,
   Von einer schönen Gestalt.

2. Er nahm das Mädchen gefangen,
   Gefangen mußt du sein;
   Er zog ihr aus die Kleider,
   Sie gab sich willig drein,
   Sie gab sich willig drein.

3. Zu Augsburg in dem Turme,
   Wo er gefangen saß,
   Da kam seine liebe Frau Mutter:
   Mein Sohn, was schafft du da,
   Mein Sohn, was schafft du da?

4. Was ich jetzt tu hier schaffen,
   Das will ich sagen Euch:
   Ich hab ein abliges Mädchen
   Geschlagen ach so sehr,
   Gebracht um seine Ehr.

5. Mein Sohn, warum hast du das getan?
   Ist das nicht ein Schimpf von dir?
   Du bist ein reicher Kaufmannssohn,
   [: Mußt sterben in dem Turm. :]

6. Ihr lieben Herren von Augsburg,
   Eine Bitt hab ich an euch:
   Wollt ihr mir den Kirchhof schenken
   Für eine güldene Kist,
   Darin gut rasten ist.

7. Der Kirchhof ist nicht unser,
   Der Kirchhof ist der Stadt
   Sein Kopf kommt an den Galgen,
   Sein Körper auf das Rad,
   Wie ers verdienet hat.

Aus Eschenau.

Lit. Erk-Böhme I Nr. 131a. — Wunderhorn S. 425. — E. Meier S. 321 Nr. 179. — Ditfurth II Nr. 36. — Peter S. 196. — Hoffmann Nr. 36. — Weitere Literatur s. bei Erk-Böhme I S. 452.

48. Der bestrafte Fähnrich.

Aus Frankenthal.

Es zog ein Re-gi-ment wohl ü-ber den Rhein;
ein Re-gi-ment zu Fuß, ein Re-gi-ment zu Pferd und
auch ein Re-gi-ment Dra-go-ner.

1. [: Es marschieren drei Regimenter wohl über den Rhein, :]
   Ein Regiment zu Fuß, ein Regiment zu Pferd
   Und auch ein Regiment Dragoner.

2. [: Bei einer Frau Wirtin da kehren sie ein, :]
   Da kehren sie ein, da kehren sie ein,
   Ein schwarzbraunes Mädchen schläft ganz allein.

3. [: Und als das schwarzbraune Mädchen vom Schlafe erwacht, :]
   Vom Schlafe erwacht, vom Schlafe erwacht,
   Da fing sie an zu weinen.

4. [: Ach schönste Madmamsell, warum weinet sie so sehr? :]
   Ein junger Offizier von eurer Kompanie
   Hat mir meine Ehr genommen.

5. [: Ach schönste Madmamsell, kennt sie ihn nicht? :]
   Dort reit er in der Mitt, dort reit er in der Mitt,
   Den Fahnen tut er schwenken.

6. [: Der Hauptmann der war ein gar zorniger Mann, :]
   Die Trommel ließ er rühren, die Pfeife ließ er gehn,
   Generalmarsch ließ er schlagen.

7. [: Er ließ sie marschieren von eins bis zu zwei, :]
   Von zwei bis zu drei, von zwei bis zu drei,
   Damit er soll sehn, wer der Rächer sei.

8. [: Der Hauptmann war ein gar zorniger Mann, :]
   Eine Linde ließ er haun, ein Galgen ließ er baun,
   Daran soll der Fähnrich hängen.

9. [: Des andern Morgens früh kam dem Fähnrich seine Frau: :]
   Ach Gott, wo ist mein Mann, ach Gott, wo ist mein Mann,
   Wo ist er denn geblieben?

10. Ach liebste Frau, euer Mann und der ist tot!
    Da draußen vor dem Tor, da draußen vor dem Tor
    Haben ihn drei Dragoner erschossen.

Aus Eschenau, Ginsweiler, Impflingen, Kaisers=
lautern, Pirmasens, Stockborn, Würzweiler.

——————

Anfang auch: Es reisen drei Regimenter 2c. (Stockborn, Gins=
weiler). Es zogen drei R. (Würzweiler). Es rückten drei R. (Eschenau).
2, 2 u. 3 Ein stolzer Offizier vom sechsten Regiment Der war in sie ver=
liebet so ganz allein (Pirmasens). 4, 2 Ein preußscher Offizier, ein junger
Musketier (Ginsweiler). Einer aus der Kompanie, ein schöner Offizier
(Stockborn). 5, 3 Der den Fahnen so schön tut schwenken (Ginsweiler).
Das blau=weiß Fähnlein tut er schwenken (Pirmasens).

Das Lied wird bisweilen stark verkürzt; in Eschenau und Pirmasens
schließt es mit Strophe 5. In Stockborn sind Str. 6 u. 7 folgendermaßen
zusammengezogen:
   Der Hauptmann das war ein sehr zorniger Mann,
   Die Trommel ließ er schlagen von eins bis zu zwei,
   Von zwei bis zu drei, von zwei bis zu drei,
   Daran zu erkennen, wer er sei.

In Kaiserslautern und Würzweiler wurden Str. 6 u. 8 zusammen=
geschweißt, wobei Str. 7 ausfällt:
   [: Der Hauptmann der war ein gar zorniger Mann, :]
   Die Trommel ließ er rühren, den Galgen ließ er baun,
   Den Fähnrich daran zu hängen.

Aus Kaiserslautern liegt folgende Schlußstrophe vor:
   So geht es in der Welt, wenn man verheiratet ist,
   So geht es in der Welt, so geht es in der Welt,
   Wenn man verheiratet ist.

——————

Lit. Erk=Böhme I Nr. 132. — Wunderhorn S. 247. — Simrock
Nr. 64. — Mündel S. XI. — Marriage Nr. 11. — Bender Nr. 50. —
Krapp Nr. 114. — Ditfurth II Nr. 260. — Köhler=Meier Nr. 17. —
Wolfram Nr. 60. — Lewalter I Nr. 6. — Pröhle Nr. 15. — Hoffmann
Nr. 233. — Frankfurter Zeitung 1884 Nr. 37.

Über die Geschichte dieses Liedes s. Erk-Böhme I S. 455 f. Ein älteres Lied, das die Grundlage unseres erst seit etwa 1820 nachweisbaren Volksliedes bildet, ist im Wunderhorn und bei Erk-Böhme nach einem fl. Blatte abgedruckt.

49a. Das Mädchen und der Matros.

Aus Kaiserslautern.

Es ging ein Mäd-chen wohl an das Meer, da kam ein stol-zer Ma-tros da-her, ei du schö-nes jung-es lie-bes Mäd-chen, du sollst heut Nacht mein Buh-le, Buh-le sein, denn ich schlaf nicht gern al-lei-ne.

1. Es ging ein Mädchen wohl an das Meer,
   Da kam ein stolzer Matros daher:
   Ei, du schönes junges, schönes junges Mädchen,
   Du sollst heute Nacht meine Beischläfrin sein,
   Denn ich schlaf so ganz alleine.

2. Bei dir zu schlafen getrau ich nicht,
   Aber dich zu lieben wär mir schon recht.
   Meine Mutter, meine Mutter hat mich ausgeschickt,
   Hat mir einen Taler in die Hand neingedrückt
   Für so einen Schiffsmatrosen.

3. Er nahm das Mädchen wohl bei der Hand
   Und führte sie an den Meeresstrand;
   Und da schliefen sie so fröhlich beisammen,
   Bis daß der helle Tag anbrach,
   Da fuhr das Schiff von dannen.

4. Auf, auf, Matrosen, jetzt ist es Zeit!
   Macht euch, macht euch zum Kampf bereit!
   Und da lichten sie so fröhlich die Anker:
   Leb wohl, leb wohl, du lieb Schätzelein,
   Jetzt muß ich dich verlassen.

5. Und als das Mädchen vom Schlaf erwacht,
   Da fängt sie so bitterlich zu weinen an:
   Ei wo hab ich meine Ehr gelassen?
   Bei so einem schönen jungen Schiffsmatros,
   Jetzt wird er mich verlassen.

Aus Gerbach, Kaiserslautern, Roßbach.

1, 3 Ei wohin, du hübsches schönes Mädchen (Roßbach). 2, 1 u. 2 Bei mir zu schlafen das brauchst du nicht, Aber mich zu lieben, es ist mir recht (Roßbach). 3, 5 Und der Schiffer fuhr von dannen (Gerbach). 4, 4 u. 5 Leb wohl, du schönes junges Mädchen mein, Bis daß ich wiederum komme (Kaiserslautern). 5, 5 Der wird mich sicherlich verlassen (Gerbach). — Str. 4 u. 5 werden öfters vertauscht.

---

49 b. Das Mädchen und der Matros.

1. Es ging ein Mädchen wohl über ein Schiff,
   Ein junger Matrose zu ihr spricht:
   Ei wohin, du hübsches junges Mädchen?
   Du könntest heute Abend meine Beischläferin sein,
   Denn ich schlafe so ganz alleine.

2. Bei dir zu schlafen das kann ich nicht,
   Aber dich zu lieben wär mir schon recht.
   Meine Mutter die hat mich ausgeschickt
   Und hat mir einen Taler in die Hand hineingedrückt
   Für so einen jungen Matrosen.

3. Er nahm das Mädchen nun bei der Hand
   Und führte sie an den Meeresstrand,
   Und sie schliefen so fröhlich beisammen,
   Bis daß der helle Tag anbrach,
   Und der Steuermann er fuhr von dannen.

4. Und als das Mädchen vom Schlaf erwacht,
   Da fing sie gleich zu weinen an:
   Ei wo hab ich meine Ehr gelassen?
   Bei so einem jungen Schiffsmatros,
   Der wird mich sicher nicht verlassen.

5. Frisch auf, Matrosen, nun ist es Zeit!
   Nun machet euch zum Kampf bereit!
   Sie zogen so fröhlich ihren Anker auf,
   Das Tau das flog bis auf den Mastbaum hinauf,
   Und das Schifflein das fuhr von dannen.

Aus Hütschenhausen; aus Hauptstuhl, Rinnthal und St. Ingbert mit dem Anfang: Es wollt ein Mädchen wohl über ein Schiff.

Lit. Anklänge finden sich in dem Lied „Das Mädchen und der Landsknecht" bei Erk-Böhme I Nr. 134.

---

50 a. Edelfrau und Bettelmann.

1. Es reiste ein Bettelmann wohl auf und wohl nieder,
   Trara hurra!
   Es reiste ein Bettelmann wohl auf und wohl nieder,
   Und was er verdient, das versauft er gleich wieder.
   Trara, trara.

2. Der Bettelmann der kam vor dem Edelmann sein Haus,
   Da schaute eine schöne junge Dame heraus.

3. Ach Bettelmann, ich habe nichts in meinem Vermögen,
Du kannst dich heut Nacht in mein Schlafzimmer legen.

4. Es schliefen beide die liebe lange Nacht,
Bis daß der helle Tag anbrach.

5. Ach Bettelmann, steh auf in Gottes Namen,
Nimm deinen weiten breiten Bettelsack zusammen.

6. Und als der Bettelmann vors Tor hinaus kam,
Da begegnet ihm der Edelmann.

7. Ach Edelmann, ich wünsch dir viel Glück und Segen
Für das, was mir deine Frau hat gegeben.

8. Ach Frau, was hast du dem Bettelmann gegeben,
Daß er mir wünscht soviel Glück und soviel Segen?

9. Ich hab ihm gegeben bald dies und bald das,
Was eine schöne junge Dame besaß.

10. Ach Frau, laß mir den Bettelmann aus dem Haus
Und reich ihm seine Gabe zum Fenster hinaus.

Aus Bruchweiler, Höringen, Landau, Weyher.

50b. Edelfrau und Bettelmann.

Aus Erfweiler.

Es reis-te ein Bet-tel-män-nel aus Un-gar-land her-
Es reis-te wohl vo-re dem E-del-mann sein
aus, Wohl vo-re sein Haus, wohl vo-re sei-ne Tür, da
Haus,
trat ei-ne wun-der-schö-ne Da-me her-für.

1. Es reiste ein Bettelmännel aus Ungerland heraus
Und kam wohl vore dem Edelmann sein Haus,
Wohl vore sein Haus, wohl vore seine Tür,
Da trat eine wunderschöne Dame herfür.

2. Das Bettelmännel bittet um einige Gaben,
Die solch eine Dame ja gar nicht kann haben:
Ich kann dir nichts geben aus meinem Vermögen,
In mein Schlafkämmerlein kannst du dich nein legen.

3. Und als das Bettelmännel auferstand,
Begegnet ihm der Edelmann:
Ich wünsche dir viel Glück und wünsche dir viel Segen,
Woran das ewige Leben ist gelegen.

4. Was haft du denn dem Bettelmännel gegeben,
   Daß er mir wünschet das ewige Leben?
   Ich habe ihm gegeben dies und das,
   Was unsereine Dame zu geben vermag.

5. Und wenn das Bettelmännel wiedrum kommt fürs Haus,
   Dann reichst du ihm die Gaben zum Fenster hinaus,
   Bindst sie an eine lange lange Stang,
   Daß er mit der Hand dich nit langen langen kann.

Aus Fischwoogermühle und den benachbarten Dörfern Erfweiler und Schindhardt; aus Dudenhofen mit dem Anfang: Es kam ein Bettelmännel aus Ungarn heraus.

50c. Edelfrau und Bettelmann.

Aus Clausen.

Es kam ein Bet=tel=männel von o=ben her=ab vor die Tür ei=nes vor=neh=men Haus, vor die Tür und vor das Haus, kam ei=ne wun=der=schö=ne E=del=dam her=aus.

1. Es kam ein Bettelmännel von oben herab
   Vor die Tür eines vornehmen Haus,
   [: Vor die Tür und vor das Haus,
   Kam eine wunderschöne Edeldam heraus. :]

2. Das Bettelmännel zog sein Hütlein ab
   Und bat die Madam um einige Gab.
   Ach Bettelmännel, was soll ich dir geben,
   Ich hab ja nichts in meinigem Leben,
   Ich kann dir nichts geben als dies und als das
   Was eine wunderschöne Edeldam besaß.

3. Sie legten sich zusammen die liebe lange Nacht,
   Bis daß das Glöcklein zwölf Uhr schlagt.
   Ach Bettelmännel, jetzt mußt du aufstehen,
   Sonst kommt der Herr das Haus übersehen.

4. Das Bettelmännel stand in Gottes Namen auf,
   Nahm sein Stöckel und sein Bettelsäckel drauf;
   Als das Bettelmännel weiter naus kam,
   Begegnet ihm der Herr von derselbigen Madam.

5. Ach Herr, ich wünsch Euch Glück und Segen
   Und Eurer Madam das ewige Leben.
   Als der Edelmann nach Hause kam,
   Fing er gleich vom Bettelmännel an.

6. Ach Frau, was hast du dem Bettelmännel geben,
   Daß er dir wünscht das ewige Leben?
   Ich hab ihm nichts gegeben als dies und als das,
   Was eine wunderschöne Edeldam besaß.

7. Wenn das Bettelmännel wieder herkommt vor Haus,
   Reich ihm die Gab zum Fenster hinaus,
   Binde sie an eine lange Stang,
   Daß er sie mit der Hand wohl reichen kann.

Aus Clausen.

50 d. Edelfrau und Bettelmann.

1. Es kam ein Bettelmann aus Ungarland,
   Er kam vor einer Edeldam ihr Haus.

2. Die Edeldam die war so froh,
   Sie legt sich zu dem Bettelmann wohl auf das Stroh.

3. Von dem Stroh bis unter die Bank,
   Hier liegst du, mein Bettelsack, mein Leben lang.

4. Und als der Bettelmann die Heide nauf kam,
   Begegnet ihm der Edelmann.

5. Ach Edelmann, ich wünsche Euch das ewige Leben,
   Weil Eure Frau mir hat alles Guts gegeben.

6. Ach Bettelmann, was hat denn dir meine Frau gegeben,
   Daß du mir wünschst das ewige Leben?

7. Sie hat mir gegeben dies oder das,
   Was so einem reichen Edelmann nichts schadt.

8. Ach Frau, was hast du dem Bettelmann gegeben,
   Daß er mir wünscht das ewige Leben?

9. Ich hab ihm gegeben dieses oder das,
   Was so einem reichen Edelmann nichts schadt.

10. Wenn dir es der Bettelmann noch einmal kommt vors Haus,
    So reichst du ihm die Gabe zum Fenster hinaus.

11. Kannst du ihn nicht erlangen, so nimm eine lange Stange,
    Daß er die Gabe vor der Tür empfange.

12. Was tut man denn mit einer solch großen Tür an dem Haus,
    Wenn man einem reichet die Gabe zum Fenster hinaus?

Aus Hütschenhausen.

Lit. Erk-Böhme I Nr. 139a—d. — Wunderhorn S. 274. — Kretzschmer I Nr. 167. — Simrock Nr. 239. — Zurmühlen Nr. 13. — Hoffmann Nr. 24. — Der Sagenstoff unseres Liedes geht bis ins 13. Jahrhundert zurück. In den älteren deutschen Lesarten ist der Bettler ein Mann edler Herkunft, der als Bettler oder Pilger verkleidet zu der von ihm geliebten Edelfrau kommt. S. Erk-Böhme I S. 466 f. Das. weiteres über die Geschichte und Verbreitung des Liedes.

51a. Die Müllerin.

Aus Falkenstein.

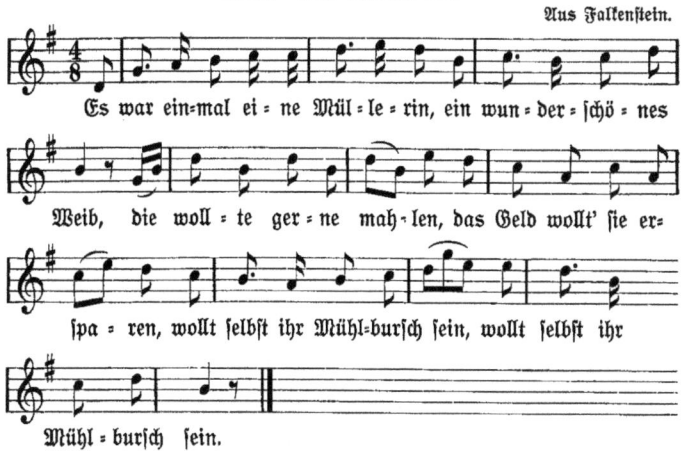

Es war ein=mal ei=ne Mül=le=rin, ein wun=der=schö=nes Weib, die woll=te ger=ne mah=len, das Geld wollt' sie er=spa=ren, wollt selbst ihr Mühl=bursch sein, wollt selbst ihr Mühl=bursch sein.

1. Es war einmal eine Müllerin,
   Ein wunderschönes Weib,
   Die wollt ja selber mahlen,
   Das Geld wollt sie ersparen,
   [: Wollt selber Mühlknecht sein. :]

2. Und als der Müller nach Hause kam,
   Vom Regen war er naß:
   Steh nur auf, steh nur auf, du Stolze,
   Mach Feuer von dem Holze,
   [: Vom Regen bin ich naß. :]

3. Ich steh nicht auf, laß dich nicht ein,
   Wegen meiner bist du naß!
   Denn ich hab heut Nacht gemahlen
   Mit sechs schönen jungen Knaben
   Bis an den hellen Tag,
   Daß ich nicht aufstehn mag.

4. Stehst du nicht auf, läßt mich nicht ein,
   So sprach der Müller fein,
   So tu ich die Mühl verkaufen,
   Das Geld tu ich versaufen
   Für roten, kühlen Wein,
   Wo schöne Mädchen sein.

5. Wenn du die Mühl verkaufen tust,
   Was mach ich mir daraus?
   Eine andre tu ich mir bauen
   Da droben auf schöner grüner Auen,
   Wo klares Wasser fließt,
   Wos viel Vergnügen gibt.

[6. Lieb Weibchen, laß mich doch hinein!
   Sprach da der Müller fein.
   Denn ich will ja nichts verkaufen,
   Und ich will auch nichts versaufen,
   Du sollst mein eigen sein!
   Lieb Weibchen, laß mich ein!]

Aus Essingen, Hagenbach, Haßloch, Kusel, Lemberg, Ludwigshafen, Neuhofen, Rodalben, Wallhalben, Weisenheim a. B., Würzweiler.

Anfang auch: Es war eine reiche Müllerin (Hagenbach). 1, 3 Die hat heut Nacht gemahlen (Ludwigshafen). 1, 5 Wollt selbst der Mühlbursch sein (Lemberg). 2, 1 Des Abends kam der Müller heim (Ludwigshafen). 2, 4 Mach Feuer in den Ofen (Meisenheim). 3, 2 Sprach da die Müllerin fein (oft). 4, 2 Was mach ich mir daraus? (Würzweiler). 4, 5 Im Bier und Branntewein (Kusel). Am Bier und roten kühlen Wein (Würzweiler). 5, 4 Dort unten auf der Auen (Würzweiler). 5, 3 u. 4 So bau ich mir eine andre Dort droben auf der Lüneburger Heide (Kusel). 5, 5 Wo frisches Wasser fließt (öfters als 5, 6 wiederholt). 5, 6 Wo der jungfrisch Jäger schießt (Weisenheim). 6 nur aus Ludwigshafen; sonst unbekannt. Die Strophe ist offenbar spätere Zutat; in den ältern Texten fehlt sie stets.

51b. Die Müllerin.

1. Es war einmal eine Müllerin,
   Ein wunderschönes Weib.
   Viel Geld hat sie sich ersparen
   In ihren jungen Jahren,
   [: Wovon ihr Mann nichts weiß. :]

2. Und als der Müller nach Hause kam,
   Vom Regen war er naß:
   Steh auf, Frau Müllrin, du feine,
   Steh auf, laß mich hineine,
   [: Vom Regen bin ich naß. :]

3. Ich steh nicht auf, laß dich nicht rein,
   So sprach die Müllrin fein.
   Ei so tu ich die Mühle verkaufen,
   Das Geld tu ich dann versaufen
   [: Mit lauter rotem Wein. :]

4. Wenn du die Mühl verkaufest,
   So scheide ich von dir;
   Und droben auf grüner Heide
   Da bau ich mir eine neue,
   Wo klares Wasser fließt,
   Daß alle Leut es verdrießt.

Aus Clausen.

51c. Die Müllerin

1. Es war einmal eine Müllerin,
   Ein wunderschönes Weib;
   Die hat sich viel ersparen
   Mit sechzehn jungen Husaren,
   [: Wovon der Müller nichts weiß. :]

2. Und als der Müller vom Holzweg kam,
   Vom Regen war er naß.
   Steh auf, du hübsche junge Stolze,
   Lad ab vom Wagen das Holze,
   [: Vom Regen bin ich naß! :]

3. Ich steh nicht auf und laß dich nicht rein,
So sprach die Müllerin fein.
So will ich die Mühl verkaufen,
Das Geld wollen wir versaufen
An lauter Bier und Wein,
[: Wo schöne junge Mädchen sein. :]

4. Willst du die Mühl verkaufen,
So bau ich mir eine neu
Dort unten an der Wiese,
Wo frisches Wasser fließet,
[: Wo schöne junge Husaren sein. :]

Aus St. Ingbert.

Lit. Erk=Böhme I Nr. 156 a u. b. — Simrock Nr. 285. — E. Meier S. 239 f. Nr. 129 u. 130. — Bender Nr. 147. — Marriage Nr. 169. — Zopf Nr. 17. — Krapp Nr. 95. — Wolf S. 191. — Ditfurth II Nr. 60. — Wolfram Nr. 67. — Lewalter IV Nr. 13. — Köhler=Meier Nr. 128. — Hruschka Nr. 224. Weitere Lit. f. Köhler=Meier S. 403, Marriage S. 250, Erk=Böhme I S. 498 f. Das Lied ist schon um das Jahr 1430 nachweisbar.

52a. Unheilvolle Nachtfahrt.

I. Aus Steinwenden.

Es wa=ren drei Mäd=chen al=lein, es wa=ren drei Mäd=chen al=lein; die jüng=ste, die da=run=ter war, die ließ den Bur=schen her=ein.

II. Aus Clausen.

Es wa=ren der Ge=schwi=ster ih-rer zwei; die jüng=ste, die da=run=ter war, die zog den Kna=ben her=bei ju=he; die jüng=ste, die da=run=ter war, die

zog den Kna=ben her = bei.

1. Es waren drei Töchter allein;
   Die jüngste, die darunter war,
   Die ließ den Knaben herein.
2. Sie stellte ihn hinter die Tür;
   Als Vater und Mutter schliefen,
   Rief sie den Knaben herfür.
3. Sie führte ihn oben hinauf;
   Er meint, er würde zum Schlaf geführt,
   Zum Fenster aber flog er hinaus.
4. Er fiel auf einen Stein,
   Und brach das Herz im Leib entzwei
   Und auch das linke Bein.
5. Er schleppte sich wieder nach Haus:
   Ach Mutter, was bin ich gefallen
   Auf einen so harten Stein!
6. Mein Sohn, das geschieht dir ganz recht!
   Wärst du zu Hause geblieben
   Wie andere Bauersknecht!
7. Sie legte ihn in das Bett,
   Und als das Glöcklein zwölf Uhr schlug,
   Hat ihn der Tod gestreckt.
8. Er kam vor das jüngste Gericht.
   Die Töchter, die es waren,
   Ja die kannte man nicht.

Aus Clausen, Gerbach, Hofstetten, Maßweiler, Rhein=
gönheim, Rieschweiler, Siebeldingen.

Anfang auch: Es wohnten drei Töchter allein (Rieschweiler). Es waren der Geschwister ihrer zwei (Mädchen Clausen). Es waren zwei Mädchen allein (Hofstetten). 1, 3 Die zog den Knaben herbei (Clausen). 2, 2 Bis Vater und Mutter zu Bette ging (Clausen). Bis Vater und Mutter schliefen ein (Rheingönheim). 2, Ganz leise trat sie zu ihm (Hofstetten). Dann zog sie ihn wieder herfür (Clausen). 3 Zur Stiege führt sie ihn hinauf, Er meinte, sie würde ihn schlafen führen, Zum Lädel warf sie ihn hinaus. 4. 2 Daß ihm das Herz im Leib zerbrach (Rheingönheim).

In Siebeldingen zwischen Str. 7 u. 8:
    Was legt man ihm unter den Kopf?
    Drei abgehobelte Hobelspän:
    Hier liegt der arme Tropf

In Clausen schließen sich an Str. 7 an:

8. Jetzt kam er vors jüngste Gericht;
   Als Jesus diesen Menschen sah,
   Sprach er: Ich kenn ihn nicht!

9. Jetzt kam er in die Höll;
   Als der Teufel nun diesen Bösewicht sah,
   Sprach er: Du bist jetzt mein!

52b. Unheilvolle Nachtfahrt.

Aus Schallodenbach.

1. [: Ich ging mal bei der Nacht [mit dem Buckel], :]
   Die Nacht die war so finster,
   [Schnelle wie die Welle, wie der Juckel mit dem Buckel]
   Daß man kein Sternlein sah [mit dem Buckel]

    2. Ich ging vor Liebchens Tür;
       Ich meint, die Tür wär offen,
       Ein Riegel war dafür.

    3. Es waren der Schwestern drei,
       Die jüngste, die darunter war,
       Die ließ den Burschen herein.

    4. Sie stellt ihn hinter die Tür,
       Bis Vater und Mutter schlafen ein,
       Dann holt sie ihn herfür.

    5. Sie führt ihn die Trepp hinauf;
       Er meint, sie führt ihn schlafen,
       Zum Fenster mußt er hinaus.

    6. Er fiel auf einen Stein,
       Er brach drei Rippen im Leib entzwei,
       Dazu das rechte Bein.

    7. Er rief: O weh, mein Bein!
       Und wenn geheilt die Wunde,
       Dann komm ich wieder zu dir!

Aus Schallodenbach.

52c. Unheilvolle Nachtfahrt.

1. Ich ging einmal bei der Nacht [ja, ja]
   Die Nacht die war so finster,
   Daß man kein Stern mehr sah.

2. Ich ging vor Liebchens Tür,
   Die Tür die war verschlossen,
   Drei Riegel die waren dafür.

3. Ich stellte mich hinter die Tür,
   Und Vater und Mutter die wurdens gewahr,
   Zum Fenster da mußt ich hinaus.

4. Der Schaden der war groß,
   Ich brach zwei Rippen im Leibe
   Und auch das linke Bein.

5. Es war grad kein Arzt mehr da,
   Der mir die Wunde kurieret:
   Das nächste Mal bleib ich zu Haus!

6. [: Das nächste Mal bleib ich zu Haus :]
   Wie andere Burschen auch.

Aus Steinwenden.

Lit. Erk-Böhme I Nr. 157 a–e. — Wunderhorn S. 494. — Uhland II S. 683 Nr. 260. — Simrock Nr. 48. — Gaßmann Nr. 50. — Bender Nr. 66 — Marriage Nr. 202. — Krapp Nr. 140. — E. Meier S. 881 Nr. 218. — Ditfurth II Nr. 51 u. 52. — Wolfram Nr. 104. — Lewalter II Nr. 25. — Köhler-Meier Nr. 123. — Vgl. Becker Nr. 62 Str. 1 u. 2. — Zurmühlen Nr. 81. — Meinert S. 131. — Müller S. 100. — Hoffmann Nr. 121. — Treichel Nr. 13. Weitere Lit. s. Erk-Böhme I S. 504, Köhler-Meier S. 402, Marriage S. 296.

53. Im Brunnen ertrunken.

1. Einst stand ich am Riegel der Ecke,
   Da lagen zwei Liebcher im Bette,
   Sie lagen beisammen die halbe Nacht,
   Bis daß das Glöcklein zwölfe schlagt.

2. Ach Schätzchen, steig auf zum Laden,
   Schau, ob es noch nicht tut bald tagen!
   Das Mädchen gab dem Lädel einen Stoß,
   Scheint ihm der helle Mond in den Schoß.

3. Ach Schätzlein, bleib liegen in der Stille,
   Es taget nach unserm Wille.
   Sie liegen beisammen die ganze Nacht,
   Bis daß das Glöcklein fünf Uhr schlagt.

4. Ach Schätzchen, steig auf zum Laden,
   Schau, ob es noch nicht tut tagen!
   Das Mädchen gab dem Lädel einen Stoß,
   Scheint ihm die helle Sonn in den Schoß.

5. Ach Schätzchen, steig auf nur bald,
   Die Sonne scheint über den Wald!
   Das Mädchen war so in Eil,
   Ließ ihn hinunter an einem Seil.

6. Und als es gemeint, er wär drunten,
   Da war er versoffen im Brunnen.
   Es dauert nur, bis Mittag war,
   Da trauert alles, was da war.

7. Es war ja die junge Frau alleine,
   Nun von Herzen fing sie an zu weinen.
   Es stand wohl an dreiviertel Jahr.
   Bis daß sie einen Sohn gebar.

8. Wie soll man das Knäblein wohl heißen?
   Johannes, Johannes den Zweiten,
   Johannes, Johannes den Jungen,
   Der Vater ist versoffen im Brunnen.

Aus Ginsweiler (geschrieb. Liederbuch c. 1888).

Lit. Wunderhorn S. 707. — E. Meier S. 392 Nr. 225. — Böckel, Handb. S. 163 f. (Zu dem Anfang des Wunderhorntextes vgl. Erk=Böhme I Nr. 147.)

54a. Häsleins Klage.

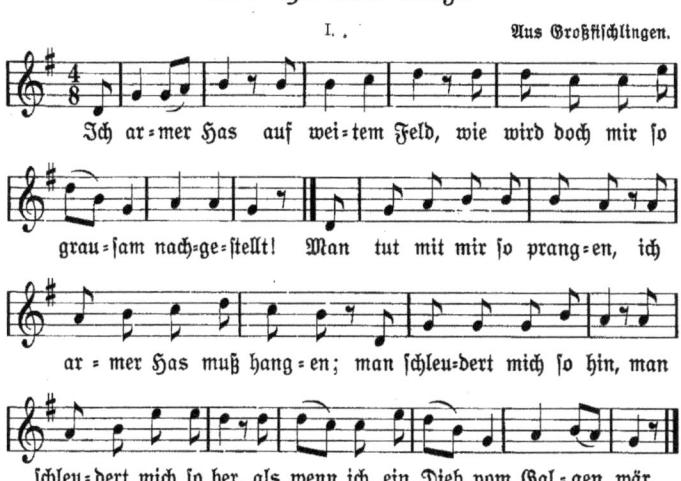

1. Ich armer Has auf weitem Feld,
   Wie wird doch mir so grausam nachgestellt!
   Man tut mit mir so prangen,
   Ich armer Has muß hangen;
   Man schleudert mich so hin,
   Man schleudert mich so her,
   Als wenn ich ein Dieb vom Galgen wär.

Aus Großfischlingen.

II.   Aus Breitenbach.

Ich ar=mer, ar=mer Has im weit und brei=ten Feld, wie wird es mir so grau=sam nach=ge=stellt! Ich tu ja kei=nen Scha=den nicht, ich freß ja nur die Blät=ter ab, ich hal=te mich auf in mei=nem Re=vier und trink ja nur das Waf=ser gern für mei=ne Plä=sier.

54b. Häsleins Klage.

1. Ich armer Has, in weit und breitem Feld
   Da sein sie mir so grausam nachgestellt.
   Bei Tag und auch bei Nachte
   Da tun sie nach mir trachten;
   Sie stellen mir nach nach meinem Lebelein:
   Ei bin ich nicht ein armes Feldhäselein!

2. Ich hab in meinem Leben kein Schaden getan,
   Ich fresse nur die grünen Blätter an,
   Ich fresse nur die Blätter
   Womit ich mich ersättige,
   Ich halte mich auf in jedem Revier,
   Das Wasser tu ich trinken für meine Pläsir.

3. Die großen Herren die haben viele Gäst,
   Sie halten mich auf aufs aller= allerletzt;
   Sie tun mit mir prahlen,
   Ich armer Has muß zahlen;
   Sie trinken auf mich hin den allerbesten Wein:
   Ei bin ich nicht ein delikates Feldhäselein!

Aus Fischwoogermühle, Erfweiler, Schindhardt.

54c. Häsleins Klage.

1. Ich armer Has im weiten Feld,
   Wie wird mir so grausam nachgestellt!
   Man stellt mir nach dem Leben mein:
   Ach bin ich nicht ein armes Häselein!

2. Hab ja noch niemand kein Schaden getan,
Ich fresse nur alle die Blätter an;
An denen grünen Blättern
Da tu ich mich ersättigen.

3. Ich trink einmal für mein Pläsir
Und trink das Wasser für das schwarzbraune Bier,
Da verwischt mich der Jäger an meinem Kopf
Und hängt mich an seinen Säbelknopf.

4. So tut er mit mir prahlen,
Ich armer Has muß fallen,
Er schleudert mich bald hin, er schleudert mich bald her,
Als wenn ich ein Dieb an dem Galgen wär.

5. An mir hab'n die Herren, die vielen, sich ergötzt,
Und heben mich gar auf bis zu allerletzt;
Auf mich da trinken sie den roten kühlen Wein:
Ei bin ich nicht ein armes Häselein!

Aus Lemberg.

Lit. Erk-Böhme I Nr. 169a–c. — Tobler I S. 176 Nr. 77. —
E. Meier S. 245 Nr. 136. — Bender Nr. 143, — Krapp Nr. 135. — Wolfram Nr. 448. — Becker Nr. 102. Weitere Lit. s. Erk-Böhme I S. 526 f.

55. Mädchen und Lorbeerbaum.

Aus Peppenkum.

Es wollt ein Mäd-chen tan-zen gehn, schnee-weiß war
sie ge-klei-det. Da sah sie an dem We-ge stehn ein
Lor-beer-baum so grü-ne.

1. Es wollt ein Mädchen tanzen gehn,
Schneeweiß war sie gekleidet,
[: Da sah sie an dem Wege stehn
Ein Lorbeerbaum so grüne. :]

2. Sag Lorbeerbaum, sag Lorbeerbaum,
Wovon bist du so grüne?
[: Weil mich hat ein kühler Tau erquickt,
Davon bin ich so grüne. :]

3. Sag Mägdelein, sag Mägdelein,
Wovon bist du so schöne?
[: Weil ich esse süß und trinke trinke Wein,
Davon bin ich so schöne. :]

4. Sag Lorbeerbaum, sag Lorbeerbaum,
Prahle du nur nicht so frühe!
[: Denn ich hab ja noch der Brüder Brüder drei,
Die hauen dich dann nieder. :]

5. Hauen sie mich ab zur Winterszeit,
Im Frühjahr grün ich wieder;
[: Aber ein Mädchen, das seine Ehr verliert,
Bekommt sie nicht mehr wieder. :]

6. Drum wer ein schönes Mädchen hat,
Der muß zu Hause bleiben,
[: Muß des Abends früh zu Bette gehn
Im weißen Unschuldskleide. :]

Aus Ensheim, Peppenkum.

Lit. Erk-Böhme I Nr. 174 a—i. — Wunderhorn S. 131. — Simrock Nr. 91. — Böckel Handb. S. 197. — Hildebrand Mat. I S. 106 ff. — Jungbrunnen Nr. 124. — Böckel Nr. 12. — Lewalter I Nr. 15. — Wolfram Nr. 59. — Köhler-Meier Nr. 7. — Becker Nr. 19. — Zurmühlen Nr. 102. Pröhle Nr. 32. — Fiedler S. 199. — Hoffmann Nr. 100—102. — Parisius Nr. 15. — Meinert Nr. 17. — Hruschka Nr. 28. — Weitere Literatur s. Erk-Böhme I S. 542 f., Köhler-Meier S. 369.

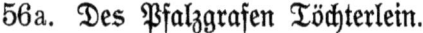

56a. Des Pfalzgrafen Töchterlein.

I.   Aus Pirmasens.

Es wohnt ein Pfalz-graf ü-ber dem Rhein, der hat drei schö-ne Töch-ter-lein, der hat drei schö-ne Töch-ter-lein.

II.   Aus Pirmasens.

Es wohnt ein Pfalz-graf ü-ber dem Rhein, der hat drei schö-ne Töch-ter-lein, der hat drei schö-ne Töch-ter-lein.

III.   Aus Schallodenbach.

Es wohnt ein Pfalz-graf ü-ber dem Rhein, der hat drei

schö=ne Töch=ter=lein, der hat drei schö=ne Töch=ter=lein.

IV.   Aus Frankenthal.

Es wohnt ein Pfalz=graf ü=ber dem Rhein, der hat drei

schö=ne Töch=ter=lein, der hat drei schö=ne Töch=ter=lein.

V.   Aus Kirchheim a. d. E.

Es wohnt ein Pfalz=graf ü=ber dem Rhein, der hat drei

schö=ne Töch=ter=lein, der hat drei schö=ne Töch=ter=lein.

NB. Eigentümlich ist hier der Schluß in der Tonart der Oberdominant!

1. Es wohnt ein Pfalzgraf über dem Rhein,
   [: Der hat drei schöne Töchterlein. :]

2. Die eine wohnt im Schwabenland,
   Die andere wohnt nicht weit davon.

3. Die dritte kommt vors Schwesterhaus
   Und fragt, ob sie keine Dienstmagd braucht.

4. Ach nein, ach nein, ich ding sie nicht,
   Sie hat mir zu ein fein Gesicht.

5. Ach dingt mich nur ein halbes Jahr —
   Und daraus wurden sieben Jahr.

6. Und als die sieben Jahr um waren,
   Da klagt das Mädchen krank zu sein.

7. Ach Mädchen, wenn du krank willst sein,
   So sag mir, wer deine Eltern sein.

8. Mein Vater ist Pfalzgraf über dem Rhein,
   Meine Mutter ist Königstöchterlein.

9. Ach nein, ach nein, das glaub ich nicht,
   Daß du meine jüngste Schwester bist.

10. Und wenn du es nicht glauben willst,
    So geh an meine Kist und lies den Brief.

11. Und als sie ihn gelesen hat,
    Da flossen ihr die Thränen ab.

12. Wer holt mir Weck, wer holt mir Wein
    Für mein jüngstes Schwesterlein?

13. Ich mag kein Weck, ich mag kein Wein,
    Ich will ins kühle Grab hinein.
14. Was tust du denn im kühlen Grab?
    Da ist ja nichts als Staub und Asch.
15. Wer holt mir Samt, wer holt mir Seid
    Für meiner jüngsten Schwester Kleid?
16. Ich mag kein Kleid von Samt und Seid,
    Ich mag ein schneeweiß Totenkleid.

Aus Arzheim, Asselheim, Bosenbach, Burrweiler, Frankenthal, Freckenfeld, Godramstein, Grünstadt, Hagenbach, Hochdorf, Kaiserslautern, Kirchheim a. Eck, Landau, Maudach, Mörlheim, Mörsch, Niederkirchen im Ostertal, Nußbach, Olsbrücken, Pirmasens, Rheingönheim, Schallodenbach, Theisbergstegen, Wachenheim, Wallhalben, Zweibrücken.

Anfang auch: Es wohnt ein Markgraf über dem Rhein (Mörsch). Es ging ein Pfalzgraf über den Rhein (Theisbergstegen). 2 Die eine zog ins fremde Land, Die andre zog nicht weit davon (Grünstadt). Die eine zog ins Niederland, Die andre zog ꝛc. (Mörsch). 2, 2 Die andre wohnt im Niederland (Niederkirchen). 3 Die dritte zog vor Schwesters Tür Und fragt, ob hier kein Dienstplatz wär (Mörsch). 4, 2 oft: Sie ist (du bist) so fein von Angesicht. 5, 2 Ein halbes Jahr, auch sieben Jahr (Hagenbach). 6, 2 oft: Da fing das Mädchen an krank zu sein. 11 Und als sie an die Kiste kam, Da fing sie sehr zu weinen an (Mörsch). Sie ging hinauf an ihre Kist Und weinte da so bitterlich (Frankenthal). 12, 1 Geschwind, geschwind, holt Weck und Wein (Kaiserslautern). Statt „Weck" bisweilen auch „Bier". 13 Ich will kein Bier, ich will kein Wein, Ich will von Gott erlöset sein (Zweibrücken) Hieran schließt sich in Kaiserslautern oft: Ich will zu unserm Herrn Jesu hinab, Der auch für uns gelitten hat. 13, 2 Ich will schneeweiß gekleidet sein (Frankenthal). 14, 2 Da ist ja nichts als Sand und Staab (Kaiserslautern, Pirmasens). Staab = mundartliche Form für „Staub". — Dort fault der Leib zu Asch und Staab (Olsbrücken). 15, 2 Für mein jüngstes Schwesterlein? (oft). Str. 15 aus Pirmasens (aufgezeichnet von einem Realschüler): Wer holt mir Sand, wer holt mir Seif Für mein allerjüngstes Schwesterlein? Erkundigungen haben ergeben, daß in der Pirmasenser Gegend tatsächlich in allem Ernst öfters „Sand und Seif" für „Samt und Seid" gesungen wird. Das Volk denkt sich eben, daß nun mit der Dienstmagd zunächst eine gründliche Reinigung vorgenommen werden muß unter Anwendung der beliebten Mittel Seife und Sand. 16, 1 Ich mag kein Samt, ich mag kein Seid (oft).

Aus Kaiserslautern noch folgende Schlußstrophe:

> Was pflanzt man auf mein Gräbelein?
> Rosen und Vergißnichtmein.

Das Lied schließt häufig mit Str. 13. In Niederkirchen schließt sich hieran noch:

> Ins kühle Grab und vors Gericht,
> Wo Jesus selbst das Urteil spricht.

In Grünstadt hat das Lied nach Str. 8 folgende Fortsetzung:

> Mein Kind das hättst du eher solln sagen!
> Gestickte Kleider sollst du tragen.
>
> Gestickte Kleider trag ich nicht,
> ———
>
> Und als das Mädchen gestorben war,
> Drei Lilien wuchsen auf seinem Grab.

> Und auf dem Grabstein stand geschrieben:
> Du sollst dir deine Eltern lieben!

(Vgl. Erk=Böhme Nr. 182b Str. 18 u. 19).
In Arzheim folgen auf Str. 13 noch:

> Ich will ein weiß Gewändelein
> Und liegen im braunen Särgelein.
>
> Und schreibet auf mein Gräbelein:
> Hier ruht des Königs Töchterlein.

Schlußstrophe in Rodalben (nach 14):

> Sie ließ ihr machen ein Totenkleid
> Von lauter Samt und weißer Seid.

56b. Des Pfalzgrafen Töchterlein.

1. Es wohnt ein Pfalzgraf in der Näh am Rhein,
   Der hatte drei schöne Töchterlein.

2. Die eine zog nach Sachsenland,
   Die zweite zog ins Niederland.

3. Die dritte zog vor Schwesters Tür
   Und klopft so leise wohl an die Tür.

4. Wer klopft so leise wohl an die Tür?
   Es ist ein Mädchen gar hübsch und fein,
   Die wollte gerne Dienstmagd sein.

5. Und als sie ein halbes Jahr gedient,
   Da lag sie krank zu Bette.

6. Ach Kind, ach Kind, wenn du krank sein willst,
   So sag, wer deine Eltern sind.

7. Mein Vater ist Pfalzgraf in der Näh am Rhein,
   Meine Mutter ist Königs Töchterlein.

8. Und wenn du es nicht glauben willst,
   So geh an die Kist und les den Brief.

9. Und als sie ihn gelesen hat,
   Da flossen ihr viele Tränen herab.

10. Ach Kind, hättst du es eher gesagt,
    So hättst du Sammet und Seide getragt.

11. Ich will kein Sammet und will kein Seid,
    Ich will ein schneeweiß Totenkleid.

12. Da tragt man sie vors Tor hinaus
    Mit einem Sarg voll Blumenstrauß.

13. Der Sarg der war von Marmorstein,
    Die Nägel sein von Elfenbein.

Aus Kandel.

In allen Gegenden der Pfalz verbreitetes und gern gesungenes Lied; es wird in Pirmasens und anderen Orten bisweilen auch nach der Weise „Es wohnt ein Müller an jenem Teich" gesungen:

> Es wohnt ein Pfalzgraf über den Rhein — ho, ho, ho!
> Der hat drei schöne Töchterlein — vallera=ria=ho! 2c.

Lit. Erk=Böhme I Nr. 182 a—f. — Wunderhorn S. 58. — Simrock Nr. 18 u. 19. — Gaßmann Nr. 15. — Mündel Nr. 8. — Meier S. 283 Nr. 161. — Bender Nr. 150. — Marriage Nr. 16. — Krapp Nr. 97 u. 98. — Ditfurth II Nr. 4 und 5. — Böckel Nr. 95. — Wolfram Nr 31. — Lewalter V Nr. 38. — Köhler=Meier Nr. 5. — Becker Nr. 3. — Schmitz S. 161 Nr. 8. — Fiedler S. 169 Nr. 10. — Frischbier Nr. 29. Weiteres über das Lied von der zu spät erkannten dienenden Schwester s. Erk= Böhme I S. 563, Marriage S. 37.

57a. Der grausame Bruder.

1. Es fuhr ein Küchebu wohl über den Rhein,
   Bei einem Markgraf da kehrt er ein.

2. Ei Markgraf, lieber Markgraf mein,
   Wo hat er sein schönes Schwesterlein?

3. Was fragt er nach meinem Schwesterlein?
   Die soll ihm viel zu adlig sein!

4. Warum soll sie mir zu adlig sein?
   Sie hat von mir ein Kindlein klein.

5. Hat sie von dir ein Kindelein,
   Soll sie nimmer meine Schwester sein!

6. Der Markgraf stellt ein Gastmahl an,
   Und ladt seine Schwester auch dazu.

7. Ei, Schwester, liebe Schwester mein,
   Wo hast du denn dein Kindelein?

8. Ei Bruder, wie redest du mir so geschwind?
   Ich weiß von keinem kleinen Kind.

9. Er nahm sie bei der rechten Hand
   Und tanzt mit ihr so breit, so lang.

10. Er tanzt mit ihr drei glockenlange Stund,
    Bis daß die Milch zum Busen raus rann.

11. Der Markgraf kriegt einen großen Zorn,
    Er trat auf sie mit Stiefel und Sporn.

12. Ach Bruder, ach Bruder, jetzt ist es genug!
    Jetzt weiß ich schon, daß ich sterben muß.

13. Und schreibs dem Kind auf die rechte Hand:
    Es ghört dem König von Engelland.

14. Ei Schwester, bist du nicht eine falsche Hur,
    Du bringst mich um mein Hab und Gut.

15. Mein Hab und Gut ist nicht genug,
    Mein jungfrisch Leben gehört auch dazu.

Aus Waldsee.

57b. Der grausame Bruder.

1. Es fuhr ein Küchebub wohl über den Rhein,
   Beim jungen Markgrafen da kehrt er ein.

2. Sie verspricht dem Kutscher eine silberne Schnur,
   Daß er frischwacker zum Tor hinein fuhr.

3. Ach Bruder, gib mir einen Rat,
   Ein schwarzer Hammerschmied steht mir nach.

4. Er steht mir nach um meine Ehr,
   Ich wollt, daß ich noch ledig wär!

5. Der Hammerschmied tanzt mit ihr so breit als lang,
   Daß ihr die Milch zur Brust herausrann.

6. Ach Bruder, du hast nicht recht getan,
   Du hast meinem Kind seinen Vater genommen.

7. Ach Schwester, du bist eine rechte Hur,
   Du bringst mich um mein jungfrisch Blut.

8. Ach Schwester, hättest du mirs doch vorher gesagt,
   So hätt ich einen lieben Schwager gehabt.

9. Dem Hammerschmied läut mans Glöckelein,
   singen viele Leut,
   Deinem Bruder singen die Waldvögelein.

Aus Hütschenhausen.

Lit. Erk-Böhme I Nr. 186a—e. — Wunderhorn S. 175 u. S. 482. — Simrock Nr. 16. — Kretzschmer II Nr. 89. — Mittler Nr. 329. — Jungbrunnen Nr. 35. — Pröhle Nr. 2. — Parisius Nr. 12. — Reifferscheid S. 107 Nr. 2. — Hoffmann Nr. 27. — Müllenhoff S. 492. — Das Lied wurde schon 1771 im Elsaß von Goethe aufgezeichnet, ein weiterer, vollständiger Text aus dem Elsaß findet sich in Seckendorfs Musenalmanach für 1808 S. 25. Weitere Lit. s. bei Erk-Böhme I S. 570—577. Die unvollständige Lesart b bietet eine seltsame Vermischung unseres Liedes mit dem Liede vom Hammerschmied. Lit. hiezu: Erk-Böhme I Nr. 52a—d. — Simrock Nr. 17.

58a. Der grausame Vater.

Aus Altenglan.

Es wohn-te ei-ne Toch-ter auf ih-ri-gem Schloß und trug ja ganz

heim-lich ein Kind-lein im Schoß, ein Kind-lein im Schoß.

1. Es wohnte eine Tochter auf ihrigem Schloß
   Und trug ja ganz heimlich ein Kindlein im Schoß.

2. Der Vater erzürnte, ging hin auf das Schloß:
   Wo hast du das Söhnlein, das du getragen im Schoß?

3. Ach Vater, glaub nur nicht dem falschen Verruf!
   Mein Herz ist so rein als es Gott mir erschuf!

4. Er schlug sie mit Dornen und Disteln so lang,
   Bis daß ihr das Blut aus den Adern rausprang.

5. Und als der grimmige Krieg war vorbei,
   Kam der Kaiser geritten, fragt gleich nach seinem Weib.

6. Ach Kaiser, liebster Kaiser, gern gäb ich sie dir,
Es blühen aber leider schon Blumen auf ihr.

7. So nimm du dein Söhnlein und bewahre dirs gut,
Denn es ist ja dem Kaiser sein Fleisch und sein Blut.

Aus Altenglan.

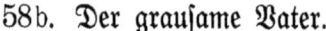

58b. Der grausame Vater.

I. *Aus Hofstätten.*

Ein tro=tzi=ger Rit=ter im frän=ki=schen Land,
zum Strei=te be=waff=net dem Him=mel be=kannt. Er
legt um sein Gür=tel, sein Pan=zer und Schwert, zum Streite ge=
rü=stet sein mu=ti=ges Pferd.

II. *Aus Haßloch.*

Ein tro=tzi=ger Rit=ter aus frän=ki=schem Land,
er ist ja im gan=zen Lan=de be=kannt,
sieh da ließ er sich gür=ten mit Pan=zer und mit
Schwert, zum Kam=pfe ge=rü=stet sein mu=ti=ges Pferd.

1. Ein trotziger Ritter in fränkischem Land,
Zum Streit aus bewaffnet, im Himmel bekannt,
Es schlug um sein Gürtel mit Panzer und Schwert
Zum Streite bewaffnet sein mutiges Pferd.

2. Und als nun der Ritter ins Lager neinritt,
Der ritt ihm entgegen ein Ritter und spricht:
Seid mannhaft, ihr Ritter, vergesset euch nicht!
Denn ich bring euch jetzt leider einen bösen Bericht.

3. Euer einziges Töchterlein ganz einsam im Schloß
Sie hat heimlich ein Kindlein verborgen im Schoß.
Und als nun der Ritter diese Rede vernahm,
Da ritt er mit Wut auf sein Töchterlein an.

4. Er schlug sie mit Geißel ganz jämmerlich lang,
Bis daß ihr das Blut aus den Adern rausrann;
Er schleppte sie weiter in ein dunkles Gemach,
Ihre Augen ware trübe und ihre Adern waren schwach.

5. Ach Vater, ach Vater, ach Vater verzeih!
Denn ich wollt, daß der Himmel mein Zeuge sollt sein!
Ernähret mein Kindlein und wartet ihm gut,
Denn es ist ja aus königem, königem Blut.

6. Ach Töchterlein, ach Töchterlein, hättefts eher gesagt,
So hätt ich dich nicht um dein Leben gebracht.

Aus Hofstätten.

Lit. Erk=Böhme I S. 570 f. — Bender Nr. 180. — Marriage Nr. 31. — Lewalter V Nr. 49. — Frischbier Nr. 20. Weitere Lit. f. Marriage S. 61, J. Meier, Kunftl. i. V. S. 13 Nr. 82.

Unsere beiden Lesarten sind Trümmer einer Ballade von Jof. Franz Ratschky 1779; vgl. Hoffmann, Volkstüml. L. Nr. 355. Über die zu Grunde liegende Sage von dem Frankenkönig Pharamund und der Tochter eines fränkischen Ritters namens Sueno f. Karl Geib, Die Sagen und Geschichten des Rheinlandes, Frankfurt a. M. 1850 S. 448—452. Nach der Sage hatte der Ritter Sueno seinen Wohnsitz auf der Heidenburg (auch „Heidenschloß" oder „alte Burg" genannt) bei Himmeldingen in der Nähe von Neustadt a. H. Auch Baader (Die Sagen der Pfalz, Stuttgart 1844) verlegt den Schauplatz der Erzählung dahin und teilt das Lied als pfälzisches „Volkslied" S. 251—255 in folgendem Wortlaut mit:

1. Ein trotziger Ritter vom fränkischen Land,
Im Spiele der Waffen gar rühmlich bekannt,
Bestieg einst, umgürtet mit Panzer und Schwert,
Zum Streite zu wandern, sein mutiges Pferd.

2. Und als er im Felde manch traurige Nacht
In Waffen und Schlachten getreulich durchwacht,
Da kam mal ein Bote ins Lager gerannt:
„Gott grüß Euch, Herr Ritter vom fränkischen Land!"

3. „Gott grüß Euch!" so sprach er und neigte sich tief,
Schnell kam ihm der Ritter entgegen und rief:
„Sag an mir, o Bote, was suchest du hier
In Waffen und Schlachten? Was bringst du mir?"

4. „Ach leider ich bringe gar bösen Bericht;
Seid mannhaft, Herr Ritter, entsetzet Euch nicht!
Denn sehet, das Fräulein daheim auf dem Schloß
Hat heimlich getragen ein Kindlein im Schoß".

5. Kaum hörte der Ritter die schreckliche Post,
So faßt ihn ein Schauer: „Auf!" schrie er erbost,
„Auf, sattelt das Pferd mir, ich brenne vor Wut,
Ich brenne zu rächen mein abliges Blut"!

6. Und als er nun abstieg im einsamen Schloß,
Da sprang er voll Wut auf sein Töchterlein los:
„Wo ist der Verführer, du abligs Gezücht?
Wo ist der Bube? verläugn es mir nicht!"

7. „Ach Vater! ach glaubt nicht dem lügenden Ruf!
Mein Herz ist so rein noch als Gott es erschuf!"
So sprach sie noch fürder manch gleißendes Wort.
Umsonst! Er ergriff sie und schleppte sie fort.

8. Er schleppte sie fort in ein finstres Gemach.
„Komm", sprach er, „du Reine, komm, folge mir nach!"
„Ach Vater, ach Vater, wo schleppt Ihr mich hin?
Ach, Gott sei mir gnädig! Was habt Ihr im Sinn?"

9. „Du sollst wohl erfahren, du sollst es wohl sehn",
So sprach er und hieb sie trotz Bitten und Flehn
Mit Dornen und Geißeln gar bitterlich lang,
Bis stromweis das Blut aus den Adern ihr drang.

10. Jetzt sank sie wohl nieder im finstern Gemach,
Ihr Auge ward dunkel, ihr Atem ward schwach:
„Laßt ab, o mein Vater, erbarmet Euch mein!
Der Himmel mag Euch es und mir es verzeihn!

11. „Verwahret mein Kindlein und pflegt es ja gut,
Denn ach, es ist Pharamunds königlich Blut!"
„Ach", seufzte der Vater, „Gott sei es geklagt!
Ach Töchterchen, hättest du das eher gesagt!"

12. Und sieh, als der stürmische Winter verfloß,
Zog Pharamund selber vors einsame Schloß:
„Gott grüß Euch, Herr Ritter vom fränkischem Land!
In Waffen und Schlachten gar rühmlich bekannt.

13. Eur schönes, Eur sittsames Fräulein zu frein,
Verließ ich mein Lager am strömenden Rhein.
Drum seid Ihrs zufrieden, so führet mich hin,
So gebt ihr den Segen und lasset uns ziehn".

14. „Wohl wär ich zufrieden, wohl ließ ich sie ziehn,
Doch leider, o König, mein Kind ist dahin.
Dort, seht Ihr den Grabstein am Hügel hinauf:
Es wachsen schon gelblichte Blümchen darauf".

15. Und siehe, kaum redet der Ritter, so fährt
Aus Pharamunds Scheide das flammende Schwert;
Hoch fährt es empor in des Königes Hand
Und strecket den Ritter dahin in den Sand.

16. „Sieh hin!" sprach der König „du trotziger Mann!
So hast du es meiner Geliebten getan!"
Drauf hub er das Kindlein zu sich auf sein Roß
Und weinend verließ er das einsame Schloß.

59a. Des Soldaten Heimkehr.

Aus Pirmasens.

Sol = dat kehrt von dem Krie = ge heim, hur = rah ho!

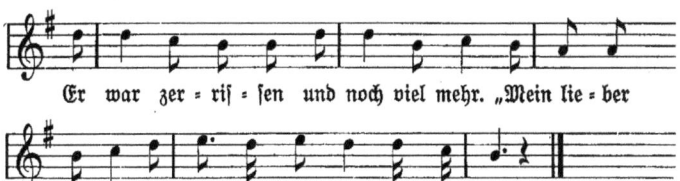

Er war zer-ris-sen und noch viel mehr. „Mein lie-ber Sol-dat, wo kommst du denn her?" Hur-rah hoh!

1. Soldat kam aus dem Kriege, hurra!
   War ganz zerrissen und noch viel mehr:
   Mein lieber Soldat, wo kommst du denn her? hurra!

2. Ich komm wohl aus dem Kriege;
   Dort hab ich gedient drei volle Jahr,
   Das zeigt mir mein Schreiben, mein Urlaubspaß.

3. Soldat ging in das Wirtshaus nein:
   Frau Wirtin, schenk sie ein ein gutes Glas Bier!
   Soldat, haben Sie auch Geld dafür?

4. Ein bares Geld, das hab ich nicht,
   Einen grauen Mantel den hab ich bei mir,
   Damit bezahl ich Euch das Bier.

5. Soldat der setzt sich jetzt nieder,
   Er fing zu essen, zu trinken an,
   Frau Wirtin fing zu weinen an.

6. Frau Wirtin, warum weinen Sie?
   Weinen Sie vielleicht wohl um das Bier,
   Oder glauben Sie, Sie bekämen kein Geld dafür?

7. Wohl um das Bier darum weine ich nicht;
   Ich hatte einen Mann, der mich verließ,
   Ich glaube, Sie seien es ganz gewiß.

8. Ei wo kommen denn die Kinder her?
   Zwei Kinder hinterließ ich dir,
   Und als ich jetzt komm, hast du schon vier!

9. Sein Brief hab ich erhalten:
   Er schickt mir sein Begräbnis an,
   Drum hab ich schon längst einen andern Mann.

10. Die Kinder wollen wir teilen:
    Den ältesten Sohn, den nehm ich zu mir,
    Die andern drei behältst du bei dir.

11. Nach Amerika wollen wir reisen,
    In Hamburg wollen wir schiffen ein,
    Dort soll ja unser Abschied sein.

Aus Ginsweiler, Ludwigshafen, Niederkirchen i. Ostertal, Ramberg, Rockenhausen, Utweiler.

Anfang: Soldat kehrt aus dem Kriege (Ludwigshafen). Soldat kommt heim aus dem Kriege (Rockenhausen). Statt „hurra" auch „hurrahu", „hurraho" oder „allehopp". 2, 2 u. 3 Ich hab gedient, das ist gewiß, Drei Jahr als bayrischer Infanterist (Ginsweiler). 3, 1 Soldat kehrt in ein Wirtshaus ein (Ludwigshafen). 4, 2 Einen schwarzbraunen

Mantel den hab ich hier (Ginsweiler). 6, 2 u. 3 Gelt, Sie weinen wohl über das Essen und Bier Und meinen, Sie bekämen kein Geld dafür? (Ludwigshafen). 8, 2 u. 3 Als ich fort bin gegangen, da hattest du zwei, Als ich wieder bin gekommen, Da hast du drei (öfters). In Ginsweiler ist der Schluß ein anderer: Der Mann zieht wieder in den Krieg:

> Der Hauptmann kündet den Krieg wohl an;
> Ade, mein Weib und Kind dabei,
> Ich kann nicht länger bei dir sein!

59b. Des Soldaten Heimkehr.

1. Soldat kam aus dem Kriege, hurra!
   War ganz zerrissen und noch viel mehr,
   Mein lieber Soldat, wo kommen Sie her? Hurra!

2. Ich komme aus dem Kriege,
   Da hab ich gedient sechs ganze Jahr,
   Drauf nahm ich mein Paß und Abschied an.

3. Soldat kehrt in ein Wirtshaus ein:
   Frau Wirtin, hat sie es ein gut Glas Bier?
   Soldat, hat er auch Geld dafür?

4. Kein bares Geld das hab ich nicht;
   Ein weißen Mantel den trag ich bei mir,
   Damit bezahl ich Euch das Bier.

5. Soldat setzt sich zu Tische;
   Er fing zu essen, zu trinken an,
   Frau Wirtin fängt zu weinen an.

6. Frau Wirtin, warum weinet sie?
   Weint sie vielleicht wohl um das Bier
   Oder meint sie, sie bekömmt kein Geld dafür?

7. Ich weine wohl nicht um das Bier;
   Ich hab ein Mann, der mich verließ,
   Ich glaube, Sie sein er ganz gewiß.

8. Wo kommen dann die Kinder her?
   Zwei Kinder hinterließ ich dir,
   Jetzt aber seh ich, hast du vier.

9. Dein falschen Brief, den ich bekam,
   Der zeigt mir dein Tod und Begräbnis an,
   Drauf nahm ich mir ein andern an.

10. Die Kinder, die wollen wir teilen:
    Den ältesten Sohn den nehm ich mir,
    Die andren drei behältst du dir.

Aus Berschweiler-Wiesweiler am Glan (geschrieb. Liederbuch 1846).

59c. Heimkehr der Dragoner.

1. Dragoner ziehn aus dem Kriege, hurra!
   Zerrissen, zerlumpt, kein Geld nicht mehr,
   Ihr lieben Dragoner, wo kommt ihr denn her?
   Hurra, Dragoner, hurra!

2. Wir kommen aus dem Kriege;
   Wir haben gedient dem Kaiser drei Jahr
   Und auch dem Regiment fürwahr.

3. Sie kehrten in ein Wirtshaus ein,
   Sie fingen zu singen, zu saufen an,
   Frau Wirtin fängt zu weinen an.

4. Frau Wirtin, warum weinest du?
   Weinest du vielleicht um dieses Glas Bier,
   Oder meinest, du bekämst dein Geld nicht dafür?

5. Um dieses Glas Bier da wein ich nicht;
   Ich habe einen Mann, der ist im Krieg,
   Ich glaube, Dragoner, ihr seid es gewiß!

6. Wo kommen die vielen Kinder her?
   Als ich fortzog, waren es derer nur zwei,
   Wo kommen die drei und die vier herbei?

7. Frau Wirtin, wir wollen teilen:
   Den ältesten Sohn den nehm ich zu mir,
   Die andern drei behältst du dir.

Aus Ebertsheim, Weisenheim.

Lit. Erk=Böhme I Nr. 191 a u. b. — Simrock Nr. 130. — Mittler Nr. 262. — Jungbrunnen Nr. 151 (aus der Pfalz). — Mündel S. XII. — Böckel Nr. 50. — Wolfram Nr. 70 a. — Krapp Nr. 134. — Müller S. 34. — Schade Nr. 9. — Hoffmann Nr. 228.

60. Rückkehr des Geliebten.

Aus Roßbach (b. Wolfstein).

Wenn grün die Ei=chen stehn auf ih=ren Flu=ren und
man des Schö=pfers Din=ge sich er=freut, so steh ich hier in
Trä=nen tief ver=sun=ken und den=ke an die
längst ver=schwund=ne Zeit.

1. Wenn grün die Eichen stehen auf ihren Fluren
   Und man des Schöpfers Dinge sich erfreut,
   So steh ich hier in Tränen tief versunken
   Und denke an die längst verschwundne Zeit.
2. Wir liebten uns, wie Engelein sich lieben,
   Wir kannten keine Trauer, keinen Schmerz.
   Ich dachte nur an Wilhelm, den ich liebte,
   An Wilhelm hing, ja hing mein ganzes Herz.
3. Nun zog er fort in Krieg und in Gefahren,
   Ließ mich zurück in stiller Einsamkeit.
   Verschwunden waren, ach! so viele Jahre,
   Ich hatte nichts mehr, was mein Herz erfreut.
4. Doch auf einmal bekam ich Nachricht, o welche!
   Von meinem Wilhelm, ach! und er war tot.
   In einer Schlacht, da fand man seine Leiche,
   So lautete die Nachricht, die mir droht.
5. Da kam Robert, der sich um mich geworben.
   Robert zu lieben, ach! das konnt ich nicht.
   Mit Wilhelm war die Lieb dahingestorben,
   An Robert band mich bloß die kalte Pflicht.
6. Einstmal saß ich vor meiner Eltern Hause,
   Drückt meinen Erstgeborenen an das Herz,
   Da kam ein stolzer Reitersmann gegangen:
   Wilhelm, der wars und reicht mir seine Hand.
7. Wilhelm, Wilhelm, wo warst du denn gewesen?
   Hättst du geschrieben, wär ich heut noch dein.
   Wilhelm, Wilhelm, o gib dich nur zufrieden,
   Robert ist mein und ich bin ewig sein.

Aus Bissersheim, Finkenbach, Odenbach, Rodalben, Rathskirchen, Roßbach, Rothselberg.

Anfang auch: Wenn grünt die Eiche auf ihren Fluren (Finkenbach).

Str. 4 aus Odenbach:

Wilhelm ist tot, hat mir noch nicht geschrieben,
Wilhelm ist tot, man hörts von jedermann,
Bei Gravelott da fand man seine Leiche,
Das war die Nachricht, die ich von ihm bekam.

Str. 5 aus Odenbach:

Einst stand ich vor dem lieben Elternhause
Und drückte mir mein Kind wohl an die Brust;
Ich sah von fern einen Reitersmann herkommen:
Mein Wilhelm wars, sein ganzer Gang und Wuchs.

Aus Odenbach noch folgende Schlußstrophe:

Und übers Jahr, da trug man eine Leiche,
Man trug sie hin zur letzten Ruh.
Sie sprach im letzten Atemhauche:
Mein Wilhelm du, mein ein und alles du!

Lit. Erk=Böhme I Nr. 191c. — Krapp Nr. 257. — Wolfram Nr. 70b. — Köhler=Meier Nr. 187.

Dem Liede liegt ein Gedicht von C. A. Tiedge (Halle 1827) zu Grunde, das bei Köhler=Meier S. 417 ff. abgedruckt ist. Vgl. auch J. Meier, Kunstl. i. V. S. 50 Nr. 307.

61a. Der Reiter und sein Liebchen.

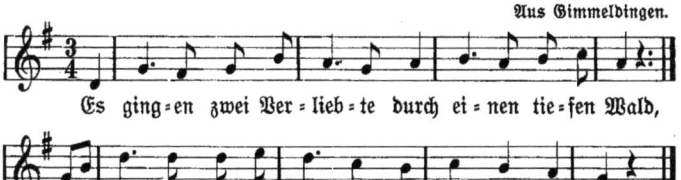

Aus Gimmelbingen.

Es ging-en zwei Ver-lieb-te durch ei-nen tie-fen Wald, sie fan-den ei-nen Brun-nen, war tief und war kalt.

1. Es gingen zwei Verliebte durch einen grünen Wald,
   Sie fanden einen Brunnen, war tief und war kalt.
2. Der Reiter der schwingt jetzt ein sauberes Glas:
   Jetzt trinke, du Feinsliebchen, so lang als du magst.
3. Ich mag jetzt nicht trinken, ich mag jetzt nicht mehr,
   Mir tut ja mein Herze im Leibe so weh.
4. Ach Reiter, ach Reiter, ach Reiter, geh du ein wenig von mir,
   Bis daß ich dich rufe, so kommst du zu mir.
5. Dem Reiter dem wurde die Zeit eso lang,
   Er ging sie wohl suchen, bis daß er sie fand.
6. Und als er sie gefunden, da war sie schon tot,
   Zwei schöne junge Söhnlein hatte sie auf ihrem Schoß.
7. Der Reiter der spreitet seinen Mantel dahin
   Und wickelt die zwei Söhnlein in die Mitte darin.
8. Der Reiter der gab jetzt dem Pferdchen den Lauf,
   Auf daß er sollte bringen zwei Söhnlein zur Tauf.

Aus Niederkirchen i. O.; aus Gimmelbingen mit folgenden Abweichungen: 1. 2 Sie gingen an einen Brunnen, wo niemand sie fand. 2, 1 Der Reiter der schwenket 2c. 3, 1 Ich habe getrunken, ich trinke nicht mehr. 4, 1 Sie bate den Reiter: reit du nur von mir. 5, 1 Dem Reiter wurde das Rufen so lang. 8, 2 Und bringt die zwei schöne junge Söhnchen nach Haus. Folgt noch eine Str. 9: Sie aßen kein Brot, sie tranken kein Wein, Sie trauerten ihrer lieben süßen Mutter allein.

61b. Der Reiter und sein Liebchen.

1. Es gingen zwei Verliebte
   Durch einen grünen Wald,
   Sie kamen an ein Brünnelein,
   Das war so hell und klar.

2. Ach Reiter, schöner Reiter,
   Bleib ein wenig weg von mir,
   Bis daß ich dir rufe,
   Kommst du wieder zu mir.

3. Dem Reiter, dem dauert
   Das Rufen gar zu lang,
   Er suchet sein fernes Liebchen,
   Bis daß er es fand.

4. Und als er sie gefunden,
Da war sie schon tot,
Zwei schöne junge Vöglein
Hatte sie auf ihrem Schoß.

5. Er nahm die zwei Vöglein
Und trug sie nach Haus:
Mutter, liebste Mutter,
Unsre Liebschaft ist jetzt aus!

Aus Dierbach (geschrieb. Liederb. 1884/85).

Lit. Erk=Böhme I Nr. 194a—c. — Simrock Nr. 40. — Mittler Nr. 194 u. 195. — Krapp Nr. 79. — Böckel Nr. 47. — Wolfram Nr. 63. — Köhler=Meier Nr. 14. — Reifferscheid S. 106 Nr. 1.

62a. Feinsliebchen im Grabe.

Aus Lingenfeld.

Es schlie=fen zwei ge=bor=gen in ei=nem Fe=der=bett, sie schlie=fen oh=ne Sor=gen, bis daß sie die Sonn auf=weckt.

1. Es liegen zwei verborgen
In einem Federbett,
Sie liegen ja verborgen,
Bis daß die Sonn aufgeht.

2. Der Bursch muß unter die Soldaten.
Wann kommst du wieder nach Haus?
Im andern Jahr im Sommer,
Wenn Rosen und Blumen gehn auf.

3. Und als der Knab nach Hause kam,
Fängt er gleich vom Liebchen an:
Wo ist denn meine Anna?
Weil er sie nicht einmal sah.

4. Unsre Anna ist gestorben,
Heut ist schon der dritte Tag;
Das Jammern und das Weinen
Hat ihr ein End gemacht.

5. Wir wollen auf den Kirchhof gehn,
Wollen suchen der Anna ihr Grab,
Wollen suchen, wollen rufen,
Bis daß sie uns Antwort gab:

6. Bist dus, mein Schatz? Bleib, draußen,
Hier ist ein finstrer Ort,
Kein Glöcklein hört man läuten,
Weder Sonne scheint noch Mond.

[7. Es gibt ja der Mädchen so viele,
Aber keines, das mir gefällt,
Einen andern Schatz, den mag ich nicht,
Meine Anna vergeß ich nicht.]

Aus Bosenbach, Eßweiler, Heltersberg, Iggelheim, Lemberg, Oberweiler im Tal, Schallodenbach, Waldsee, Würzweiler.

Str. 1 aus Würzweiler:

Es leben zwei verborgen
In einem einsamen Versteck
Vom Abend bis zum Morgen,
Bis daß die Sonn aufgeht.

Str. 1 aus Waldsee:

Es schliefen zwei geborgen
In einem Federbett,
Sie schliefen alle Morgen,
Bis daß der Tag sie weckt.

Anfang auch: Es lagen zwei verborgen (Iggelheim). 1, 3 Sie lagen treu beisammen (Iggelheim). 2, 1 Der Jüngling (Jung, Jüngste) muß 2c. (öfters). 2, 3 Das nächste Jahr im Sommer (Waldsee). Bis übers Jahr den Sommer (Würzweiler). 2, 4 Wenn die Rosen und Blumen blühn (Lemberg). Wenn man Rosen und Blumen pflückt (Waldsee). Wenn die Rosen dort droben aufgehn (Iggelheim). 3, 2 Sein Feinsliebchen sah er nicht (Heltersberg). 3, 4 Weil man sie gar nicht sieht (Heltersberg). 4, 1 Deine Anna 2c. (öfters). 4, 2 Sie liegt im kühlen Grab (Würzweiler). 4, 3 u 4 Deine Anna ist begraben, Heut ists schon der dritte Tag (Würzweiler). Wir weinen, wir trauern, Weil sie so früh uns starb (Lemberg). Wir trauerten, wir weinten, Als man sie ins Grab hinein lag (Iggelheim). 6, 1 Ei Schatz, bleib draußen stehen (Iggelheim). 6, 4 Scheint auch kein Sonn, kein Mond (Heltersberg). Str. 7 nur aus Heltersberg.

62 b. Feinsliebchen im Grabe.

Aus Frankenthal.

Nun a = de, mein herz = lieb Schä=tze=lein, jetzt muß ich

fort von hier bis auf den an = dern Som=mer, dann

komm ich wie = der zu dir.   Vgl. damit die Weise Nr. 13a!

1. Nun ade, mein herzlieb Schätzelein,
 Jetzt muß ich fort von hier,
 [: Bis auf den andern Sommer,
 Dann komm ich wieder zu dir. :]

2. Und als das Jahr verflossen war,
 Die Zeit fällt mir so lang,
 So muß ich wieder nach Hause gehn,
 Das Herz ist mir so bang.

3. Und als ich in die Stube trat
 Im hellen Sonnenschein:
 Ach großer Gott vom Himmel,
 Wo ist mein Schätzelein?

4. Dein Schätzelein ist gestorben,
 Heut ist der dritte Tag.
 So muß ich mein Schätzelein suchen,
 Wohl suchen Tag und Nacht.

5. Und als ich auf den Kirchhof kam,
 Den Grabstein schau ich an:
 So muß ich mein Liebchen rufen,
 So laut ich rufen kann.

6. Ach Schatz, bleib du nur draußen,
 Hier ist die dunkle Nacht,
 Man hört kein Vöglein pfeifen,
 Man sieht weder Mond noch Sonn.

Aus Frankenthal.

Lit. Erk=Böhme I Nr. 201 a–c. — Wunderhorn S. 621. — Altrhein. Märlein S. 99 Nr. 7. — Jungbrunnen Nr. 130. — Mittler Nr. 540 und 541. — E. Meier S. 399 Nr. 230. — Aumer Nr. 181. — Marriage Nr. 14. — Krapp Nr. 87. — Böckel Nr. 70 a u. b. — Wolfram Nr. 144. — Lewalter III Nr. 14. — Köhler-Meier Nr. 182.

63. Die Erscheinung in der Brautnacht.

I.   Aus Groß=Fischlingen.

Hein = rich schlief bei sei = ner Neu = ver=mähl=ten, ei = ner

rei=chen Er = bin an dem Rhein. Schlang=en=bif=se, die den Fal=schen

quäl=ten, lie=ßen ihn nicht ru=hig schla=fen ein, lie=ßen ihn nicht ru=hig schla=fen ein.

II.   Aus Dahn.

Hein=rich schlief bei sei=ner Neu=ver=mähl=ten, ei=ner rei=chen Er=bin von dem Rhein. Schlang=en=bis=se, die den Fal=schen quäl=ten, lie=ßen ihn nicht ru=hig schla=fen ein.

III.   Aus Göcklingen.

Hein=rich schlief bei sei=ner Neu=ver=mähl=ten, ei=ner
Schlang=en=bis=se die den Fal=schen quäl=ten, lie=ßen

rei=chen Er=bin von dem Rhein.
ihn nicht ru=hig schla=fen ein.

1. Heinrich schlief bei seiner Neuvermählten,
   Einer reichen Erbin von dem Rhein.
   Schlangenbisse, die den Falschen quälten,
   Ließen ihn nicht ruhig schlafen ein.

2. Zwölf Uhr schlugs, da drang durch die Gardine
   Plötzlich eine kalte weiße Hand.
   Wen erblickt er? Seine Wilhelmine,
   Die im Sterbekleide vor ihm stand.

3. Bebe nicht, sprach sie mit leiser Stimme,
   Ehmals mein Geliebter, bebe nicht!
   Ich erscheine nicht vor dir im Grimme,
   Deiner neuen Liebe fluch ich nicht.

4. Zwar der Kummer hat mein junges Leben,
   Liebster Heinrich, plötzlich abgekürzt;
   Doch der Himmel hat mir Kraft gegeben,
   Daß ich nicht zur Hölle bin gestürzt.

5. Warum traut ich Schwache deinen Schwüren,
   Baute fest auf deine Lieb und Treu?
   Warum ließ ich mich durch Worte rühren,
   Die du gabst aus lauter Schmeichelei?

6. Weine nicht, denn eine Welt wie diese
   Ist der Tränen, die du weinst, nicht wert!
   Lebe froh und glücklich mit Elise,
   Die du jetzt zur Gattin hast begehrt.

7. Lebe froh und glücklich hier auf Erden,
   Bis du einst vor Gottes Thron wirst stehn,
   Wo du strenge wirst gerichtet werden
   Für die Liebe, die du hast verschmäht.

8. Schätze hast du, Heinrich, ach bediene
   Sie zu dein und meiner Seelenruh!
   Schaffe Ruhe deiner Wilhelmine,
   Deren einzge Seligkeit warst du!

9. Gute Werke, heilger Männer Bitte
   Lindern oftmals diesen schweren Bann;
   Doch du weißt es, daß in jener Hütte
   Meine Mutter nicht viel opfern kann.

10. Opfern soll ich, nun so opfer ich Blute,
    Brüllte Heinrich, noch in dieser Nacht!
    Sprang vom Lager, und in der Minute
    War, o Greul! der Selbstmord schon vollbracht.

11. Gnade fand sie, doch ihr Ungetreuer
    War verloren ohne Wiederkehr.
    Als ein Teufel, als ein Ungeheuer
    Irrt sein Geist um Mitternacht umher.

Aus Adenbach, Alsheim, Asselheim, Bosenbach, Dahn, Dierbach, Dürkheim, Gersbach, Ginsweiler, Großfisch= lingen, Hauenstein, Herschweiler, Hochdorf, Ilbesheim, Insheim, Kaiserslautern, Kandel, Katzenbach, Klingen, Maudach, Mörlheim, Niederkirchen i. Ostertal, Oppau, Pir= masens, Ranschbach, Rieschweiler, Rimschweiler, Rothsel= berg, Schaidt, Schauernheim, Steinweiler, Stockborn, Waldsee, Wörth.

———

Eines der bekanntesten Lieder der Pfalz, namentlich gern von Mädchen gesungen. Vielfach ist das Lied dem jüngeren Geschlechte nicht mehr in dem gleichen Maße geläufig wie dem älteren.

3, 4 Schmäh auch deiner neuen Liebe nicht (Insheim). 4, 1 Zwar der Tod hat mir mein junges Leben (oft) 6, 4 Die du dir als Gattin hast erwählt (oft). Str. 6 in Dahn:

   Lebe froh und glücklich mit Elise,
   Die du dir als Gattin hast erwählt,
   Lebe froh und glücklich hier auf Erden,
   Bis der Tod sie scheiden wird von dir.

Str. 7 in Ginsweiler:
 Lebe wohl und frei von Kümmernissen,
 Bis du einst vor Gottes Thron wirst stehn,
 Wo du Rechenschaft wirst geben müssen,
 Daß du konntest hier mich so verschmähn.

Lit. Böhme, Volkstüml. Lieder Nr. 138. — Gaßmann Nr. 23. — Bender S. 210 Nr. 17. — Marriage Nr. 36. — Krapp Nr. 128. — Köhler-Meier Nr. 28. — J. Meyer, Kunstl. i. P. G. 20 Nr. 131. Verfasser: J. Fr. A. Kazner 1779.

64. Die Erscheinung auf dem Kirchhof.

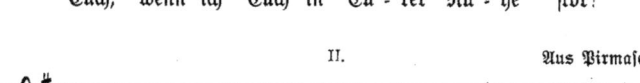

1. Weint mit mir, ihr nächtlich stillen Haine,
 Zürnt nicht, ihr morschen Totenbeine,
 Wenn ich euch in eurer Ruhe stör!
 Denn es wohnt allhier in eurer Mitte
 Still und sanft ein Mädchen voller Güte,
 Ach, getrennt zu sein von ihr ist schwer!

2. Ja sie schwur, des Nachts mir zu erscheinen,
Sich mit mir auf ewig zu vereinen,
Wenn die düstre Geisterstunde schlägt.
Schon ist zwölf am Kirchhofsturm vorüber,
Matt und kraftlos sind ja meine Glieder,
Einsam steh ich noch vor ihrer Gruft.

3. Horch, was rauscht dort an der Kirchhofsmauer
Ganz schneeweiß in unschuldsvoller Trauer?
Immer näher kommt es auf mich zu.
Schön geschmückt mit himmlischem Geschmeide,
Ganz schneeweiß in einem Totenkleide:
Ach wenns nur meine Wilhelmine wär!

4. Ja ich bins, sprach sie mit leiser Stimme,
Vielgeliebter, deine Wilhelmine,
Schrecklich ists in der Verwesungsgruft.
Schau hinab wie schauerlich und düster!
Siehst du nicht das kleine Wurmgenister?*)
Flieh von hier, bis dich der Tod einst ruft.

5. Soll ich dich, Geliebte, schon verlassen?
Darf ich dich denn nicht wie einst umfassen?
Ei so schlummre sanft und ruhig hier!
Steig hinab in deine Totenkammer,
Mach mir Platz, denn mich verzehrt der Jammer:
Morgen, morgen bin ich auch bei dir!

Aus Abenbach, Alsheim, Bosenbach, Ginsweiler, Hersch=
weiler, Impflingen, Jettenbach, Kaiserslautern, Kandel,
Katzenbach, Landau, Lemberg, Maßweiler, Maudach,
Mörlheim, Pirmasens, Roßbach, Wachenheim, Westheim,
Winzeln, Wörth.

1, 2 Zürnet nicht, ihr modernden Gebeine (Herschweiler). 1, 6 Ach
wenn ich nur bei ihr wär (Kaiserslautern). 2, 1 Sie versprach,
nächtlich zu erscheinen (oft). 2, 3 Wenn die stille (süße, dunkle) Geister=
stunde schlägt (oft). 2, 6 Ach wie einsam und verlassen steh ich da (Kaisers=
lautern). 3, 2 Steigt herab in stillem Todesschauer (Herschweiler). 4, 2
Kennst du nicht mehr deine Wilhelmine? (Impflingen). Deine vielgeliebte
W. (oft). 4, 4 Blick hinab, wie schauer und wie düster (oft). 4, 5 Schreck=
lich haust allhier das Wurmgenister (Herschweiler). 5, 1 Ach so früh muß
ich dich schon verlassen? (oft). 5, 2 Darf ich denn dich gar nicht mehr
umfassen? (oft).

Das Lied wird häufig nach einer Weise gesungen, wobei die vor=
stehenden sechsteiligen Strophen in dreiteilige zerlegt werden. In dieser
Gestalt findet sich öfters folgende Schlußstrophe:

> Dort, wo alle selgen Geister thronen,
> Will ich, Wilhelmine, bei dir wohnen,
> Dort beim Vater, der uns all aufnimmt.   (Lemberg).

Aus Pirmasens verzeichne ich folgenden Schluß:

> Hoch dort droben auf der Esplimore (?)
> Will ich, Wilhelmine, bei dir wohnen,
> Dort wo uns auf ewig nichts mehr trennt.

> So lebt denn wohl, ihr Schwestern und ihr Brüder,
> Denn in jener Welt sehn wir uns wieder,
> Dort beim Vater, der uns all aufnimmt.

---

*) Dafür auch Wurmgewister, Wurmgezifte, Wurmgeflüster, Wurmgeknister.

Das rätselhafte Wort „Esplimore" (dafür auch „Eschwimore" gesungen) kann ich nicht erklären. Die Leute singen es gedankenlos und erklären auf Befragen, daß sie von der Bedeutung des Wortes keine Ahnung haben.

Lit. Böhme, Volkstüml. Lieder Nr. 139 u. 140. — Gaßmann Nr. 87. — Bender Nr. 160. — Marriage Nr. 83. — Wolfram Nr. 146. — Köhler-Meier Nr. 26. — Becker Nr. 159. — Mitteil. u. Umfragen zur bayer. Volkskunde 1896 Nr. 2 (aus Wiesen im Spessart). — Weitere Literatur s. J. Meier, Kunstl. i. V. S. 49 Nr. 301. Verfasser: Joh. Franz von Ratschky (?).

65a. Die Waise am Grab der Mutter.

1. In Trauer muß ich leben,
Mein Schatz ist weit von hier,
Drum bin ich ein armes Mädchen,
Keinen Mensch hab ich nicht mehr.

2. Mein Vater ist gestorben,
Meine Mutter liegt im Grab,
Drum bin ich ein armes Mädchen,
Das keinen Mensch mehr hat.

3. Jetzt ging ich auf den Kirchhof
An meiner Mutter ihr Grab,
Fing traurig an zu weinen,
Bis sie mir Antwort gab.

4. Und durch die Allmacht Gottes
Gab sie mir gleich Antwort,
Drei Wort hat sie gesprochen
Aus ihrem kühlen Grab:

5. Ach Tochter, liebste Tochter,
Erwarte nur die Zeit,
Der Tod der wird dich holen
In alle Ewigkeit.

6. Der Tod der ist gekommen,
Schneeweiß war er gekleidt,
Hat das Mädchen mitgenommen
In alle Ewigkeit.

Aus Kaiserslautern, Olsbrücken.

5, 3 u. 4 Der Tod der wird schon kommen, Schneeweiß ist er gekleidt (Kaiserslautern).

65b. Die Waise am Grab der Mutter.

Aus Kaiserslautern.

Ich bin ein ar-mes Mäd-chen, kei-ne Hoff-nung hab' ich

mehr, mein Va=ter ist ge=stor=ben, mei=ne Mut=ter

lebt nicht mehr.

1. Mein Vater ist gestorben,
   Meine Mutter liegt im Grab:
   Ich bin ein armes Mädchen,
   Das keinen Mensch mehr hat.

2. Ich wollt, ich wär gestorben,
   Könnt liegen im kühlen Grab!
   Denn ich bin ein armes Mädchen,
   Das keinen Mensch mehr hat.

3. Jetzt geht sie auf den Kirchhof
   An ihrer Mutter Grab,
   Fing bitterlich an zu weinen,
   Bis daß sie ihr Antwort gab.

4. Und aus der Allmacht Gottes
   Gab sie mir gleich Antwort,
   Drei Wort hat sie gesprochen
   Aus ihrem kühlen Grab:

5. Ach Tochter, liebe Tochter,
   Erwarte nur die Zeit,
   Der Tod der wird schon kommen,
   Schneeweiß ist er gekleidt.

6. Er ist ja auch gekommen.
   Schneeweiß war er gekleidt,
   Und nahm das arme Mädchen
   Mit in die Ewigkeit.

Aus Altheim, Kaiserslautern, Pirmasens.

Str. 1 in Kaiserslautern:

Ich bin ein armes Mädchen,
Keine Hoffnung hab ich mehr,
Mein Vater ist gestorben,
Meine Mutter lebt nicht mehr.

1, 3 Drum bin ich ein verlassenes Mädchen (Altheim). 2, 1 und 2 Ach Mutter, liebste Mutter, Ich bin ja ganz allein (Altheim).

65c. Der Bursche am Grabe des Liebchens.

1. In Trauer muß ich leben
   Allhier auf dieser Welt;
   Drum bin ich ein armer Bursche,
   Weil ich kein Schatz mehr hab!

2. Mein Vater ist gestorben,
Meine Mutter liegt im Grab,
Drum bin ich ein armer Bursche,
Weil ich kein Mensch mehr hab!

3. Jetzt ging ich auf den Friedhof
An meines Liebchens Grab,
Fing traurig an zu weinen,
Bis sie mir Antwort gab.

4. Und durch die Allmacht Gottes
Gab sie mir ihren Rat;
Drei Wort hat sie gesprochen
Aus ihrem kühlen Grab:

5. Ach Bursche, liebster Bursche,
Erwarte nur die Zeit,
Bis dich der Tod entrufet
In alle Ewigkeit.

Aus Steinweiler.

Lit. Erk-Böhme I Nr. 202a–d. — Mündel Nr. 34. — Köhler-Meier Nr. 30a u. b.

66a. Das Kind am Grabe der Eltern.

Aus Clausen.

Am Gra-be saß ein Kind und weint, die Aug-lein sind ihm

rot, die El-tern ging-en früh vor-an, die El-tern

die sind tot, die El-tern ging-en früh vor-an die

El-tern, die sind tot.

1. Am Grabe sitzt ein Kind und weint,
Die Äuglein sind ihm rot;
[: Die Eltern gingen früh voran,
Die Eltern die sind tot. :]

2. Sie hatten keinen Leichenstein,
Die Armut war so groß,
Es blüht nur ein Vergißnichtmein,
Das war des Kindes Trost.

3. Ach Eltern, liebste Eltern mein,
   Kehrt noch einmal zurück!
   Es trug in seinen Händelein
   Ein Kranz von Moos geschmückt.

4. Da öffnet sich des Grabes Rand
   Und eine Stimme ruft:
   Komm rein, du armes Waisenkind,
   Komm zu uns in die Gruft.

5. Sie legten sich zur Seite hin,
   Das Kind lag in der Mitt,
   Hier ruht das arme Waisenkind
   Im Elterngrabe mit.

Aus Clausen.

66 b. Das Kind am Grabe der Eltern.

1. Am Grabe sitzt ein Kind und weint,
   Die Äuglein die sind rot.
   [: Die Eltern liegen hier vereint,
   Die Eltern die sind tot. :]

2. Der Gräber gibt es viele da,
   Doch keines, das da spricht;
   [: Und wo der teure Vater ruht,
   Das Kind es weiß es nicht. :]

3. Sie haben keinen Grabestein,
   Die Armut war zu groß,
   [: Es blüht nur ein Vergißnichtmein,
   Das war des Kindes Trost. :]

4. Es trug ein Kränzchen in der Hand,
   Von Moos war es geschmückt,
   Das legt es an des Grabes Rand
   Mit wehmutsvollem Blick:
   Ach Eltern, liebe Eltern mein,
   Kehrt noch einmal zurück!

5. Da öffnet sich des Grabes Rand
   Und eine Stimme ruft:
   Komm her zu uns, mein liebes Kind,
   Komm zu uns in die Gruft!
   Leg dich an unsre Seit geschwind,
   Dann fehlt dir gar kein Glück.

6. Sie legten sich zur Seite hin,
   Das Kindlein in der Mitt:
   [: Hier ruht das arme Waisenkind
   Im Grab der Eltern mit. :]

Aus Biedershausen, Eßweiler, Glashütte, Lemberg, Maßweiler, Niederhausen, Nußbach, Oberweiler i. T., Odenbach, Rieschweiler, Rodalben, Winterbach.

3, 1 Es steht nicht mal ein Leichenstein (Odenbach). 4, 1 u. 2 Es trug in seinen Händelein Ein Kranz von Moos geschmückt (Lemberg). 5, 3 Komm her, du armes Waisenkind (Lemberg). 6, 1 Sie reckten (rückten) sich zur Seite hin, Das Kind lag in der Mitt (öfters).

67a. Die Mutter am Grabe des Kindes.

Aus Rheingönheim.

Auf ei-nem klei-nen Grab, das nicht so weit, dort steht ein

Kreuz, ist nicht von Stein, es ist nicht Er-den-pracht noch

Stolz, es ist ein Kreuz aus Ei-chen-holz.

1. Auf einem kleinen Grab, das nicht so weit,
   Dort steht ein Kreuz, ist nicht von Stein,
   Es ist nicht Erdenpracht noch Stolz,
   Es ist ein Kreuz aus Eichenholz.

2. Und auf dem Grab steht eine Gestalt,
   Die einen Kranz in den Händen halt;
   Und Tränen fallen auf den Kranz,
   Wie die echten Perlen zeigen sie den Glanz.

3. Sie sind von einer Mutter geweint,
   Die's mit ihrem Kinde so redlich gemeint,
   Mit ihrem Kind so lieb und gut,
   Das jetzt wohl tief in der Erde ruht.

4. Die Mutter die kanns gar nicht glauben,
   Daß der Tod ihr alles könnt rauben;
   Sie möcht mit der Hand in die Erd nein graben,
   Sie möcht ihren Liebling wieder haben.

5. O kalte Erde, du hast kein Herz,
   Kein Mitleid mit dem Mutterschmerz!
   O Erd, du bist grad wie das Meer:
   Was du einmal hast, gibst du nicht mehr her!

6. Und an dem Himmel, an dem blauen,
   Sieht die Mutter zwei Sternlein auf sich schauen;
   Es waren die Äuglein von ihrem Kind:
   O liebe Mutter, weine dich nicht blind!

7. Ich bin hier oben gut aufgehoben,
   Ich bin hier oben was andres worden;
   Drum, liebe Mutter, weine nicht über mich,
   Als Engel wart ich hier oben auf dich.

8. Als der Mond die Sternlein anzündt,
   Da betet die Mutter für ihr Kind;
   Sie betet so lang, sie betet so gern,
   Bis sie endlich droben ist bei dem Herrn.

Aus Winden; aus Jettenbach mit folgenden Abweichungen: 1, 1 Auf einem Grab so klein. — 1, 3 Es zeigt nicht reich, zeigt auch nicht stolz. — 3, 2 Die es mit ihrem Kinde so gut hat gemeint. — 3, 4 Das jetzt hier in kühler Erde ruht. — 4, 3 Sie möcht mit den Händen die Erd aufgraben. — 7, 1 u. 2 Ich hab auf Erden nichts mehr verloren, Ich bin im Himmel was besseres geworden. Das Lied wird auch in Eßweiler, Oberweiler i. T. und Rathskirchen gesungen.

67b. Die Mutter am Grabe des Kindes.

1. Auf einem frischen Grab das klein,
   Da steht ein Kreuz, 's ist nicht aus Stein,
   [: Es zeigt nicht Erdenpracht noch Stolz,
   Es ist ein Kreuz aus Eichenholz. :]

2. Darauf kniet eine Gestalt,
   Die einen Kranz in ihren Händen halt,
   Und Tränen liegen auf dem Kranz,
   Wie Perlen haben sie den Glanz.

3. Sie sind von einer Mutter geweint,
   Dies mit ihrem Kind so herzlich hat gemeint,
   Mit ihrem Kind so lieb, so gut,
   Das tief da drunten, in der Erde ruht.

4. Doch das Kind es hat keine Ruh,
   Es ruft der Mutter von dem Himmel zu:
   Ach Mutter, wein dich doch nicht blind,
   Im Himmel hast du noch ein Kind!

5. Doch die Mutter die wollt es nicht glauben,
   Daß ihr der Tod kann alles rauben.
   Sie tut mit den Händen in die Erd rein graben
   Sie will ihren Liebling wieder haben.

6. Doch die Erde hat kein Herz,
   Kein Mitleid mit dem Mutterschmerz!
   Die kalte Erde ist wie das Meer:
   Was sie einmal hat, gibt sie nicht mehr her.

7. Doch als die Mutter ganz verzagt,
   Ihr Leid dem Herrn im Himmel klagt,
   Da ist der Mond am Himmel gezogen,
   Und all ihr Leid das war verflogen.

Aus Ludwigshafen, Rheingönheim.

68. Rote Röselein.

Aus Rheingönheim und Mutterstadt.

Jetzt gang ich ans Brün=ne=le trink a=ber nit, do
such ich mein herz=tau=send=ster Schatz find ihn a=ber

nit, do ſuch ich mein Herz=tau=ſend=ſter Schatz, find ihn a=ber nit.

1. Jetzt geh ich ans Brünnelein, trink aber nit,
   Da ſuch ich mein herztauſigen Schatz, find ihn aber nit.

2. Da laß ich meine Äugelein rum und um gehn,
   Da ſeh ich mein herztauſigen Schatz bei einem andern ſtehn.

3. Bei einem andern ſtehen, und das tut ja weh!
   Nun adjes, mein herztauſiger Schatz, jetzt reis ich fort!

4. Du brauchſt ja nicht zu gehen fort, du haſt ja noch Zeit.
   Und nun adjes, mein herztauſiger Schatz, meine Wege ſein weit.

5. Die Wege ſein weit und die Berge ſein hoch,
   Und du kannſt dir gleich denken, daß ich dich nit mag.

6. Jetzt will ich mir kaufen Feder, Tinte und Papier,
   Und darauf will ich ſchreiben, wie oft ich war bei dir.

7. Jetzt ſetz ich mich nieder aufs Laub und grüne Gras,
   Da fallen mir zwei Röſelein runter auf mein Schoß.

8. Und dieſe zwei Röſelein ſein roſenrot:
   Jetzt weiß ich nicht, lebt mein Schatz oder iſt er tot?

Aus Alsheim, Aſſelheim, Biedershauſen, Böckweiler, Gerolsheim, Ginsweiler, Glashütte, Haardt, Heferweiler, Hertlingshauſen, Ilbesheim, Klingen, Leiſtadt, Lemberg, Maudach, Mörlheim, Mutterſtadt, Offenbach, Peppenkum, Rammelsbach, Ranſchbach, Rieſchweiler, Schallodenbach, Steinweiler, Utweiler, Waldſee.

Anfang auch: Einſt ging ich ans Brünnele (Ginsweiler).
Str. 3 oft:

Bei einem andern ſtehen ſehn, ach das tut weh!
Behüt dich Gott, herztauſiger Schatz, ich ſeh dich nimmermeh!

Str. 3 aus Haardt:

Bei einem andern ſtehen, das bringt mich in Wut;
Ich will jetzt fortreiſen, das tut ja kein gut.

Hier hat die Lesart aus Leiſtadt folgende Strophe:

Sie wirft ihn mit Röſelein, treffen mich tut,
Meint, ſie wär ganz allein, das tut kein gut.

3, 2 Jetzt behüt dich Gott, herztauſiger Schatz, morgen gehts weg (Gins= weiler). 4, 1 Mußt nicht ſo weit reiſen, du haſt ja noch Zeit (Haardt). Was willſt denn ſchon reiſen weg? Haſt ja noch Zeit! (Leiſtadt). Mußt du ſo weit weg? Haſt ja noch Zeit! (Steinweiler). Str. 6 oft:

Jetzt lauf ich mir Tinte und Feder und Papier
Und ſchreib meinem herztauſigen Schatz einen Abſchiedsbrief.

7, 1 Jetzt leg ich mich nieder aufs Heu und aufs Stroh (Moos) (oft).
7, 2 Da fallen drei Röſelein mir in den Schoß (oft).

Lit. Erk-Böhme I Nr. 203 a—g. — Wunderhorn S. 129 u. 625. — Simrock Nr. 162. — Mündel Nr. 79. — Meier S. 89 Nr. 12. — Aumer Nr. 161. — Marriage Nr. 46. — Wolfram Nr. 140. — Lewalter V Nr. 11. — Ditfurth II Nr. 98. — Köhler-Meier Nr. 86. — Hoffmann Nr. 137 und 138. — Hruschka Nr. 78.

Über das Rosenfallen, dem wir in Volksliedern öfters begegnen, s. Erk-Böhme I S. 611: „Fallende Rosen, im Traume gesehen, bedeuten nach dem Volksglauben zerstörtes Liebesglück, durch Untreue oder Trennung veranlaßt."

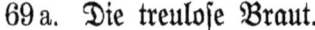

69a. Die treulose Braut.

I.   Aus Hinterweidenthal.

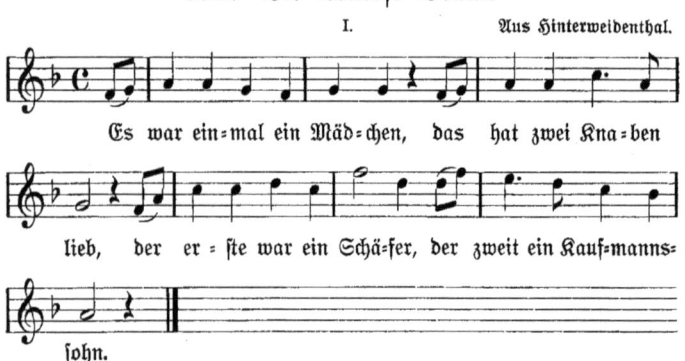

Es war ein=mal ein Mäd=chen, das hat zwei Kna=ben lieb, der er=ste war ein Schä=fer, der zweit ein Kauf=manns=sohn.

II.   Aus Kindsbach.

Es war ein=mal ein Mäd=chen, das hat zwei Kna=ben lieb, das hat zwei Kna=ben lieb.

In Pirmasens auch nach der Melodie: Ich hab ja mein Feinsliebchen.

    1. Es war einmal ein Mädchen,
       Das hat zwei Knaben lieb;
       Der erste war ein Schäfer,
       Der ander ein Kaufmannssohn.

    2. Das Mädchen fragt sein Bruder,
       Wen es wohl nehmen soll.
       Laß dus den Schäfer ziehen,
       Nimm dus den Kaufmannssohn.

    3. Das Mädchen ging die Straße
       Da, wo der Schäfer weidt:
       Du hafts mit mir verheißen,
       Hast auch ein Ring von mir.

4. Ich weiß von keinem Verheißen,
   Weiß auch von keinem Ring.
   Der Kuckuck*) soll dich holen
   Wohl auf den Hochzeitstag!

5. Es stand wohl an drei Tage,
   Bis daß die Hochzeit war.
   Da kam ein Herr geritten
   Und setzt sich oben an.

6. Ist erlaubt mit der Braut zu tanzen
   Dreimal herum und um?
   Es tanzt mit ihr den ersten,
   Den zweiten rum und um.

7. Er tanzt mit ihr den dritten
   Wohl zu dem Fenster hinaus:
   Sie liegt in Vaters Garten
   Und hat die Zung heraus.

Aus Clausen, Frankenthal, Hinterweidenthal, Jettenbach, Kaiserslautern, Landau, Lemberg, Maubach, Mörlheim, Mutterstadt, Steinweiler, Westheim.

2, 1 Sie fragte ihre Mutter (oft). 2, 4 Heirat des Kaufmanns Sohn (Steinweiler). 3, 1 u. 2 Und als der Schäfer das erfuhr, kam er des Nachts zu ihr (oft). Als dies der Schäfer hörte, kam er des Morgens früh (Clausen). 3, 3 Du hast mirs ja versprochen (meist). 3 in Jettenbach:

   Ich hab mich ihm verheißen,
   Hab auch ein Ring von ihm,
   Der Ring kost dreißig Taler,
   Ist das nicht Ringes wert?

4, 1 u. 2. Ich weiß von keinem Versprechen, Hab auch kein Ring von dir (oft). 4, 2 Weiß auch von keiner Treu (Kaiserslautern). 5 Es dauert kaum drei Tage, Da soll die Hochzeit sein. Es kam ein Herr geritten, Der setzt sich oben an (Jettenbach). Und als das Mahl bereitet war, Da kam ein schwarzer Mann Und setzt sich oben an (Clausen). Der Teufel kam geritten Auf ihren Hochzeitstag (od. auf einem schneeweißen Roß), Er tanzt mit ihr die Runde Und tanzt zum Fenster naus (als Schlußstrophe in Frankenthal, Landau ꝛc.). Schluß in Clausen: Und als das Mahl gegessen war, Nahm er die Hochzeitsbraut Und flog zum Fenster hinaus. In Jettenbach: Er tanzt zuerst mit der Braute Und schwenkt sie dreimal hoch, Er schwenkt sie zu dem Fenster naus Bis in des Schäfers Garten Wohl unter einen Baum. Er stach ihr gleich die Augen aus, Sie schrie: O Gott, o hilf!

Das Lied wird häufig, der zweiten Singweise entsprechend, in lauter zweiteilige Strophen eingeteilt.

69b. Die treulose Braut.

1. Es war ein Mädchen von achtzehn Jahren,
   Zwei Knaben hat sie lieb;
   Der eine war ein Schäfer,
   Der andere ein Landmannsohn.

---

*) Kuckuck = „Teufel", s. Deutsches Wörterbuch V, 2526 ff.

2. Da schrieb sie an ihren Bruder,
 Welchen sie nehmen soll:
 Laß du den Schäfer fahren,
 Nimm du den Landmannssohn.

3. Als dies der Schäfer erfuhr,
 Nichts böses wünscht er ihr
 Als der Kuckuck soll sie holen
 An ihrem Hochzeitstag!

4. Da kam der Kuckuck geflogen
 Und setzt sich auf den Tisch.
 Die Braut die tut gleich fragen,
 Was seine Aufwartung ist.

5. Meine Aufwartung ist diese:
 Ich will tanzen mit der Braut;
 Den ersten tut er tanzen,
 Den zweiten zum Fenster hinaus.

6. Er flog in Nachbars Garten,
 Setzt sich oben auf den Baum,
 Er tut sie gleich zerreißen,
 Ihr Herz brennt in heller Flamm.

Aus Winden (geschrieb. Lieberb. 1865); auch aus Freckenfeld mit folgenden Abweichungen: 1, 1 u. 2 Es war einmal ein Mädchen, Die hat zwei Burschen lieb. 1, 4 Amtmannssohn. 6, 2 Setzt sich auf den Birnenbaum.

Daran schließt sich noch als Str. 7:
 Ihr Mädchen und ihr Burschen,
 Nehmt euch ein Beispiel dran!
 Tuts keinen zweien versprechen,
 Wenn ihrs nicht halten könnt!

Lit. Erk=Böhme I Nr. 211 a—h. — Wunderhorn S. 681. — Simrock Nr. 38. — Gaßmann Nr. 17. — Mündel Nr. 4. — E. Meier S. 308 Nr. 172. — Bender Nr. 32. — Marriage Nr. 20. — Böckel Nr. 84. — Wolfram Nr. 35. — Lewalter I Nr. 9. — Ditfurth II Nr. 9. Nr. 14. — Köhler=Meier Nr. 12. — Becker Nr. 18. — Zurmühlen Nr. 25. — Rösch S. 81. — Hoffmann Nr. 170. — Reifferscheid Nr. 3. — Pröhle Nr. 8. — Frischbier Nr. 26. Weitere Lit. über die verbreitete Ballade von der treulosen Braut und dem verhängnisvollen Hochzeitstag s. Erk=Böhme I S. 632, Reifferscheid S. 134 ff., Köhler=Meier S. 371, Marriage S. 42 f.

70a. Die Rabenmutter.

Aus Theisbergstegen.

Es ritt ein Mensch den Wald hi=nein, da hört er ein feins Stim=me=lein, da hört er ein feins Stim=me=lein.

1. Es ritt ein Herr den Wald hinein,
   Da hört er ein feines Stimmelein.
2. Ich hör dich wohl und seh dich nicht,
   Ich weiß auch gar nicht, wer du bist.
3. Ich bin ein Kind, vier Jahre alt,
   Und Gott hat mir mein Leben erhalt.
4. Ich bin im hohlen Baum versteckt,
   Mit eichner Rinde zugedeckt.
5. Er nahm mich an der rechten Hand
   Und führt mich in mein Vaterland.
6. Er nahm mich an der linken Hand
   Und führt mich in ein Wirtshaus nein.
7. Er führt mich in ein Wirtshaus nein,
   Da wird wohl eine Hochzeit sein.
8. Willkomm, willkomm, ihr Hochzeitsgäst,
   Wenn gleich die Braut meine Mutter ist.
9. Wie kann ich deine Mutter sein?
   Ich trag einen Kranz von Röselein.
10. Trägst du ein Kranz von Röselein
    Und hast geboren drei Kindelein?
11. Das erste hast du im Feuer verbrennt,
    Das zweit ins tiefe Meer versenkt;
12. Und mich im hohlen Baum versteckt,
    Mit eichener Rinde zugedeckt.
13. Und soll das hier die Wahrheit sein,
    Will ich dem Teufel eigen sein.
14. Kaum hat sie dieses Wort gesagt,
    War sie dem Satan eigen gemacht.

Aus Höhfröschen, Oberotterbach, Rechtenbach, Theisbergstegen, Westheim.

Anfang: Es ritt ein Mensch den Wald hinein (Theisbergstegen). 2, 2 Ich weiß den Weg nicht, wo du bist (Westheim). 3, 2 Und hab mein Leben von Gott erhalt (Höhfröschen). 5 Komm, nimm mich bei der rechten Hand Und führ mich 2c. (Westheim). 8, 1 Grüß Gott, grüß Gott 2c. (öfters). 10, 2 Hast doch geboren drei Kindelein! (Westheim). 11 Das erste hast ins Meer versenkt, das zweite hast im Öl verbrennt (Westheim). 13 Wenn ich geboren drei Kindelein, So will ich dem Satan eigen sein (Westheim). Wenn ich diese Kindlein hab geboren, So soll mich gleich der Satan holen (Höhfröschen). 14 Kaum hat sie die Worte ausgesagt, Da kam der Satan, hat sie gepackt (Westheim).

70b. Die Rabenmutter.

Aus Hofstetten.

Es ging ein Hir-ten-knab spa-ziern, er ging spa-

zie-ren in den Wald, er ging spa-zie-ren in den Wald.

1. Es ging ein Hirtenknab spaziern,
   Er ging spazieren in den Wald.

2. Und als er in den Wald nein kam,
   Da hört er eine Stimme erschalln:

3. Komm mit, wir wollen in ein Wirtshaus nein,
   Dort wird zugleich eine Hochzeit sein.

4. Guten Tag, guten Tag, ihr Hochzeitsleut,
   Wenn gleich die Braut eine Mutter ist.

5. Wie kann ich eine Mutter sein?
   Ich trag ein Kranz von Rosen und Röselein!

6. Trägst du ein Kranz von Rosen und Röselein,
   Geboren hast du drei Kindelein.

7. Das eine hast ins tiefe Meer versenkt,
   Das zweite hast im Feuer verbrennt.

8. Das dritte hast in einen hohlen Baum versteckt,
   Mit eichner Rinde zugedeckt.

9. Und als er diese Worte sagt,
   Hat sie der Satan abgeholt.

10. Ich hab geglaubt, ich hätt eine süße Braut,
    Sie war dem Satan angetraut.

Aus Hofstetten.

Lit. Erk-Böhme I Nr. 212 a—f. — Wunderhorn S. 432. — Tobler II S. 182 Nr. 10. — Schlossar Nr. 306. — Ditfurth II Nr. 13. — Wolfram Nr. 64. — Köhler-Meier Nr. 11. — Müller S. 76. — Rösch S. 76. — Hoffmann Nr. 31 und 32. — Pröhle Nr. 9. — Hruschka S. 129 Nr. 40. Weit. Lit. s. Erk-Böhme I S. 637, Köhler-Meier S. 371.

71. Die drei Königstöchterlein an der Himmelstür.

1. Es fliegen drei Schwalben wohl über den Rhein,
   Dem König dem sterben drei Töchterlein;
   Die erst und die starb es vor halb Nacht
   Und als die Glock acht Uhre schlagt.

2. Die zweit und die starb es mitten in der Nacht
   Und als die Glock zwölf Uhre schlagt.
   Die dritt und die starb es gegen den Tag
   Und als die Glock vier Uhre schlagt.

3. Sie reisten einen Weg und der war schmal,
Bis daß sie für die Himmelstür kamen:
Petrus, Petrus, mach auf deine Tür,
Es stehen drei arme Seelen dafür!

4. Die erst und die zweite solln hereinegehn,
Die dritt und die soll es draus bleiben stehn.
Petrus, Petrus, was hab ich verschuldt,

— — — — — — —

Bruchstück aus Verschweiler=Wiesweiler am Glan (geschrieb. Liederb. 1825). Die dritte Königstochter wird zur Strafe für ihre Eitelkeit an der Himmelstür zurückgewiesen und in die Hölle verstoßen.

Lit. Erk-Böhme I Nr. 218a—f; zum Anfang vgl. I Nr. 182 f. u. Kretzschmer I S. 174: „Es flogen drei Schwälblein über den Rhein, Es starben dem König drei Töchterlein". — Wunderhorn S. 438. — Simrock Nr. 68. — Jungbrunnen Nr. 46. — Tobler I S. 93 Nr. 12, I—IV. — Wolfram Nr. 11. — Ditfurth, 110 Volks= und Gesellschaftslieder des 16.—18. Jahrh., Stuttgart 1874, Nr. 26. — Müllenhoff S. 494.

II.
Liebeslieder.

(Zu Erk-Böhme Bd. II Nr. 371—740).

72. Das Herzensschlüsselein.

1. Du bist mein und ich bin dein,
   Deß sollst gewiß du sein.
   Du bist beschlossen
   In meinem Herzelein;
   Ich liebe dich inniglich,
   Komm und heirat mich!
   Verloren ist ja das Schlüsselein,
   Nun mußt du ewig darinnen sein.

Aus Lemberg.

Lit. Erk=Böhme II Nr. 371. — Münchener Codex Teg. 1008, c. 1170. Das Bild vom verschlossenen Herzen, zu dem nur der Geliebte den Schlüssel hat, findet sich im heutigen Volkslied noch öfters; s. Erk=Böhme I S. 187 und Böckel Handb. S. 201. Auch in der Pfalz singt man (Gegend von Landau):

> Mei(n) Herzl isch verschlosse,
> Mei(n) Herzl isch zu,
> Un en=eenziger Bu
> Hot de Schlüssel dezu.

73. Du bist mein und ich bin dein.

1. Wenn uns schon die Leut verklagen,
   Darfst du doch kein Zweifel tragen:
   Du bist mein und ich bin dein!

2. Schönster Schatz, du bist mein Leben,
   Dir hab ich mein Herz ergeben,
   Nimms nur hin, behalts bei dir!

3. Schreib darauf dein schöner Name,
   Drück darauf die Liebesflamme,
   Nimmermehr vergeß ich dein!

4. So lang die Fisch im Wasser schwimmen,
   Und die Lerchen Lieder singen,
   So lang sollst du bleiben mein!

Aus Lemberg.
Lit. Mündel Nr. 52.

74. Du sollst mein eigen sein.

Aus Germersheim.

NB. Ein treffliches Beispiel für die Willkür, mit der das Volkslied den Takt behandelt.

1. Es wollte sich einschleichen
   Ein kühles Lüftelein:
   Geh du zu deinesgleichen!
   Du sollst mein eigen sein;
   Verlassen tu ich dich nicht,
   Wenngleich das Herz mir bricht.
   Treu und beständig sollst du sein,
   Du sollst mein eigen sein!

2. Ich hör ein Vöglein pfeifen,
   Das pfeift die ganze Nacht,
   Vom Abend bis zum Morgen,
   Bis daß der Tag anbrach:
   Schließ du dein Herz wohl in das mein,
   Schließ eins ins andre hinein,
   Daraus soll wachsen ein Blümelein,
   Das heißt: Vergißnichtmein!

[3. Ich bin noch jung von Jahren,
   Möcht auch nicht älter sein.
   Junge Burschen müssen viel erfahren,
   Müssen auch Soldaten sein.
   Sie müssen fort wohl in das Feld,
   Sie bekommen ein sehr wenig Geld;
   Für die Burschen ist das ein hartes Leben,
   Für die Mädchen ists weit gefehlt.

4. Kanonen hör ich knallen,
   Daß 's in den Lüften saust,
   Viel Kameraden fallen,
   Mir ging ein Schauern aus.

Sie seufzen in dem Blut,
Das mich erschüttern tut;
Sie müssen den Geist aufgeben
Und ihr unschuldig Blut.

5. Mein Vater war ein Schäfer,
Meine Mutter liebte mich.
Ich war so jung und zärtlich,
Jedes Mädchen küßte mich.
Schließ du dein Herz wohl in das mein,
Schließ eins ins andere hinein,
Daraus soll sprießen ein Blümelein,
Das heißt: Vergißnichtmein!]

Aus Asselheim, Böckweiler, Bosenbach, Edesheim, Eschenau, Eßweiler, Forst, Frankenthal, Hagenbach, Hertlingshausen, Hinterweidenthal, Insheim, Jettenbach, Kandel, Kaiserslautern, Katzenbach, Lemberg, Maudach, Münchweiler, Mundenheim, Niederhausen, Nußbach, Offenbach, Rehborn, Roßbach, Rothselberg, Schaidt, Ulmet, Utweiler, Waldsee, Wallhalben, Westheim, Würzweiler. Ein außerordentlich beliebtes Lied, das in keinem Dorfe unbekannt ist.

Meist werden nur die drei ersten Strophen gesungen und zwar sehr oft in der Anordnung 1, 3, 2. Str. 3—5 sind Zutaten, die zu dem zarten Liebeslied, wie es Str. 1 und 2 darstellen, nicht passen, und die ihm wohl in seiner Eigenschaft als beliebtes Soldatenlied zugeflossen sind. Man kann vielleicht sogar annehmen, daß Str. 3 u. 4 einem selbständigen Soldatenlied nach der gleichen Singweise angehörten. Str. 3 wird allgemein gesungen, Str. 4 in Hinterweidenthal, Lemberg und benachbarten Orten, Str. 5 in Kaiserslautern und Umgegend.

Von den zahlreichen, meist jedoch unwesentlichen Abweichungen gebe ich die folgenden wieder:

Anfang in Edesheim und Umgebung: Es wollte sich einschleichen Ein Bursch ins Kämmerlein. Bleib du bei deinesgleichen ꝛc. Vielleicht die ursprüngliche Lesart? — Anfang öfters auch: Es wollte sich einst schleichen (einschmeicheln).

3, 2 Soll auch schon traurig sein (Edesheim). Muß auch noch lustig sein (öfters). Kann auch noch ledig sein (Insheim). Kann nimmer traurig sein (Rehborn). 3, 7 u. 8 Für die Burschen ist das eine harte Zeit, Für die Mädchen eine große Freud (Kaiserslautern). Für die Burschen ist das ein sehr hartes Stück, Für die Mädchen ein großes Glück (Insheim). Für die Burschen ist das ein harter Schluß (eine harte Nuß) Für die Mädchen ein süßer Kuß (oft). 3, 8 Für die Mädchen ein süßer Trost (Edesheim). Für die Mädchen ifts wohl bestellt (oft).

Lit. Krapp Nr. 113. — Aumer Nr. 89. — Köhler-Meier Nr. 108.

75a. Im Walde.

Aus Olsbrücken.

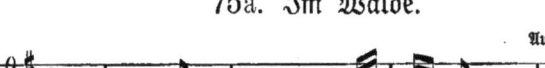

Einst ging ich mit Lieb-chen spa-zie-ren wohl durch den

grü=nen Wald, da hört ich die Vö=ge=lein sin=gen, die

Anbrer Schluß aus Olsbrücken.

Jun=gen als wie die Alt. die Jun=gen als wie die Alt.

1. Einst ging ich mit Liebchen spazieren
   Wohl durch den grünen Wald,
   [: Da hört ich die Vögelein singen,
   Die jungen als wie die alt. :]

2. Was singest du, kleines Waldvöglein,
   Was singest du so schön?
   [: Ich singe ja meinem Feinsliebchen,
   Weil ichs verloren hab. :]

3. Hast du dein Liebchen verloren,
   Doch ich hab's meine ja noch;
   [: Ei so wollen wir beide zusammen
   Uns machen ein Kränzelein. :]

4. Ein Kränzelein von Blumen,
   Ein Kränzelein von Kraut:
   [: Ein Mädchen von achtzehn Jahren
   Das gibt die schönste Braut. :]

Aus Niederkirchen im Ostertal, Rothselberg.

75b. Im Walde.

1. Einst ging ich mit Liebchen spazieren,
   Spazieren in den Wald,
   Da hör ich die Vögel wohl singen,
   Die jungen als wie die alt.

2. Was singest du, schönes Waldvöglein,
   Was singest du so sehr?
   Ich singe zu meinem Feinsliebchen,
   Weil es mich verlassen hat.

3. Hat dich es dein Liebchen verlassen
   Und mich das meinige auch,
   So wollen wir beide zusammen
   Ein Kränzelein bilden von Laub.

4. Ein Kränzelein von Blumen,
   Ein Kränzelein von Laub:
   Ein Mädchen von achtzehn Jahren,
   Das gibt die schönste Braut.

5. Dort droben auf hohem Berge
   Dort steht ein schönes Haus,
   Da schauen ja alle Frühmorgen
   Drei schöne junge Mädcher heraus.

6. Die erste die heißt Maria,
Die zweite Susanna-Marie,
Die dritte die darf ich nicht nennen,
Das soll ja meine eigne sein.

Aus Stockborn (geschrieb. Liederb. 1862).

Lit. Köhler-Meier Nr. 100 u. Nr. 99b Str. 1—4. — Anklänge finden sich bei Erk-Böhme I Nr. 204 u. II Nr. 418 u. 453. — Zur Lesart b Str. 5 u. 6 f Erk-Böhme II Nr. 418 u. 419 u. unser Lied Nr. 76 b u. c.

76a. Das Mühlrad.

Aus Clausen.

Dort un-ten in dem Ta-le, da treibt das Was-ser ein Rad, mich a-ber, mich treibt ja die Lie-be von mor-gens bis a-bends spat. Scheiden, ach Scheiden, wer hat das Schei-den er-dacht usw. wie oben!

Anfang der Schlußstrophe:

NB. Der erste Satz unsrer Melodie ist unter dem Einfluß der Textunterlage augenscheinlich in die Weise „Dort unten in der Mühle" geraten; der abweichende Anfang der 3. Strophe ist wahrscheinlich die ursprüngliche Form.

1. Dort unten in dem Tale
Da treibt das Wasser sein Rad;
Mich aber, mich treibt ja die Liebe
Von morgens bis abends spat.

2. Das Mühlrad ist gebrochen,
Die Lieb die hat jetzt ein End;
Und wenn zwei Verliebte tun scheiden,
So reichen sie einander die Händ.

3. Scheiden, ach Scheiden,
Wer hat das Scheiden erdacht?
Das hat mein jungfrisches Leben
So elend und traurig gemacht!

Aus Clausen.

76b. Das Mühlrad.

1. Dort droben auf jenem Berge
   Dort steht ein hohes Haus,
   Da schauen alle Frühmorgen
   Drei schöne Jungfrauen heraus.

2. Die eine heißet Susanna,
   Die andre heißt Anna-Marie,
   Die dritte die darf ich nicht nennen,
   Die soll es mein Äugelein sein.

3. Dort drunten in jenem Tale
   Da treibt das Wasser ein Rad,
   Es treibet nichts andres als Liebe
   Vom Abend bis wieder zum Tag.

4. Das Liebesrad ist zerbrochen,
   Das Lieben das nahm ja ein End;
   Wenn zwei voneinander tun scheiden,
   So reichen sie einander die Händ.

5. In meines Großvaters Lustgarten
   Da stehen zwei Bäumchen allein,
   Der eine der trägt Muskaten,
   Der andre Braunnägelein.

6. Muskaten die schmecken so süß,
   Die Braunnägelein riechen auch wohl:
   Die tu ich meim Schätzlein verehren,
   Das meiner gedenken soll.

Aus Freckenfeld, Kandel; in der Südpfalz verbreitet.

76c. Das Mühlrad.

1. Da droben auf dem Berge
   Da steht ein altes Haus,
   Da schauen ja alle Frühmorgen
   Drei schöne Jungfrauen heraus.

177

2. Die eine heißt Susanna,
Die andre heißt Anna=Marie,
Die dritte die tu ich nicht nennen,
Weil sie mein eigen sein soll.

3. Da drunten im tiefen Tale
Da treibt das Wasser ein Rad,
Mich aber, mich treibt die Liebe
Vom Morgen bis abends spat.

4. Das Mühlrad ist zerbrochen,
Die Liebe hat kein End;
Und wenn zwei Verliebte tun scheiden,
So reichen sie einander die Händ.

5. Ach Scheiden, ach Scheiden, ach Scheiden,
Wer hat doch das Scheiden erdacht?
Das hat solch unsägliches Leiden
Manch jungen Herzen gebracht!

Aus Leistadt; aus Steinwenden mit folgenden Abweichungen: Da oben auf hohem Berge Dort steht ein uraltes Haus, Da schauen an jed frühem Morgen Drei Jungfern zum Fenster heraus. — 3, 2 Da geht ein Mühlenrad. — 3, 3 Das mahlt ja nichts als Liebe.

Lit. Erk=Böhme II Nr. 419a—e (vgl. Nr. 418). — Wunderhorn S. 71. — Simrock Nr. 154. — Mündel Nr. 143. — Aumer Nr. 123. — Böckel Nr. 16. — Wolfram Nr. 183. — Köhler=Meier Nr. 99. — Reifferscheid Nr. 26. Weitere Literatur s. Erk=Böhme II S. 235 und Köhler=Meier S. 394 f.

77. Da droben auf jenem Berge.

Aus Münschweiler.

Da dro=ben auf je=nem Ber=ge, da steht ein schö=nes Haus, da schau=en al=le Mor=gen schö=ne Mäd=chen her=aus, da schau=en al=le Mor=gen schö=ne Mäd=chen her=aus. Dort möcht ich Jä=ger sein, dort möcht ich schie=ßen drein, ging ich al=le Wo=chen zu meim Schät=zel drei=mal, —

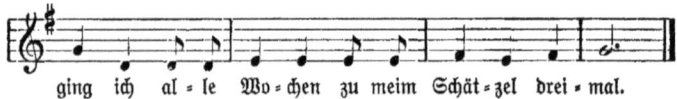

ging ich al = le Wo = chen zu meim Schät = zel drei = mal.

NB. Eine eigentümliche Zusammenschweißung zweier Melodieen! Der erste Teil, als Einleitung zu jeder Strophe gesungen, enthält die Weise „Bei Sedan wohl auf den Höhen", der zweite Teil enthält den zweiten Satz der bekannten Melodie „Drunten im Unterland."

1. Da droben auf jenem Berge
   Da steht ein schönes Haus,
   Da schauen alle Morgen
   Schöne Mädchen heraus.
   Dort möcht ich Jäger sein,
   Dort möcht ich schießen drein,
   Ging ich alle Wochen
   Zu meim Schäzel dreimal.

2. Dreimal is gar net viel,
   Sechsmal is noch so viel,
   Siebenmal darf es auch noch sein,
   Schatz du bist mein.

3. Gelt deine Eltern leidens nicht,
   Daß du mein Schäzel bist?
   Gelt deine Eltern leidens nicht,
   Daß du mich liebst.

4. Sie wollens leiden oder nicht,
   Schatz, ich verlaß dich nicht,
   Bis mir der bittre bittre Tod
   S' Herze abbrückt.

Aus Nünschweiler.

Lit. Zu Str. 1 vgl. das vorausgehende Lied; das übrige gehört zu unserm Liede „Drüben im Schwabenland" vgl. hiezu Erk=Böhme III Nr 1461. — E. Meier S. 94 Nr. 17. — Wolfram Nr. 329. — Bender Nr. 58. — Krapp Nr. 55. — Ditfurth II Nr. 180.

78. Was frag ich nach den Leuten?

Aus Rheingönheim.

Wenn al = le Wäs=ser=lein flie = ßen, so soll man trin-
ten; wenn ich mei'm Schatz nicht ru = fen darf, ju, ja,
ru = fen darf, tu ich ihm win - ten.

1. Wenn alle Wässerlein fließen,
   Soll man trinken.
   Wenn ich meim Schatz nicht rufen darf,
   Ju, ja, rufen darf,
   So tu ich winken.

2. Ich wink ihm mit den Augen
   Und trete mit dem Fuß.
   Es ist eine in der Stube,
   Ju, ja, Stube,
   Die mir werden muß.

3. Warum soll sie mir nicht werden?
   Denn ich seh sie so gern.
   Sie hat zwei schwarzbraune Äugelein,
   Ju, ja, Äugelein,
   Sie glänzen als wie zwei Stern.

4. Hat auch zwei rote Bäckelein,
   Sind roter als der Wein;
   Ein solches Mädchen findt man nicht,
   Ju, ja, findt man nicht
   Wohl unter dem Sonnenschein.

5. Herziger Schatz, ich bitte dich,
   Laß mich gehen!
   Gelt deine Leute die schmähen mich,
   Ju, ja, schmähen mich,
   Ich muß mich schämen.

6. Was frag ich nach den Leuten,
   Die mich schmähen?
   Und ei so lieb ich nun einmal,
   Ju, ja, nun einmal
   Ein schönes Mädchen.

Aus Berschweiler-Wiesweiler am Glan (geschrieb. Liederb. 1845), Dürkheim, Insheim, Weisenheim a. B.

1, 2 Da muß man trinken (Insheim). — 1, 5 Tu ich ihm winken (oft). — 2 Tu winken mit den Äugelein, Tu treten mit dem Fuß; Es ist einer in der Stube drin, Der Meiner werden muß (Insheim). — 3, 1 Der Meine muß er werden (Insheim) — 4, 5 So weit die Sonne scheint (Weisenheim). — 6, 3–5 Ei so lieb ich ganz gewiß Bei Nacht, wenns dunkel ist, Die schöne Buwe (Weisenheim). — 6, 5 Mein schönes Schätzelein (öfters).

Das Lied wurde von mir an vielen Orten gehört mit dem Anfang: „Wenn alle Brünnlein fließen"; diese Lesart stimmt mit der in dem Liederbuche des Pfälz. Sängerbundes enthaltenen überein und wurde jedenfalls durch Gesangvereine verbreitet.

Lit. Erk-Böhme II Nr. 429 a—e. — Wunderhorn S. 426. — Jungbrunnen Nr. 91. — Mittler Nr. 787. — Tobler I S. CXXIII. — E. Meier S. 140 Nr. 60. — Wsatia 1851 S. 52 (Mündel S. IX Nr. 4). — Böckel Nr. 99. — Wolfram Nr. 85. — Becker Nr. 52. — Hoffmann Nr. 151. Weitere Literatur s. Erk-Böhme II S. 248 f.

79a. Gebrochene Treue.

I. *Aus Lingenfeld*

Ich seh dirs an den Äug=lein an, daß du ge= wei = net hast, ja, ja, ja, du hast mir Treu ver= spro = chen, jetzt trennst du dich von mir.

NB. Folgende Lesart weicht fast nur im Takte von der vorhergehenden ab.

II. *Aus Olsbrücken.*

Ich seh dirs an den Äug=lein an, daß du ge = wei = net hast; ja, ja, ja, du hast die Treu ge=brochen, jetzt trennst du dich von mir!

1. Ich seh dirs an den Äuglein an,
   Daß du geweinet hast.
   Ja, ja, ja, du hast mir die Treu versprochen,
   Jetzt trennst du dich von mir.

2. Daß ich mich von dir trennen muß,
   Sind meine Eltern schuld!
   Ja, ja, ja, ich soll mir einen nehmen,
   Der reicher ist als du.

3. Was frag ich viel nach Reichtum,
   Was frag ich viel nach Geld?
   Ja, ja, ja, ich nehm mir einen andern,
   Einen Schatz, der mir gefällt.

4. So fahre hin, du Bösewicht,
   Zu Wasser und zu Land;
   Ja, ja, ja, so reich mir deine Rechte,
   Zum letztenmal die Hand!

5. Die Hand, die ich dir geben soll,
   Trennt mich so weit von dir;
   Ja, ja, ja, von nun an bis in Ewigkeit,
   Bis an dein kühles Grab.

Aus Alsheim, Böckweiler, Forst, Ilbesheim, Ludwigshafen, Maudach, Rothselberg, Schaidt, Weisenheim a. B., Westheim.

1, 2 Du trägst ein Herzeleid (Ilbesheim, Westheim). 3, 3 Ich nehm (such) mir meinesgleichen (öfters). Str. 5 habe ich nur in der Gegend von Ludwigshafen gehört.

79 b. Gebrochene Treue.

1. [: Ach Schatz, warum so traurig :]
   [: Und gar net mit mir lachst? :]

2. Ich seh dirs an deinen Äuglein an,
   Daß du geweinet hast.

3. Du hast mir die Treu versprochen
   Und trennst dich jetzt von mir.

4. Daß ich mich von dir trennen soll,
   Sind meine Eltern schuld.

5. Ich such mir einen andern,
   Der reicher ist als du.

6. Was frage ich nach Reichtum?
   Und frag auch nicht nach Geld.

7. Ich such mir einen andern,
   Einen Schatz, der mirs gefällt.

8. So fahre hin, du Bösewicht,
   Zu Wasser und zu Land.

9. Nun reich mir deine rechte Hand,
   Daß wir geschieden sein.

10. Leb wohl, mein teures Liebchen,
    Vergiß auch meiner nicht.

Aus Pirmasens.

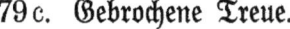

79 c. Gebrochene Treue.

Aus Eschenau.

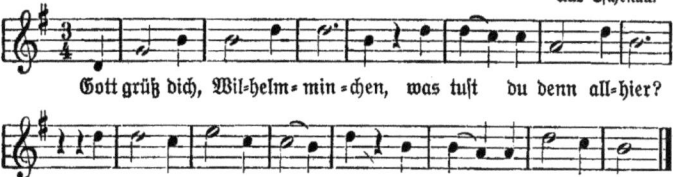

Gott grüß dich, Wil-helm- min -chen, was tust du denn all-hier?
Hast mir die Treu ver-spro - chen, jetzt trennst du dich von mir!

1. Gott grüß dich, Wilhelminchen,
   Was tust du denn allhier?
   Hast mir die Treu versprochen,
   Jetzt trennst du dich von mir.

2. Daß ich mich von dir trennen muß,
   Ist meiner Eltern Schuld.
   Ich soll mir einen nehmen,
   Der noch viel reicher wär.

3. Was frag ich nach dem Reichtum,
   Was frag ich nach dem Geld!
   Ich geh zu meinesgleichen
   Schönem Schätzchen, das mir gefällt.

4. Geh du nur hin, du Bösewicht,
   Zu Wasser und zu Land!
   Komm, reich mir noch zum letztenmal,
   Mein lieber Schatz, die Hand!

Aus Eschenau.

Lit. Erk-Böhme II Nr. 447 a—f. — Marriage Nr. 50. — Krapp Nr. 123. — Böckel Nr. 38. — Lewalter V Nr. 2. — Wolfram Nr. 135. — Köhler-Meier Nr. 55. — Becker Nr. 85 u. 86. — Pröhle Nr. 27. — Treichel Nr. 15. — Weitere Literatur s. Köhler-Meier S. 382 f. — Zur Lesart b Str. 1 u. 2 s. Erk-Böhme II Nr. 531 Str. 1 und unser Lied „Ach Schatz, warum so traurig".

80a. Mein Häuslein.

1. In meines Vaters Garten
   Da setz ich mich nieder und schlief,
   Es träumet mir ein Träumelein:
   Es regnet über mich.

2. Es regnet feine Rosen,
   Es regnet kühler Wein,
   So oft als ich gekommen bin,
   Hast du mich gelassen ein.

3. Jetzt bau ich mir ein Häuselein
   Von lauter Marmorstein,
   Mit Buchsbaum tu ichs bedecken,
   Mit weißen Lilien fein.

4. Und als das Häuselein fertig war,
   Beschert mir Gott was nein:
   Ein Knab von achtzehn Jahren
   Der soll mein eigen sein.

Aus Hagenbach.

80b. Mein Häuslein.

Aus Hofstetten.

Jetzt laß ich mir ein Häus-lein baun von lau-ter Mar-mor-stein, mit Buchs-baum laß ichs deck-en, ganz e-ben muß es sein.

1. Jetzt laß ich mir ein Häuslein baun
Von lauter Marmorstein,
Mit Buchsbaum laß ichs decken
Ganz eben und ganz fein.

2. Und als das Häuslein fertig war,
Was nahm ich mirs darein?
Ein Mädchen wars von achtzehn Jahr,
Sie soll mein eigen sein.

3. Wie ein mancher Vogel flog
Dem andern in das Nest;
Wir essen, wir trinken was uns wohl gefällt,
Dazu vom allerbest.

Aus Hofstetten.

Lit. Erk=Böhme II Nr. 454 a—e u. 455 a—c. — Vgl. Wunderhorn S. 445, 682 u. 832. — Simrock Nr. 146. — Hoffmann Nr. 143. — Weitere Literatur s. Erk=Böhme II S. 274—278. Zur Lesart b Str. 3 s. Erk=Böhme II Nr. 521 Str. 1 und unser Lied Nr. 93.

81. Holzapfelbäumchen.

Aus Rheingönheim.

{ Holz=ap=pel=bäm=che, wie bit=ter ist der Kern, }
{ bei mei=nem Lieb=chen, da wär— ich so gern }

dri=o, di=ra, dri=o, di=ra. dri=o, de=ri=o=li=a.

1. Holzapfelbäumchen,
Wie sauer ist der Kern!
Wenn einer ein schönes Mädchen hat,
So hat ers allzeit gern.

2. Heut hie und morgen
So bleib ich noch bei dir,
So aber kommt der dritte Tag,
So scheid ich weg von dir.

3. Wann tust du wiedrum kommen,
Mein Herzallerliebste mein?
Wenns schneiet rote Rosen
Und regnet kühler Wein.

4. Es schneit kein rot=rot Rosen
Und regnet kein kühler Wein.
So tust du nicht mehr kommen,
Mein Herzallerliebste mein!

5. Wenn ich schon wiederum tät kommen,
Viel hatten täts dich nicht.
Lieb hab ich dich von Herzen,
Heirat dich aber nicht.

6. Hast du mich lieb von Herzen,
Heiratst mich aber nicht,
So bitt ich dich, Feinsliebchen,
Verführ mich aber nicht.

7. Wenn ich dich schon verführen tät,
Die Schuld wär selber dein,
Denn so oft als ich bin gekommen,
Hast du mich lassen rein.

8. Herein hab ich dich gelassen
Aus lauter Lieb und Treu:
Die Eh hast du mir versprochen,
Gelt, Schelm, dich hats gereut!

9. Die Hasen tut man schießen
Wohl in dem grünen Wald;
Schöne Mädchen tut man lieben,
Ja eh sie werden alt.

10. Und wenn sie alt und verfallen sind,
Was Teufels tut man mit?
Sprach einer zu dem andren:
Nehm du sie, ich mag sie nicht!

11. Magst du sie nicht, mag ich sie nicht,
Wer Teufels mag sie dann?
So ladt man sie in Kanonen,
Schießt sie nach Amsterdam.

12. Nach Amsterdam zu schießen
Sein sie den Schuß nicht wert.
Man gibt sie lieber dem Schneider,*)
Daß er das Fell bereit.

Aus Berschweiler-Wiesweiler am Glan (geschrieb. Liederbuch 1845).

Lit. Zu Str. 1—8: Erk-Böhme II Nr. 455a—c, bes. b. Vgl. das vorausgehende Lied. Zu Str. 1: Erk-Böhme II Nr. 1029—1031 und die Lit. hiezu S. 780; Wolfram Nr. 174.
Zu Str. 9—12: Erk-Böhme II Nr. 537 a u. b, sowie unser Lied, „Jetzt kommt die Zeit, daß ich wandern muß" und die dort angegebene Literatur.

82. Zu ihren Füßen.

1. Sönftes Kind, vor deinen Füßen
Lieg ich hier, wein bitterlich.
Wenn ich dich quittieren müßte,
Wärs die größte Pein für mich.
Lieber wollt ich den Schluß fassen
Und mein jungfrisch Leben lassen,
Denn von dir entfernt zu sein,
Wär für mich die größte Pein.

---

*) Soll wohl heißen „Schinder".

2. Gold und Silber, Meerkorallen,
Reichtum, Schatz und Edelstein,
Von diesen tut mir nichts gefallen
Als du, Schönste, nur allein.
Die Leut reden, was sie wollen,
Du allein bleibst mir auserkoren;
Fällt mir nichts ins Herz hinein
Als du, Schönste, nur allein.

3. Alles was ich red und denke,
Alles, alles ist von dir.
Wo ich nur mein Aug hinlenke,
Stell ich mir dein Bildnis für.
Ist kein Künstler auf der Erde,
Kann auch keiner gefunden werden,
Der dich schöner malet ab,
Als ich dich im Herzen hab.

4. Des Nachts, wenn ich die Ruh erwähle
Und ins Ruhbett schlafen geh,
Tu ich mir im Traum fürstellen
Dein liebreiches Konterfee*):
Wie du redest, wie du lachest,
Eine süße Miene machest,
Ich stell mirs im Traume für
Als du, Schönster, schläfst bei mir.

5. Schönster Schatz, willst, daß ich lebe,
Sag zuvor, du liebst mich noch!
Oder willst du mir den Abschied geben?
Dieses Wort entsetzt mich doch!
Lieben mußt du oder hassen,
Eins von beiden mußt du lassen,
Schönster Schatz, ich stell dirs frei:
Laß mich oder bleib getreu!

Aus Heidesheim (altes geschrieb. Liederbuch), Impflingen (geschrieb. Liederbuch), Kandel, Utweiler, Wörth (geschrieb. Liederbuch c. 1868).

Lit. Erk-Böhme II Nr. 504. — Bragur II S. 219 und III S. 203. — Büsching und Hagen S. 26 Nr. 16. — Erlach II S. 18. — Kretzschmer I Nr. 311. — Tobler I S. CXXII u. 226. — Birlinger, Alemannia Bd. X Heft 2. — E. Meier S. 104 Nr. 26. — Böckel Nr. 15. — Wolfram Nr. 205. — Ditfurth II Nr. 109. — J. Meier, Kunstl. i. V. S. 81 Nr. 518. — Das Lied findet sich auf fl. Bl. gedruckt seit c. 1750.

83. Heimliche Liebe.

Vgl. den 1. Satz mit der Melodie: „Verlassen bin i!"

*) = Konterfei (Bildnis) aus französ. contrefait.

II.

Aus einem rhein.-pfälz. Dorf von Dr. Zinßer aufgezeichnet.

Kein Feu-er, kei-ne Koh-le kann bren-nen so heiß, als heim-li-che Lie-be, von der nie-mand nichts weiß, ——— von der nie-mand nichts weiß.

1. Kein Feuer, keine Kohle
 Kann brennen so heiß,
 Als heimliche Liebe,
 Von der niemand was weiß.

2. Keine Rose, keine Nelke
 Kann blühen so schön,
 Als wenn zwei verliebte Seelen
 So beieinander tun stehn.

3. Setz du mir einen Spiegel
 In mein Herze hinein,
 Damit du kannst schauen,
 Wie so treu ich es mein.

4. Und der Spiegel wirds zeigen:
 O es ist ja nichts drinn,
 Als Liebe und Treue
 Und ehrlicher Sinn.

Aus Asselheim, Hettenleidelheim, Mörlheim, Waldsee.

Lit. Erk-Böhme II Nr 507 u. 508a. — E. Meier S. 112 Nr. 36." — Wolfram Nr. 148. — Becker Nr. 93. Weitere Literatur s. Erk-Böhme II S. 826 f.

84. Schäfers Liebeslied.

Aus Impflingen.

Ein Schä-fer trägt Sor-gen des Mor-gens in der Früh, sein Schäf-lein zu wei-den, hat nie-mals kei-ne Ruh, sein Schäf-lein zu wei-den, hat nie-mals kei-ne Ruh.

1. Ein Schäfer trägt Sorgen
Des Morgens in der Fruh,
Sein' Schäflein zu weiden,
Hat niemals keine Ruh.

2. Des Abends spät schlafen,
Des Morgens früh auf,
Da trinkt er den Kaffee,
Den Branntwein darauf.

3. Ach Schätzlein, bist du drinnen,
Mach mir die Tür auf,
Es friert mich mein Finger,
Bin sonst nicht wohlauf.

4. Und friert dich dein Finger,
Tu Handschühlein an.
Bist du es, mein Schätzlein,
Klopf noch einmal an.

5. Wir wollen noch warten
Ein einziges Jahr,
Dann gehen wir zusammen
Und werden ein Paar.

6. Und niemand solls wissen
Als Gott nur allein:
Den nehmen wir zum Zeugen,
Der Helfer soll sein!

Aus Impflingen, Ginsweiler; aus letzterem Orte mit folgenden Abweichungen:

1, 1—3 Ein Schäfer trug Sorgen Des Morgens ganz früh, Zu trinken, zu weiden. 2, 3 So trinken wir den Kaffee. 3, 1 Herzallerschönstes Schätzchen. 3, 4 'S ist mir auch sonst nicht wohl.

Lit. Erk=Böhme II Nr. 508. Zu Str. 3 u. 4 vgl. Erk=Böhme II Nr. 518 und unser Lied „Kathrinchen, wackres Mädchen". — Mündel Nr. 77. Vgl. Wolfram Nr. 133, Böckel 118a, Ditfurth II Nr. 336; Hoffmann Nr. 111. Ein älteres Schäferlied, aus dem unser Lied hervorgegangen ist, steht bei Erk=Böhme II S. 327.

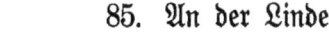

85. An der Linde.

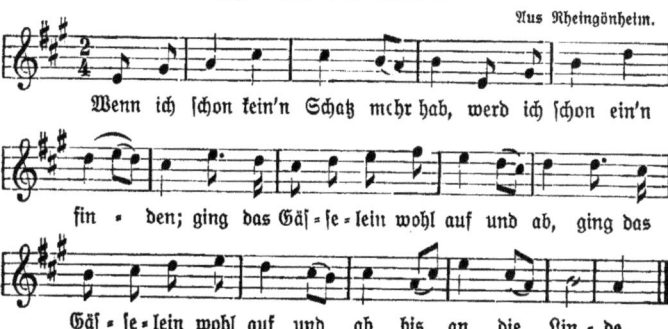

Aus Rheingönheim.

Wenn ich schon kein'n Schatz mehr hab, werd ich schon ein'n fin-den; ging das Gäs-se-lein wohl auf und ab, ging das Gäs-se-lein wohl auf und ab bis an die Lin-de.

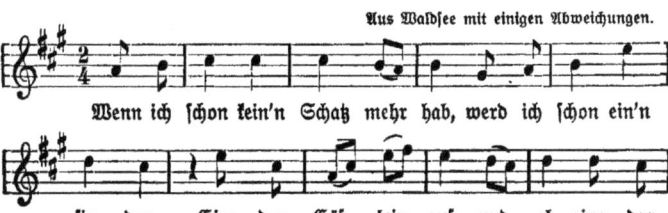

Aus Waldsee mit einigen Abweichungen.

Wenn ich schon kein'n Schatz mehr hab, werd ich schon ein'n fin-den. Ging das Gäß-lein auf und ab, ging das

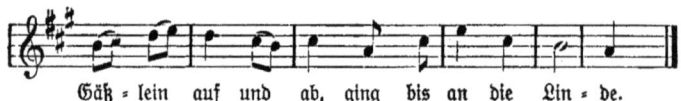

Gäß-lein auf und ab, ging bis an die Lin-de.

In Geiselberg beginnt das Lied mit der 6. Strophe nach der folgenden Melodie.

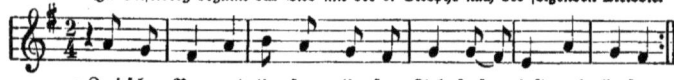

{ Zwi-schen Berg und tie-fem, tie-fem Tal, sa-gen einst zwei Ha-sen, }
{ fra-ßen ab das grü-ne, grü-ne Gras bis auf den Ra-sen. }

1. Wenn ich schon kein Schatz mehr hab,
   Werd ich schon ein finden.
   [: Ging das Gässelein wohl auf und ab :]
   Bis an die Linde.

2. Als ich an die Linde kam,
   Stand mein Schatz daneben:
   [: Grüß dich Gott, mein herztausiger Schatz! :]
   Wo bist du gewesen?

3. Wo ich gewesen bin,
   Darf ich dir schon sagen:
   [: Bin gewesen in dem weiten fremden Land, :]
   Hab auch viel erfahren.

4. Was ich erfahren hab,
   Darf ich dir wohl sagen:
   [: Hab erfahren, daß die jungen jungen Leut :]
   Beieinander schlafen.

5. Beieinander schlafen sie,
   Aber nur in Ehren,
   [: Aber nur, mein herztausiger Schatz, :]
   Aber nur in Ehren!

6. Zwischen Berg und tiefem Tal
   Saßen einst zwei Hasen,
   [: Fraßen ab das grüne grüne Gras :]
   Bis auf den Wasen.

7. Als sie satt gefressen warn,
   Setzten sie sich nieder;
   [: Kam der Jäger aus dem grünen grünen Wald, :]
   Schoß sie beide nieder.

Aus Bosenbach, Ginsweiler, Kandel, Lemberg, Ludwigshafen, Neuhofen, Offenbach, Ranschbach, Rheingönheim, Rieschweiler, Schallodenbach, Zweibrücken.

———

Anfang auch: Da ich nun kein Schatz mehr hab (Lemberg). 4, 3 Hab erfahren, daß zwei schöne junge Leut (Lemberg). 5, 3 Grüß dich Gott, mein herztausiger Schatz (oft). 5, 3 u. 4 Du sollst kommen alle Samstag Nacht, Doch in allen Ehren (Neuhofen). 7, 3 u. 4 Bhüt dich Gott, herztausigster Schatz! Komm dir nimmer wieder! (Neuhofen).

———

Lit. Erk-Böhme II Nr. 511. — Wunderhorn S. 209. — Jungbrunnen Nr. 118. — E. Meier S. 100 Nr. 22. — Mündel Nr. 123. —

Bender Nr. 61. — Marriage Nr. 48. — Zopf Nr. 6. — Krapp Nr. 251. — Volk S. 191. — Böckel Nr. 78. — Wolfram Nr. 108. — Pröhle Nr. 20. — Reifferscheid Nr. 27. — Hoffmann Nr. 133. Weitere Literatur f. Erk=Böhme II S. 332, Marriage S. 86.

Zu Str. 6 und 7 f. die Erklärungen bei Erk=Böhme und Reifferscheid S. 178 f. In der Pfalz werden die zwei Strophen auch, z. B. in Offenbach und Geiselberg, an den Anfang des Liedes gestellt.

---

86. O schönste Rose, fall nicht ab.

1. O schönste Rose, fall nicht ab,
Bis daß ich komm und brech dich ab,
Hurra!

2. Viel lieber will ich Blut vergießen,
Als dich aus meinem Herzen schließen,
Hurra!

3. Will lieber sterben auf dem Platz,
Als dich verlassen, mein liebster Schatz,
Hurra!

4. So lang ich lebe, lieb ich dich,
Mein Herz schlägt nur allein für dich,
Hurra!

Aus Dierbach, Hergersweiler, Speyer.

Lit. Vgl. Wunderhorn S. 700 „Gute Lehre" Str. 2, Wolfram Nr. 181 Str. 5.

---

87. Wenn ich ein Vöglein wär.

I. Aus Mutterstadt.

Wenn ich ein Vög-lein wär und auch zwei Flü-gel hätt, flög ich zu dir, ja dir, und du zu mir. Weils a-ber nit kann sein, nit kann sein, nit kann sein, weils a-ber nit kann sein, bleib ich al-lein.

In Steinwenden nach der Mel.: „Vöglein im hohen Baum."

1. Wenn ich ein Vöglein wär
   Und auch zwei Flügel hätt,
   Flög ich zu dir;
   [: Weils aber nicht kann sein, :]
   Bleib ich allhier.

2. Bin ich gleich weit von dir,
   Bin ich doch im Schlaf bei dir
   Und red mit dir;
   [: Wenn ich erwachen tu, :]
   Bin ich allein.

3. Es vergeht keine Stund in der Nacht,
   Da nicht mein Herz erwacht
   Und an dich denkt,
   [: Weil du mir viel tausendmal :]
   Dein Herz geschenkt.

[4. Blau blüht ein Blümelein,
   Das heißt: Vergißnichtmein,
   Vergißnichtmein,
   [: Dies Blümelein leg ans Herz :]
   Und denk an mich.]

Aus Alsheim, Eßweiler, Maudach, Mörlheim, Oberweiler i. T., Peppenkum, Rieschweiler, Rimschweiler, Schweigen, Utweiler, Wörth.

1, 3 auch oft: Flög ich zu dir, zu dir (und dementsprechend in den andern Strophen). 1, 4 Weils aber nicht kann sein, nicht kann sein, nicht kann sein (ebenso in den übrigen Strophen).

Str. 4, dem Liede „Ach wie ists möglich dann" entlehnt, habe ich hie und da in der Westpfalz gehört.

Lit. Erk=Böhme II Nr. 512 a u. b. — Herder I S. 67. — Wunderhorn S. 156. — Ditfurth II Nr. 115—119. — Wolfram S. 482. Die Grundlage bildet ein älteres Liebeslied „Mag ich reden oder schweigen still", abgedruckt bei Erk=Böhme II S. 338.

88a. Was ich möchte.

Aus Bobenheim a. Rh.

Ach, was wird mein Schätz=lein den=ken, weil ich bin so weit von ihr, ger=ne möcht ich zu ihr ge=hen, ach, wenn der Weg so weit nicht wär, ja, wenn der Weg, ja, wenn der Weg, ja, wenn der Weg so weit nicht wär.

Vermutlich schlägt am Schlusse und im 6. Takte die zweite Stimme über die erste, so daß die Endtakte lauten müßten:

so weit nicht wär.

Gleiche Melodie hat das folgende Lied Nr. 88b, dessen erste Strophe in Bobenheim als zweite Strophe gesungen wird.

1. Ach was wird mein Schätzlein denken,
[: Weil ich bin so weit von ihr? :]

2. Gerne wollt ich zu dir kommen,
[: Wenn der Weg so weit nicht wär. :]

3. Gerne wollt ich dir was kaufen,
[: Wenn ich wüßt, was ratsam wär. :]

4. Gerne wollt ich bei dir schlafen,
[: Wenn die Nacht drei Jahr lang wär. :]

5. Es stehn zwei Sternlein an dem Himmel,
[: Die leuchten heller als der Mond. :]
6. Der eine leucht vor mein Feinsliebchens Fenster,
[: Der andre über Berg und Tal. :]

Aus Steinbach (geschrieb. Liederbuch 1859).

88b. Was ich möchte.

1. Gold und Silber, Edelstein,
   Ei was kann denn schöner sein?
   Ei was kann denn, ei was kann denn,
   Ei was kann denn schöner sein?

2. Gerne wollt ich zu dir gehen,
   Wenn der Weg so weit nicht wär,
   Ja wenn der Weg, ja wenn der Weg,
   Ja wenn der Weg so weit nicht wär.

3. Gerne wollt ich zu dir schlafen,
   Wenn die Nacht drei Jahr lang währt,
   Ja wenn die Nacht, ja wenn die Nacht,
   Ja wenn die Nacht drei Jahr lang währt.

4. Gerne wollt ich dir was kaufen,
   Wenn ich wüßt, was ratsam wär,
   Ja wenn ich wüßt, ja wenn ich wüßt,
   Ja wenn ich wüßt, was ratsam wär.

5. Gerne wollt ich Kaffee trinken,
   Wenn er nicht so teuer wär,
   Ja wenn er nicht, ja wenn er nicht,
   Ja wenn er nicht so teuer wär.

6. Gerne gerne wollt ich sterben,
   Wenn der Tod nicht bitter wär,
   Ja wenn er nicht, ja wenn er nicht,
   Ja wenn er nicht so bitter wär.

Aus Steinweiler (geschrieb. Liederbücher 1885/86); ebenso, aber ohne Str. 2 u. 5, aus Winzeln und Albersweiler; an letzterem Orte noch als Schluß: Du bist mein und ich bin dein,
Schatz, was kann denn schöner sein?

Lit. Erk-Böhme II Nr. 514 (hier ist zu berichten, daß die 2. Melodie nach Dr. Zinßer nicht aus der Rheinpfalz, sondern aus dem Schwarzwald stammt; s. Dr. Zinßer S. 4); vgl. III Nr. 1416. — Marriage Nr. 95 Str. 7—9. — Bender Nr. 18. — Zopf Nr. 8. — Krapp Nr. 6. — Wolfram Nr. 199. — Ditfurth II Nr. 169. — Köhler-Meier Nr. 80. — Becker Nr. 60. — Reifferscheid Nr. 43. — Hoffmann Nr. 145.

---

89. Das Hüttchen.

Mel.: „Steh ich in finstrer Mitternacht".

1. Ich hab ein kleines Hüttchen nur,
   Es steht auf einer düstern Flur,
   Vor diesem Hüttchen fließt ein Bach,
   Und diesem Bach fließt Liebe nach.

2. Vor diesem Hüttchen steht ein Baum,
Man sieht vor ihm das Hüttchen kaum,
Er schützet es vor Sturm und Wind
Und schützet, die darinnen sind.

3. Das Lied der frohen Nachtigall
Erschallt vom Baum bis in das Tal,
Daß alle, die vorübergehn,
Stets mit Entzücken stille stehn.

4. Einst lag ich unter diesem Baum,
Da hatt ich einen süßen Traum:
Es kam ein Mädchen, ohne Scherz,
Und drückt mich an ihr treues Herz.

5. Als nun bei abendstiller Nacht
Aurora schon den Berg bewacht,
Da gingen wir ins Hüttchen ein,
Und Amor fand sich bei uns ein.

6. Ich hab das kleine Hüttchen nur,
Beinah das kleinste auf der Flur;
Doch wer ist glücklicher als ich?
Ein schönes Mädchen liebet mich!

7. Und ist das Hüttchen noch so klein,
Wird man vergnügten Herzens sein:
Nur wo die Liebe zu Hause ist,
Herrscht Seligkeit zu jeder Frist.

Aus Heidesheim (altes geschrieb. Liederb.). Das Lied ist alten Leuten noch bekannt und wurde nach der Weise „Steh ich in finstrer Mitternacht" gesungen.

Lit. Erk=Böhme II Nr. 516. Nach einem Gedicht von J. W. Gleim 1775 (s. Erk=Böhme II S. 337). — Wolfram S. 481. — J. Meier, Kunstl. i. V. S. 25 Nr. 158.

90a. Waldabenteuer.

1. Als ich an einem Sommertag
Im grünen Wald im Schatten lag,
Sah ich von fern ein Mädchen stehn,
Das war ja unvergleichlich schön.

2. Und als das Mädchen mich erblickt,
Nahm sie die Flucht in Wald zurück.
Ich aber eilte auf sie zu
Und sprach: Mein Kind, was laufest du?

3. Ich laufe nicht, ich eile nur,
Ich fürcht ein Mannsbild von Natur;
Denn meine Mutter sagt es mir,
Ein Mannsbild sei ein wildes Tier.

4. Ach Kind, glaub deiner Mutter nicht,
Lieb du ein Mannsbildangesicht!
Deine Mutter ist ein altes Weib,
Drum hasset sie uns junge Leut.

>   5. Ach Herr, wenn das die Wahrheit ist,
>   So glaub ich meiner Mutter nicht.
>   So setz er sich, mein junger Herr,
>   Zu mir ins Gras ein wenig her.
>
>   6. Ich setzte mich an ihre Seit,
>   Sie war ja voller Zärtlichkeit.
>   Ich küßte sie auf Mund und Brust,
>   Sie war ja voller Liebeslust.
>
>   7. Da kann man sehn, wie die Weibsleut sein,
>   Sie geben sich geduldig drein;
>   Und stellt man sich ein wenig dumm,
>   So fallen sie von selber um.

Aus Asselheim, Verschweiler-Wiesweiler a. Glan (geschr. Liederbuch 1845), Böckweiler, Bosenbach, Ginsweiler, Kaisers- lautern, Katzenbach, Maßweiler, Niedermoschel, Odenbach, Peppenkum, Rheingönheim, Winden (geschrieb. Liederb. 1865).

Anfang auch: An einem schönen Sommertag, Als ich im Wald im Schatten lag (Ginsweiler, Winden). 1, 4 Sie war so jung und auch so schön (Winden). Statt „unvergleichlich" oft „unbeschreiblich", „unbegreif- lich", „so bezaubernd". 2, 2 Nahm sie die Flucht und eilt zurück (oft). 2, 4 ... warum fliehest du? (oft). 3, 1 u. 2 Ach lieber Herr, ich kenn euch nicht Und fürcht ein Mannsbildangesicht (oft). — 4, 2 Deine Mutter spricht die Wahrheit nicht (oft). Drum sag ich dirs ins Angesicht (Gins- weiler). 4, 4 Drum verachtet sie die jungen Leut (Kaiserslautern).

Das Lied wird häufig nach der Weise „Steh ich in finstrer Mitter- nacht" gesungen (vgl. Bender Nr. 173 und die Bemerkung S. 199); so erklärt es sich, wenn in der Vorderpfalz die erste Strophe öfters lautet:

>   Stand ich in finstrer Mitternacht
>   So einsam auf der stillen Wacht,
>   Sah ich von fern ein Mädchen stehn,
>   Das war so unbegreiflich schön. (usw. wie oben.)

---

90 b. Waldabenteuer.

>   1. Als ich an einem Sommertag —
>   Und sie läßt mir keine Ruh —
>   Im grünen Wald im Schatten lag —
>   Und sie läßt mir keine Ruh.
>   Rosalie, Rosalie,
>   Mädchen, dich verlaß ich nie —
>   Und sie läßt mir keine Ruh.
>
>   2. Sah ich von fern ein Mädchen stehn —
>   Und sie läßt mir keine Ruh —

(u.s.w. wie Lesart a, deren vierzeilige Strophen in zweizeilige zerlegt werden).

Aus vielen Orten der Vorderpfalz. Ähnliche Kehrreime zeigt die folgende Lesart.

90c. Waldabenteuer.

I.

Aus Bobenheim a. Rh.

Als ich an ei-nem Som-mer-tag und sie läßt mir kei-ne
im grü-nen Wald im Schat-ten lag und sie läßt mir kei-ne
Ruh. Ruh. Ro-sa-li, Ro-sa-li, Mäd-chen, dich ver-laß ich nie, in der Fremd, in der Schweiz, in Ti-rol.

II.

Aus Eschen..u.

Als ich an ei-nem Som-mer-tag wohl auf der Rei-se-
im grü-nen Wald im Schat-ten lag wohl auf der Rei-se-
bahn, und so sing ich denn ein lus-tges Lie-de-lein und
bahn,
rei-se in die Welt hin-ein wohl auf der Rei-se-bahn.

NB. Die Textunterlage „und so sing ich denn" ließ diese Lesart im zweiten Satz in das bekannte Abschiedslied „Nun ade, du mein lieb Heimatland" geraten.

2. Satz aus Westheim.

Und jetzt fan-gen wir das lie-der-li-che Le-ben
an und rei-sen durch die Welt — und fah-ren auf der
Ei-sen-bahn so lang es uns ge-fällt.

1. Als ich an einem Sommertag —
   In der Schweiz, in der Schweiz, in Tirol —
   Im grünen Wald im Schatten lag —
   In der Schweiz, in der Schweiz, in Tirol.
   Sah ich von fern ein Mädchen stehn —
   In der Schweiz, in der Schweiz, in Tirol —
   Die war so unbegreiflich schön —
   In der Schweiz, in der Schweiz, in Tirol,
   Wo die Schweizerbüchsen knallen
   Und die schönen Mädchen wallen,
   In der Schweiz, in der Schweiz, in Tirol.

2. Und als das Mädchen mich erblickt,
   Nahm sie die Flucht in den Wald zurück.
   Ich aber eilte auf sie zu
   Und sprach: Mein Kind, was fliehest du?

3. Sie sprach: Mein Herr, ich kenn euch nicht,
   Ich fürcht ein Mannsbildangesicht;
   Denn manche Männer gibt es hier,
   Die sind so wie ein wildes Tier.

4. Mein Kind, glaub von mir nur das nicht!
   Ich lieb ein schönes Angesicht;
   Ich such ein nettes junges Weib,
   Bei der ich treu und glücklich bleib.

5. Ich setzte mich an ihre Seit,
   Sie war so voller Zärtlichkeit.
   Ich drückte sie an meine Brust,
   Sie gab mir einen heißen Kuß.

6. So holte ich mir eine Braut,
   Sie hatte meinem Wort getraut;
   Auch hat sie es noch nie bereut,
   Daß sie 'nen lustgen Bursch gefreit.

Aus Mutterstadt.

———

Sonst heißt das Einschiebsel auch: In der Pfalz (od. in der Fremd), in der Schweiz, in Tirol; oder wie in der folgenden Lesart:

1. Als ich an einem Sommertag —
   Von Metz nach Paris und Orleans —
   Im grünen Wald im Schatten lag —
   Von Metz nach Paris und Orleans —
   Unsre Säbel müssen klingen,
   Die Franzosen müssen springen
   Von Metz nach Paris und Orleans.

2. Sah ich von fern ein Mädchen stehn u. s. w.

Aus Würzweiler.

———

An manchen Orten, wie z. B. in Eschenau, Westheim singt man

1. Als ich an einem Sommertag —
   Wohl auf der Reisebahn —
   (oder: Wohl auf der Eisenbahn —)
   Im grünen Wald im Schatten lag —
   Wohl auf ꝛc

Ei so singen wir ein lustiges Liedelein
(oder: Und so fangen wir das liederliche Leben an)
Und reisen durch die Welt
Und fahren auf der Eisenbahn,
So lang es uns gefällt.

2. Sah ich von fern 2c.

Lit. Erk=Böhme II Nr. 517. — Mündel S. XI. — Gaßmann Nr. 39. — E. Meier S. 237 Nr. 128. — Bender Nr. 173 u. S. 199 f. — Marriage Nr. 75. — Zopf Nr. 27. — Krapp Nr. 12 u. 13. — Volk S. 191. — Lewalter I Nr. 21. — Wolfram Nr. 97. — Müller S. 108. — Rösch S. 22. — Hoffmann Nr. 131. — Treichel Nr. 8. — Frischbier Nr. 43. Weitere Literatur f. Marriage S. 122 und J. Meier, Kunstl. i. V. S. 57 Nr. 348.

91a. Kein Einlaß.

Nach Dr. Zinßer aus einem pfälzisch-rheinischen Dorf.

Schön=stes Schätz=chen, lieb=stes Mäd=chen, bist du drin, so mach auf, es friert mich an mein Fin=gern, es friert mich an mein Fin=gern, ich halts nicht mehr aus,— ich halts nicht mehr aus.

Vgl. damit die Mel. zu Nr. 137a!

1. Schönstes Schätzchen, liebstes Mädchen,
   Bist du drin, so mach auf;
   [: Es friert mich an mein Fingern, :]
   [: Ich halts nicht mehr aus. :]

2. Friert es dich an deinen Fingern,
   Zieh Handschuh drauf an,
   Damit du kannst klopfen:
   Klopf noch einmal an!

3. Was hatt mich mein Klopfen?
   Du machst mir nicht auf;
   Du tust mich nur vexieren
   Und lachst mich brav aus.

4. Ich wollt, daß mein schön Schätzchen
   Ein Nelkenstock wär,
   Dann stellt ich ihn vors Fenster,
   Daß es alle Leut sehn.

Aus der Vorderpfalz (Rheingegend). Text und Singweise aus Dr. Zinßer S. 74 f. Nr. 34.

91 b. Kein Einlaß.

Aus Olsbrücken.

Ka-the-rin-chen, getreu-es Mäd-chen, bist du treu, so mach mir auf! Denn es friert mich mein Füß-chen, 'sist heu-te kalt draus.

1. Kathrinchen, wackres Mädchen,
   Bist du drein, so mach mir auf,
   [: Denn ich spürs an meinen Füßlein:
   Es ist grausam kalt draus. :]

2. Spürst du es an deinen Füßlein,
   Zieh Strümpfelein an,
   Bleibe noch ein bischen stehen,
   Klopfe noch einmal an!

3. Was hilft mir mein Anklopfen?
   Du machst mir nicht auf!
   Auf dem Markt bin ich gewesen,
   Hab mir Ochsen gekauft.

4. Bist du auf dem Markt gewesen,
   Hast dir Ochsen gekauft?
   Ach Schätzchen, ich bin schwanger
   Und bin noch keine Braut.

5. Ach Schätzchen, bist du schwanger,
   Zeig nur nicht auf mich!
   Denn ich bin ein junges Bürschchen,
   Es wär schade für mich!

6. Bist du ein junges Bürschchen,
   Es wär schade für mich;
   Gelt so lang hast du mich geliebet,
   Jetzt magst du mich nicht!

Aus Ginsweiler, Heltersberg; aus letzterem Orte mit folgenden Abweichungen: 1, 3 Denn es friert mich an meinen Füßchen. 2, 1 Frierts dich an deinen Füßchen. 3, 1 Was hatt mich mein Klopfen. 3, 3 Denn ich bin ja auf dem Markt gewesen. 4, 3 u. 4 Und ich, dein Schatz, hab dich geliebet Und bin als noch keine Braut. 5, 1 Ach Schätzlein, hab ich dich geliebet.

Lit. Erk=Böhme II Nr. 518 a u. b; vgl. II Nr. 825. — Simrock Nr. 216. — Krapp Nr. 219. — Böckel Nr. 69 u. 121 — Wolfram Nr. 116 und 117. Weitere Literatur s. Erk=Böhme II S. 339 f., Wolfram S. 132.

---

92. Was hab ich davon?

Aus Ludwigshafen.

Auf den Markt bin ich ge-gan-gen, hab' ein Sträu-ße-lein mir ge-

lauft, sieh, da kam ein jun=ges Mäd=chen, und ich hab's ihr nicht ge=glaubt.

1. Auf den Markt bin ich gegangen,
   Hab ein Sträußlein mir gekauft,
   Sieh da kam ein schönes Mädchen
   Und ich hab sie ja nicht erkannt.

2. Ach Mädchen, wirst du schwanger,
   So schieb es ja nur nicht auf mich,
   Denn ich bin ein junges Bürschlein,
   's wär ja schade für mich.

3. Bist du ein junges Bürschlein,
   So wärs auch schade für mich;
   Gelt jetzt hast du mich verführet,
   Jetzt magst du mich nicht mehr!

4. Vor etlichen Jahren,
   Als ich noch viel jünger war,
   Sieh da führst du mich zum Tanze
   Mit so schön gelocktem Haar.

5. Ei was hab ich jetzt vom Tanzen,
   Ei was hab ich jetzt davon?
   Daß ich muß auf den Armen tragen
   Einen schönen jungen Sohn.

6. Ei hätt mich meine Mutter
   Schon im ersten Jahr ertränkt,
   Einen Stein an den Hals gebunden
   Und ins tiefe Meer versenkt!

Aus Mutterstadt, Waldsee, Ludwigshafen; hier mit folgenden Abweichungen: 1, 4 Und ich habs ihr nicht geglaubt. 2, 3 Denn ich bin ein stolzer Reiter (und dementsprechend 3, 1 Bist du gleich ein stolzer Reiter). 3, 4 Und jetzt willst du mich nicht. 4, 4 Im blond= gelockten Haar.

Lit. S. das vorausgehende Lied. Zu Str. 4—6 s. unser Lied „Stand ich auf Bergeshöhn" („Vor etlichen Jahren, als ich noch Jungfrau war").

93a. Ausgeflogen.

Aus Ranschbach.

Mein Schatz der geht den Krebs=gang, das krän=ket mich so sehr. Mein Schatz der liebt ein' an=de=re, mein Schatz der liebt ein' an=de=re, im Her=zen tut mirs weh.

1. Mein Schatz der geht den Krebsgang,
   Das kränket mich so sehr!
   Mein Schatz der liebt ein anderen,
   Im Herzen tut mirs weh.

2. Es fliegt ein manches Vögelein
   Dem andern in sein Nest;
   Es ißt und trinkt gleich was es will,
   Sogar das allerbest.

3. Bist du ins Nest geflogen,
   So flieg auch wieder aus!
   Du bist einmal mein Schatz gewest,
   Aber nun ist's mit dir aus.

4. Ich spür eine Maus in meinem Haus
   An einem faulen Käs,
   Dieselbe Maus hat Hosen an,
   Zum Fenster schaut sie raus.

5. Wenn ein Mann ein stein'gen Acker hat,
   Dazu ein stumpf'gen Pflug
   Und auch ein böses Weib zu Haus,
   So hat er Kreuz genug.

Aus Ranschbach.

Str. 1 findet sich auch in dem folgenden Texte aus Waldsee:

1. Man sagt, es geht den Krebsgang,
   Das kränket mich so sehr!
   [: Mein Schatz der liebt eine andre :]
   Mein Schatz der liebt eine andre,
   Das tut mir herzlich weh.

2. Wenn zwei mit einander verheiratet sind
   Und haben noch kein Haus,
   [: So sperrt man sie in Kist hinein, :]
   So sperrt man sie in Kist hinein,
   Zum Schlüsselloch schauen sie raus.

(Zu Str. 2 vgl. unser Lied „Hänschen sitzt vorm Fenster" und Erk-Böhme II Nr. 851).

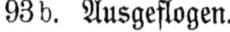

93b. Ausgeflogen.

Aus Pirmasens.

schnö-den Geld-ge-winn, denn ich find schon ei-nen
an-dern Schatz, geh du la, la, la geh du nur im-mer hin!

1. Es flog manch Vöglein in das Nest
Und flog auch wiedrum raus,
Und du bist einmal mein Schatz gewest,
Jetzt ist die Liebschaft aus.
Denn du hast mich schwer betrogen
Um schnöden Geldgewinn;
Denn ich find schon einen andern Schatz,
Geh du, la=la=la, geh du, la=la=la,
Geh du nur immer hin!

2. Es fliegt gar manches Vögelein
Dem andern in das Nest;
Es ißt und trinkt gleich was es findt,
Dazu das allerbest.
Bist du ins Nest geflogen,
So flieg nur wieder raus,
Denn du bist einmal mein Schatz gewest,
Geh du, la=la=la, geh du, la=la=la,
Jetzt ist die Liebschaft aus.

3. Viel Blümlein stehn im hohen Korn
Von weiß und blauer Zier,
Und hast du eins davon verlorn,
So such ein andres dir!
Glaube nicht, daß ich mich gräme
Um deinen falschen Sinn!
Denn ich hab schon längst einen andern Schatz,
Geh du, la=la=la, geh du, la=la=la,
Geh du nur immer hin!

Aus Pirmasens.

Lit. Zu a: Erk=Böhme II Nr. 521. — Simrock Nr. 242. — Jungbrunnen Nr. 104. — Ditfurth II Nr. 139. — Reifferscheid Nr. 33 und S. 182. — Zu Str. 5: Erk=Böhme II Nr. 532 Str. 3, Marriage Nr. 265 und die dort angegebene Lit. S. 361.
Lesart b nach einem Gedicht von E. Geibel (s. Erk=Böhme II S. 343).

94a. Im Wald bei der Amsel.

I.
Aus Maikammer.

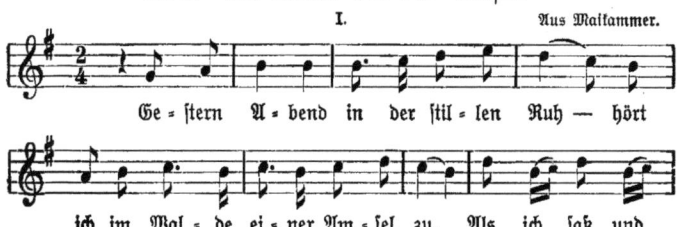

Ge-stern A-bend in der stil-len Ruh — hört
ich im Wal-de ei-ner Am-sel zu. Als ich saß und

1. Gestern Abend in der stillen Ruh
Hört ich im Walde einer Amsel zu.
Als ich stille saß,
Meiner ganz vergaß,
Kam die Amsel, schmeichelt sich um mich
Und küßte mich.

2. O du Schmeichlerin, sprach ich unerschreckt,
Wer hat dir meine Einsamkeit entdeckt?
In dem grünen Wald
Ist mein Aufenthalt,
Allwo ich gestern spät in meinem Sinn
Gewesen bin.

3. Soviel Laub als an der Linde ist,
So vielmal hat mich mein Schatz geküßt;
Aber ich muß gestehn,
Weiter ist nichts geschehn,
Denn die Amsel soll mein Zeuge sein:
Ich war allein.

Aus Groß-Fischlingen, Hagenbach, Hauenstein, Ilbesheim, Kandel, Lemberg, Mörlheim, Mutterstadt, Offenbach, Ranschbach, Rehborn, Schaidt, Schönau, Waldsee, Winden.

Anfang oft: Einstmals hört ich in der stillen Ruh Einer Amsel in dem Walde zu; oder: Einstmals saß ich in der stillen Ruh, Hörte einer Amsel in dem Walde zu. 1, 3 Als ich saß und aß (sehr oft). Als ich einsam saß (Offenbach). 1, 4 Mein Herz ganz vergaß (Schönau). 2, 1 u. 2 O du Schmeichler, sprach sie bald, Wer verrät dir mein Aufenthalt (Lemberg). 2, 1 Ei du Amsel, kommst ganz unerschreckt (Ilbesheim). 3, 1 u. 2 Soviel Blätterlein als an der Linde ist, So vielmal hab ich mein Schatz geküßt (öfters).

Aus Rehborn noch folgende Schlußstrophe:

Bin ich dann im Traume halber wach,
Denk ich meiner jungen Amsel nach:
Sie pfiff mir ach so hübsch,
Sie pfiff mir ach so fein!
O hübsches, feines Amselein,
Du bist halt mein!

94 b. Die Amsel.

II. Aus Pirmasens.

Einst-mals saß ich in der Lau - be und da hört ich ei-nem Kut-tuck zu. Und er ruft mir freund-lich zu, geh zu dei-ner Ruh, denn die Frei-heit nur al-lei - ne, nur al-lein solls mein Ver-gnü-gen sein.

Wiederholen.

1. Gestern Abend in der stillen Ruh
   Hört ich einer schönen Amsel zu,
   Und sie sang so schön,
   Daß mein Verstand blieb stehn:
   Freiheit, Freiheit nur alleine,
   Nur allein soll mein Vergnügen sein.

2. Soviel Laub an Ast und Bäume ist,
   So vielmal hab ich mein Schatz geküßt;
   Und ich kanns gestehn,
   'S hats kein Mensch gesehn.
   Freiheit 2c.

3. O du Heuchler, o du Schmeichler,
   Wer hat dir mein Aufenthalt entdeckt?
   Und da drunten in dem Wald,
   Da ist mein Aufenthalt.
   Freiheit 2c.

Aus Duttweiler, Forst, Eschenau; aus letzterem Orte mit folgenden Abweichungen: Anfang: An einem schönen Abend Hört ich einem schönen Mädchen zu. Sie sang so schön, Und mein Verstand blieb stehn. 1, 6 Soll meine Freude sein. 2, 1 Soviel Laub an Busch und Bäumen. 2, 4 Doch ich muß gestehn. 3, 3 Da draußen in dem Wald. Wird auch als Marschlied gesungen und dann nach Vers 2 u. 6 jeder Strophe „eins, zwei" angefügt. Str. 1 etwas abweichend aus Pirmasens (s. Singweise II).

94c. Die Amsel.

1. Ganz vergnügt und einsam will ich leben,
   Will der Liebe ganz den Abschied geben,
   Und ich will nicht mehr lieben wie vorher,
   Doch die Freiheit nur allein,
   Nur allein soll mein Vergnügen sein.

2. Gestern Abend in der stillen Ruh
Hört ich dem Gesang der Amsel zu.
Als ich da so saß, meiner ganz vergaß:
Doch die Freiheit ꝛc.

3. Heuchler, Schmeichler, pack dich von mir weg!
Wer hat dir meinen Aufenthalt entdeckt?
In dem grünen Wald ist mein Aufenthalt;
Doch die Freiheit ꝛc.

4. Soviel Laub als an den Bäumen ist,
So vielmal hat mich mein Schatz geküßt.
Ich kanns frei gestehn, 's hats niemand gesehn;
Doch die Freiheit ꝛc.

Aus Einöd.

Ich habe das Lied, besonders die Lesart a, in so zahlreichen Orten singen hören, daß ich es als eines der verbreitetsten und beliebtesten Volkslieder bezeichnen kann.

Lit. Erk-Böhme II Nr. 522 a—d. — Simrock Nr. 131. — Mündel Nr. 64. — Aumer Nr. 67, — Bender Nr. 11. — Marriage Nr. 72. — Zopf Nr. 12. — Krapp Nr. 61 u. 62. — Böckel Nr. 51e — Lewalter III Nr. 30. — Wolfram Nr. 86. — Ditfurth II Nr. 167 u. 168. — Köhler-Meier Nr. 92. — Becker Nr. 53. — Pröhle Nr. 28. — Hoffmann Nr. 106. — Hruschka Nr. 120. — Eine Lesart aus der Pfalz s. Jungbrunnen Nr. 87, ferner Dr. Zinßer Nr. 32. — Über sonstige Verbreitung und zur Geschichte des Liedes s. Köhler-Meier S. 391 f., wo drei ältere Fassungen abgedruckt sind, u. Marriage S. 118.

95. Mein Schätzel laß ich nicht.

Aus Bobenheim a. Rh.

Wenn ich heim-wärts geh, scheint der Mond so schön, scheint von

mei=nes Vaters Hau=se. „Kerl, wo bleibst so lang?" „Ich war da draußen."

1. Wenn ich heim soll gehn,
Scheint der Mond so schön,
Und er scheint vor meines Vaters Fenster:
Kerl, wo bleibst so lang? Bei de Menscher?

2. Vater, glaubs nur nicht,
Bei de Menscher war ich nicht,
Denn ich war bei meinesgleichen Buben,
Wohl in dem Wirtshaus, wohl in der Stube.

3. Mutter, brumm nur nicht,
'S Schätzel laß ich nicht,
Mutter, brumm nur nicht, es ist vergebens:
'S Schätzel laß ich nicht, es ist mein Leben!

4. Es sagens alle Leut:
Das Lieben ist eine Freud!
Und wir wollen grünen Hafer schneiden,
Ich hab sie gar zu gern, ich kann sie leiden.

Aus Steinweiler.

Lit. Erk=Böhme II Nr. 524 u. 525 (Ältere Form), verbunden mit: Mädel ruck, ruck, ruck an meine grüne Seite. — Mündel Nr. 120. — Vgl. E. Meier S. 120 Nr. 43. — Zurmühlen Nr. 10. — Ditfurth II Nr. 166. — Hoffmann Nr. 140. — Weitere Lit. s. Köhler=Meier S. 403.

96a. Das falsche Herz.

Aus Waldsee.

War - um bist du so hoch ge - stie - gen und hast
mir dein fal - sches Herz ver - schwie - gen? denn wer du
bist, der bin auch ich, drum hör jetzt auf zu lie - ben mich!

1. Warum bist denn du so hoch gestiegen
Und hast dein falsches Herz so lang verschwiegen,
Dieweil du mich so wenig achtst
Und einen andern viel lieber hast?

2. Du bist reich, wohl aber nicht die Reichste,
Ja du bist schön, wohl aber nicht die Schönste,
Drum bilde dir es ja nicht ein,
Als würdest du die Schönste sein.

3. Ich bin arm, das muß ich selbst gestehen,
Drum will ich auch zu meinesgleichen gehen.
Ja wär ich reich und hätte vieles Geld,
So würd ich wählen, was mir gefällt.

4. So hör nur auf mit deinem Flattieren,
Du brauchst mich länger nicht mehr zu vexieren,
Denn wer du bist, das bin auch ich,
Drum hör nur auf zu lieben mich.

5. Mich reut nur nichts als jene frohen Stunden,
Die ich so treu bei dir hab überwunden,
Denn Tag und Nacht hab ich verbracht
Und hab dein falsches Herz betracht.

6. Jetzt aber hab ich mich nun fest entschlossen
Und dir von Stroh ein Körbelein geflochten:
So nimm es hin, bewahr es fein
Und leg dein falsches Herz hinein!

Aus Winden, auch aus Weisenheim a. B. mit folgenden Abweichungen.

2, 4 Als ob du wollst der Allerschönste sein. 4, 1 u. 2 „Plädieren" statt „Flattieren" und „verführen" statt „vexieren". 5, 1 u. 2 Denkst du nicht an jene frohe Stunde, Die ich mit dir so oftmals hab empfunden. 6, 1 Ich habe dirs die Treue nicht versprochen.

96b. Das falsche Herz.

1. Und wärst du nicht so hoch emporgestiegen
Und hättst die Treu mir schon längst verschwiegen,
Ja, weil du mich so sehr verachtst
Und einen andern lieber hast.

2. Du bist reich, noch lange nicht die Reichste,
Du bist schön, noch lange nicht die Schönste,
Drum bild ja du dir ja gar nicht ein,
Daß du die Reichst und Schönst magst sein.

3. Ich bin arm, das muß ich dir gestehen,
Drum kannst du auch zu deinesgleichen gehen.
O wär ich reich, o hätt ich Geld,
Ich wär der Schönste auf der Welt.

4. So gedenk an jene frohe Stunden,
Die ich im Stillen hab bei dir empfunden;
Die halbe Nacht hab ich gewacht,
Hab mir dein falsches Herz betracht.

5. Unsre Liebe ist für jetzt geschlossen
Und das Rosenkörbchen ist geflochten
So nett und klein, so hübsch und fein:
Dort leg dein falsches Herz hinein!

Aus Hanhofen.

Das Lied habe ich außerdem in einer Reihe von Ortschaften der Vorderpfalz singen hören und mir hiebei folgende Abweichungen aufgezeichnet: Str. 4 der Lesart a fehlt häufig, ein Teil derselben hat sich öfters in die 1. Strophe eingeschlichen: 1, 3 u. 4 Denn wer du bist, der bin ich auch, Drum hör jetzt mich zu lieben auf. 2, 4 Daß du wohl könntest die Schönste sein. 3, 4 So tät ich lieben was mir gefällt. 5 Es reut mich nichts als jene Stunden, Die ich bei dir hab überwunden, Denn Tag und Nacht hab ich verbracht, Bis ich dein falsches Herz erdacht. 6, 1 Drum hab ich mich jetzt ganz entschlossen. 6, 3 So nimm es hin ganz hübsch und fein.

Lit. Erk=Böhme Nr. 528a u. b. — Mündel Nr. 35. — Köhler=Meier Nr. 59. — Zur ersten u. letzten Strophe vgl. Erk=Böhme II Nr. 697 u. Nr. 696. Weitere Lit. s. Köhler=Meier S. 383.

97a. Frau Nachtigall.

I. *Aus Breitenbach.*

Nach=ti=gall, ich hör dich sin=gen, 's Herz im Leib möcht mir zerspringen, we=gen ei=ner fal=schen Lieb, we=gen ei=ner fal=schen Lieb.

II. *Aus Billigheim.*

Nach=ti=gall, ich hör dich sin=gen, 's Herz im Leib tut mir zer=sprin=gen bei der al=ler=schönsten Frau Nach=ti=gall, grüßt mein' Schatz viel=tau=send=mal, —— grüßt mein' Schatz viel=tau=send=mal.

III. *Aus Ranschbach.*

Nach=ti=gall, ich hör dich sin=gen, 's Herz im Leib möcht mir zer=sprin=gen, kom=me du und sag mir wohl, wie ich mich ver=hal=ten soll, —— wie ich mich ver=hal=ten soll!

IV. *Aus Großfischlingen.*

Nach=ti=gall, ich hör dich sin=gen, 's Herz im Leib möcht mir zer=sprin=gen, kom=me du und sag mir wohl, wie ich mich ver=hal=ten soll, — wie ich mich ver=hal=ten soll.

V.

Von Dr. Zinßer in einem rhein.-pfälz. Dorfe aufgezeichnet.

Nach-ti-gall ich hör dich sin-gen, 's Herz im Leib möcht mir zer-sprin-gen. Her-zi-ge Frau Nach-ti-gall, sei gegrüßt viel-tau-send-mal, sei ge-grüßt, sei ge-grüßt, sei ge-grüßt viel-tau-send-mal.

1. Nachtigall, ich hör dich singen,
Das Herz im Leib möcht mir verspringen,
Komm nur bald und sag mir wohl,
[: Wie ich mich verhalten soll. :]

2. Nachtigall, ich seh dich laufen,
An das Bächlein gehst du saufen,
Du tunkst dein klein Schnäblein ein,
[: Meinst, es wär der beste Wein. :]

3. Nachtigall, wo ist gut wohnen?
Bei der Linde, bei der Donen,*)
Bei der schön Frau Nachtigall:
[: Grüß mein Schatz vieltausendmal! :]

Aus Fischwoogermühle bei Dahn, Hauenstein, Lemberg, Rodalben, Steinbach.

In der Südostpfalz hat das Lied verschiedene Zusätze, s. die Lesart b. Anfang auch: Nachtigall hört ich einst singen (Rodalben). 1, 3 Komm heut Nacht und sag mirs bald (Hauenstein). 1, 3 u. 4 Wenn ich dich nur höre an, So jauchzt mein Herz im Leibe schon (Lemberg). 2, 3 u. 4 Streckst dein schwarzbrauns Schnäblein nein, Trinkst als wärs ꝛc. (Fischwoogermühle).

97b. Frau Nachtigall.

1. Nachtigall, ich hör dich singen,
'S Herz im Leib möcht mir zerspringen,
Deine Stimm ist süßer Ton,
[: 'S Herz im Leib das zittert schon. :]

2. Nachtigall, ich seh dich laufen,
Aus dem Bächlein tust du saufen,
Du tunkst dein klein Schnäblein ein,
[: Meinst, es wär der beste Wein. :]

---

*) „Done" bedeutet nach Grimm, Deutsches Wörterbuch II, 1220: Zimmerdecke, Krone des Baumes. In Birlingers Wunderhorn I, 88 ist es als „Weinlaube, baldachinartiges Gebülsch" erklärt. Das Wort wird heute nicht mehr verstanden und daher vielfach entstellt; s. Erk-Böhme II S. 355. In unsrer Lesart aus Lemberg heißt es: „Bei der Linde an dem Tore." In Steinbach: „Auf den Fichten auf den Tannen". Vgl. die folgende Lesart.

3. Nachtigall, ich hör dich zwitschern,
Deine Äuglein tun so glitzern,
Glitzern wie das feinste Gold,
[: Drum sein dir die Leut so hold. :]

4. Nachtigall, ich seh dich sitzen
Auf den Zweigen, auf der Spitzen
Bei der schönen Frau Nachtigall:
[: Grüß mein Schatz vieltausendmal! :]

5. Nachtigall, ich seh dich wohnen
Auf der Linde, an den Dohnen*)
Bei der schönen Frau Nachtigall:
[: Grüß mein Schatz vieltausendmal! :]

6. Nachtigall, ich seh dich fliegen,
Tu du mir mein Schätzlein grüßen!
Grüße es vieltausendmal,
[: Grüße es vieltausendmal! :]

Aus Impflingen, Mörlheim, Ranschbach, Schaidt, Winden.

Lit. Erk=Böhme II Nr. 529. — Wunderhorn S. 64 f. — Simrock Nr. 123. — Mündel Nr. 36. — E. Meier S. 88 Nr. 11. — Birlinger S. 14 Nr. 13. — Bender Nr. 10. — Krapp Nr. 199 — Wolfram Nr. 450. — Becker Nr. 90. — Köhler=Meier Nr. 91. — Weitere Literatur über dieses seit etwa 1750 verbreiteten Liedes s. Erk=Böhme II S. 354 f., Köhler=Meier S. 390.

98 a. Liebesweh.

Diese Abweichung ist jedenfalls dadurch entstanden, daß die zweite Stimme, wie in noch vielen andern Fällen, über die erste zu liegen kommt, weil jene vom Volke immer nur in Terzen mit Umgehung des hier notwendig werdenden Sextenganges gesungen wird. Siehe auch 98 b.

*) 5, 2 Bei der schönen Frau Sommersonne (Winden).

211

Abweichung aus Mutterstadt.

ist drau=ßen in dem Garten, schneid' Rö=se=lein ab,   Rö=se=lein ab.

1. Wo ist denn das Mädchen,
Das mich so lieb hat?
[: Ist draußen im Garten,
Bricht Röselein ab. :]

2. Was tust du im Garten?
Komm zu mir herein
[: Und klag mir dein Jammer
Und klag mir dein Pein! :]

3. Was soll ich dir klagen,
Herztausiger Schatz?
[: Wir beide müssen scheiden
Und finden kein Platz. :]

4. Ach Scheiden, ach Scheiden,
Ach Scheiden tut weh,
[: Wenn zwei verliebte Seelen
Von einander müssen gehn! :]

Aus Dierbach, Ginsweiler, Haßloch, Jettenbach, Kaiserslautern, Katzenbach, Maudach, Ranschbach, Riesch= weiler, Schallodenbach, Schmittweiler, Steinwenden.

An vielen Orten der Pfalz mit folgender Einleitungsstrophe:

Es ist mir nichts lieber
Als jagen allein,
Mein Schätzlein zu erfreuen,
(oder: Meinem Schätzchen zum Gefallen)
Wenns traurig will sein.

1, 4 Und sticht ein Salat (Haßloch). — 2 Was tust du denn draußen Im Garten allein? Komm zu mir in die Kammer Und klags mir allein (Jettenbach). Komm zu mir in die Kammer, Komm zu mir herein, Und klag mir deinen Jammer Und klag mirs allein (Haßloch). Ist draußen im Garten, Ist draußen im Klee; Schatz, klag mir dein Jammer, Schatz, klag mir dein Weh (Kaiserslautern). 4, 3 u. 4 Ich weiß schon eine andre Bis Michaeli.

In das Lied sind vielfach Bestandteile anderer Lieder übergegangen, wie die folgenden Lesarten zeigen.

98 b. Liebesweh.

Aus Eschenau.

Wo ist denn das Mäd=chen, das mich so lieb hat? 'sist

drau = ßen im Gar = ten, bricht Rö = se = lein ab,——
's ist drau = ßen im Gar = ten, bricht Rö = se = lein ab.

1. Wo ist denn das Mädchen,
   Das mich so lieb hat?
   's ist draußen im Garten,
   Bricht Röselein ab.

2. Komm hereine, komm hereine,
   Komm zu mir herein,
   Komm zu mir ins Kämmerlein,
   Klag mirs allein!

3. Was soll ich dir klagen,
   Herztausiger Schatz?
   Wir beide müssen scheiden
   Und finden keinen Platz.

4. Ach Scheiden, ja Scheiden,
   Ja Scheiden tut weh!
   Ich will dich treu lieben,
   Aber heiraten nie.

5. Willst du mich treu lieben,
   Aber heiraten nicht,
   So bitt ich, Feinsliebchen,
   Verführe mich nicht!

6. Bald gras ich am Neckar,
   Bald gras ich am Rhein,
   Bald hab ich ein Schätzchen,
   Bald hab ich auch keins.

7. Was nützt mich mein Grasen,
   Wenn die Sichel nicht schneidt?
   Was nützt mich mein Schätzchen,
   Wenns bei mir nicht bleibt?

8. Wenns bei mir nicht bleibt,
   Wenns bei mir nicht ist?
   Was nützt mich mein Schätzchen,
   Wenns noch so schön ist?

Aus Eschenau.

98c. Liebesweh.

1. Es ist mir nichts lieber
   Als jagen allein,
   Mein Schätzel zu erfreuen,
   Wenns traurig will sein.

2. Wo ist denn mein Schätzel,
   Das ich so lieb hab?
   Ist draußen im Garten,
   Bricht Röselein ab.

3. Komm herein zu mir,
Zu mir herein,
Schatz, klag mir dein Kummer,
Schatz, klag mir deine Pein.

4. Was soll ich dir klagen,
Herztausigster Schatz?
Wir beide müssen scheiden
Und finden kein Platz.

5. Scheiden, ach Scheiden,
Ach Scheiden tut weh,
Wenn zwei verliebte Herzen
Von einander müssen gehn!

6. Jetzt laß ich mir ein Fenster
Ins Herz machen nein,
Darin du kannst sehen,
Wie getreu ich es mein.

7. Jetzt kauf ich mir Tinte,
Schreibfeder, Papier,
Und schreib ich meinem Schätzel
Einen schönen Abschied.

[8. Du brauchst dich mir nicht vors Eck zu stelle,
Du brauchst mir nicht zu peife,
Lieber will ich gar kein Schatz,
Als so ein steife.

9. Unter dem Nußbaum ist gut wohnen,
Unter dem Nußbaum ist gut sein,
Es gibt noch viele schöne Buwe,
Müssen nicht lauter Kandler sein.]

Aus Kandel.

98 d. Liebesweh.

1. Wo ist denn das Mädchen,
Das mich so lieb hat?
Es ist draußen im Garten,
Bricht Röselein ab.

2. Komm zu mir im Garten,
Komm zu mir in Klee,
Und klag mir dein Jammer
Und klag mir dein Weh.

3. Was soll ich dir klagen,
Herztausiger Schatz?
Wir beide müssen scheiden
Und haben kein Platz.

4. Geh hol mir mein Mantel,
Geh hol mir mein Stock!
Jetzt muß ich marschieren,
Muß sagen: Behüt Gott!

5. Und wenn sich zuweilen
Die Falschheit schleicht ein,
So wolln wir halt denken:
Es muß schon so sein.

6. Mein allerfeinst Liebchen,
Nimm mich in dein Schutz!
Jetzt wolln wir erst lieben
Den Leuten zum Trutz:

7. Den Leuten zum Possen,
Den Leuten zum Trutz:
Ich will mein Schatz lieben,
Wenns mich auch nichts nutzt.

8. Ach Scheiden, ach Scheiden,
Wer hat dich erdacht?
Der hat so viel Leiden
Uns beiden gebracht!

Aus der Südpfalz c. 1850 (Text nach August Beckers „Hedwig"
3. Aufl. II S. 65 u. S. 128—140).

98e. Liebesweh.

1. Wo ist denn der Bursche, der mich so lieb hat?
   Sitzt draußen im Garten, pflückt Röslein ab.
2. Sitzt draußen im Garten, sitzt draußen im Klee,
   Schatz klag mir dein Jammer, Schatz klag mir dein Weh!
3. Was soll ich dir klagen, herzallerliebster Schatz?
   Wir beiden müssen scheiden und finden kein Platz.
4. Ja Scheiden, ja Scheiden, ja Scheiden tut weh,
   Wenn so zwei verliebte Leute müssen voneinander gehn.
5. Ja Scheiden, ja Scheiden, ja Scheiden tut weh!
   Warte nur noch sieben Jahre, dann heiraten wir.
6. Sieben Jahre, sieben Jahre, die sind noch so lang,
   Unterdessen könntst du sterben, dann bekäm ich kein Mann.
7. Wenn alle Leut schlafen und ich bin noch auf,
   Dann schließ ich meinem Schätzchen die Hintertür auf.
8. Die Hintertür auf und die Vordertür zu,
   Dann meinen meine Eltern, es sei alles in Ruh.
9. Sei alles in Ruh und sei alles in der Still,
   Dann lieb ich mein Schätzchen, so lang ich nur will.

Aus Olsbrücken.

98f. Liebesweh.

1. Bald gras ich am Neckar,
   Bald gras ich am Rhein,
   Bald bin ich bei meim Liebchen,
   Bald bin ich allein.

2. Was nützt mich mein Grasen,
   Wenn d' Sichel nicht schneidt?
   Was nützt mir mein Liebchen,
   Wenns bei mir nicht bleibt?

3. Komm zu mir in den Garten,
   Komm zu mir herein,
   Komm, klag mir deinen Jammer,
   Komm, klag mir dein Leid!

4. Was soll ich dir klagen,
   Was soll ich dir sagen?
   Wir beide müssen scheiden
   Und finden kein Platz.

Aus St. Ingbert.

Lit. Erk-Böhme II Nr. 580 a—c. — Wunderhorn S. 625 („Dem Tode zum Trutz"). — Mündel Nr. 32 u. 33. — E. Meier S. 117 Nr. 41. — Bender Nr. 89. — Marriage Nr. 65. — Krapp Nr. 269. — Wolfram Nr. 138. — Köhler-Meier Nr. 96. – Ditfurth II Nr. 110. — Frischbier Nr. 62. — Zur Lesart b Str. 4 u. 5 vgl. unsere Nr. 107 Str. 2 u. 3.

---

99. Du hast geweint.

1. Ich wollt, daß ich ein Jäger wär
   Und trüg ein grünes Kleid!
   Ein Jäger und ein grünes Kleid,
   Dies ist meine einzige Freud.

2. Es ist nichts schöners auf der Welt
Als wann man tut ein Schuß.
Ich hab mein Schatz im Wald ertappt
Unter einem grünen Busch.

3. Ach Schätzlein, warum siehst du denn so traurig aus,
Daß du ja gar nicht lachst?
Man sieht dirs an den Äuglein an,
Daß du geweinet hast.

4. Was geht es denn die Leute an,
Daß ich geweinet hab?
Ich hab geweint um meinen Schatz,
Den ich verloren hab.

5. Jetzt kommt die traurige Fastnacht herbei,
Die Fastnacht kommt herbei.
Ei du bist mein Schatz und bleibst mein Schatz,
Wir beide sind getreu.

6. Und wer verrißne Hosen hat,
Der trag sie mit Geduld,
Und so tu er nun recht trinken darauf,
So kommt er aus der Schuld.

Geschrieb. Liederbuch aus Heidesheim vom Jahre 1785; noch gesungen in Nußdorf, wo die 1. Str. lautet:

Ich wollt, daß ich ein Jäger wär
Und trüg ein grünes Kleid!
Denn ein Jäger trägt ein grünes Kleid
Und das war seine einzige Freud, Freud, Freud.

B, 1 u. 2 Ach Schatz, warum bist du so traurig Und auch gar nicht lachst?

Lit. Erk-Böhme II Nr. 531 a—c. — Wunderhorn S. 142 u. S. 143 („Unkraut"). — Jungbrunnen Nr. 85. — Mittler Nr. 1471. — Vgl. Simrock Nr. 206. — Krapp Nr. 191. -- Wolfram Nr. 100. — Ditfurth II Nr. 137. Leoprechting S. 279.

Das Lied war schon zu Anfang des 17. Jahrhunderts bekannt, s. Erk-Böhme II S. 385. An Str. 3 lehnt sich Goethes „Trost in Tränen" an.

100a. Ach, Schatz, warum so traurig?

1. Ach, Schatz, warum so traurig
Und redst kein Wort mit mir?
Denn ich seh dirs an den Äuglein an,
Daß du geweinet hast.

2. Warum soll ich nicht weinen,
Soll auch nicht traurig sein?
Denn ich trag unter meinem Herzen
Ein kleines Kindelein.

3. Darum brauchst du nicht zu weinen,
Brauchst auch nicht traurig zu sein;
Denn ich will dein Kind ernähren,
Will auch sein Vater sein.

4. Was nützt mich dein Ernähren,
Wenn ich keine Ehr mehr hab?
Ei ich wollt, ich wär gestorben
Und lieg im kühlen Grab.

5. Was wärs, wenn du gestorben wärst
Und liegst im kühlen Grab?
Ei so müßt dein Leib verfaulen
Zu lauter Asch und Staub.

Aus Alsheim, Bosenbach, Eschenau, Eßweiler, Forst, Hinterweidenthal, Hochspeyer, Jettenbach, Ludwigshafen, Oberweiler i. T., Rieschweiler, Roßbach, Schauernheim, Utweiler, Waldsee, Westheim.

Anfang auch oft: Ei Schatz 2c. Schatz, warum 2c. Schatz, ach Schatz, warum 2c. 3, 3 Ich will dirs helfen ernähren (Eschenau). 4, 1 Was hilfts, wenn du der Vater bist (Eschenau). 5, 3 öfters: Ei so wird dein Leib (Herz) zerfallen. In den meisten der genannten Orte finden wir in jeder Strophe den Zusatz: „Wohl auf der Alma (Alwa, Alwei) ja, Schatz, du weißt es ja" oder „Auf der Alma, Schatz, du weißt ja" nach dem Muster der folgenden Lesart eingefügt. Das Lied wird auch nach der gleichen Weise gesungen wie Nr. 101.

100b. Ach, Schatz, warum so traurig?

I. Aus Mutterstadt.

Ach, Schatz, war=um so trau=rig und redst kein Wort mit mir? Denn ich seh dirs an den Aug=lein an, Schatz, du weißt es ja, Schatz, du weißt es ja, daß du ge=wei=net hast.

NB. In Pirmasens wird zur gleichen Textunterlage die Melodie „Ich hab ja mein Feinsliebchen" gesungen. (Siehe Nr. 106!)

II. Aus Hinterweidenthal.

Ach, Schatz, war=um so trau=rig und redst kein Wort mit mir? Denn ich seh dirs an den Aug=lein an, auf der

1. Ach Schatz, warum so traurig
Und redst kein Wort mit mir?
Denn ich seh dirs an deinen Äuglein an,
Auf der Alma, Schatz, du weißt ja,
Denn ich seh dirs an den Äuglein an,
Daß du geweinet hast.

2. Warum soll ich nicht weinen,
Und auch nicht traurig sein?
Denn ich trag unter meinem Herzen,
Auf der Alma, Schatz, du weißt ja,
Denn ich trag unter meinem Herzen
Ein kleines Kindelein.

3. Deshalb brauchst du nicht zu weinen,
Brauchst auch nicht traurig sein;
Denn ich will dirs helfen ernähren,
Auf der Alma, Schatz, du weißt ja,
Denn ich will dirs helfen ernähren,
Will selbst sein Vater sein.

4. Was batt*) mich dein Ernähren,
Wenn ich sonst keine Ehr mehr hab?
Denn ich wollt, ich wär gestorben,
Auf der Alma, Schatz, du weißt ja,
Denn ich wollt, ich wär gestorben
Und läg im kühlen Grab.

---

*) Mundartlich „batten" = helfen, nützen.

5. Und was wärs, wenn du gestorben wärst
Und lägst im kühlen Grab?
Ei so tät dein Leib verfaulen,
Auf der Alma, Schatz, du weißt ja,
Ei so tät dein Leib verfaulen
In lauter Asch und Staub.

Aus Lemberg. (An andern Orten fehlt oft Vers 5 jeder Str.)

Lit. Tobler I S. 134 Nr. 36. — Marriage Nr. 51. — Bender Nr. 52. — Wolfram Nr. 118 u. 62. — Lewalter II Nr. 21. — Köhler=Meier Nr. 144. Weitere Lit. s. bei dem folgenden Lied und Köhler=Meier S. 408, Marriage S. 89. Zur 1. Str. vgl. Erk=Böhme II Nr. 531 Str. 1.

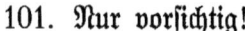

101. Nur vorsichtig!

Vergl. den ersten Teil der Mel. „Du sagst du tätst mich nehmen"! (Nr. 113.)

1. Schatz, wenn du über die Gasse gehst,
Schau mir so weit nicht nach!
Gib du mir ein freundlichen Augenblick,
Freut mich den ganzen Tag, juhe!
Freut mich den ganzen Tag.

2. Ach Schatz, wenn du ins Wirtshaus gehst,
Schenk ein ein volles Glas!
Brings zuerst dem schwarzbraunen Mädchen zu,
Bleibst doch mein lieber Schatz, juhe!
Bleibst doch mein lieber Schatz.

3. Ach Schatz, wenn du zum Tanze gehst,
Tanz nur nicht gleich mit mir!
Tanz zuerst mit meinem Kamerad,
Dann haben wir Pläsir, juhe!
Dann haben wir Pläsir.

4. Ach Schatz, warum so traurig,
Redst gar kein Wort mit mir?
Denn ich seh dir an deinen Äuglein an,
Daß du geweinet hast, juhe!
Daß du geweinet hast.

5. Warum soll ich denn nicht weinen
Und auch nicht traurig sein?
Denn ich trag unter meinem Herzen
Ein kleines Kindelein, juhe!
Ein kleines Kindelein.

6. Darum brauchst du nicht zu weinen
Und auch nicht traurig sein,
Dein Kind will ich dir versorgen
Und selbst sein Vater sein, juhe!
Und selbst sein Vater sein.

7. Was hatt mich all dein Reden,
Wenn ich keine Ehr mehr hab?
Meine Ehr hab ich verloren
Und krieg auch keine mehr, juhe!
Und krieg auch keine mehr.

8. Ich wett*), ich wär gestorben
Und lieg im kühlen Grab,
Und da tät mein Herz verfaulen
Bis an den jüngsten Tag, juhe!
Bis an den jüngsten Tag.

Aus Freckenfeld, Kandel, Wörth.

Lit. Zu Str. 1—3 Erk=Böhme II Nr. 584. — Mündel Nr. 31. — E. Meier S. 86 Nr. 9. — Aumer Nr. 168. — Bender Nr. 53. — Krapp Nr. 190. — Wolfram Nr. 118. — Ditfurth II Nr. 80. — Meinert S. 227. Weitere Lit. beim vorigen Liede. Vgl. die folgenden Lieder.

102. Fall herein, du kühler Schnee.

Aus Frankenthal.

Fall her=ein, fall her=ein, du küh=ler Schnee, fall her=

ein, fall her=ein, du küh=ler Schnee, fall her=ein auf mei=nen

Schoß, ju=he, fall her=ein auf mei=nen Schoß!

Vgl. Melodie Nr. 100 und 106!

1. [: Fall herein, fall herein, du kühler Schnee, :]
Fall herein auf meinen Schoß juhe,
Fall herein auf meinen Schoß!

2. [: Ich hab ein Schatz und der ist mein :]
Und der mirs werden muß juhe,
Und der mirs werden muß.

---

*) = ich wollte.

3. [: Ach Schatz, warum so traurig :]
Und redst kein Wort mit mir juhe,
Und redst kein Wort mit mir?

4. [: Warum soll ich nicht weinen :]
Und auch nicht traurig sein juhe,
Und auch nicht traurig sein?

5. [: Denn ich trag unter meinem Herzen :]
Ein kleines Kindelein juhe,
Ein kleines Kindelein.

6. [: Drum brauchst du nicht zu weinen, :]
Brauchst auch nicht traurig sein juhe,
Brauchst auch nicht traurig sein.

7. [: Denn ich will dein Kind ernähren, :]
Will auch sein Vater sein juhe,
Will auch sein Vater sein.

8. [: Was batt mich dein Ernähren, :]
Wenn ich gar keine Ehr mehr hab juhe,
Wenn ich gar keine Ehr mehr hab?

9. [: Ei so wollt ich wär gestorben :]
Und läg im kühlen Grab juhe,
Und läg im kühlen Grab.

10. [: Was wärst, wenn du gestorben wärst :]
Und lägst im kühlen Grab juhe,
Und lägst im kühlen Grab?

11. [: Ei so müßt dein Leib zerfaulen :]
Zu lauter Asch und Staub juhe,
Zu lauter Asch und Staub.

Aus Frankenthal.

Lit. Zu Str. 1 und 2 vgl. Erk=Böhme II Nr. 447; im übrigen s. die Literatur zu den beiden vorausgehenden Liedern.

103. Auf der Alma.

Aus Kaiserslautern.

Was sollt ich in der Frem=de tun, denn es ist ja hier so schön? denn es ist ja hier so schön, so schön, auf der Al=wei ja, Schatz, du weißt es schon, denn es ist ja hier so schön, so schön, auf die Al=wei wolln wir gehn.

Die Melodie ist abgesehen von einer kleinen Abweichung im 4., 6. und 8. Takt gleich der Melodie Nr. 100b. III.; sie wird in Kaiserslautern auch zur Textunterlage Nr. 100b gesungen.

1. Was soll ich in der Fremde tun?
   Denn es ist ja hier so schön!
   Denn es ist ja hier so schön, so schön,
   Auf der Alma, Schatz, du weißt es ja,
   Denn es ist ja hier so schön, so schön,
   Auf die Alma möcht ich gehn.

2. Es hat einmal geregnet,
   Die Dächer tropfen noch,
   Und ich hab einmal ein Schatz gehabt,
   Auf der Alma, Schatz, du weißt es ja,
   Und ich hab einmal ein Schatz gehabt,
   Ich wollt, ich hätt ihn noch.

3. Ach Schatz, warum so traurig,
   Und redst kein Wort mit mir?
   Und ich seh dirs an den Äuglein an,
   Auf der Alma, Schatz, du weißt es ja,
   Und ich seh dirs an den Äuglein an,
   Daß du geweinet hast.

4. Warum soll ich denn nicht weinen
   Und auch nicht traurig sein?
   Ich trag unter meinem Herzen,
   Auf der Alma, Schatz, du weißt es ja,
   Denn ich trag unter meinem Herzen
   Ein kleines Kindelein.

5. Wegen dem brauchst du nicht zu weinen,
   Und auch nicht traurig sein.
   Ich will dirs helfen ernähren,
   Auf der Alma, Schatz, du weißt es ja,
   Ich will dirs helfen ernähren
   Und auch sein Vater sein.

6. Was nutzt mich all dein Reden,
   Wenn ich die Ehr nicht hab!
   Ich wollt, ich wär gestorben,
   Auf der Alma, Schatz, du weißt es ja,
   Ich wollt ich wär gestorben
   Und läg im kühlen Grab!

7. Was wärs, wenn du gestorben wärst
   Und lägst im kühlen Grab?
   Da müßt dein Herz verfaulen,
   Auf der Alma, Schatz, du weißt es ja.
   Da müßt dein Herz verfaulen
   Zu lauter Asch und Staub.

8. Mein Schatz, wenn du zum Tanz willst gehn,
   Tanz auch einmal mit mir!
   Tanz auch einmal mit meinen Kameraden,
   Auf der Alma, Schatz, du weißt es ja,
   Tanz auch einmal mit den Soldaten,
   Sie haben viel Pläsir.

Aus Dierbach, Hergersweiler.

Lit. Zu Str. 1 vgl. unser Lied mit gleichem Anfang zu Erk-Böhme III Nr. 1615. Zu Str. 2 Erk-Böhme II Nr. 532 Str. 4 u. Nr. 1008 Str. 1, Marriage S. 323. Im übrigen s. die Lit. bei den vorausgehenden Liedern.

104a. Der luſtige Spötter.

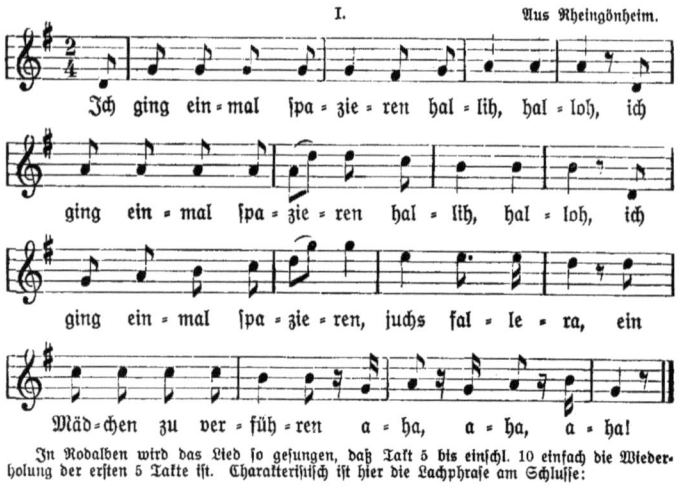

In Robalben wird das Lied ſo geſungen, daß Takt 5 bis einſchl. 10 einfach die Wiederholung der erſten 5 Takte iſt. Charakteriſtiſch iſt hier die Lachphraſe am Schluſſe:

II.

Folgende Lesart aus Kirrweiler bringt das Lied ſtark gekürzt, indem ſie die beiden erſten Sätze wegfallen läßt.

1. [: Ich ging einmal ſpazieren, hali, halo, :]
   Ich ging einmal ſpazieren, juchs faltira,
   Ein Mädchen zu verführen; aha, aha, aha!

2. Da begegnet mir auf der Straße
   Ein Mädchen ohne Naſe.

3. Sie ſagt, ſie wär von Adel,
   Dabei ſchwingt ſie die Nadel.

4. Sie ſagt, ſie tät auch erben:
   Ein ganzen Sack voll Scherben.

5. Sie ſagt, ſie hätt auch Rinder:
   Ein ganzen Stall voll Kinder.

6. Sie ſagt, ſie hätt auch Holz vorm Haus:
   Das Holz das ſitzt im Urwald draus.

7. Sie sagt, sie könnt auch kochen:
Sauerkraut und Knochen.

8. Sie sagt, sie könnt auch küssen:
Da hat sie mich gebissen.

Aus Rheingönheim.

---

104 b. Der lustige Spötter.

1. Ich ging einmal spazieren, juch=heidida,
Schöne Mädchen zu verführen, ha, ha, ha, ha!

2. Da begegnet mir auf der Straße
Ein Mädchen ohne Nase.

3. Sie sagt, ich soll sie nehmen:
Da müßte ich mich schämen.

4. Sie sagt, sie hätt viel Kleider,
Die wären noch beim Schneider.

5. Sie sagt, sie hätt viel Gulden,
Das wären all ihr Schulden.

Aus Grünstadt und Umgebung.

Lit. Erk=Böhme II Nr. 593. — Simrock Nr. 214. — Alsatia 1854/55 S. 172. — E. Meier S. 116 Nr. 40. — Marriage Nr. 191. — Wolfram Nr. 256. — Hoffmann Nr. 69. — Schleicher Nr. 45. — Meinert S. 50. — Gegenstücke dazu bilden Simrock Nr. 213, Wolfram Nr. 254, Lewalter III Nr. 36. Vgl. das folgende Lied.

---

105. Der Betrogene.

1. Ich ging einmal spazieren, hm, hm,
Mit einem schönen Mädchen, hm, hm.

2. Da führ ich sie in ein Garten
Und brech ihr ab Muskarten.*)

3. Dann wand ich ihr ein Kränzelein
Von Rosen und von Nägelein.

4. Sie sagt, sie wird mich nehmen,
Bis daß der Sommer käme.

5. Der Sommer ist gekommen,
Und hat mich nicht genommen.

Aus Wachenheim.

Lit. Vgl. das vorangehende Lied. Zu Str. 4 u. 5 vgl. unser Lied „Zu Haus hab ich ein Mädchen" a u. b.

---

*) Für „Muskaten" mit eingeschobenem „r", das Volk spricht auch „Kartun" für „Kattun".

106. Vergebliche Warnung.

I. *Aus Kirchheimbolanden.*

Ich hab mein fei=nes Lieb=chen, ich hab mein fei=nes Lieb=chen schon lan=ge nicht ge=sehn, schon lan=ge nicht ge=sehn.

II.
Mit folgenden kleinen Abweichungen aus Steinwenden.

Ich hab ja mein Feinslieb=chen, ich hab ja mein Feinsliebchen, schon längst nicht mehr ge=sehn, schon längst nicht mehr ge=sehn.

III. *Aus Groß-Fischlingen.*

Ich ha=be mein Feins=lieb=chen, ich ha=be mein Feins=lieb=chen schon lan=ge nicht ge=sehn, ge=sehn, schon lan=ge nicht ge=sehn.

Vergl. die Melodie: „Es wollte ein Jägerlein jagen"!

IV. *Aus Gödlingen.*

Ich ha=be mein Feins=lieb=chen zum tra=la=la=la=la, ich ha=be mein Feins=lieb=chen zum tra=la=la=la=la, schon lang nicht mehr ge=sehn, zum tri=a=ri zum tra=la=la, schon lang nicht mehr ge=sehn, schon lang nicht mehr ge=sehn.

V.

Die beiden ersten nur zweizeiligen Strophen werden in Eschenau zu einer vierzeiligen vereinigt; die Melodie weicht wenig ab.

Ich hab ja mein Feins=lieb=chen schon längst nicht mehr ge-

se - hen; ich sah sie ge=stern Ab'nd, vor ih = rer Haustür stehn.

1. [: Ich hab mein feines Liebchen :]
[: Schon lange nicht gesehn :]

2. [: Ich sah sie gestern Abend :]
[: Wohl an der Haustür stehn :]

3. Sie sagt, ich soll sie küssen,
Der Vater darfs nicht wissen,
Die Mutter wirds gewahr,
Daß jemand bei ihr war.

4. Ach Tochter, willst du freien,
Es wird dich schon gereuen,
Gereuen wird es dich,
Wenn du verheirat bist.

5. Wenn andre junge junge Mädelcher
Mit ihre schneeweiße Klädelcher
[: Wohl auf den Tanzball gehn :]

6. Dann mußt du junges junges Weibelche
Mit deinem schneeweißen Häubelche
[: Wohl an der Wiege stehn :]

7. [: Mußt singen: Ri=ra=Ritzelche,
Schlaf ein, mein liebes Fritzelche,
Tu deine Äuglein zu,
Schlaf ein in süßer Ruh! :]

8. Ach hätt die Liebe nicht so sehr gebrennt,
Hätt ich ans Heiraten nicht gedenkt,
Das Feuer brennt so sehr,
Die Liebe noch viel mehr.

9. Das Feuer kann man löschen,
Die Liebe nicht vergessen,
Das Feuer brennt so sehr,
Die Liebe noch viel mehr.

Aus Bosenbach, Dürkheim, Eschenau, Ginsweiler, Groß=fischlingen, Kirchheimbolanden, Ludwigshafen, Rothsel=berg, Schallodenbach, Weisenheim a. B., Zweibrücken. In der ganzen Pfalz sehr beliebt.

———

Anfang auch oft: Ich habe mein Feinsliebchen. 1, 2 Schon lang nicht mehr gesehn oft). 3, 4 Daß ihr Schatz bei ihr war. 4, 1 Mein Kind, willst du schon freien (Weisenheim). 5, 1 u. 2 Wenn andre schöne junge Mädchen Mit . . . . . Klädchen (oft). 5, 3 auch: Tanzplatz oder Tanzboden. 6, 1 u. 2 So mußt du schönes junges Weibchen . . . . .

Häubchen (oft). Wirst du als junges Weibchen Mit deinem zarten Häubchen (Weisenheim). 7, 1 u. 2 auch öfters: Mußt singen Ri=ra=Ruckelche, Schlaf ein mein Herzeschnuckelche, oder: Mußt singen Ri=ra=Räubche, Schlaf ein mein liebes (süßes) Täubche. 7, 3 u. 4 Schlaf ein, mein lieber Bu (oft). 8, 1 u. 2 Ach hätt das Feuer nicht so sehr gebrannt, So wär die Liebe nicht so weit gerannt (Dürkheim). Zwischen Str. 7 u. 8 noch folgende Str. aus Eschenau:

> Ach hättest du ihn gelassen,
> Den Fuhrmann auf der Straße,
> Den Reiter auf der Post,
> Eine Jungfrau wärst du noch!

In der Gegend von Kirchheimbolanden heißt diese Strophe

> Hättest du ihn ziehen lassen,
> Den Fuhrmann auf der Straßen,
> Den Schreiber von dem Schloß,
> So wärest du ihn los.
> (Oder: Hättst du kein Kind im Schoß.)

An manchen Orten, z. B. in Göcklingen, wird das Lied nach einer andern Weise (s. oben) folgendermaßen gesungen:

> Ich habe mein Feinsliebchen,
> Zum tralalalala
> Schon lang nicht mehr gesehn,
> Zum triari, zum tralala
> Schon lang nicht mehr gesehn ꝛc.

Lit. Erk=Böhme II Nr. 536 vgl. Nr. 467 Str. 1, Nr. 506 Str. 4 u. I Nr. 126a Str. 8). — Wunderhorn S. 661. — Simrock Nr. 172. — Jungbrunnen Nr. 125. — Mündel S. XII. — E. Meier S. 87 Nr. 10. — Aumer Nr. 172. — Bender Nr. 54. — Krapp Nr. 144. — Böckel Nr. 40. — Lewalter V Nr. 9. — Wolfram Nr. 247. — Köhler=Meier Nr. 142. — Ditfurth II Nr. 172. — Fiedler S. 182 Nr. 18. — Müller S. 43. — Hoffmann Nr. 120. — Frischbier Nr. 52. — Hruschka III Nr. 53. Weitere Lit. s. Köhler=Meier S. 407 f.

107. Falscher Sinn.

1. Jetzt kommt die Zeit, daß ich wandern muß,
   Mein Schatz, mein einziger Trost!
   [: Wann wirst du wieder kommen,
   Daß du mich erfreuen tust? :]

2. Und wenn ich wiedrum kommen tu,
   Erfreu ich dich doch nicht;
   Ein Zeitlang werd ich dich lieben,
   Heiraten aber nicht.

3. Und wenn du mich nur lieben willst,
   Heiraten aber nicht,
   So bitt ich dich von Herzen,
   Verführ mich aber nicht!

4. Und wenn ich dich verführen tu,
   Die Schuld ist selber dein,
   Denn so oft ich bin gekommen,
   Hast du mich gelassen hinein.

5. Herein hab ich dich gelassen
Aus lauter Lieb und Treu;
Ich glaubt, du tätst mich heiraten
Und nicht nur lieben allein.

6. Es ist kein Apfel so rund und so schön,
Es ist ein Kernlein darin,
Es ist kein Bürschchen auf Erden,
Es trägt einen falschen Sinn.

7. Einen falschen Sinn, einen stolzen Mut,
Den tragen sie allezeit,
Schöne Mädchen zu verführen
Ist ihre größte Freud.

Aus Ginsweiler.

Lit. Erk-Böhme II Nr. 537a—b. — Simrock Nr. 196. — Mittler Nr. 1004—1006 (Nr. 1004 aus der Pfalz). — Meier S. 82 Nr. 6. — Lewalter IV Nr. 18. — Becker Nr. 81. — Ditfurth II Nr. 142. — Fiedler S. 193 Nr. 27. — Reifferscheid S. 119 Nr. 11. — Hoffmann Nr. 155. — Hruschka III Nr. 168. Weitere Lit. s. bei Erk-Böhme II S. 364. Vgl. unser Lied Nr. 81 u. Erk-Böhme II Nr. 455b.

---

108. Schön ist die Jugend.
(Älteres Lied.)

1. Schön ist das Leben bei frohen Reizen,
Die uns das Alter ganz verwehrt.
Wer wird mich lehren noch gerne geizen,
Bis uns der Kummer hat ganz verzehrt?
Die Rosen blühen allein im Lenze,
Bald stehn sie welk und blätterleer;
Drum pflücket Rosen und bindet Kränze,
Schön ist die Jugend, sie kommt nicht mehr!

2. Greift dann zum Becher, singt frohe Lieder,
Schön ist die Jugend, sie kommt nicht mehr;
Vergangne Freude kommt niemals wieder,
Drum trinkt die Gläser fein alle leer!
Die Mädchen lieben ein liebes Fäntchen,
Drum laßt uns alle lustig sein:
Hoch leb die Liebe und alle Mädchen,
Hoch leb die Freundschaft und auch der Wein!

3. Geht dann zum Bette und legt euch nieder
Und schlafet sanft in süßer Ruh!
Kommt morgen Abend fein alle wieder
Und sprecht dem Fläschchen fein tapfer zu.
Füllt eure Börse mit Gold und Silber,
So werdt ihr alle willkommen sein,
So hat das Mädchen euch alle lieber
Und küsset jeden gewiß allein.

Aus Ilbesheim (geschrieb. Liederb. 1857/58): aus Rothselberg (geschrieb. Liederb. 1859) mit folgenden Abweichungen:

1, 2 Schön ist die Jugend, sie ist nicht mehr. 1, 3 Wer wollt uns lernen noch 2c. 2, 3 Vergangne Zeiten kommen nicht wieder. 2, 5 Die Spatzen spielen aus Liebesfädchen (!); offenbar entstellt aus: „Die Parzen spinnen am Lebensfädchen." Köhler=Meier S. 386 hat an dieser Stelle: „Noch spinnt die Parze am Lebensfädchen." 2, 6 Drum laßt uns froh und munter sein. 3, 8 Und küsset jeden für sich allein.

Lit. Texte des Liedes nach Fl. Bl. sind abgedruckt bei Erk=Böhme Nr. 543 b, Köhler=Meier S. 386 f., Marriage S. 165. ☞ Aus diesem älteren Texte ist das folgende Lied hervorgegangen, in dem die hier durch den Druck hervorgehobenen Verse bewahrt worden sind.

109a. Schön ist die Jugend!

I. Aus Robalben.

Schön ist die Ju=gend bei fro=hen Zei=ten, schön ist die Jugend, sie kommt nicht mehr, sie kommt nicht mehr, nicht mehr, sie kommt nicht wie=der mehr, schön ist die Ju=gend, sie kommt nicht mehr.

II. Aus Krickenbach.

Schön ist die Ju=gend bei fro=hen Zei=ten, schön ist die Ju=gend, sie kommt nicht mehr ja mehr, sie kommt nicht wie=der mehr, schön ist die Ju=gend, sie kommt nicht mehr.

III. Aus Eschenau.

Schön ist die Ju=gend bei fro=hen Zei=ten, schön ist die Ju=gend, sie kommt nicht mehr, sie kommt nicht

mehr, ja mehr, sie kommt nicht wie = der her, schön ist die Ju = gend, sie kommt nicht mehr.

NB. Die drei Schlußnoten sind hier durch Überschlagen der zweiten Stimme entstanden! Siehe Bemerkung zu Nr. 98a!

IV. Abweichender Anfang aus Kaiserslautern.

Schön ist die Ju = gend bei fro = hen Zei = ten, schön ist die Ju = gend, sie kommt nicht mehr, drum sag' ich usw. wie Nr. I.

1. Schön ist die Jugend bei frohen Zeiten,
Schön ist die Jugend, sie kommt nicht mehr!
Drum sag ichs noch einmal:
Schön sind die Jugendjahr,
Schön ist die Jugend, sie kommt nicht mehr.
Sie kommt nicht mehr, ja mehr,
Sie kommt nicht wieder mehr,
Schön ist die Jugend, sie kommt nicht mehr.

2. Vergangne Zeiten kehren niemals wieder,
Vergangne Zeiten sie kehren nicht mehr.
Drum 2c.

3. Man liebt auch Mädchen bei frohen Zeiten,
Man liebt sie nur zum Zeitvertreib.
Drum 2c.

4. Ich hab ein Weinstock und der trägt Reben
Und aus den Reben fließt süßer Wein.
Drum 2c.

[5. Ich hab ein Rosenstock und der trägt Rosen,
Und diese Rosen pflanz ich auf ein Grab.
Drum 2c.

6. Schöne junge Mädchen hat Gott erschaffen
Für junge Burschen und heißes Blut.
Drum 2c.

7. Man binde Rosen und binde Kränze,
Schön ist die Jugend sie kommt nicht mehr.
Drum 2c.

8. Füllt eure Börsen mit Gold und Silber
Und trinket alle eure Gläser leer.
Drum 2c.

9. Drum geht nach Hause und legt euch nieder
Und schlafet sanft in süßer Ruh.
Drum 2c.]

Aus Alsheim, Asselheim, Biedershausen, Böckweiler, Dierbach, Eschenau, Eßweiler, Göcklingen, Katzenbach, Maudach, Neuhofen, Niederhausen, Nußbach, Oberweiler i. T., Odenbach, Offenbach, Ranschbach, Rieschweiler, Schallobenbach, Schauernheim, Schopp, Stockborn, Waldsee, Wallhalben, Winden, Winterbach.

Ein sehr beliebtes, namentlich von dem alten Geschlechte gern gesungenes Lied. Bei dem choralmäßigen Kehrvers „Schön ist die Jugend, sie kommt nicht mehr" fühlt man, wie eine feierliche Stimmung über die alten Sänger kommt.

In Alsheim, Schauernheim und benachbarten Orten mit dem Anfang „Vergangne Zeiten kehren niemals wieder" das beliebteste Hochzeitslied (auch in Gottschee bei Trauungen gesungen vgl. Hauffen S. 88).
4, 1 Ich pflanz ein Weinstock und der trägt Trauben (Dierbach).

Str. 1—4 sind die gewöhnlichen Bestandteile des Liedes. In einzelnen Orten begegnen mir Zusätzen, die ich unter Str. 5—9 mitteile: Str. 5 aus Odenbach, Str. 6 aus Eschenau, Str. 7 aus Winden, Str. 8 aus Stockborn, Str. 9 aus Göcklingen. In Str. 7—9 sind Bruchstücke aus dem vorausgehenden älteren Liede bewahrt. Aus Stockborn noch folgende Strophe: Es gibt auch Mädchen bei frohen Zeiten, Es gibt auch Mädchen bei Mondenschein."

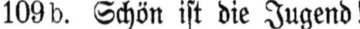

109b. Schön ist die Jugend!

Aus Großfischlingen.

1. Schön ist die Jugend bei frohen Zeiten,
Schön ist die Jugend, sie kommt nicht mehr.
So hört ich oft schon von alten Leuten,
Und seht, von denen, da weiß ichs her.
Drum 2c. (wie oben).

2. Es blühen Rosen, es blühen Nelken,
   Es blühen Blumen und welken ab.
   Ja auch wir Menschen wir tun verwelken
   Und müssen sinken ins kühle Grab.
   Drum ꝛc.

3. Ein jeder Weinstock der trägt auch Reben
   Und aus den Reben fließt edler Wein;
   Vom Himmel ward er uns gegeben,
   Um unsre Jugend dran zu erfreun.
   Drum ꝛc.

4. Vergangne Zeiten kehrn niemals wieder,
   Nur einmal blühet des Lebens Mai.
   Drum lasset singen uns frohe Lieder,
   Genießt die Jugend, eh sie vorbei!
   Drum ꝛc.

Aus Großfischlingen. Bemerkenswert ist hier die vierzeilige Strophe.

Auch aus Weisenheim a. B. Hier Str. 1–3 gleichlautend mit obiger Fassung, dann folgende Fortsetzung:

4. Man liebt die Mädchen bei frohen Zeiten,
   Man liebt die Mädchen zum Zeitvertreib;
   Doch später läßt man gern sich scheiden,
   Hat man erwischt ein böses Weib.

5. Ach, ist denn Lieben ein Verbrechen,
   Und darf man denn nicht zärtlich sein?
   Auch nicht mit seinem Liebchen sprechen?
   Wie reizend ist nur Lieb allein!

6. Vergangne Zeiten kehren niemals wieder,
   Drum, Brüder, liebet, singt und trinkt
   Und freut euch unsrer deutscher Lieder,
   So lang uns noch die Jugend winkt.

109c. Schön ist die Jugend!

1. Es blühen Rosen, es blühen Nelken,
   Es blüht ein Blümelein: Vergißnichtmein.
   Drum ꝛc. (wie oben).

2. Ich kenn ein Weinstock und der trägt Reben
   Und aus den Reben wächst ein edler Wein.
   Drum ꝛc.

3. Ich liebt ein Mädchen von achtzehn Jahren,
   Ich liebt das Mädchen zum Zeitvertreib.
   Drum ꝛc.

4. Aber mein Vater der wollts nicht leiden
   Und meine Mutter die gabs nicht zu.
   Drum ꝛc.

5. Doch 's blühen Rosen, doch 's blühen Nelken,
   Doch 's blüht ein Blümelein: Vergißnichtmein!
   Drum ꝛc.

Aus Kaiserslautern, Roßbach.

109d. Schön ist die Jugend!

Aus Kirrweiler.

Wir hab'n ein' Wein-stock und der trägt Re-ben, aus die-sen Re-ben wächst sü-ßer Wein. Drum sag' ich noch ein-mal, schön ist die Ju-gend, ja, schön ist die Ju-gend, sie kommt nicht mehr.

Vgl. unsere Melodie mit der Lesart Nr. 109a aus Krickenbach, von der sie sich nur im Mittelsatz unterscheidet!

1. Es war ein Weinstock und der trug Reben
   Und aus den Reben wuchs süßer Wein.
   Drum 2c.

2. Man liebt auch Burschen von achtzehn Jahren,
   Man liebt auch Burschen zum Zeitvertreib.
   Drum 2c.

3. Man liebt auch Mädcher von achtzehn Jahren,
   Man liebt auch Mädcher zum Zeitvertreib.
   Drum 2c.

4. Drum setzt euch nieder, ihr lustigen Brüder,
   Setzt euch nieder und schenket ein!
   Drum 2c.

Aus Ilbesheim.

Lit. Erk=Böhme II Nr. 543a. — Mündel Nr. 46 u. 119. — Gaßmann Nr. 32. — Aumer Nr. 79. — Marriage Nr. 106. — Zopf Nr. 25. — Krapp Nr 214. — Volk S. 191. — Wolfram Nr. 412. — Lewalter I Nr. 30. — Becker Nr. 138, vgl. Nr. 59. — Köhler=Meier Nr. 71. — Rösch S. 31. — Müller S. 37. Weitere Lit. s. Köhler=Meier S. 385 f., Marriage S. 165. Vgl. das vorausgehende Lied.

110. Alles ist finster und trüb.

1. O Himmel, wie lang muß ich noch
   Tragen das bittre Joch?
   Du sagst, du liebest mich,
   Aber nein, du hassest mich!
   Alles ist finster und trüb,
   Weil du vergessest die Lieb.

2. Wie magst du so hartnäckig sein?
   Ist denn dein Herze von Stein?
   Ei, du verfluchtes Herz,
   Machst mir viel Gram und Schmerz!
   Alles ist finster uud trüb,
   Weil du vergessest die Lieb.

3. Drunten am Marmorstein
   Soll es deine Grabschrift sein;
   Geh hin und lese sie,
   Hör, was sie sagt zu dir:
   Trau der Schönheit nicht gar,
   Denn sie bringt viel in Gefahr.

Aus Hütschenhausen.

Lit. Erk=Böhme Nr. 544.

111a. Zweifle nicht an meiner Treu!

1. Schönster Schatz auf dieser Erde,
   Zweifle nicht an meiner Treu!
   Denn du sollst mein eigen werden,
   Du sollst bleiben mir getreu.

2. Schatz, wenn du im Garten gehest
   Und die Rosen schauest an,
   Dann schau, wo sie am allerschönsten stehn,
   Brech dirs eine, wo du willst.

3. Nichts hat mir so wohl gefallen
   Nur als deine Zärtlichkeit,
   Denn du bist die Schönste unter allen,
   Ja die Schönste weit und breit.

Aus Waldsee.

111b. Zweifle nicht an meiner Treu!

1. Schönster Schatz auf dieser Erde,
   Zweifle nicht an meiner Treu!
   Ja, du willst mein eigen werden,
   Ja, du willst mein eigen sein.

2. Willst du in den Garten gehen,
   Schau nur diese Blümlein an,
   Schau sie an, wo sie am schönsten stehen,
   Brich sie ab und bring sie mir!

3. Gold und Silber, Meerkorallen,
   Reichtum, Schönheit, Edelstein,
   Ja von diesen tut mir nichts gefallen
   Als du, Schönste, nur allein.

Aus Schaidt.

Lit. Erk-Böhme II Nr. 545a u. b. — Krapp Nr. 215. — Böckel Nr. 14 u. Nr. 56 Str. 1, Nr. 97b Str. 3. — Köhler=Meier Nr. 115. —

Becker Nr. 57. — Wolfram Nr. 149 Str. 1. — Vgl. Böhme, Volkstüml. Lieder Nr. 399; zu diesem älteren Lied vgl. auch unser Lied „Willst du wissen meine Schmerzen". Zu b Str. 3 vergleiche unser Lied „Schönstes Kind, vor deinen Füßen" Str. 2.

112. Treue Liebe.

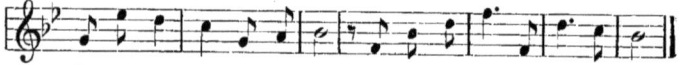

1. O wie ists möglich dann,
   Daß ich dich lassen kann,
   Hab dich von Herzen lieb,
   Das glaube mir.

2. Du hast die Seele mein
   So ganz genommen ein,
   Daß ich kein anderes lieb
   Als dich allein.

3. Blau blüht ein Blümelein,
   Das heißt Vergißnichtmein,
   Dies Blümelein leg ans Herz
   Und denk an mich.

4. Stirbt Glaub und Hoffnung gleich,
   Ich bin an Liebe reich,
   Die Liebe stirbt nicht bei mir,
   Das schwör ich dir.

5. Wär ich ein Vöglein,
   Schnell wollt ich bei dir sein,
   Weils aber nicht kann sein,
   Bleib ich allein.

6. Schießt mich ein Jäger tot,
Fiel ich in deinen Schoß,
Schaust du mich traurig an,
Gern sterb ich dann.

Aus Ginsweiler. Lesarten, die mit Erk=Böhme II Nr. 548b übereinstimmen, aus vielen Orten der Pfalz mit dem Anfang: Ach wie ists möglich dann. 6, 1 u. 2 in Herschweiler: So mich ein Jäger schoß, Flög ich in deinen Schoß.

Lit. Erk=Böhme II Nr. 548. — Aumer Nr. 110. — Bender S. 210 Nr. 39. — Marriage Nr. 73. — Wolfram Nr. 150. — Köhler=Meier Nr. 116. — Ditfurth II Nr. 105.

Dieses fälschlich „Thüringer Volkslied" genannte und allgemein bekannte Lied ist eine von Helmina von Chézy 1812 verfaßte Umarbeitung eines älteren Liedes; s. Erk=Böhme II S. 372 f., Böhme, Volkstüml. Lieder Nr. 356 u. S. 599 f. Zuf. 18, Marriage S. 118 f., J. Meier, Kunstl. i. V. S. 3 Nr. 14.

113a. Mein Mädchen.

Blut und sie ißt mit mir und sie trinkt mit mir und sie schläft die lie-be lan-ge Nacht bei mir, drum hab ich sie so lieb.

1. Zu Haus hab ich ein Mädchen,
   Sie ist wie Milch und Blut,
   Sie ißt mit mir, sie trinkt mit mir
   Und schläft die ganze Nacht bei mir;
   O Zärtlichkeit, o Zärtlichkeit,
   Wie kommst du mir zu gut!

2. Du sagst, du wollst mich nehmen,
   Sobald der Sommer kommt;
   Der Sommer ist gekommen,
   Du hast mich nicht genommen,
   Ach nehme mich, ach nehme mich,
   Ach nehme mich zu dir!

3. Wie kann ich dich denn nehmen?
   Du bist ja gar nicht schön!
   Du bist nicht schön von Angesicht,
   Scheid dich weg von mir, dich mag ich nicht,
   Ach scheid dich weg, ach scheid dich weg,
   Ach scheid dich weg von mir!

4. Ich hab noch fünf, sechs Kreuzer,
   Ist all mein bares Geld,
   Dafür laß ich mir waschen
   Meine Strümpf und meine Gamaschen,
   Kauf die Wichs dazu, kauf die Wichs dazu
   Für meine Stiefel und Schuh.

Aus Eschenau, Frankenthal, Stockborn (gesch. Lied. 1857).

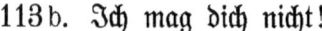

1, 4 Sie schläft die liebe lange Nacht bei mir (Eschenau). 1, 5 u. 6 Drum hab ich sie, drum hab ich sie, Drum hab ich sie so lieb (Frankenthal). Aber das macht mir, aber das macht mir, aber das macht mir Pläsir (Eschenau). 4, 1 Jetzt hab ich noch zwei Kreuzer (Frankenthal).

113b. Ich mag dich nicht!

Aus Kaiserslautern.

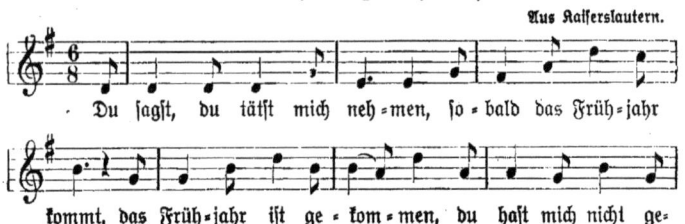

Du sagst, du tätst mich neh-men, so-bald das Früh-jahr kommt, das Früh-jahr ist ge-kom-men, du hast mich nicht ge-

nommen, gelt a=ber, gelt a=ber, gelt a=ber du nimmst mich doch!

Ein typisches Beispiel für die Art, wie das Volk aus zwei Melodien eine neue bildet: Vergl. den 1. Satz unsrer Melodie mit dem der Nr. 101 und den 2. Satz mit dem Soldaten= lied: "Frisch auf Soldatenblut" (2. Teil)!

1. Du sagst, du tätst mich nehmen,
Sobald das Frühjahr kommt;
Das Frühjahr ist gekommen,
Du hast mich nicht genommen,
Gelt aber, gelt aber, gelt aber du nimmst mich doch?

2. Wie kann dann ich dich nehmen,
Wo ich dich gar nit mag?
Und du bist nicht schön von Angesicht,
Verzeih mirs Gott und ich mag dich nicht,
Geh scher dich, geh scher dich, geh scher dich weg von mir!

3. Jetzt hab ich noch ein Kreuzer Geld,
Ist all mein bares Gut,
Und da geh ich in das Wirtshaus nein
Und trink ein Gläschen Brantewein,
Versoffen, versoffen, versoffen muß er sein.

Aus Kaiserslautern.

Lit. Erk=Böhme II Nr. 551 u. 552 a u. b. — Wunderhorn S. 258. — Mündel Nr. 113. — Aumer Nr. 136. — Bender Nr. 71 und 72. — Marriage Nr. 190. — Köhler=Meier Nr. 105. — Wolfram Nr. 249. — Ditfurth II Nr. 22 Str. 1 u. 2. — Zurmühlen Nr. 146. — Rösch S. 48. — Hruschka Nr. 32. — Ein Text aus der Pfalz bei Walter Nr. 182. Weitere Literatur bei Erk=Böhme II S. 376 f., Köhler=Meier S. 395 f., Marriage S. 278.

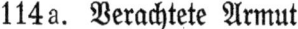

114a. Verachtete Armut.

Aus Billigheim.

Ach Schät=ze=lein, was hab ich dir denn Lei=des ge=
tan, daß du nicht redst mit mir? Gelt das
ha=ben die fal=schen Zun=gen ge=tan, gelt das ha=ben die
fal=schen Zun=gen ge=tan, sie ver=ra=ten mich und dich.

1. Ach Schätzelein, was hab ich dir Leids getan,
   Daß du verachtest mich?
   Und das haben die falschen Zungen getan,
   Die verraten mich und dich.

2. O du falsche, falsche Zunge, du verlogener Mund,
   Was wird es helfen dich?
   Gott wird dich strafen sicherlich gewiß
   Vor seinem Angesicht.

3. Warum wird die Armut so veracht?
   Man stellt sie hinter die Tür;
   Hätt ich dreitausend Dukaten zuviel,
   So zög man mich herfür.

4. Dreitausend Dukaten hab ich aber nicht,
   Bin auch kein trauriger Knab,
   Denn du bist mein Schatz und bleibst mein Schatz,
   So lang ichs Leben hab.

Aus Zweibrücken; auch aus Bosenbach mit dem Anfang: Ach, Schatz, was hab ich dir zu leid getan.

---

114 b. Verachtete Armut.

1. Ach Schätzelein, was hab ich dir Leides getan,
   Daß du nicht redst mit mir?
   Gelt, das haben die falschen Zungen getan,
   Sie verraten mich und dich.

2. Zwei falsche Zungen, ein verlogener Mund,
   Die reden oft zuviel;
   Aber Gott wird sie strafen, glaubt mir nur,
   Vor meinem und deinem Angesicht.

3. Warum ist dann die Armut so sehr veracht?
   Man stellt sie wohl hinter die Tür;
   Hätt ich aber dreitausend Dukaten mitgebracht,
   So zög man mich wiederum hervor.

4. Dreitausend Dukaten und die hab ich aber nicht,
   Drum bin ich dir so schlecht;
   Denn ich bin ein armes Bauernmädchen nur,
   Für ein andren wäre ich schon recht.

Aus Impflingen (altes geschrieb. Liederb.)

Lit. Erk-Böhme II Nr. 554 a u. b. — Bender Nr. 59. — Krapp Nr. 3. — Ditfurth II Nr. 87—89. — Becker Nr. 72.

115. Der letzte Abend.

1. Als ich an den letzten Abend gedenk,
   Als ich Abschied von dir nahm,
   Und die Sonne scheint allhier, ich muß scheiden von dir,
   Doch mein Herz bleibt stets bei dir.

2. Und mein Vater hat gesagt, ich soll eine Reichere nehmen,
   Die soll haben viel Silber und Gold;
   Lieber will ich in der größten Armut leben,
   Als ich dich verlassen sollt.

3. Großer Reichtum bringt uns keine Ehr,
   Große Armut keine Schand;
   Ei so wollt ich, daß ich tausend Taler reicher wär
   Und hätt sie in meiner Hand!

4. Ei hat denn das Schicksal mich auserwählt,
   Daß es jetzt mich treffen muß?
   In das Kriegsfeld müssen wir marschieren
   Und vergießen unser Blut.

5. Und ich hoff es noch einmal reicher zu werden,
   Aber nicht an Silber und an Gold.
   Gute Nacht, gute Nacht, mein herztaufiger Schatz,
   Gute Nacht, mein Schatz, leb wohl!

Aus Dierbach, Einöd, Ginsweiler, Groß=Fischlingen, Haardt, Impflingen, Klingen, Lingenfeld, Waldsee.

Anfang auch: Als ich an den letzten Abend gedacht (Dierbach). Wenn ich 2c. (öfters). 1, 2 Da ich Abschied nahm von dir (öfters). 1, 3 Und die Sonne schien nicht mehr (Einöd). 2, 1 Meine Mutter hat gesagt, ich soll eine Reiche, Reiche nehmen (öfters). 2, 3 Aber lieber werd ich in die tiefste Armut mich geben (Einöd). Aber lieber will ich in der größten Armut schweben (Haardt).

Str. 3 aus Impflingen:

Und was wärs, wenn ich hundert Taler reicher wär
Und ich hätt sie auf meiner Hand?
Großer Reichtum bringt uns keine Ehr,
Große Armut keine Schand.

3, 4 Hätt sie bar auf meiner Hand (Großfischlingen). Und hätt mein Schätzchen gleich an der Hand (Lingenfeld). Und hätt mein Schatz im Arm (Einöd).

Str. 4 aus Einöd:

Ach wer ist denn jetzt schuld daran,
Daß ich scheiden muß von ihr?
In das Kriegerfeld da müssen wir marschieren,
Vergießen dort das Blut.

Str. 4 aus Impflingen:

Und jetzt ziehen wir in das Schlachtfeld hinaus
Und vergießen unser Blut,
Und die Sonne leucht allhier und ich muß scheiden von ihr,
Und mein Herz bleibt stets bei ihr.

Daran schließt sich in Impflingen folgende Str. (als Schluß):

Und die Mutter, die weint so sehr
Um ihren Sohn, er kommt nicht mehr!
Und der König hat gesagt, 's darf keiner nach Haus,
Bis daß die Schlacht geht aus.

In Haardt hat das Lied von Str. 4 an folgende Fortsetzung:

4. Ach warum denn hat das Schicksal mich getroffen,
   Daß ich mich so kränken muß?
   Ins Griechenland da müssen wir marschieren,
   Vergießen Menschenblut.

5. Schatz, ach Schatz, vergieß nicht soviel Blut,
   Handle nicht wie ein Barbar!
   Gedenke an die Christenheit der Liebe,
   Wie ein jeder denken soll!

6. Gute Nacht, gute Nacht, viel tausend gute Nacht,
Gute Nacht, mein Schatz, leb wohl!
Bis wir wieder aus dem Griechenlande kommen
In das deutsche Vaterland.

Diese Zusätze kennzeichnen das Lied als Abschiedslied eines Kriegers, der in den Kampf zieht.

Lit. Erk=Böhme II Nr. 555. — Simrock Nr. 167. — Mündel Nr. 92. — Gaßmann Nr. 90. — Tobler I S. 136 Nr. 38 u. II S. 255. — Meier S. 104 Nr. 25. — Bender Nr. 45. — Krapp Nr. 250. — Böckel Nr. 30. Wolfram Nr. 197. — Becker Nr. 74. — Ditfurth II Nr. 94. — Hoffmann Nr. 156.

116a. Liebesschmerz.

I.

Aus Ranschbach.

Am Sonn=tag, am Mon=tag in al=ler Früh; da schickt mir mein Schatz ei=ne Bot=schaft zu. Ich soll sie nicht ver=las=sen in gar kei=ner Not. Sie will mich treu=lich lie=ben bis in den Tod.

II.

Nach einer Aufzeichnung Dr. Zinßers aus einem rheinisch=pfälz. Dorfe.

Am Sonn=tag des Mor=gens in al=ler Früh, da kam mir ei=ne trau=ri=ge Bot=schaft zu. Die=weil von mei=nem Schatz ich hab Ab=schied ge=nomm'n, ich soll=te doch noch ein=mal zu ihr komm'n.

1. Am Sonntag, am Montag in aller Fruh
Da schickt mir mein Schatz eine Botschaft zu:
Ich soll sie nicht verlassen in gar keiner Not,
Sie will mich treulich lieben bis in den Tod.

2. Schön Schätzelein, schau mir ins Angesicht,
Schau, wie mich die Liebe hat zugericht.
Es wär mir ja viel besser, ich läg im kühlen Grab,
So wär ich doch von all meinem Trauern ab.

3. In Trauern muß ich schlafen gehn,
In Trauern wiedrum früh aufstehn.
In Trauern vertreibe ich alle meine Zeit,
Derweil ich nichts kann haben, was das Herz mir erfreut.

4. Ein abgebrochenes Messerlein hat keine Spitz,
Ein ausgelöschtes Feuerlein hat keine Hitz,
Kein Feuer auf der Erde das brennet nicht so heiß,
Als heimliche Liebe, die niemand weiß.

5. Ach wär der gute Himmel ein Schreibpapier,
Und wenn dort jedes Sternlein ein Schreiber wär,
Und würden sie auch schreiben die liebe lange Nacht,
Sie würden doch nicht schreiben, was Liebe macht.

Aus Ranschbach.

116b. Liebesschmerz.

1. Am Sonntag Morgen in aller Fruh
Schickt mir mein Schatz eine traurige Botschaft zu:
Ich soll sie nicht verlassen ja ja in keiner Not,
Ich soll sie treulich lieben bis in den Tod.

2. Wenn der Himmel Papier wär
Und jeder Stern ein Schreiber,
Und diese täten schreiben die liebe lange Nacht,
So könnten sie nicht schreiben, was Liebe macht.

3. Schau an mein bleiches Angesicht,
Wie mich die Lieb hat zugericht!
Kein Feuer auf der Erde brennet ja so heiß,
Als innerliche Liebe, die niemand weiß.

Aus Impflingen.

Lit. Erk-Böhme II Nr. 557 a; vgl. Nr. 597 a Str. 3. — Ditfurth II Nr. 84. — Becker Nr. 70. Über weitere ähnliche Lieder s. Erk-Böhme II S. 382. Vgl. unsere Nr. 130.

117. Lieben bringt groß Freud.

I.

Aus Rheingönheim.

Das Lie- ben bringt groß Freud, das wis- sen al- le Leut.

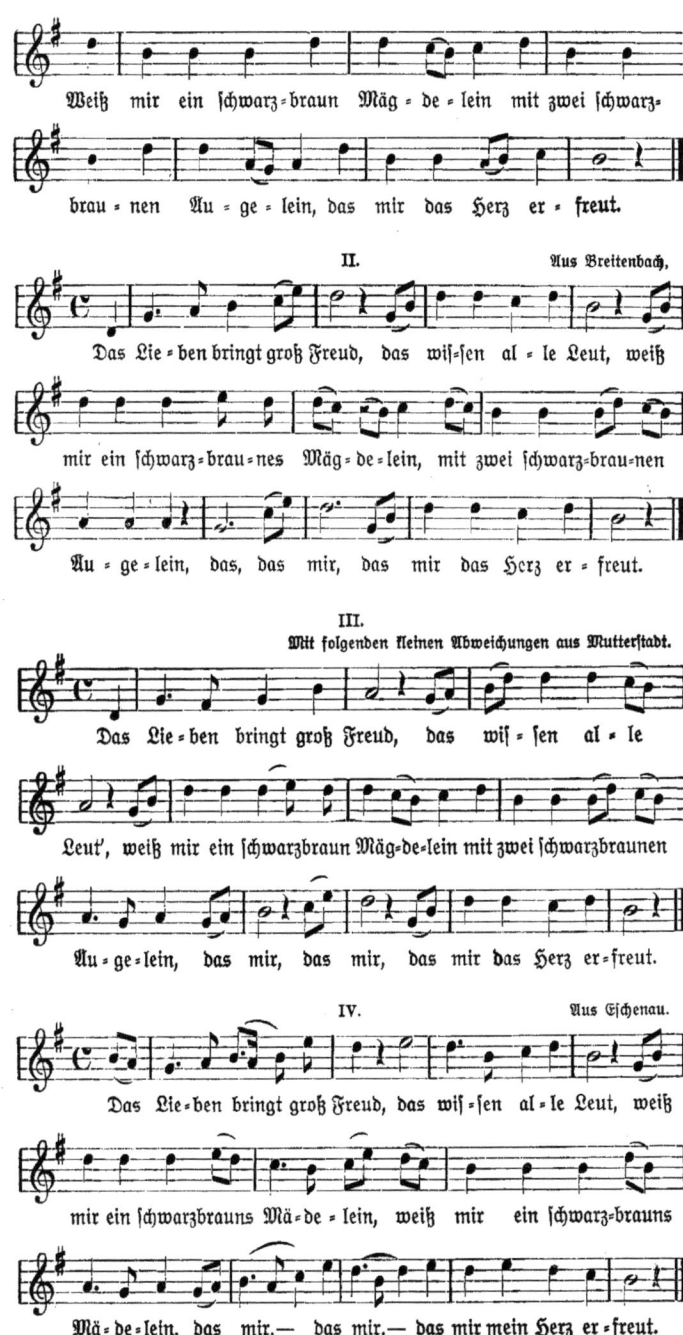

1. Das Lieben bringt groß Freud,
   Das wissen alle Leut;
   Da such ich mir ein Schätzelein
   Mit zwei schwarzbraunen Äugelein,
   Das mir, das mir, das mir mein Herz erfreut.

2. Sie hat schwarzbraunes Haar,
   Zwei Äuglein hell und klar,
   Ihr sanfter Blick, ihr Zuckermund
   Hat mir mein Herz im Leib verwundt,
   Hat mir, hat mir, hat mir mein Herz verwundt.

3. Ein Brieflein schrieb sie mir,
   Ich soll treu bleiben ihr;
   Drauf schick ich ihr ein Sträußelein
   Von Rosmarin und Nägelein,
   Sie soll, sie soll, sie soll mein eigen sein!

4. Mein eigen soll sie sein,
   Keinem andern mehr als mein.
   Und so leben wir in Freud und Leid,
   Bis uns Gott der Herr auseinander scheidt.
   Ade, ade, ade, mein Schatz, leb wohl!

Aus Adenbach, Asselheim, Eschenau, Gerolsheim, Ginsweiler, Glashütte, Katzenbach, Maudach, Maßweiler, Pirmasens, Rammelsbach, Rimschweiler, Schaidt, Waldsee, Wallhalben, Winzeln.

1, 3 Weiß mir ein schwarzbraunes Mägdelein (öfters). Zeig mir ein schönes Mädelein (Ginsweiler). 2, 2 Dazu zwei Äuglein klar (öfters). 3, 4 Schön Rosmarin, braun Nägelein (Ginsweiler). Von Rosen und Vergißnichtmein (Pirmasens). 3, 5 Ich soll ihr eigen sein. 4, 1 Ihr eigen soll ich sein (Ginsweiler). 4, 4 u. 5 Bis Gott der Herr uns beide scheidt. Leb wohl, leb wohl, leb wohl, mein Schatz, ade! (Eschenau).

Lit. Erk-Böhme II Nr. 558a u. b. — Mündel Nr. 74. — E. Meier S. 107 Nr. 28. — Aumer Nr. 76. — Bender Nr. 15. — Zopf Nr. 28. — Krapp Nr. 32. — Böckel Nr. 51 f. S. 39. — Wolfram Nr. 153. — Ditfurth II Nr. 122 u. 123. Vgl. das folgende Lied.

118. Auf Trauer folgt Freud.

1. Auf Trauer folgt bald Freud,
   Das tröstet uns allezeit.
   Hab ich nicht ein wackres Weibelein
   Mit zwei schwarzbraunen Äugelein,
   Das mir, das mir mein Herz erfreut?

2. Schöns Kleidlein hat sie an,
   Das steht ihr gar wohl an.
   Ihr Kleidlein tut sie zieren,
   Ihr Brüstlein tut sie schnüren,
   Holdselig, holdselig schaut sie mich an.

3. Schöne Schühlein hat sie an,
   Die stehn ihr gar wohl an.
   Und als sie über die Straße ging,
   Und als sie über die Straße ging,
   Lauft sie, lauft sie ganz wacker dahin.

4. Sie hat schwarzbraunes Haar,
   Zwei Äuglein hell und klar;
   Ihr roter Mund hat manche Stund,
   Hat mir mein Herz im Leib verwundt,
   Hat mir, hat mir mein Herz verwundt.

5. Ein Sträußlein gab sie mir,
   Dazu verehr ich ihr
   Ein Sträußelein von Rosmrein*),
   Ein Ringelein von Gold so fein,
   Das soll, das soll ihr Denkmal sein!

6. Ein Brieflein schrieb sie mir,
   Ich soll treu bleiben ihr.
   Und so leben wir in Freud und Leid,
   Bis uns der Tod von einander scheidt.
   Drum ade, drum ade, Schatz, lebe wohl!

Aus Alsheim, Hettenleidelheim.

Anfang: Nach Trauer kommt bald Freud (Alsheim).

Lit. Bavaria III S. 997 u. Erk=Böhme II S. 385. Im übrigen verweise ich auf die beim vorausgehenden Liede angegebene Lit.

119a. Augentrost.

* Mundartliche Form für „Rosmarin".

1. Schönster Schatz, mein Augentrost,
   Haft gänzlich mich vergessen?
   Du haft mir all deine Treu versagt,
   Haft mir mein Herz so schwer gemacht,
   Haft gänzlich mich vergessen.

2. Wenn ich des Morgens früh auffteh,
   Schau hinaus auf grüne Heide,
   Seh ich mein Schatz schneeweiß gekleidt,
   Lacht mir mein Herz vor lauter Freud,
   Vor lauter Lieb und Treue.

3. Wenn ich des Abends schlafen geh,
   Denk ich an jene Stunde,
   Denk ich an mein lieb Schätzelein:
   Wo wird mein Schatz, mein Engel sein,
   Der mich so zärtlich liebet?

4. Die Leut sein schlimm und reden viel,
   Das wirst du selber wissen,
   Und wenn mein Herz das deine liebt,
   In keinem auch kein Falschheit ist,
   Das tut die Leut verdrießen.

5. Ich trag einen Ring an meiner Hand,
   Darinnen steht der Name,
   Und wenns von Gott verordnet ist,
   Und in der Lieb keine Falschheit ist,
   So kommen wir zusammen.

Aus Alsheim, Altleiningen, Bosenbach, Dahn, Hagenbach, Kaiserslautern, Ludwigshafen, Maudach, Niederhausen, Ranschbach, Rehborn, Rieschweiler, Rodalben, Rothselberg, Waldsee, Weingarten, Westheim.

Die zahlreichen Abweichungen, die in diesem außerordentlich beliebten Liede auftreten, möge man aus den folgenden Lesarten ersehen.

119 b. Augentrost.

1. Ach Schatz, ach Schatz, mein Augentrost,
   Gänzlich haft du mich verlassen,
   Du haft mirs deine Treu versagt,
   Du haft mein Herz so schwer gemacht,
   Gänzlich haft du mich verlassen.

2. Des Morgens, wenn ich früh auffteh,
   Hinaus auf grüne Heide seh,
   Da seh ich mein Schatz schneeweiß gekleidt,
   Da jauchzt mein Herz vor lauter Freud,
   Vivat, ihr Brüder alle!

3. Des Abends, wenn ich schlafen geh,
   Die Sonne um mich untergeht,
   Da denk ich in meim Kämmerlein:
   Wo wird meine Herzallerliebste sein,
   Die mich so treu geliebet?

4. Die Leut sein schlimm und reden viel,
Das wirst du wohl schon wissen;
Wenn ein Herz das andre liebt,
Die Treu sich zusammenschließt,
So tuts die Leut verdrießen.

5. Ich trag ein Ring von feinstem Gold,
Darauf da steht dein Name,
Und wenns von Gott verordnet ist
Und deine Lieb kein Falschheit ist,
Dann kommen wir zusammen.

Aus Lemberg.

119c. Gott wird uns zusammenführen.

1. Mein Schatz hat mich so treu geliebt,
Jetzt will er mich verlassen.
Er hat mir all die Treu versagt,
Hat mir mein Herz so schwer gemacht,
Will gänzlich mich verlassen.

2. Des Abends, wenn ich schlafen geh,
Denk ich an jene Stunde,
Denk ich an mein schönes Schätzelein:
Wo wird mein Schatz, mein Engel sein,
Der mich so zärtlich liebte?

3. Des Morgens, wenn ich früh aufsteh,
Die Sonne steht in Strahlen,
Seh ich meinen Schatz schneeweiß gekleidt,
Lacht mir mein Herz vor lauter Freud,
Vor lauter Lieb und Treue.

4. Einen Ring trag ich an meiner Hand,
Darinnen stehn zwei Namen,
Und wenn die Lieb keine Falschheit ist,
Wenn sie von Gott verordnet ist,
So kommen wir zusammen.

Aus Odenbach, Roßbach.

119d. Augentrost.

I.

Aus Groß-Fischlingen.

Herz-ger Schatz, mein Au-gen-trost, hast gänz-lich mein ver-ges-sen. Du hast mir all mei-ne Treu ver-sagt, hast mir mein Herz so schwer ge-macht, hast gänz-lich mein ver-ges-sen!

1. Herzger Schatz, mein Augentrost,
   Hast gänzlich mein vergessen,
   Du hast mir all meine Treu versagt,
   Hast mir mein Herz so schwer gemacht,
   Hast gänzlich mein vergessen.

2. Die Leut sind schlimm, sie reden viel,
   Das wirst du selbst wohl wissen,
   [: Und wenn ein Herz das andre liebt, :]
   Das tut die Leut verdrießen.

3. Trag ein Ring von feinstem Gold,
   Darinnen steht mein Name;
   Und wenns von Gott verordnet ist,
   Zwischen mir und dir kein Falschheit ist,
   So kommen wir zusammen.

4. Gerechter Gott vom Himmelreich,
   Der alles tut regieren,
   [: Der Himmel und Erd erschaffen hat, :]
   Wird uns zusammen führen.

Aus Groß-Fischlingen.

119e. Mein Reichtum.

Vergl. damit die Mel.: „Zwei dreimal ging ich ums Häusele herum"

1. Die Leut sein schlimm, sie reden viel,
Das wirst du wohl auch wissen;
[: Aber wenn ein Herz das andre liebt, :]
Das tut die Leut verdrießen.

2. Ich trag einen Ring an meinem Finger,
Darauf da steht dein Name,
[: Aber wenns von Gott verordnet ist, :]
So kommen wir zusammen.

3. Reich bin ich nicht, das weißt du wohl,
Das ist auch mein Bedenken;
[: Ehrlich und froh, das ist mein Reichtum, :]
Mein Herz will ich dir schenken.

4. Der ewge Gott im Himmel droben,
Das alles aufs best regieret,
[: Der Himmel und Erd erschaffen hat, :]
Wird uns zusammenführen.

Aus Klingen, Mörlheim, Steinweiler.

Lit. Erk-Böhme II Nr. 560a u. b; vgl. Nr. 559, 561, 692 u. 821. — Simrock Nr. 168. — Bender Nr. 20. — Marriage Nr. 56. — Zopf Nr. 2. — Krapp Nr. 218. — Becker Nr. 55. — Köhler-Meier Nr. 48. — Ditfurth II Nr. 76. — Weitere Lit. s. bei Marriage S. 96 u. Köhler-Meier S. 380 f., wo das Lied in einer älteren Gestalt nach einem Fl. Blatt aus dem Anfange des vorigen Jahrhunderts abgedruckt ist.

---

120. Gedenke mein!

1. Ach, schönster Schatz, allwo du bist,
Tust meiner nur gedenken;
Wenn ich bei dir verklaget bin,
Mein Herz will ich dir schenken.

2. Die Leut sind schlimm, sie reden viel,
Das wirst du selbst wohl wissen;
Und wann ein Herz das andre liebt,
So tuts die Leut verdrießen.

3. Sie hat ein Ring von rotem Gold,
Darin da steht mein Namen;
Und wenn es Gottes Willen wär,
So kämen wir zusammen.

4. Ach großer Gott vom Himmelreich,
Der alles tut regieren,
Der Himmel und Erde erschaffen hat,
Woll uns zusammen führen.

Aus Berschweiler-Wiesweiler (geschrieb. Liederb. 1845); aus Bosenbach mit dem Anfang: Schönster Schatz, allwo du bist, Tu meiner nur gedenken.

Lit. s. das vorausgehende Lied. Vgl. Becker Nr. 54 u. S. 47 mit dem gleichen Anfang wie unser Lied.

121. Der leichtfertige Liebhaber.

Aus Rheingönheim.

Ich ging durch ei-nen gras-grü-nen Wald, da hört ich die Vö-ge-lein sin-gen, sie sin-gen so jung, sie sin-gen so alt, die klei-nen Vö-ge-lein in dem Wald, ich hör sie so ger-ne wohl sin-gen.

1. Ich ging durch einen grasgrünen Wald,
   Da hört ich die Vögelein singen;
   Sie singen so jung, sie singen so alt,
   Die kleinen Vögelein in dem Wald,
   Ich hör sie so gerne wohl singen.

2. Sing nur, sing nur, Frau Nachtigall,
   Sing mir nur von meinem Feinsliebchen!
   Sing mir es so hübsch, sing mir es so fein:
   Heut Abend da will ich bei dir sein,
   Will ruhen in deinen Armen.

3. Der Tag verging, der Abend kam,
   Feinsliebchen das kam gegangen;
   Es klopfte so leise mit seinem Ring:
   Mach auf, du herzallerliebstes Kind,
   Ich hab schon so lange gestanden.

4. So lange gestanden hast du es noch nicht,
   Ich habe ja noch nicht geschlafen;
   Ich hab immer gedacht in meinem Sinn:
   Wo bleibst du mein allerliebst Schätzelein denn?
   Wo bist du so lange geblieben?

5. Wo ich so lange geblieben bin,
   Das darf ich dir, Schätzchen, schon sagen;
   Wohl bei dem Bier, wohl bei dem Wein,
   Wo die wunderschönen Mädcher sein,
   Da bin ich ja immer so gerne.

Aus Finkenbach.

Lit. Erk=Böhme II Nr. 53. — Wunderhorn S. 668. — Krapp Nr. 139. — Ditfurth II Nr. 147. Weitere Literatur s. Erk=Böhme II S. 390.

122. Gruß.

Aus Lingenfeld.

So viel Stern am Him=mel ste=hen an dem gold=nen, blau=en
So viel Schäf=lein, als da ge=hen, in dem grü=nen, wei=ten
{Zelt.
Feld.} So viel Vög=lein, als da flie=gen, als da
hin= und wie=der= flie=gen, so viel=mal sei du ge=
küßt, so viel=mal sei du ge= küßt!

1. So viel Stern am Himmel stehen
An dem goldenen blauen Zelt,
So viel Schäflein als da gehen
In dem grünen weiten Feld,
So viel Vöglein als da fliegen,
Als da hin und wieder fliegen,
[: So viel mal sei du gegrüßt! :]

2. Soll ich denn dich nimmer sehen,
Weil ich ewig ferne muß:
Ach, das kann ich nicht verstehen,
O du bittrer Scheidenskuß!
Wär ich lieber doch gestorben,
Eh ich nur ein Lieb erworben,
[: Wär ich jetzt nicht so betrübt. :]

3. Weiß nicht, ob auf dieser Erde,
Die des herben Jammers voll,
Nach viel Trübsal und Beschwerden
Ich dich wieder sehen soll.
Was für Wellen, was für Flammen
Schlagen über mir zusammen!
[: Ach wie groß ist meine Not! :]

4. Mit Geduld will ich es tragen,
Denke immer nur zu dir,
Alle Morgen will ich sagen:
O mein Lieb, wann kommst zu mir?
Alle Abend will ich sprechen,
Wenn mir meine Augen brechen:
[: O mein Lieb, gedenk an mich!

5. Ja, ich will dich nie vergessen,
Enden nie die Liebe mein;
Wenn ich sollte unterdessen

Auf dem Totbett schlafen ein,
Auf dem Kirchhof will ich liegen
Wie das Kindlein in der Wiege,
[: Das ein Lied tut wiegen ein :]

Aus Wörth, Wachenheim, Lingenfeld.

Str. 1 aus Wachenheim:

So viel Flocken als da schimmern
Auf dem schneebedeckten Feld,
So viel Sternlein als da flimmern
An dem blauen Himmelszelt,
So viel Grüße will ich senden,
So viel Tränen will ich spenden,
Das ist aller Liebe Los,
Die da liebet hoffnungslos.

Str. 2 aus Lingenfeld:

So viel Blümlein als da sprossen
Auf der Au im Blütenmai,
So viel Tränen ich vergossen,
Du von mir gegrüßet sei!
Alle Abend will ich sprechen,
Wenn mir meine Äuglein brechen:
[: O mein Lieb, gedenk auch mein! :]

Hieran schließt sich in L. Str. 5 als Schluß.

Lit. Erk=Böhme II Nr. 564; s. daselbst weitere Lit.

123a. Liebesbeteuerung.

Aus Kaiserslautern.

Mäd=chen, wenn ich an dich den=ke, hab' ich kei=ne
Ru=he mehr, je=den Tag und je=de Stun=de
ist mein Herz ganz freu=de=leer.

1. Mädchen, wenn ich dich erblicke,
Hab ich keine Ruhe mehr;
Jeder Tag und jede Stunde
Sind für mich ganz freudeleer.

2. Kommst du mir auch aus den Augen,
Kommst du mir nicht aus dem Sinn,
Ja, du kannst es gar nicht glauben,
Wie ich in dich verliebet bin!

3. Die erste Lieb die kommt von Herzen,
Die zweite die brennt gar zu heiß:
O wie glücklich ist der Jüngling,
Der von keiner Liebe weiß!

4. Mädchen, ich hab dirs zugeschworen,
Dir auf ewig treu zu sein,
Und so lang die Wasser fließen,
Sollst und mußt mein eigen sein.

5. Sagt mir doch, ihr grünen Blätter,
Sagt mir doch, wo find ich Ruh?
O so schlagen alle Wetter
Über meinem Haupte zu!

6. Sollt ich aber unterdessen
Auf dem Lager schlafen ein,
So sollst du auf mein Grab pflanzen
Die schönste Blum: Vergißnichtmein!

Aus Bosenbach, Einöllen, Eschenau, Hagenbach, Kaisers= lautern, Mutterstadt, Pirmasens, Rehborn.

Anfang auch: Schätzchen, wenn ich dich erblicke (Bosenbach). Mädchen, wenn ich an dich denke (Kaiserslautern). Holder Jüngling, wenn ich dich erblicke (Pirmasens). Schönster Jüngling, wenn ꝛc. (Einöllen). Die beiden letzten Anfänge hört man auch sonst, wenn das Lied von Mädchen gesungen wird.
1, 2 Find ich keine Ruh in mir (Eschenau). Findt mein Herz keine Ruh vor dir (Rehborn). 1, 4 Ist für mich kein Freude mehr (Hagenbach). Ist mein Herz erfreut von dir (Kaiserslautern). Machst du mir mein Herz so schwer (Pirmasens). Spricht mein Herz ganz leis zu dir (Rehborn). 2, 1 u. 2 Du kommst mir wohl aus meinen Augen, Aber nicht aus meinem Sinn (oft). 2, 3 u. 4 Du kannst mir in Wahrheit glauben, daß ich ꝛc. (oft). 3, 2 Die zweite brennt wie Feuer so heiß (oft). 3, 3 O wie glücklich ist das Mädchen (oft). O wie glücklich lebt der Mensch auf Erden (Kaiserslautern).

Str. 4 aus Rehborn:

    Ei so lang das Feuer brennet
    Und die Reben tragen Wein,
    Und so lang das Wasser fließet,
    Sollst du Mädchen mein eigen sein!

Str. 5 aus Hagenbach:

    Schlagen alle Unglücksfälle
    Über meinem Haupte zu,
    O so sagt, ihr grünen Blätter,
    Ach, wo find ich dennoch Ruh?

Str. 6 aus Kaiserslautern:

    Sollt ich denn einst vor dir sterben
    Und vor dir begraben sein,
    Ei, so pflanz auf meinem Grabe
    Rosen und Vergißnichtmein!

Die folgendenden Lesarten teile ich mit, um zu zeigen, wie in unserm Liede verschiedenartige Bestandteile zusammengeflossen sind.

123 b. Liebesbeteuerung.

1. Mädchen, wenn ich dich erblicke,
   Find ich keine Ruh in mir;
   Jeden Tag und jede Stunde
   Da sehnet sich mein Herz nach dir.

2. Du kommst mir aus meinen Augen,
   Aber nicht aus meinem Sinn,
   So kannst du fürwahr schon glauben,
   Daß ich in dich verliebet bin.

3. Vater und Mutter die wollen es nicht leiden,
   Schönster Schatz, das weißt du wohl,
   Schwester und Bruder die wollen es nicht haben,
   Daß wir einander lieben solln.

4. Die erste Lieb die geht von Herzen,
   Die zweite brennt wie Feuer so heiß;
   O wie glücklich lebt das Mädchen,
   Das von keiner Lieb nichts weiß!

5. Jene Gasse will ich nicht mehr treten,
   Da, wo du am Fenster sitzst,
   Jene Kirche da will ich nicht beten,
   Da, wo du gegenwärtig bist.

6. Jene Leute die dich hassen,
   Sagen dies und jenes mir,
   Sagen all, ich soll dich lassen,
   Ich soll mein Herz nicht schenken dir.

7. Du hast mir Treu geschworen,
   Mir auf ewig treu zu sein,
   Gelt, mein Schatz, du bleibst mir auserkoren,
   Und ohne dich kann ich nicht sein!

8. Aber wenn ich einstmals sterbe
Und der Tod mein Auge bricht,
O so pflanz du auf meinem Grabe
Die schönste Blum: Vergißmeinnicht!

Aus Kandel, Steinweiler.

3, 4 Daß ich mein Herz dir schenken soll (Kandel).

123c. Liebesbeteuerung.

Aus Eschenau.

Mäd=chen, wenn ich dich er=blik=ke, find ich kei=ne
Ruh in mir. Je=den Tag — und je=be
Stun=de ist mein Herz er=freut von dir.

1. Ach Schätzchen, wenn ich dich erblicke,
So find ich keine Ruh in mir;
Jeder Tag und jede Stunde,
So ist mein Herz von Freude leer.

2. All die Leutcher, die mich kennen,
Sagen dies und jens von dir,
Sagen all, ich soll dich lassen,
Soll mein Herz nicht schenken dir.

3. Du kommst mir aus meinen Augen,
Aber nicht aus meinem Sinn,
Du tust mir Gedanken machen,
Dieweil ich schon nicht bei dir bin.

4. Die erste Liebe geht von Herzen,
Die zweite Liebe brennet heiß:
Ach wie glücklich ist das Mädchen,
Das von keiner Liebe weiß!

5. Ach, Schatz, was hast du mir versprochen?
Mir auf ewig treu zu sein;
Deine Seele sei verloren,
Dieweil du mich verlassen hast.

6. Meine Augen sind die Federn,
Meine Wangen das Papier,
Meine Tränen sind der Tinte,
Ach, Schätzlein, damit schreib ich dir.

7. Spielet auf ihr Musikanten,
Spielet auf ein Saitenspiel,
Meinem Schätzlein zu Gefallen,
Mags verdrießen, wen es will.

8. Ach, Schatz, was hast du mir versprochen
Ein jedesmal, du bei mir warst?
Dich muß der Teufel holen
Auf deinen ersten Hochzeitstag!

Aus Ginsweiler.

123 d. Liebesbeteuerung.

1. Mädchen, wann ich dich erblicke,
Find ich keine Ruh nicht mehr;
Jeden Tag und jede Stunde
Ist für mich keine Freud nicht mehr.

2. An dem Tag seh ich dein Schatten,
Und des Nachts träumts mir von dir.
Du tust mir viel Kummer machen,
Wenn ich dich ja gar nicht mehr seh.

3. Die erste Liebe die geht von Herzen,
Die zweite aber brennt sehr heiß.
O wie glücklich ist das Mädchen,
Das nicht weiß was Lieben heißt!

4. Jüngling, meinst du, es geht von Herzen,
Wünsch ich deine Braut zu sein.
Es wachsen keine Rosen ohne Dornen
Und auch keine Liebe ohne Pein.

Aus Steinbach (geschrieb. Liederb. 1859).

123 e. Liebesbeteuerung.

1. Mädchen, wenn ich dich erblicke,
Find ich keine Ruhe mehr;
Jeden Tag, jede Stunde
Werd von mir die Freuden leer.

2. Ohne dich kann ich nicht länger leben,
Ohne dich kann ich nicht länger sein;
Für dich will ich mich ins Grab legen,
Für dich leid ich viele Schmerzen und Pein.

3. Allwo ich sitze und wo ich wandle,
Schwebt dein zartes Bild vor mir,
Und des Tags seh ich dein Schatten,
Und des Nachts träum ich von dir.

4. Die erste Liebe geht von Herzen,
Die zweite Liebe brennt so heiß.
Ach wie glücklich sind die Menschen,
Die nicht wissen was Lieben heißt.

5. Es wachsen keine Rosen ohne Dörner,
Keine Liebe ohne Pein.
Der auch dieses nicht will tuen,
Der muß Lieben lassen sein.

6. Ach Mädchen, zeige mir deine Treue,
Sonsten find ich keine Ruhe mehr;
Denn jeden Tag und jede Stunde
Machst du mich von Freuden leer.

7. Willst du mir dein Herz wohl schenken,
Sieh, so bist du, Liebchen, mein;
Dann werd ich dich nicht mehr kränken,
Und du bleibst mein wie ich dein.

8. Du gehst mir zwar aus meinen Augen,
Aber nicht aus meinem Sinn.
Du kannst mir die Wahrheit glauben,
Daß ich in dich verliebt bin.

9. Jüngling, meinst du es von Herzen,
Wünsch ich deine Braut zu sein.
Aber Gott lös unsre Schmerzen,
Bis wir in dem Ehstand sein.

10. Nun adje! Wir müssen voneinander scheiden,
Nun adje und lebe wohl!
Bis uns einst der bittre Tod tut scheiden,
Ist mein Herz von Tränen voll.

Aus Weidenthal (geschrieb. Liederb. 1827; das Lied trägt den Vermerk: Johannes Burckhardt in Weidenthal den 27. Jan. 1827).

Lit. Erk-Böhme II Nr. 566. — Mündel Nr. 94 u. 95. — Bender Nr. 13. — Krapp Nr. 210. — Böckel Nr. 51 i. — Lewalter IV Nr. 44. — Wolfram Nr. 157. — Köhler-Meier Nr. 112. — Becker Nr. 57.

Einzelne Bestandteile, die zum Teil beliebte Wanderstrophen sind, finden sich auch in unsern Liedern „Guter Himmel, ich muß scheiden", „Stets in Trauer muß ich leben", „Treue Liebe darf nicht schlafen." Vgl. die Lit. daselbst. Der Schluß der Lesart c ist dem Liede von der treulosen Braut (Nr. 69) entlehnt. Zu den Lesarten d u. e vgl. unser Lied „Jüngling, liebst du mich aus treuem Herzen."

124. Wo mag er sein?

Aus Duttweiler.

Wo mag er sein, wo mag er blei-ben, wo mag mein
Er weilt ge-wiß bei ei-ner An-dern und läßt mich

Herz-al-ler-lieb-ster sein?
hier so — ganz al-lein,
so ganz, so ganz, so ganz al-

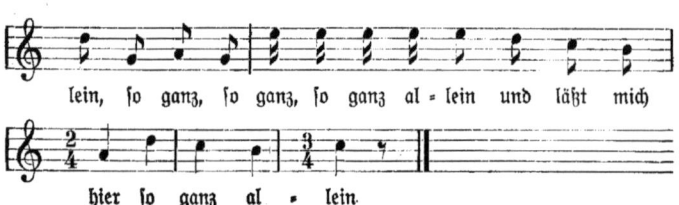

lein, so ganz, so ganz, so ganz al = lein und läßt mich hier so ganz al = lein.

1. Wo mag er sein, wo mag er bleiben?
Wo mag mein Herzallerliebster sein?
Er weilt gewiß bei einer andern
Und läßt mich hier so ganz allein,
[: So ganz, so ganz, so ganz allein, :]
Und läßt mich hier so ganz allein.

2. Wie oft haben wir beisammen gesessen
Bei heller Nacht im Mondenschein,
Wir haben Schlaf und Ruh vergessen,
Wenn ich und du beisammen sein,
[: Beisammen, beisammen, beisammen sein, :]
Wenn ich und du beisammen sein.

3. Die erste Liebe geht von Herzen,
Die zweite brennt nicht mehr so heiß;
Wie glücklich ist doch jenes Mädchen,
Das noch von keiner Lieb nichts weiß!
[: Von keiner Liebe, Liebe weiß, :]
Das noch von keiner Lieb nichts weiß.

4. Und wenn ich einmal sterben werde,
Und mir der Tod mein Auge bricht,
So pflanz auf meines Grabes Hügel
Die schönste Blum: Vergißmeinnicht!
[: Vergiß=, Vergiß=, Vergißmeinnicht! :]
Die schönste Blum: Vergißmeinnicht!

Aus Dürkheim, Duttweiler, Walsheim.

1, 2 Mein herzallerliebster, schönster Schatz (Dürkheim). 2, 2 In dunkler Nacht bei M. (Dürkheim). 2, 3 Wir haben schon manchen Schlummer vergessen (Dürkheim). 4, 2 u. 3 Dann setzt man mir einen Grabstein hier, Und ja da pflanzt auf meinem Grabe (Duttweiler).

Lit. Krapp Nr. 270. — Gaßmann Nr. 79. — Vgl. das vorausgehende Lied.

125a. Trost in der Ferne.

I.

Aus Gödlingen.

Schatz, ich muß schei = den, muß wei = ter fort, kann nicht mehr wei = len an die = sem Ort, von dir zu las = sen ver = mag ich

nicht, ja nicht, weil du mein Eins, mein Al = les bist.

Aus Kaiserslautern.

Ich bin ge=schie=den so weit von hier, mein Herz, das

sehnt sich oft nach dir. Dich zu ver= usw. wie I.

1. Von dir geschieden bin ich bei dir,
   Da wo du weilst, weilst du ja bei mir.
   [: Von dir zu lassen vermag ich nicht,
   Weil du mein Alles, mein Alles bist. :]

2. Du ziehst nun weiter, ziehst weiter fort,
   Ich hör nicht mehr dein treues, treues Wort!
   [: O selge Stunde, o süßes Glück,
   Wann kehrst du wieder zu mir zurück? :]

3. Ich hör im Haine die Nachtigall
   Und deiner Stimme süßen, süßen Schall,
   [: Der Blüte Balsam bringt mir dein Gruß,
   Die Lüfte säuseln mir einen Kuß. :]

4. Und trennt uns einstens des Schicksals Macht,
   Durchirrt mein Geist die finstre, finstre Nacht.
   Von dir geschieden bin ich bei dir,
   Da wo du weilest, weilst du bei mir.
   Von dir zu lassen vermag ich nicht,
   Weil du mein Alles, mein Alles bist!

Aus Alsheim, Wachenheim; aus Göcklingen mit dem An=
fang: Schatz, ich muß scheiden 2c. (s. Mel. I und vgl. 125b Str. 2).

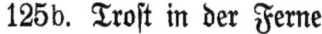

125b. Trost in der Ferne.

Aus Eußerthal.

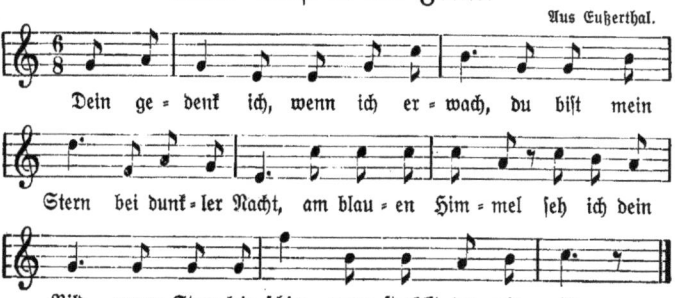

Dein ge=denk ich, wenn ich er=wach, du bist mein

Stern bei dunk=ler Nacht, am blau=en Him=mel seh ich dein

Bild, wenn Stern=lein schim=mern, strahlst du mir milld.

Vgl. die ähnliche Melodie Nr. 125a.

1. Dein gedenk ich, wenn ich erwach,
   Du bist mein Stern bei dunkler Nacht,
   Am blauen Himmel seh ich dein Bild,
   Und von den Sternen strahlst du mir mild.

2. Schatz, ich muß scheiden, muß weiter fort
   Und weiß noch nicht, an welchen Ort.
   Glückselge Stunde, o kurzes Glück,
   Wann kehrst du wieder zu mir zurück?

3. Auf dunklen Auen hör ich dein Hall,
   Von allen nur deiner Stimme Schall,
   Der Lüfte Säuseln bringt mir ein Gruß,
   Der Blüten Balsam mir einen Kuß.

4. Von dir geschieden bin ich bei dir,
   Wo du nur bist, bist du bei mir.
   Von dir zu lassen vermag ich nicht,
   Weil du mein Einzig, mein Alles bist!

Aus Ginsweiler, Kaiserslautern, Ludwigshafen, Pirmasens, Steinweiler, Würzweiler.

Anfang auch: Und du bist mein Gedanke, wenn ich erwach (Steinweiler). Ach dein gedenk ich ꝛc. (Würzweiler). Mein erst Gedanken, wenn ꝛc. (Ginsweiler). Schatz, dein gedenk ich bei dunkler Nacht, wenn ich vom süßen Schlaf erwach (Ludwigshafen).
1, 2 Du bist mein Traum ꝛc. (Steinweiler). 1, 4 Wenn Sternlein schimmern, strahlst ꝛc. (Pirmasens). Bei (im) Sternenschimmer strahlst ꝛc. (öfters). 2, 1 Ach ich muß scheiden, muß von dir fort (Würzweiler). 2, 2 Und hör nicht mehr dein süßes Wort (Würzweiler). Kann nicht mehr weilen an diesem Ort (Ludwigshafen). 3, 1 u. 2 In dunklen Auen singt die Nachtigall, Ich hör nicht mehr den süßen Schall (Pirmasens). 3, 4 Und dunkle Wolken einen Abschiedsgruß (Kaiserslautern). 4, 1 u. 2 Von dir geschieden leb ich allhier, Du meines Lebens schönste Zier (Ludwigshafen). 4, 3 O ich vergehe, seh ich dich nicht (Würzweiler).

Aus Ginsweiler noch folgende Einleitungsstrophe:

    Auf hohen Bergen und tiefem Tal
    Such ich mein Liebchen überall;
    Wo ich sie suche, war keine Spur,
    Mit bangem Herzen fand ich sie nur.

---

125 c. Trost in der Ferne.

1. Dein gedenk ich, als ich erwacht,
   Ein Stern bei dunkler, dunkler Nacht,
   Am blauen Himmel sah ich dein Bild,
   Am Sternenhimmel strahlst du mir mild.

2. Auf dunkler Heide die Nachtigall
   Sang einer schönen Stimme Schall.
   Gott Vater im Himmel, o welch ein Glück!
   Wann kehrst du noch einmal zu mir zurück?

3. Kehrst du einst wieder zu mir zurück,
   Dir meine Liebe schenk ich dir;
   Dann ist mir alles, alles gleich,
   Nur deine Liebe macht mich reich.

4. Nun muß ich scheiden, nun muß ich fort
An einen unbestimmten Ort;
Gott Vater im Himmel, o welch ein Schmerz,
Getrennt von meines Feinsliebchens Herz.

Aus Olsbrücken.

Lit. Erk=Böhme II Nr. 567. — Bender Nr. 156. — Aumer Nr. 113. — Krapp Nr. 35. — Wolfram S. 482. — Köhler=Meier Nr. 175. — Becker Nr. 146. — J. Meier, Kunstl. i. P. S. 60 Nr. 367 u. S. 84 Nr. 543. — Zu c Str. 3 vgl. das Lied „So leb denn wohl, du stilles Haus".

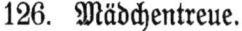

126. Mädchentreue.

Un = sre Freundschaft soll nicht wan = ken bis der Le = bens=
fa = den bricht, du bleibst stets — in mei = nen Ge=
dan = ken, drum le = be wohl, ver = giß mein nicht!

Vgl. damit Melodie Nr. 174 II.

1. Unsre Freundschaft soll nicht wanken,
Bis der Lebensfaden bricht.
Du bleibst mir in den Gedanken;
Lebe wohl, vergiß mein nicht!

2. Jüngling, sieh, mein Herz das blutet
Und mein Auge weint um dich;
Denn es kommt ganz unvermutet;
Lebe wohl, vergiß mein nicht!

3. Höre, Jüngling, mein Verlangen,
Höre, was dein Mädchen spricht:
Laß mich küssen deine Wangen,
Lebe wohl, vergiß mein nicht!

4. Höre, jetzund schlägt die Stunde,
Daß ich von dir scheiden muß:
So gib mir von deinem Munde
Noch den letzten Abschiedskuß.

5. So lang will ich dir treu jetzt bleiben,
Bis die Zunge nicht mehr spricht,
So lang will ich dir treu jetzt bleiben:
Lebe wohl, vergiß mein nicht!

Aus Herschweiler und Pettersheim.

Lit. Vgl. Erk=Böhme II Nr. 568. — Mündel Nr. 90. — Bender Nr. 41. — Wolfram Nr. 413. — Ditfurth II Nr. 107. — J. Meier, Kunstl. i. P. S. 83 Nr. 535. — Zu Str. 2 vgl. unser Lied „Sieh, mein Kind, mein Herz das blutet."

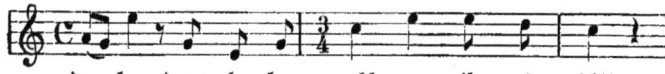

127. Standhafte Liebe.

1. Meine Liebe soll nicht wanken;
Ob du gleich abwesend bist,
Führen mich stets die Gedanken
Doch zu dir, Geliebte, hin.

2. Ja, kein Scheiden, kein Entfernen
Bringt mich in Vergessenheit,
Da ich dich doch kennen lernte
Und dein Umgang mich erfreut.

3. Alsdann kannst du sicher glauben,
Daß dir die Entfernung nicht
Meine Liebe werde rauben,
Die dir ja mein Herz verspricht.

4. Frei von Sorgen, ohne Schmerzen
Freue deines Lebens dich,
Und in deinem guten Herzen
Sei ein Plätzchen auch für mich!

5. Keine Ferne kann uns trennen
An der Donau wie am Rhein;
Aus reinem, treu ergebenem Herzen,
O Geliebte, denk ich dein.

6. Ein Mädchen ist ein süßes Übel,
Ein süßes, angenehmes Joch;
Mir kommt es vor wie eine Zwiebel:
Man weint dabei und ißt sie doch.

Aus Ginsweiler.

128. Die Freudenlose.

Auf dieser Welt hab' ich keine Freud', ich hab ein' Schatz, der ist so weit, er ist so weit, so weit, wohl über Berg und Tal, daß ich ihn nicht mehr sehen kann.

Eigentümlich ist folgende Lesart aus Eschenau insofern, als sie in der Tonart der Oberdominant beginnt, außerdem aber fast genau der vorigen Melodie folgt.

Auf dieser Welt hab ich kein Freud, ich hab ein

1. Auf dieser Welt hab ich keine Freud,
   Ich hab einen Schatz, der ist so weit,
   Er ist so weit, wohl über Berg und Tal,
   Daß ich ihn nicht mehr sehen kann.

2. Und als ich kam über Berg und Tal,
   Da sang die schöne Nachtigall,
   Sie sang so hübsch, sie sang so fein,
   Sie sang, ich soll ihr Liebster sein.

3. Und als ich kam in die Vorstadt hinein,
   Da stand mein Schatz schon Schildwach drein.
   Mir blut das Herz, mir tuts so weh,
   Dieweil mein Schatz muß Schildwach stehn.

4. Und als wir kamen in die Stadt hinein,
   Kauft ich meinem Schatz ein Ringelein,
   Ein Ringelein von Gold an ihre zarte Hand
   Und nahm sie mit ins Bayerland.

5. Ins Bayerland da mag ich nicht,
Die langen Kleider trag ich nicht,
Die langen Kleider, die spitzen Schuh,
Die stehen keiner Dienstmagd zu.

Aus Duttweiler, Eschenau, Frankenthal, Hauenstein, Kaiserslautern, Katzenbach, Neuhofen, Niederhausen, Peppenkum, Rheingönheim, Rieschweiler, Trippstadt, Waldsee, Weingarten, Winden, Winterbach, Zweibrücken.

1, 4 Daß ich ihn gar nicht finden kann (Kaiserslautern). 2, 2 Da begegnet mir die Nachtigall (Zweibrücken). Da sang im Busch die Nachtigall (Trippstadt). 2, 4 Sie sang, ich soll recht lustig sein (Zweibrücken). Sie sang, sie wollt gelobet sein (Kaiserslautern) 3, 1 Drauf gehen wir zur Vorstadt (Stadt, zum Stadttor) hinein (öfters). 3, 2 Da begegnet mir ein Mägdelein (Zweibrücken). 3, 4 Sie (er) sagt, ich soll nicht von ihr (ihm) gehn (öfters). 4, 1 Drauf gingen wir zum Goldschmied hinein (öfters). 4, 3 oft: rechte Hand. 4, 4 Und zog mit ihr nach Sachsenland (Frankenthal). So reisen wir durchs Sachsenland (Kaiserslautern). 5, 1 Nach (ins) Sachsenland 2c. 5, 2 Ein weißes Kleid 2c. (öfters). 5, 3 Die langen Kleider, die Schnabelschuh (Rheingönheim). Str. 5 aus Kaiserslautern:

Ins Sachsenland da geh ich nicht,
Ein langes Kleid das trag ich nicht;
Ein langes Kleid, Paar gewichste Schuh,
Das kommt ja keiner Dienstmagd zu.

Aus Duttweiler noch folgende Schlußstrophe:

Sie wollt mir einen Taler geben,
Ich soll mit ihr zu Bette gehn:
Zu Bette gehn ist mir zu fein,
Behalt dein Geld und schlaf allein.

Lit. Erk=Böhme II Nr. 569. — Wunderhorn S. 668. — Simrock Nr. 127. — Mündel S. XI. — Marriage Nr. 45. — Krapp Nr. 21. — Böckel Nr. 10 u. 52. — Lewalter I Nr. 5. — Wolfram Nr. 130 u. 453. — Ditfurth II. Nr. 128. — Köhler=Meier Nr. 32. — Becker Nr. 69. — Schmitz S. 143. — Pröhle Nr. 37. — Hoffmann Nr. 136. — Hruschka Nr. 92.

129. Die Nachtigall.

Aus Clausen.

Jüngst ging ich ü = ber Berg und Tal, da sang die schö = ne Nach = ti = gall, sie sang so hübsch, sie sang so fein, — sie sang, ich soll ihr Lieb = chen sein.

1. Ich ging spazieren wohl durch den Wald,
   Da hört ich eine Nachtigall;
   Sie sang so hübsch, sie sang so fein,
   Sie sang für mein schön Schätzelein.

2. Hör nur auf zu singen, du Vögelein,
   Bringst meinem Schatz doch kein Botschaft ein.
   Ich bin ein Vogel aus diesem Wald,
   Ich sing ein Lied, wie mirs gefällt.

3. Ein Goldschmiedssohn goß mir einen Ring,
   Goß mir einen Ring an meine rechte Hand,
   Goß mir einen Ring an meine rechte Hand,
   Damit ich reis durchs Schwabenland.

4. Ins Schwabenland da mag ich nicht,
   So stolze Kleider trag ich nicht;
   So stolze Kleider und spitze Schuh,
   Die stehen keiner Dienstmagd zu.

Aus Hagenbach.

Lit. Vgl. das vorausgehende Lied.

130. Treu bis in den Tod.

1. Brasilia, Brasilia*),
   Du edles Kraut!
   Was hab ich meinem Schätzelein
   So vieles anvertraut!

2. So vieles anvertrauen
   Das tät ich aber nicht,
   Denn auch die Allerliebste
   Manchmal da schweigt sie nicht.

3. Am Sonntag, am Montag
   In aller Früh
   Da schick ich meinem Schätzelein
   Die Botschaft zu:

4. Er (sie) soll mich nicht verlassen
   Ja nur in keiner Not,
   Getreu will ich ihm (ihr) bleiben
   Bis in den Tod.

5. Bis in den Tod treu bleib ich ihm,
   Bis in das kühle Grab,
   Weil ich mein Schatz von Herzen
   Treu geliebet hab.

Aus Hagenbach.

Lit. Zu Str. 1 u. 2: Erk-Böhme II Nr. 573a—c. u. 574a u. b. — Wunderhorn S. 686. — Marriage Nr. 49. — Becker Nr. 70. — Ditfurth II Nr. 84. Weitere Lit. s. Marriage S. 88. Vgl. unser Lied Nr. 116.

131. Liebe und Sehnsucht.

Du, du liegst mir am Her=zen, du, du liegst mir im

---

*) = Basilienkraut, Basilikum.

Sinn, du, du machst mir viel Schmerzen, du, du weißt nicht, wie

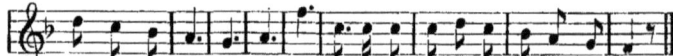

gut ich dir bin tra=la=la=la=la, la la la la la la la la.

In vielen Orten auch genau nach der Melodie aus Erks Liederschatz.

1. Du, du liegst mir im Herzen,
   Du, du liegst mir im Sinn,
   Du, du machst mir viel Schmerzen,
   Weißt nicht, wie gut ich dir bin.
   Ja, ja, ja, ja,
   Weißt nicht, wie gut ich dir bin.

2. So, so wie ich dich liebe,
   So, so liebe auch mich!
   Die, die zärtlichsten Triebe
   Fühl ich nur einzig für dich!
   Ja, ja 2c.

3. Doch, doch darf ich dir trauen,
   Dir, dir mit leichtem Sinn?
   Du, du darfst auf mich bauen,
   Weißt ja wie gut ich dir bin.
   Ja, ja 2c.

4. Und, und wenn in der Ferne
   Mir, mir dein Bild erscheint,
   Dann, dann wünsch ich so gerne,
   Daß uns die Liebe vereint.
   Ja, ja 2c.

Aus Asselheim, Biedershausen, Kandel, Leistadt, Maubach, Mörlheim, Mutterstadt, (älteres geschrieb. Liederb.), Offenbach, Peppenkum, Rieschweiler, Schallodenbach, Steinweiler, Wachenheim, Waldsee, Wallhalben, Weisenheim a. B., Wörth (geschrieb. Liederb. 1868).

Str. 3 aus Mutterstadt:

Dir, dir bin ich ergeben,
Dir, dir mit leichtem Sinn,
Du, du, du bist mein Leben,
Weißt nicht, wie gut ich dir bin.

4, 1 Wenn, wenn auch in der Ferne (Mutterstadt). 4, 2 Dir, dir mein Bild erscheint (Steinweiler). Mir, mir dein Herz erscheint (Leistadt). 4, 3 O so möcht ich so gerne (Mutterstadt).

Lit. Erk=Böhme II Nr. 578. — Kretzschmer I Nr. 264. — Walter Nr. 168. — Wecherlin II S. 192. — Aumer Nr. 77. — Wolfram Nr. 164. — Köhler=Meier Nr. 75. —
Ein neueres Volkslied, erst seit etwa 1820 bekannt; vgl. J. Meier, Kunstl. i. V. S. 62 Nr. 384.

132. Alles umsonst.

I. Aus Breitenbach.

Was hab ich denn mei-nem Feins-lieb-chen ge-tan, es ge-het ja vor-ü-ber und schau-et mich nicht an; sie schlä-get ih-re Aug-lein wohl un-ter sich und hat ei-nen an-dern viel lie-ber als mich.

II. Aus Steinwenden.

Was hab ich denn meinem Feins-lieb-chen ge-tan, es geht ja vor-ü-ber und schaut mich nicht an, es schlägt sei-ne Auglein wohl un-ter sich und hat ei-nen an-dern viel lie-ber noch als mich.

III.

Eine Verschmelzung von Mel. I und II ist folgende Aufzeichnung aus Mutterstadt.

Was hab ich denn mei-nem Feins-lieb-chen ge-tan, es geht an mir vor-ü-ber und schaut mich nicht an, es schlägt sei-ne Auglein wohl un-ter sich und hat ja ei-nen an-de-ren viel lie-ber noch als mich und mich

1. Was hab ich denn meinem Feinsliebchen getan?
   Es geht an mir vorüber und schauet mich nicht an,
   Es schläget seine Augelein wohl unter sich
   Und hat ja einen andern viel lieber noch als mich.

2. Das macht ja ihr stolzer, hochmütiger Sinn,
   Weil ich ihr nicht schön und nicht reich genug bin.
   Und bin ich auch nicht schön und reich, so bin ich doch so jung, so jung:
   Herzallerliebstes Schätzelein, was kümmre ich mich drum?

3. Fahr du nur immer hin, ich halte dich nicht!
   Ich hab meinen Blick auf ne andere gericht,
   Auf ne andere gericht, auf ne andere gewendt,
   Ach hätt ich dich niemals, ja niemals gekennt!

4. Die tiefen, tiefen Wasser die haben keinen Grund,
   Laß ab von der Liebe, sie ist dir nicht gesund!
   Die hohen, hohen Berge, das tiefe, tiefe Tal —
   Heut seh ich mein Feinsliebchen zum allerletztenmal.

Aus Alsheim, Asselheim, Göcklingen, Kandel, Klingen, Maudach, Ranschbach, Rieschweiler, Wachenheim, Waldsee, Westheim.

Die Texte weisen nur geringfügige Abweichungen auf, z. B. 2, 3 Und bin ich dir nicht reich genug, so 2c. — 4, 2 Was ist's mit unsrer Liebe, sie 2c. In der 1. Str. öfters „Liebchen" statt „Feinsliebchen".

Lit. Erk-Böhme II Nr. 585. — Wunderhorn S. 686 „Peterfilie" Str. 1. — Simrock Nr. 205. — Aumer Nr. 163. — Marriage Nr. 63 a u. b. — Krapp Nr. 246. — Volk S. 191. — Böckel Nr. 90. — Wolfram Nr. 228. — Becker Nr. 84. — Ditfurth II Nr. 99. — Hoffmann Nr 87. — Weitere Lit. s. Erk-Böhme II S. 410, Köhler-Meier S. 378, Marriage S. 105.

---

133. Vergiß mein nicht.

1. Englisch Gesicht,
   Sag, warum im Herzen
   Die Treuheit bricht?
   Indem ich doch, indem ich doch
   Dich allezeit geliebet
   Und lieb dich ja noch!

2. Deine Treu
   Versprichst du mir zu halten,
   Sags ohne Scheu!
   Sags ohne Reu, sags ohne Scheu,
   So will ich dich ja lieben
   Beständig aufs neu.

3. Zum Beschluß,
   Denn weil ich von dir scheiden muß,
   So harte Buß!
   Ich küsse dich und drücke dich
   Und schließ mein Herz ans deine:
   Vergiß mein nicht!

Aus Waldsee.
Lit. Bender Nr. 24.

134. Lieber tot als ungetreu. *Aus Ranschbach.*

1. Willst du wissen meine Schmerzen,
   Wie ich mich um dich betrübt?
   Ja, es geht mir sehr zu Herzen,
   Weil ich dich so treu geliebt.
   Du allein hast mich gebunden,
   Dieses Herz ist nicht mehr mein,
   Ja, ich zähle alle Stunden,
   Die ich nicht kann bei dir sein.

2. Ich mag schlafen oder wachen,
   So liegst du mir stets im Sinn;
   Ja, kein andern Gedanken fassen
   Als zu dir, mein schönstes Kind.
   Dir zu Diensten will ich leben,
   Schönster Augentrost der Welt,
   Dir hab ich mich ganz ergeben
   Und vor allen auserwählt.

3. Wenn ich zwar mein Stand betrachte,
   Welcher ist vor dir nicht schlecht,
   Andres darfst du gar nicht achten,
   Denn es wird schon werden recht.
   Wir sind beide noch jung von Jahren,
   Und wer weiß, wo's Glück rumfährt;
   Unglück haben wir schon erfahren
   Und die Lieb an uns gezehrt.

4. Schönste, willst du mich treu lieben,
   Willst du mein Getreufte sein,
   Oder willst du Falschheit üben,
   So sag mirs ins Gesicht hinein.
   Viel lieber darfst mir Gift eingeben
   Als verfälschen meine Treu;
   Ich verlang nicht mehr zu leben:
   Viel lieber tot als ungetreu.

Aus Ranschbach.

Lit. Erk=Böhm II Nr. 587. — Böhme, Volkstüml. Lieder Nr. 399.

135. Das erwählte Schätzchen.

Aus Weilerbach.

Ich ha=be mir ei=nes er=wählt, ein Mäd=chen und das mir ge=fällt, so hübsch und so fein, und von Tu=gend so rein, ach Schätz=chen, ach wä=rest du mein!

Ich habe die Weise in Steinwenden mit der Textunterlage „Das hat mir mei Mutter erlaubt" gehört.

1. Ich habe mir eines erwählt,
   Ein Mädchen und das mir gefällt,
   So hübsch und so fein,
   Von Tugend so rein,
   Ach Schätzchen, ach wärest du mein!

Aus dem Westrich (bei Kaiserslautern) 1859. Text und Singweise bei Erk=Böhme II S. 413 Nr. 591, zweite Melodie.

---

136. Lieben ist ein schönes Leben.

1. Lieben ist ein schönes Leben,
   Wenn mans treulich halten tut.
   Ist dies aber nur vergebens,
   So ist das Lieben keine Lust.

2. Mancher liebt aus treuem Herzen,
   Meint es redlich, meint es gut.
   O wie bitter sein die Schmerzen,
   Wenn mans Liebchen verführen tut!

3. Meine schönen jungen Jahre
   Bring ich stets in Trauer zu:
   Hätt ichs Lieben nicht erfahren,
   Hätt mein armes Herz noch Ruh!

Aus Waldsee.

Lit. Marriage Nr. 104. — Köhler=Meier Nr. 33. — Vgl. Böckel Nr. 41 Str. 2.

137a. Mein Schätzchen.

Aus Rheingönheim.

Ich lieb-te einst ein Mäd-chen, sie war acht-zehn Jah-re alt, ja sie kanns Küs-sen gut lei-den, ja sie kanns Küs-sen gut lei-den, drum hei-rat sie bald.

Vergl. damit Melodie von Nr. 91a!

1. Ich liebte einst ein Mädchen,
   Sie war achtzehn Jahre alt,
   Ja sie kanns küssen gut leiden, (dreimal)
   Drum heirat't sie bald.

2. Solche Mädchen, wie ihr seid,
   Solche gibt es sehr viele,
   Denn sie wachsen in Sachsen
   Wie das Unkraut im Feld.

3. Solche Bursche, wie wir sein,
   Solche gibt es sehr wenig,
   Denn sie blühen im Maien
   Wie die Rose so schön.

4. Ei so wollt ich denn, daß mein Liebchen
   Ein Rosenstock wär,
   Ei so stell ich ihn vor das Fenster hin,
   Daß ihn alle Leute sehn.

5. Ist denn einer unter uns,
   Der die Rose hat gebrochen,
   Ei so muß er aus unserer
   Gesellschaft heraus.

Aus Rheingönheim.

137b. Mein Schätzchen.

1. Ich liebte ein Mädchen,
   Sie war achtzehn Jahre alt,
   Sie kann das Küssen nicht leiden,
   Aber heiraten tut sie doch.

2. Ei so wollt ich, daß mein Schätzchen
   Ein Rosenstock wär,
   Ei so stellt ich sie an das Fenster,
   Daß sie alle Leute sehn.

3. Ist einer unter uns,
   Der die Gesellschaft nicht kann leiden,
   Ei dann soll er ja aus unsrer,
   Unsrer Mitte hinaus.

4. Ist einer unter uns,
   Der die Rose hat abgebrochen,
   Ei dann soll ihn ja der Teufel,
   Der Teufel holen.

5. Und mein Schätzchen ist die schönste,
   Die ich jemals hab gesehn,
   Und ich liebe sie alleine
   Auf dieser schönen Welt.

6. Ich muß jetzt Abschied nehmen,
   Ich muß jetzt fort von ihr,
   Und ich muß sie verlassen
   Auf dieser schönen Welt.

Aus Ludwigshafen.

Lit. Erk-Böhme II Nr. 602a—b. Zu a Str. 4 u. b Str. 2 s. Erk-Böhme II Nr. 593. — Köhler-Meier Nr. 143. Vgl. Alsatia 1853 S. 170, Hoffmann Nr. 70. — Vgl. das folgende Lied.

138. Vergnügt und einsam.

In Bobenheim a. Rh. und in Mailammer wird das Lied nach der Melodie 137a gesungen.

ei den soll ja der Teu = fel, der Teu = fel holn.

<small>Man vergl. damit Mel. Nr. 138 und Nr. 137a, die nur dem Takte nach verschieden sind! Siehe auch Mel. Nr 91a!</small>

1. Vergnügt und einsam
   So wollen wir leben,
   [: (Einer:) Ja, ju, ja (alle:) wir alle :]
   (Alle:) Ja, ju, ja wir alle,
   Wir fürchten uns nicht.

2. Ist wohl einer unter uns,
   Der die Gesellschaft nicht kann leiden,
   [: (Einer:) Ei der muß ja (alle:) aus unsrer :]
   (Alle:) Ei der muß ja aus unsrer
   Gesellschaft hinaus.

3. Ist wohl einer unter uns,
   Der die Rose hat abgebrochen,
   [: (Einer:) Ei den soll ja (alle:) der Teufel :]
   (Alle:) Ei den soll ja der Teufel,
   Der Teufel holen!

4. Ei hab ich in meinem Leben
   Einem Mädchen was leids getan,
   [: (Einer:) Ei so bitt ich es: (alle:) Verzeih mir :]
   (Alle:) Ei so bitt ich es: Verzeih mir
   Und denk nicht mehr dran!

5. Ei so will ich in meinem Leben
   Zu keinem Mädchen mehr gehn,
   [: (Einer:) Sie soll bleiben (alle:) für sich :]
   (Alle:) Sie soll bleiben für sich,
   Und ich bleib auch für mich.

Aus Clausen, Ranschbach, Schallodenbach, Siebeldingen, Stockborn.

Anfang auch: Wir wollens vergnüglich und in Einsamkeit leben (Clausen). Wir wollen marschieren und einsam leben (Stockborn). 1, 5 Bekümmern uns nicht (Clausen). 2, 2 Der die Gesellschaft hat verraten (Schallodenbach) Der sein Kamerad nicht leiden kann (Stockborn). 5, 1 Ei so will ich ja all mein Lebtag zu 2c. (Stockborn).

Aus Ranschbach folgender Zusatz:

Alle Bauremädle tragen falsche Zöpfe,
Aber meine noch nicht;
Wenn ich wissen tät, daß sie auch einen wett (= wollt),
Kauft ich ihr ein'n.

Lit. Erk-Böhme II Nr. 602a u. b. — Krapp Nr. 265. — Köhler-Meier Nr. 143. Vgl. das vorausgehende Lied.

139a. Liebesbeteuerung.

Aus Billigheim.

Ich lie-be dich, so lang ich le-ben wer-de, so lang ein Herz in mei-nem Bu-sen schlägt, so lang ein Gott re-giert auf die-ser Er-den, bis Got-tes En-gel einst die To-ten ruft.

1. Ich liebe dich, so lang ich leben werde,
   So lang mein Herz in meinem Busen schlägt,
   So lang ein Gott regiert auf dieser Erde,
   So lang verlassen wir einander nicht.

2. Ich liebe dich, so lang ich Leben atme,
   Nur einen Kuß, geliebtes Mädchen mein!
   Denn was du hast, kann mir sonst niemand geben,
   Nur deine Lieb ist Seligkeit für mich.

3. Ach holdes Mädchen, habe doch Erbarmen
   Mit dem, der dich so innig, zärtlich liebt!
   Ach schließ mich ein in deine sanften Arme,
   Nur deine Lieb ist Seligkeit für mich!

4. Ach alles, alles will ich für dich wagen,
   Was nur zu wagen Menschen möglich ist.
   Ja selbst den Tod will ich für dich ertragen,
   Mein Leib und Leben geb ich hin für dich.

Aus Rehborn; aus Einöd mit folgenden Abweichungen:

1, 2 ..... an deinem Busen schlägt. 1, 4 Bis Gottes Engel die Toten auferweckt. 2, 3 Denn was du kannst, kann auch kein Gott mir geben. 3, 3 u. 4 Denn dich zu sehn in eines andern Armen, Verzweiflungsvoll wird dann mein Schicksal sein.

139b. Liebesbeteuerung.

1. Ich liebe dich, so lang ich leben werde,
   So lang mein Herz in meinem Busen schlägt,
   So lang mein Gott regiert auf dieser Erde,
   Bis Gottes Engelein mich einst zu Grabe trägt.

2. Und liebst du mich, so will ich alles wagen,
   Was nur zu wagen Menschen möglich ist;
   Ja selbst den Tod will ich für dich ertragen,
   Denn deine Lieb ist Seligkeit für mich.

3. Und liebst du mich, so tausch ich mit keim andern,
Der Kron und Szepter tragen tut.
Was du mir gibst, das kann nur Gott noch geben,
Denn deine Lieb die hat mich einst beglückt.

4. O Liebchen mein, o habe doch Erbarmen
Mit dem, der dich so zärtlich, innig liebt,
Und schließ mich ein in deine sanften Arme,
Denn deine Lieb ist Seligkeit für mich!

Aus Lemberg.

139c. Liebesbeteuerung.

Aus Pirmasens.

1. Ich liebe dich, so lang ich leb auf Erden,
So lang mein Herz an deinem Busen schlägt,
So lang regiert ein Gott auf dieser Erde,
Bis Gottes Engel die Toten auferweckt.

2. Die erste Lieb die gehet ja von Herzen,
Die zweite Lieb die brennet gar so heiß;
Aber ach, wie glücklich lebt der Mensch auf Erden,
Der ja von keiner Liebe gar nichts weiß.

3. Nun liebst du mich, so halt ich dich in Ehren,
Ein Kuß wünsch ich von dir, Geliebte mein;
Denn was du hast, kann mir kein Gott mehr geben,
Drum wünsch ich nur von dir geliebt zu sein.

4. Ach Vater, Vater, habe doch Erbarmen
Und gib deim Kind, was nur zu geben ist!
Ich fleh zu dir, umschling dich mit den Armen,
Und gib der Liebe, was nur die Liebe wünscht.

5. Nun, Kind, so will dein Flehen ich erhören
Und geben dir, was dir dein Herz beglückt;
Von nun an liebet euch mit meinem Segen,
Bis Gott den Engel mit seinem Segen schickt.

Aus Pirmasens.

Das Lied ist in diesen verschiedenen Lesarten in der Pfalz weit verbreitet, z. B. Adenbach, Ginsweiler, Herschweiler-Pettersheim, Ludwigshafen, Mundenheim, Wachenheim, Winzeln, Würzweiler.

An letzterem Orte mit folgender Schlußstrophe:

> Nimm hin den Kuß von meinem treuen Munde,
> Den Kuß, den Lieb und Freundschaft dir jetzt gibt;
> Denn nur an dich denk ich, so lang ich lebe,
> Bis daß ich einst zu Staub und Asche bin.

In alten geschriebenen Liederbüchern (z. B. Stockborn 1854, Oppau 1857 u. anderen) finden sich regelmäßig noch folgende Strophen:

> Liebst du mich, so tausch ich Rang und Ehre
> Um einen einzigen süßen Kuß von dir;
> Denn was du hast, das kann mir niemand geben,
> Denn deine Lieb ist Seligkeit für mich.

> Ach Mädchen, Mädchen, habe doch Erbarmen
> Mit einem Herz, das dich so zärtlich liebt,
> Das um zu ruhn in deinen sanften Armen,
> Sein Leib und Leben gerne für dich gibt.

Die Schlußstrophe ist stets:

> Denn ach! mich ruft die Pflicht von deiner Seite,
> Bis endlich ganz du wirst mein eigen sein;
> Denn dich zu sehn an eines andern Seite,
> Verzweiflungsvoll wird dein mein Schicksal sein.

Lit. Erk-Böhme II Nr. 608. — Mündel Nr. 75. — Bender Nr. 157. — Marriage, Anhang S. 383. — Köhler-Meier Nr. 168. — Wolfram S. 481. — Becker Nr. 145. — Das Lied enthält Anklänge an unser Abschiedslied „Lebe wohl, du, die ich innig liebe" (Erk-Böhme II Nr. 761); einzelne Str. hieraus finden sich in den Lesarten bei Köhler-Meier (Str. 4 u. 5) u. Becker (Str. 5 u. 6. — J. Meier, Kunstl. i. V. S. 71 Nr. 450.

140a. Herzdrücken.

1. Ach Gott, das drückt mir's Herz bald ab,
   Weil ich mein Schatz abgeben hab!
   Wo ich halt geh, wo ich halt steh,
   Denk ich an meinen Schatz.
   [: Trutz net so, trutz net so,
   Es kommt die Zeit, bist wieder froh. :]

2. Geh du nur hin, geh du nur hin,
   Du bist nicht mehr nach meinem Sinn!
   Jetzt schaff ich mir eine andre an,
   Mit der geh ich voran.
   Trutz net so 2c.

3. Ich kam einstmal vor ihre Tür,
   Da lag ein großes Schloß dafür,
   Ich klopf einmal, ich klopf zweimal,
   Es ward nicht aufgetan.
   Trutz net so 2c.

4. Bald krieg ich Streit mit meinem Schatz,
   Da spring ich gleich mit einem Satz
   Wohl in den Fluß, wohl in die Bach,
   Wohl in das tiefste Meer.
   Trutz net so 2c.

Aus Stockborn (geschrieb. Liederb. 1854).

140 b. Herzdrücken.

1. Ach Gott, das druckt das Herz mir ab,
Daß ich mein Schatz verloren hab!
Wo ich auch geh, wo ich auch steh,
Das druckt das Herz, das Herz mir ab.
[: Druck nit so, druck nit so!
'S kommt die Zeit, bist wiedrum froh :]

2. Er kam zu Nacht vor meine Tür,
Da lag ein Schloß und Riegel für;
Er rief wohl ein=, er rief wohl zwei=,
Er rief dreimal, dreimal nach mir.
Druck nit so 2c.

3. Geh du nur hin, geh du nur hin!
Bin ich nicht mehr nach deinem Sinn,
So nehm ich mir einen andern Schatz!
So ging mein Schatz, mein Schatz dahin.
Druck nit so 2c.

4. Und nimmt er sich ein andern Schatz,
So spring ich gleich mit einem Satz
Wohl in den Bach, wohl in den Fluß,
Wohl in das tiefe, tiefe Meer.
Druck nit so 2c.

5. Einen andern Schatz den nimmt er nicht,
Und in das Meer da spring ich nicht;
Ruft er zu Nacht nur einmal noch,
So braucht ers dreimal, dreimal nicht.
Druck nit so 2c.

Aus der Südostpfalz (Hergersweiler, Oberhausen usw.).

Lit. Erk=Böhme II Nr. 615 (und zum Kehrreim Nr. 614). Zu Grunde liegt ein Gedicht von Otto Roquette 1852 f. Erk=Böhme II S. 431 und Böhme, Volkstüml. Lieder S. 599. J. Meier, Künstl. i. V. S. 2 Nr. 8.

---

141 a. Lieb und Leid.

I.

Wer lie-ben will muß lei-den, oh-ne Lei-den liebt man nicht; sind das nicht sü-ße Freu-den, wenn das Herz von bei-den

*) Abweichender Schluß aus Frankenthal.

spricht? Freu-den, wenn die Lieb von bei-den ist.

II.

Kleinere Abweichungen zeigt eine Lesart aus Eschenau.

Wer lie-ben will, muß lei-den, ohn Lei-den liebt man nicht; sind das nicht sü-ße Freu-den, ja Freu-den, wenn die Lieb von bei-den ist?

1. Wer lieben will, muß leiden,
   Ohne Leiden liebt man nicht,
   Sind das nicht süße Freuden,
   Wenn die Lieb von beiden ist?

2. Wer Rosen will abbrechen,
   Der scheu die Dornen nicht!
   Wenn sie gleich heftig stechen,
   So genießt man doch die Frucht.

3. Hätt ich dich nicht gesehen,
   Wie glücklich könnt ich sein!
   Aber leider es ist geschehen:
   Mein Herz ist nicht mehr mein!

4. Mich drückts und darfs nicht sagen,
   Mich drückt ein schweres Joch;
   Mich drückts und darf nicht klagen,
   O Himmel, hilf mir doch!

5. Die ich so gerne hätte,
   Die ist mir nicht erlaubt;
   Ein andrer sitzt am Brette,
   Hat sie mir weggeraubt.

[6. Jetzt kommt die frohe Stunde,
   Der Augenblick heran,
   Wo ich von deinem Munde
   Schöne Rosen brechen kann.

7. Du hast mir ja geschworen
   Auf ewig treu zu sein,
   Deine Treuheit ist verloren,
   Dein Herz ist nicht mehr mein.

8. Wenns deine Leut nicht leiden,
   Desto lieber hab ich dich.
   Ach Mädchen, liebes Mädchen,
   Mein Herz schlägt nur für dich!

9. Die Rosen blühn im Garten,
   Ihre Blätter fallen ab:
   Wie lang muß ich noch warten,
   Ja warten auf das Grab?

10. Kein Feuer, keine Kohle
 Können brennen gar so heiß
 Ja als nur die heimliche Liebe,
 Von der niemand was weiß.

11. Ich wäre gern gestorben
 Als wie ein Unschuldsblut
 Und hätte nicht erfahren
 Was falsche Liebe tut.

12. Alle Leute, die dich kennen,
 Sagen dies und jens von dir,
 Sagen all, ich soll dich lassen,
 Soll mein Herz nicht schenken dir.

13. Gelt du meinst, ich mach mir Kummer
 Oder trage Leid um dich?
 Eine Schwalbe bringt kein Summer,
 O wie leicht vergeß ich dich!

14. Ich hör ein Vöglein pfeifen,
 Das pfeift die ganze Nacht,
 Vom Abend bis zum Morgen
 Bis daß der Tag erwacht.

15. Ihr Mädchen laßt euch raten,
 Nehmt nur keinen alten Mann,
 Nehmt lieber einen jungen Soldaten, Soldaten,
 Der exerzieren kann!]

Aus Asselheim, Böckweiler, Bosenbach, Edesheim, Eschenau, Ginsweiler, Großfischlingen, Hergersweiler, Insheim, Kandel, Katzenbach, Klingen, Lemberg, Ludwigshafen, Maudach, Mörlheim, Mutterstadt, Odernheim, Rieschweiler, Rimschweiler, Steinweiler, Stockborn, Waldsee, Westheim.

Str. 1—5 bilden die gewöhnlichen Bestandteile des Liedes; Str. 6 bis 15 sind häufige Zutaten, die zum Teil aus Liedern stammen, welche nach der gleichen Weise wie unser Lied gesungen werden, z. B. Str. 6 u. 7 (s. unser Lied „Wann kommt die frohe Stunde", zu Str. 7 vgl. Erk-Böhme II Nr. 641c Str. 5) und Str. 13 (s. unser Lied „Willst du mich denn nicht mehr lieben"). Häufig wird das Lied, „Der Mädchen liebt ich viele" damit verbunden; ebenso das nach der gleichen Weise gehende Scherzlied:

1. Mein Hut der hat drei Ecke,
 Drei Ecke hat mein Hut.
 Mein Vater hat drei Töchter,
 Die tun beisammen nicht gut.

2. Die eine die trinkt Kaffee,
 Die zweit die trinkt den Wein,
 Die dritt läßt alle Owend (= Abend)
 Die Buwe zum Fenster rein.

3. Wer lieben will muß leiden 2c.

Anfang auch oft: Wer liebt und der muß leiden. Bisweilen ist die erste Str. nach dem Liede „Mich fliehen alle Freuden" folgendermaßen umgebildet:

Wer lieben will, muß leiden,
Muß leiden mit Geduld;
An allen meinen Leiden
Ist nur die Liebe schuld.

4, 3 Keinem Menschen darf ichs klagen (Lemberg). O Himmel, helf mirs tragen (Insheim). 5, 3 bietet häufig Umdeutungen: „Ein andrer tritt an meine Stelle" oder „Ein andrer steht an der Treppe".

Die nachfolgenden Lesarten mögen die große Mannigfaltigkeit, die dieses Lied zeigt, noch weiter erweisen.

---

141 b. Lieb und Leid.

Str. 1—5 wie oben.

6. Weils die Leut nicht leiden wollen,
Desto lieber hab ich dich!
Ach Mädchen, liebes Mädchen,
Mein Herz schlägt nur für dich.

7. Zweifle nur nicht lange,
Dein Herz gehört doch mir;
Das meine klopft alleine,
Alleine nur für dich!

8. Wo soll ich mich hinwenden
Bei der betrübten Zeit?
An allen Orten und Enden
Ist nichts als Kampf und Streit.

9. Ach Gott, wem soll ichs klagen?
Mein Vater und Mutter sind tot,
Meine Freunde haben mich verlassen,
Auf der Welt hab ich kein Trost.

10. Wenn ich gestorben bin,
Ruft noch mein Geist nach dir.
Mein Schicksal wird sich ändern.
O Himmel, helfe mir!

Aus Odenbach.

---

141 c. Lieb und Leid.

1. Wer liebt und der muß leiden,
Ohne Leiden liebt man nicht.
Sind das nicht süße Freuden,
Wenn die Lieb von beiden spricht?

2. Willst du die Rosen brechen,
Dann scheu die Dornen nicht!
Wenn sie noch so heftig stechen,
So genießt man doch die Frücht.

3. Den ich so gerne hätte,
Er ist mir nicht erlaubt.
Eine andre sitzt am Brette,
Hat mir ihn weggeraubt.

4. Ich gräme mich fast täglich,
   Aber alles ist vergeblich,
   Aber alles ist vergeblich:
   O Himmel, hilf mir doch!

5. Mich drückts und darfs nicht sagen
   Ein hartes schweres Joch;
   Mich drückts und darf nicht klagen,
   O Himmel, hilf mir doch!

6. Ich baute fest auf Worte,
   Die mir dein Mund versprach.
   Die Zeit leb ich im Dunkeln,
   Jetzt kommt der helle Tag.

7. Du meinst, du hättst jetzt alles,
   Den größten Teil der Welt.
   Auf einmal wird sichs ändern
   Dein Lohn, der dir mißfällt.

8. Alle Leute, die mich hassen,
   Sagen dies und jenes mir,
   Sagen all, ich soll dich lassen,
   Soll mein Herz nicht schenken dir.

9. Hätt ich dich nicht gesehen,
   Wie glücklich wollt ich sein!
   Allein es ist geschehen:
   Dein Herz ist nicht mehr mein!

Aus Steinbach (geschrieb. Liederb. 1859).

141d. Lieb und Leid.

1. Wer liebet, der muß leiden,
   Ohne Leiden liebt man nicht.
   Da sind der Liebe Freuden,
   Wo Schatten ist und Licht.

2. Wer brechen will die Rose,
   Der scheu die Dornen nicht.
   Süß ist der Lieb Getose,
   Doch oft ihr Stachel sticht.

3. Mich drückts und darf nicht klagen,
   Mich drückt ein hartes Joch.
   Von diesen Liebesplagen,
   O Himmel, hilf mir doch!

4. Lieb still im Herzen tragen,
   Gequält von heißem Blut,
   Wer davon kann was sagen,
   Der weiß, wie Liebe tut.

5. Sie, die allein ich liebe,
   Verkennt mein treues Herz
   Und meine reinen Triebe
   Zu meinem größten Schmerz.

6. Hier seh ich mein Vergnügen
In andern Armen liegen.
Ach Himmel, liebster Himmel,
Ach Himmel, hilf mir doch!

7. Dieser Rosen Dornen
Sie stechen gar zu sehr;
Doch ach die Liebesflamme
Die brennt ja noch viel mehr,

8. Hätt ich dich nie gesehen,
Wie glücklich könnt ich sein!
Doch leider ists geschehen:
Mein Herz ist nicht mehr mein!

9. Ich gräme mich alltäglich
Im allerherbsten Schmerz,
Und jammre ich so kläglich,
Es heilt mir nicht mein Herz.

10. Mädchen, wenn ich einmal sterbe
Und der Tod das Auge bricht,
Gib mir dann als Leideserben
Ein Blümchen mit: Vergißmeinnicht!

11. Und gehst du einst im Mondesscheine
Auf meinen Grabeshügel zu,
Keine späten Tränen weine,
Sonst störst du meine Ruh.

Aus Steinweiler (geschrieb. Liederb. 1884). Str. 1—6 wörtlich auch aus Stockborn (geschrieb. Liederb. 1854).

Lit. Erk=Böhme II Nr. 617a u. b. — Gaßmann Nr. 72. — Mündel Nr. 42 u. Nr. 44. — Aumer Nr. 121. — Bender Nr. 51. — Marriage Nr. 96. — Böckel Nr. 110. — Krapp Nr. 256. — Wolfram Nr. 214. — Becker Nr. 152. — Köhler=Meier Nr. 47. — Lewalter V Nr. 12. — Müller S. 65. — Treichel Nr. 56. — Weitere Lit. s. Köhler=Meier S. 380, Marriage S. 149.

Zu dem Lied „Mein Hut der hat drei Ecke" s. Köhler=Meier Nr. 362. — Treichel Nr. 24. — Marriage Nr. 242.

b Str. 8 vgl. Erk=Böhme III Nr. 1365. b Str. 9 s. unser Lied „Ach Gott, wem soll ichs klagen".

142a. Lebe wohl, vergiß mein nicht.

Aus Billigheim.

Muß es denn ein je-der wis-sen,
war-um mei-ne Trä-nen flie-ßen
und mein Herz so trau-rig ist? Le-be, le-be wohl und ver-giß mei-ner nicht!

1. Muß es denn ein jeder wissen,
   Warum meine Tränen fließen
   Und mein Herz so traurig ist?
   Lebe wohl, vergiß mein nicht!

2. Sonntags, wenn wir zum Tanze gehen
   Und die schönen Mädchen sehen,
   Die da glänzen wie ein Licht:
   Lebe wohl, vergiß mein nicht!

3. Vater und Mutter wollens nicht leiden,
   Drum tun wir uns von einander scheiden
   In ein Land, wo's besser ist:
   Lebe wohl, vergiß mein nicht!

4. Mädchen, jetzt gehts bald zu Ende,
   Reich mir deine zarten Hände
   Und dein holdes Angesicht:
   Lebe wohl, vergiß mein nicht!

5. Auf meinem Grabstein kannst dus lesen,
   Daß ich bin dein Schatz gewesen,
   Treu zu sein war meine Pflicht:
   Lebe wohl, vergiß mein nicht!

Aus Bissersheim, Ginsweiler, Katzenbach, Lemberg, Odenbach, Wachenheim.

Anfang auch: Ja, mein Liebchen, du sollst wissen (Ginsweiler). Alle meine Tränen fließen und es solls nicht jeder wissen (Odenbach). Öfters ist Str. 4 an den Anfang gestellt: Schätzlein, Schätzlein 's geht zu Ende (Lemberg). Liebes Schätzchen, 's geht zu Ende (Wachenheim).

2, 2 Wo die schönen Mädchen stehen (Lemberg). 3, 2 Ja wir müssen von einander scheiden (Ginsweiler). 4, 1 Schatz, es geht mit mir zu Ende (Odenbach). 5, 3 Und hab dich so treu geliebt (Ginsweiler). Und mich hast so treulich geliebt (Odenbach).

142b. Lebe wohl, vergiß mein nicht!

1. Alle Leute sollens wissen,
   Warum meine Tränen fließen
   Und mein Herz so traurig ist:
   Lebe, lebe wohl, vergiß meiner nicht!

2. Sonntags, wenn ich zum Tanzen gehe
   Und so schöne Mädcher sehe,
   Die so glänzen wie ein Licht:
   Lebe, lebe wohl, vergiß meiner nicht!

3. Liebes Mädchen, dich zu küssen
   Und das Band der Liebe schließen,
   Drum mein Herz so traurig ist:
   Lebe, lebe wohl, vergiß meiner nicht!

4. Vater und Mutter wollens nicht leiden,
   Darum müssen wir von einander scheiden
   In ein Land, wo's besser ist:
   Lebe, lebe wohl, vergiß meiner nicht!

5. Liebes Mädchen, es geht zu Ende,
Reich mir deine zarten Hände
Und dein lieblich Angesicht:
Lebe, lebe wohl, vergiß meiner nicht!

6. Auf meinem Grabstein kannst du's lesen,
Daß ich bin dir treu gewesen
Und hab dich so treu geliebt:
Lebe, lebe wohl, vergiß meiner nicht!

Aus Steinbach (geschrieb. Liederb. 1859).

Lit. Erk=Böhme II Nr. 619. — Mündel Nr. 112. — E. Meier S. 235 Nr. 126. — Bender Nr. 40. — Krapp Nr. 7 u. 8. — Böckel Nr. 97h. — Wolfram Nr. 202. — Köhler=Meier Nr. 65 u. 177. — Ditfurth II Nr. 90 u. 91. — Zurmühlen Nr. 31. — Müller S. 39. — Treichel Nr. 53. — Hruschka Nr. 105.

143. Nichts soll mich von dir scheiden.

1. Es ist bald Zeit zum Offenbaren,
Dir zu klagen meinen Schmerz.
Schönster Engel, dich zu lieben
Ist fürwahr mein größter Schmerz.
In dem Lieben, in dem Leiden,
In der Trübsal, Angst und Not,
Nichts soll mich von dir abscheiden
Als allein der bittre Tod.

2. Wo ich gehe und wo ich stehe,
Liegt mir stets mein Schatz im Sinn;
Schick viel Seufzer in die Höhe,
Rufe aus mit heller Stimm:
Weicht von mir, ihr Liebsgedanken,
Die ihr quält mich Tag und Nacht!
Und mein Herz fängt an zu weinen,
Weil du mir die Lieb versagst.

3. Willst du mir die Lieb absagen,
Sag mirs nur am jüngsten Tag.
. . . .
Wann die Sonne ihren Schein verlieret,
Berg und Felsen fallen ein,
So sollst du von mir nicht spüren,
Daß ich dir werde untreu sein.

Aus Westheim.

Lit. Erk=Böhme II Nr. 620 (aus dem Elsaß).

144. Holdes Mariechen.

Aus Lingenfeld.

1. Holdes Mariechen, wo gehst du denn hin?
   Ich geh in die Stadt hinein,
   Wo die Soldaten sein.
   Ei, ei, ei, juck, juck, juck,
   Holde Marie!

2. Holdes Mariechen, was schaffst du in der Stadt?
   Ich such mirs einen Mann,
   Der mich ernähren kann.
   Ei, ei, ei 2c.

3. Holdes Mariechen, du bekommst keinen Mann!
   Wenn ich kein Mann bekomm,
   Spiel ich ihn selber dann.
   Ei 2c.

4. Holdes Mariechen, du bekommst ja ein Kind!
   Wenn ich ein Kind bekomm,
   Das geht kein Mensch was an.
   Ei 2c.

5. Holdes Mariechen, wie heißt denn dein Kind?
   Mein Kind heißt Julian,
   Ist das kein schöner Nam?
   Ei 2c.

Aus Rodalben; aus Gödlingen mit folgenden Abweichungen:
2, 2 u. 3 Ich schaue mich drin um, ob ich keinen Mann bekomm. — 4, 3 Sollst du der Vater sein. — 5 Holdes Mariechen, wie nennst du dein Kind? Mein Kind heißt Christian, Ist das 2c.

Lit. Erk-Böhme II Nr. 621 (aus dem Elsaß, nach Wecklerlein II S. 203). — Gaßmann Nr. 51.

---

145. Kleine Blümlein, kleine Blätter.

1. Kleine Blümlein, kleine Blätter
   Reich ich dir mit leiser Hand,
   Guter Jüngling, Frühlingsgötter,
   Denkst du an ein Rosenband?

2. Rosen und Vergißmeinnicht
   Wachsen nur für mich und dich,
   Eines kann sie nur abbrechen,
   Eines, du oder ich.

3. Keine Ros ist ohne Dörner,
   Keine Lieb ist ohne Pein.
   Bin ich denn zum Schmerz geboren?
   Kann fürwahr nicht anders sein.

4. Mädchen du, o teure Liebe!
   Ruft mir mein Geist so innig zu;
   Denn wie wir geliebet haben,
   Weiß kein Mensch als ich und du.

5. Mädchen, wenn ich einstmals sterbe
   Und der Tod mein Auge bricht,
   So pflanz du auf meinem Grabe
   Eine Blum: Vergißmeinnicht!

6. Mädchen, geh bei Mondesscheine
   Meines Grabes Hügel zu;
   Mädchen, aber niemals weine,
   Sonst verstörst du meine Ruh.

Aus Steinweiler (zwei geschrieb. Liederb. aus neuerer Zeit, das eine 1886). 4,1 u. 2 auch: Mädchen, tue treue Liebe, Ruft meinem Geist im Grabe zu.

Lit. Die erste Strophe stammt aus einem bekannten Goethe'schen Gedichte; s. Böhme, Volkstüml. Lieder Nr. 404, Vgl. auch Erk-Böhme II Nr. 626 a u. b und Wolfram Nr. 263. — Gaßmann Nr. 35. — J. Meier, Kunstl. i. V. S. 31 Nr. 192.

146. Der Kuß in Ehren.

Aus Mutterstadt.

Ach Schönste, Allerschönste, was fühlest du im Sinn? Einen anderen zu lieben, das tut mich sehr betrüben, nun gib mir einen Kuß, — weil

Abweichung des 6. Taktes, aus Kirrweiler.

ich jetzt scheiden muß! Ein' anderen zu lieben, das usw.

Die achtzeilige Strophe, die in diesem Lied neben der sechszeiligen auftritt, wird in **Gödlingen** folgendermaßen gesungen: (Ich verwende als Beispiel die Schlußstrophe!)

{ Ihr Mäd-chen nehmt euch nur in acht, so lang ihr
{ Ihr könnt ja leicht be-tro-gen wer'n, so klug ihr

{ Jung-frau'n seid! }
{ al - le seid. } und wenn wir euch be-tro-gen

han, mar-schie-ren wir da-von — und las-sen

euch das Tra-la-la für eu-ren gu-ten Lohn.

*) Im Schlußsatz ist hier die Weise in die Tonart der Unterdominant geglitten; im benachbarten **Pleisweiler** singt man im 7. Takte die Schlußnote eine Quarte höher und bleibt dadurch in der Tonart des ersten Teils.

1. Ach Schönste, Allerschönste,
Was führest du im Sinn?
Einen andern zu lieben
Das tut mich sehr betrüben,
Ach gib mir einen Kuß,
Weil ich jetzt scheiden muß.

2. Ein Kuß für einen Kuß,
Der schadet dir ja nichts.
Ein Küsselein in Ehren
Ist jedermann erlaubt,
Und keiner ist auf Erden,
Der mir mein Schätzlein raubt.

3. Der König von Bayern
Hat selber es gesagt,
Daß alle junge Burschen
Müssen werden Soldat.
Die Hübschen und die Feinen
Die sucht er sich heraus,
Die Krummen und die Lahmen
Die schickt er all nach Haus.

4. Ach hätt mich meine Mutter
Im ersten Jahr ertränkt,
Einen Stein an den Hals gebunden,
Ins tiefe Meer versenkt,
So wär ich gestorben
Als wie ein Unschuldsblut
Und hätte nicht erfahren,
Was falsche Liebe tut.

5. Drum Mädchen, nehmt euch wohl in acht,
So lang ihr Jungfrauen seid!
Und haben sie euch betrogen,
So ziehn sie wieder fort
Und lassen euch das Tralleralla,
Dann habt ihr euren Lohn.

Aus Ilbesheim, Jockgrim, Katzenbach, Lemberg, Mutterstadt, Neuhofen, Offenbach, Ranschbach, Rieschweiler, Steinweiler, Waldsee, Weingarten, Westheim.

Anfang oft auch: Schönster, Allerschönster ꝛc. O Schönste aller Schönen ꝛc. 1, 4 Mich suchen zu betrüben (Ilbesheim).

Lit. Erk-Böhme II Nr. 632. — Simrock Nr. 210. — Mündel Nr. 142. — Marriage Nr. 54. -- Krapp Nr. 5. — Böckel Nr. 31. — Ditfurth II Nr. 154. — Becker Nr. 162 Str. 2—4. — Zu Str. 3: Köhler-Meier Nr. 244 Str. 2 u. 3; Lewalter I Nr. 20 Str. 5 u. 6 und S. 43 Str. 2 u. 3; Becker Nr. 41 Str. 4; Marriage Str. 3. — Zu Str. 4: Erk-Böhme II Nr. 714a Str. 5 u. 6, 714c Str. 6 u. 7; Böckel Nr. 51b Str. 3 u. 4; Lewalter III Nr. 1 Str. 5 u. 6, Nr. 12 Str. 5 u. 6; Wolfram Nr. 177 Str. 4 u. 5: Köhler-Meier Nr. 141a Str. 5 u. 6 ꝛc. — Weitere Lit. s. bei Marriage S. 93.

147. Übermut.

1. Mädchen, geh du nach Haus,
Denn die Glocke schlägt schon zehn Uhr aus,
Geh und leg dich nieder
Und steh morgen wieder
Früh bei Zeiten auf!

2. Mädchen, kannst du nicht schlafen ein,
Ei so nimm einen Schlaftrunk ein,
Trink ein Gläslein Thee,
Zucker im Kaffee
Und ein Glas mit Wein.

3. Mädchen, glaub sicherlich,
Heiraten aber tu ich dich nicht,
Warte noch ein Jahr,
Dann wirds doch nicht wahr,
Daß wir werden ein Paar.

Aus Steinweiler.

Lit. Erk-Böhme II Nr. 633. — Vgl. unser Lied „Wer sich ein Weibchen nimmt".

148. Wiedersehen der Liebenden.

Ich hab schon drei Som-mer mirs Heim-gehn vor-g'nom-men. Ich hab schon drei Som-mer mei Dirn-del nim-mer g'seh.

1. Ich hab schon drei Sommer
   Mirs Heimgehn vorgenommen,
   Ich hab schon drei Sommer
   Mein Schätzel nimmer g'sehn.

2. Im Tannenwald hinten
   Dort werd ich sie finden,
   Im Tannenwald hinten
   Dort steht ihr Haus.

3. Ich ging vors Fenster
   Und klopfte ganz leise:
   Ach Schätzel, steh auf
   Und laß mich nein!

4. Da seh ich von weitem
   Den Mond schon aufgehn,
   Zwei Sternlein am Himmel
   Die leuchten so schön.

5. Hereinlassen das darf ich nicht,
   Denn meine Eltern die schlafen nicht.
   Ach Schätzel, steh auf
   Und laß mich nein!

6. Ich hab dir was brungen.
   Was hast du mir brungen?
   Ein Ringel an den Finger
   Und ein schwarzrot Band.

7. Ich will dich erlösen,
   Weil mir treu bist gewesen,
   Ich will dich erlösen
   Vom ledigen Stand.

8. Sie drückt mich ans Herzel,
   Sie drückt mich so sehr:
   O himmlischer Vater,
   Schau noch einmal her!

Aus Ranschbach.

Lit. Erk-Böhme II Nr. 634. — Krapp Nr. 145. — Schlossar Nr. 151. — Peter S. 159.

149 a. Liebesschmerzen.

1. Schönstes Schätzel, laß dich herzen,
   Ich vergehe sonst vor Liebesschmerzen;
   Denn du weißt es gar zu wohl,
   Daß ich dich ewig lieben soll.

2. Einen Strauß hab ich gewunden
   Und mein Herzel hineingebunden,
   Denn du weißt es gar zu wohl,
   Daß ich den Strauß dir schenken soll.

3. Und mein Herz will ich dir schenken,
   Daß du oft an mich sollst denken,
   Denn du weißt es gar zu wohl,
   Daß ich mein Herz dir schenken soll.

4. Ach den ich so gern hätt, der ist so sehr weit weg,
Und den ich gar nicht mag, den seh ich alle Tag.
Den Schönen krieg ich nit, den Wüsten mag ich nit,
Und ledig bleib ich nit, was fang ich an?

Aus Bosenbach, Eschenau.

---

149 b. Liebesschmerzen.

1. Herzig Schätzel, laß dich herzen,
Ich vergehe fast vor Liebesschmerzen;
[: Denn du weißt es gar zu wohl,
Daß ich dich ewig lieben soll. :]

2. Bei meiner Seel, ich hab dich gern gehabt,
Ich hab dirs lang gesagt, daß ich dich gern gehabt;
Denn du weißt 2c.

3. Mit keiner Feder kann ich beschreiben,
Was ich hab müssen um dich leiden;
Denn du weißt 2c.

4. Auf meim Brüstel tuts mich jucken,
Komm, mein Schätzel, laß dich drucken;
Denn du weißt 2c.

5. Ich hab ein Sträußel, ich habs gefunden,
Ich habs aufgehoben, ich habs gebunden;
Denn du weißt 2c.

6. Den ich so gerne sieh, der ist so weit von hie,
Und den ich gar nicht mag, den seh ich alle Tag;
Kein Schönen krieg ich nicht, kein Wüsten mag ich nicht,
Ledig bleib ich nicht, was fang ich an?

Aus Weidenthal (geschrieb. Liederb. 1827; das vorausgehende Lied des Liederbuches trägt das Datum: 27. Januar 1827.)

Lit. Erk-Böhme II Nr. 637 a u. b. — Mündel Nr. 87 u. 93. — Hoffmann Nr. 66.

---

150. Vor und nach der Hochzeit.

Aus Mutterstadt, Hochspeyer, Rodalben.

Drei wei-ße Blüm-lein hab ich ge-fun-den, ich hab sie ab-ge-pflückt, sie seins ver-schwun-den. Gelt, Schatz, du weißt ja, ich bin dir gut, daß ich dich e-wig, e-wig lie-ben

tu. Ja, du al-lei-ne bist mei-ne Freu-de, daß ich kein'
an-dre lieb, als dich al-lein.

1. Drei weiße Blümlein hab ich gefunden,
Ich hab sie abgepflückt, sie sind verschwunden.
Gelt, Schatz, du weißt es ja,
Ich bin dir gut,
Daß ich dich ewig, ewig lieben tu.
Nur du alleine bist meine Freude,
Weil ich kein andre lieb als dich allein.

2. Und vor der Hochzeit da sind wir Brautleut,
Und nach der Hochzeit da sind wir Eheleut.
Gelt ꝛc.

3. Und vor der Hochzeit da pflückt man Rosen,
Und nach der Hochzeit da flickt man Hosen.
Gelt ꝛc.

4. Und vor der Hochzeit da gibt es Küsse,
Und nach der Hochzeit da gibt es Schmisse.
Gelt ꝛc.

5. Vor der Hochzeit da trinkt man Rotwein,
Nach der Hochzeit da trinkt man Branntwein.
Gelt ꝛc.

Aus Eßweiler, Hochspeyer, Rodalben, Weisenheim a. B.

1, 4 Daß ich dich lieben tu (Weisenheim). — 1, 7 Ich hab kein andern lieb ꝛc. (Hochspeyer). — 5, 1 . . . . . da gibt es Flaschenwein (Rodalben). In Hochspeyer wird zwischen Str. 1 u. 2 gesungen:

Der mit dem schwarzen Frack,
Der hat das Geld im Sack,
Der mit dem Schützenhut
Gefällt mir grad so gut.
Gelt ꝛc.

Die gleiche Str. bei Marriage.

Lit. Erk-Böhme I Nr. 638. — Marriage Nr. 262 (s. daselbst S. 359 weitere Lit.). Vgl. den Kehrreim des vorausgehenden Liedes.

151a. Die frohe Stunde.

Weise: Wer lieben will, muß leiden (Nr. 141).

1. Wann kommt die frohe Stunde,
Der Augenblick heran,
Daß ich aus deinem Munde
Die Rosen brechen kann?

2. Die Rosen deiner Jugend
So rein als ein Rubin
Von angenehmer Tugend
Auf deinen Wangen blühn.

3. Ich schaute mit Verlangen
Nach jenem Augenblick,
Mein Kind, dich zu umfangen,
Sei stets mein größtes Glück.

4. Hätt ich dich nie gesehen,
Wie ruhig könnt ich sein!
Allein es ist geschehen:
Mein Herz ist nicht mehr mein.

5. Du hast es mir genommen,
Behalts auch fernerhin.
Kein andrer solls bekommen,
So lang ich leb und bin.

6. Laß dich auch nicht verführen,
Wenn ich nicht bei dir bin!
Laß dich nichts Fremdes rühren,
Lieb mich auch fernerhin!

7. Die Freundlichkeit schenk allen,
Dein Herz behalts für mich,
So wird es wohlgefallen
Der Welt für mich und dich.

8. Wird mir die Zeit so lange,
So denkt mein Geist an dich.
Macht mir mein Schicksal bange,
So unterstütze mich!

9. In allem, was ich wähle,
Denk ich, ob dirs gefällt.
O Seele, schönste Seele,
Du meine kleine Welt!

10. Nun möcht ich gerne wissen,
Was nun dein Herze denkt.
Du hast mir meins entrissen,
Hätt ich dirs nicht geschenkt.

Aus Wörth (geschrieb. Liederb. 1868).

151 b. Die frohe Stunde.

1. Wann kommt die süße Stunde,
Der Augenblick heran,
Daß ich von deinem Munde
Die Liebe küssen kann?

2. Die Rosen blühn so reizend,
Glänzen heller als vorhin,
Im Reiche deiner Jugend
Hätt ich sie gern von dir.

3. Du nennst mich deinen Engel
In deinem Paradies;
Das Opfer will ich bringen,
Das brennt ja gar zu heiß.

4. Hätt ich dich nicht gesehen,
So könnt ich ruhig sein;
Allein es ist geschehen:
Mein Herz ist nicht mehr mein.

5. Du hast es mir genommen,
Behalt es immerhin!
Kein andrer wirds bekommen,
So lang ich leb und bin.

6. Solls dann ein Jeder wissen,
Was ich und du getan?
Wenn wir einander küssen,
Was gehts die Leute an?

Aus Haardt (daselbst aufgezeichnet i. J. 1906 durch den 80jährigen Winzer Joh. Weintz IV.). Das Lied ist nur dem alten Geschlechte noch geläufig.

Lit. Erk=Böhme II Nr. 641 a–c. — Köhler=Meier Nr. 109. — Becker Nr. 139. — Ditfurth, Volks= u. Gesellschaftsl. Nr. 54. — Zurmühlen Nr. 120. — Treichel Nr. 56. — Über die Entstehung dieses „zusammen= gesungenen" Liedes s. die wertvollen Darlegungen John Meiers bei Köhler-Meier S. 396 ff. Vgl. unser Lied Nr. 141. Zu b Str. 6 vgl. Nr. 157 b Str. 4.

152a. Mädchen mit den blauen Augen.

I.

Aus Robalben.

Mäd-chen mit den blau-en Au-gen, komm her-ab, ja komm zu

1. Mädchen mit den blauen Augen,
   Komm zu mir, ja komm zu mir!
   Draußen auf der grünen Heide,
   Bei so hellem Mondenscheine
   Wollen wir, ja wollen wir,
   Wollen wir spazieren gehn.

2. Mädchen, haſt du Luſt zum Schlafen,
   Schlafe nur, ja ſchlafe nur!
   Engel ſollen dich begleiten,
   Dir ein ſanftes Bett bereiten.
   Schlafe nur, ja ſchlafe nur,
   Schlafe du in ſüßer Ruh.

3 Mädchen haſt du Luſt zum Trutzen,
   Trutze nur, ja trutze nur!
   Deine Schönheit bleibt nicht immer,
   Es gibt noch viele Frauenzimmer,
   Die viel ſchöner ſind als du!
   Trutze nur, ja trutze nur!

4. Mädchen, hast du Lust zum Schätzeln,
Schätzle nur, ja schätzle nur!
Dort an jener Wasserquelle
Bei dem Wasser frisch und helle
[: Schwurst du mir und ich schwur dir. :]

Aus Bosenbach, Eßweiler, Insheim, Nußbach, Ober=
weiler i. T., Peppenkum, Pirmasens, Schopp, Utweiler.

Anfang auch: Mädchen mit dem blauem Kleide (Insheim). 1, 3 Dort in jenem dunklen Haine (Pirmasens). 3, 1 Mädchen, hast du Lust zum Tanzen, tanze nur 2c. (Insheim). 3, 5 Schön wie du, ja schön wie du (Peppenkum).

152b. Mädchen mit den blauen Augen.

I.
Aus Groß-Fischlingen.

{ Mäd-chen mit den blau-en Au-gen, komm zu mir! }
{ Laß uns Him-mels-won-ne sau-gen, fol-ge mir! }

Drau=ßen in dem stil-len Ta-le bei des blas-sen

Mon-des Strah-le wan-deln wir!

II.
Aus Billigheim.

{ Mäd-chen mit dem blau-en Au-ge, komm zu mir! }
{ Laß die Him=mels=won-ne sau-gen, komm zu mir! }

Drau=ßen in dem stil-len Ta-le bei den blas-sen

Mon-des=strah-len, fol-ge mir, ――― fol-ge mir!

1. Mädchen mit den blauen Augen,
Komm zu mir!
Laß uns Himmelswonne saugen,
Folge mir!
Draußen in dem stillen Tale
Bei des blassen Mondes Strahle
Wandeln wir.

2. Wandeln hin zur Wiesenquelle,
Die dort rauscht,
Wo auf jeder Silberwelle
Amor lauscht.
Dort will ich dich mit Entzücken
An den heißen Busen drücken
Unbelauscht.

3. Ich küß dich, du küßt mich wieder:
Satt geküßt
Setzen wir zur Quell uns nieder,
Die dort fließt
Bei der schönen Marmorgrotte,
Die dem kleinen Liebesgotte
Heilig ist.

4. Holdes Mädchen, also blühen
Lilien auf,
Und auf deinen Wangen glühen
Rosen drauf.
Auf den vollen Rosenhügeln
Gaukelt Amor mit den Flügeln
Auf und ab.

5. Holdes Mädchen, laß dich küssen,
Lasse dich
An mein heißes Herze drücken,
Küsse mich!
Holdes Mädchen, meine Liebe
Lohne du mit Gegenliebe
Innerlich!

6. Mädchen, hier zu deinen Füßen
Kniet dein Freund;
Lässest du ihn Huld genießen,
Wie es scheint,
Wird er täglich sich bestreben,
Nur allein für dich zu leben,
Treu vereint.

7. Sie, das Opfer meiner Liebe
Ist vollbracht!
Mädchen, sag, ist dies der Liebe
Zaubermacht?
Engel sollen dich begleiten,
Dir ein sanftes Bett bereiten,
Gute Nacht!

Aus Impflingen (geschrieb. Liederb. um 1850), Wörth (geschriebene Liederbücher 1862 u. 1868), Großfischlingen (noch heute gesungen, und zwar Str. 1, 2 u. 6).

Lit. Erk-Böhme II Nr. 644 a—c. — Böhme, Volkstüml. Lieder Nr. 427 a u. b. — Mündel S. X Nr. 7 (Alsatia). — Marriage Nr. 71. — Köhler-Meier Nr. 110. — Wolfram Nr. 162. — Becker Nr. 143. — Vgl. Bender Nr. 69. — Verfasser Karl Reinhard 1785? S. Köhler-Meier S. 898 f. — Das Lied ist aus zwei verschiedenartigen Liedern zusammengesungen; näheres hierüber s. J. Meier, Kunstl. i. V. S. 76 Nr. 492.

153a. Ist denn Liebe ein Verbrechen.

I.
Aus Pirmasens.

Ist denn Lie=be ein Ver=bre=chen, darf man denn nicht zärt=lich sein,

nicht mit sei=ner Lieb=sten spre=chen, und mich sei=ner Lie = be freun?

Diese Melodie wird zur Begleitung des Tanzes gesungen.

II.
Aus Ludwigshafen.

Ist denn Lie=be ein Ver=bre=chen, darf man denn nicht zärt=lich sein,

nicht mit sei=nem Liebchen spre=chen und sich sei = ner Lie=be freun?

In der Nordpfalz hörte ich diesen Text auf die Melodie Nr. 196 „Liebchen, willst du mirs gestehen" singen.

1. Ist denn Liebe ein Verbrechen?
   Darf man denn nicht zärtlich sein?
   Nicht mit seinem Liebchen sprechen?
   Sich nicht seiner Liebe freu'n?
   Dann gereuet mich das Leben,
   Dann beklag ich die Natur;
   Denn mir ward ein Herz gegeben,
   Aber ach! zum Klagen nur.

2. Warum mußte ich dich sehen?
   War das Schicksal mir so gram,
   Daß ich dahin mußte gehen,
   Wo dein Blick mir alles nahm?
   Ruh und Frieden sind verloren,
   Sind geopfert, sind dahin:
   Ach, wär ich doch nie geboren,
   Weil ich so unglücklich bin!

3. Lange habe ich meine Klagen
   Stummen Felsen zugebracht;
   Ach, ich darf es dir nicht sagen,
   Was so sehr mich leiden macht!
   Kenntest du die heißen Triebe,
   Die mein Herz dir so verhehlt?
   Liebe ist es, heiße Liebe,
   Die mich so unendlich quält!

4. Ewig, ewig muß ich schweigen,
   Schrecklich ist mir diese Pflicht.
   Ach ich darf mich dir nicht zeigen,
   Denn das Schicksal leidets nicht.
   Ewig werd ich mich betrüben,
   Ewig trag ich meinen Schmerz;
   Doch darf ich dich gleich nicht lieben,
   So verehrt dich doch mein Herz.

5. Ach wär ich in jenen Lüften,
   Wo der Gott in Liebe thront,
   Wo in süßen Rosendüften
   Unschuld bei der Liebe wohnt,
   Wo in heißen Liebesflammen
   Lang Getrennte finden sich:
   Dahin, dahin möcht wandern,
   Ewig, ewig lieb ich dich!

Aus Bissersheim, Bosenbach, Frankenthal, Kandel, Katzenbach, Maßweiler, Mutterstadt, Rieschweiler, Winzeln, Wörth.

1, 7 u. 8 Sie hat mir ein Herz gegeben, Doch zum Lieben schuf sie's nur (Wörth). Die mir auch ein Herz gegeben, Aber bloß zum Seufzen nur (Mutterstadt). Hat man denn ein Herz vergebens Oder bloß zum Klagen nur? (Rieschweiler). 2, 5 Ruh und Freuden sind verloren (oft). 2, 6 Dir geopfert sind sie hin (Mutterstadt). 3, 1—4 Lange hab ich meine Klagen Stummen Felsen zugewandt, Und ich darf es dir nicht sagen, Darf nicht hoffen deine Hand (Winzeln).

In einem geschrieb. Liederbuch aus Weyher vom Jahre 1823/24 hat das Lied folgenden Wortlaut (letzte Str. stark verderbt):

153b. Ist denn Liebe ein Verbrechen?

1. Ist denn Liebe ein Verbrechen?
   Darf man dann nicht zärtlich zärtlich sein?
   Nicht mit seinem Liebchen sprechen?
   Ihrer Liebe sich nicht freun?
   So gereute mich das Leben,
   Ich beklage die Natur;
   Hab ich dann ein Herz zum Lieben
   Oder bloß zum Quälen nur?

2. Warum muß ich dich dann hassen?
   Ist das Schicksal mir so gram,
   Weil ich dich dorthin muß lassen,
   Wo dein Bild mir alles nahm?
   Ruh und Freude sind verloren,
   Sind geopfert, sind dahin:
   Ach, wär ich doch nie geboren,
   Weil ich so unglücklich bin!

3. Ewig, ewig werd ich schweigen,
   Immer tragen tiefen Schmerz.
   Darf ich dich gleich nicht mehr lieben,
   So verehrt dich doch mein Herz.
   Ist denn keine mir gegeben?
   Ich bin doch den Mädchen gut!
   Immer ohne Weibchen leben,
   Ist ja wahrlich Höllenglut!

4. Nun so will ich willig lieben,
   Freundlich küssen, zärtlich sein,
   Lieben guten Mond vergeben (?),
   Einen weißen nimm ich mir (?).

Weiß ist schön, ich muß dich küssen,
Mond, verstehe dich dazu:
Sollt es dich so sehr verdrießen,
So schließ deine Augen zu.

In einem geschrieb. Liederbuch aus Rothselberg (1859) findet sich folgendes Lied, das mit unserem nur die 1. Str. gemein hat:

153 c. Ist die Liebe ein Verbrechen?

1. Ist die Liebe ein Verbrechen?
Darf man dann nicht zärtlich sein?
Nicht mit seinem Liebchen sprechen
Und sich in der Treu erfreun?
So gereut es mir des Lebens,
So verklagt mich die Natur!
Hab ich denn mein Herz vergebens
Oder mich zu quälen nur?

2. Schicksal, ja nimm es zurücke,
Wenn die Liebe ein Laster ist;
Ohne sie hab ich kein Glücke,
So das Leben uns versüßt.
So ich dich soll nun verlassen,
Deinem Umgang mich entziehn,
So will ich mich selber hassen,
So will ich mich selber fliehn.

3. Nun du wischest mir die Tränen
Von dem treuen Angesicht.
Sag, was kann dir Gram gebären?
Sonne, lieb ich dich denn nicht?
Schönste, ja, daß du mich liebest,
Ist mein einziger Trost im Leid;
Wenn du, Schönste, mir nicht bliebest,
Ich verging vor Traurigkeit.

4. Wenn wir miteinander spielen,
Was die Lieb für Reize hat,
Es in treuen Küssen fühlen,
Ist dann dies die Lastertat?
Zwingt die Armut mich zu Tränen,
So spricht gleich mein Herz zu dir:
Geh und klag es deiner Schönen!
Und ich geh und klag es ihr.

5. So ist Lieben ein Verbrechen?
Darf man dann nicht zärtlich sein?
Nicht mit seinem Liebchen sprechen
Und sich in der Treu erfreun?
Und du willst dich nie entrauben,
Die du doch mein Alles bist?
Nein, o nein! Ich kanns nicht glauben,
Daß die Lieb ein Laster ist!

Lit. Erk=Böhme II Nr. 645. — Gaßmann Nr. 75. — Krapp Nr. 173. — Zopf Nr. 14. — Wolfram Nr. 239. — Lewalter V Nr. 23. — Köhler=Meier Nr. 36. — Weitere Lit. s. J. Meier, Kunstl. i. V. S. 75 Nr. 480.

154. Im Mai.

In der ganzen Pfalz verbreitet.

Drauß ist al=les so präch=tig und es wird mir so wohl, wenn mein'm

Schät=zel be=däch=tig e Sträu=ßel ich hol. Mein Herz tut sich

freu=en und es blüht mir auch dar=in, im Mai, im schö=nen

Mai=en hab ich viel noch im Sinn, hab ich viel noch im Sinn.

1. Drauß ist alles so prächtig
Und es ist mir so wohl,
Wenn mei'm Schätzel bedächtig
Ein Sträußel ich hol.
Mein ganz Herz tut sich freuen
Und es blüht mir auch drin.
Im Mai, im schönen Maien
Han ich viel noch im Sinn.

2. Die Vöglein schön singen,
Frühmorgens zieh ich aus,
Und ich kanns halt bezwingen,
Hol ich's Schätzel ins Haus.
Und es wird sich schon machen,
Denn ich meins ja so gut,
Unser Herrgott wirds machen,
Daß wir zammen uns tun.

3. Wenn die Glöcklein erklingen
Am Abend zur Ruh,
Tu mei'm Schätzel ich singen:
Mach die Äuglein jetzt zu!
Alle Blümlein verblühen,
Und der Mai ist bald vorbei,
Und dann wird er einziehen
In zwei Herzen so treu.

4. Das Sträußchen im Maien
O das bring ich dir gleich,
Und es wird dich gewiß freuen,
Und ich küßt sie dabei.
Und sie hat mich auch lieber,
Weil es draußen so schön;
Meine Augen gehn ganz über,
Daß ich jetzt kann zu ihr gehn.

Aus Böckweiler, Eßweiler, Glashütte, Katzenbach, Oberweiler i. T., Schallodenbach, Steinweiler, Wachenheim, Wallhalben.

Lit. Erk=Böhme II Nr. 646. — Böhme, Volkstüml. Lieder S. 598. — Wolfram S. 480. — J. Meier, Künstl. i. V. S. 10 Nr. 62. — Verfasser: F. Richter vor 1835.

155. Was der Mensch braucht.

Aus Wachenheim.

1. Die Erde braucht Regen,
   Die Sonne braucht Licht,
   Und der Himmel braucht Sternlein,
   Wenn die Nacht hereinbricht.
   Einen Ast braucht der Vogel,
   Um sein Nest drauf zu baun,
   Und der Mensch braucht ein Herz,
   Dem er seins kann vertraun.

2. Es sucht unaufhörlich
   Nach dem Herzen das Herz,
   Um zu teilen die Sorgen,
   Um zu teilen den Schmerz.
   Verdoppelt wird Freude
   Und leicht schwindet Graun,
   Wenn der Mensch kennt ein Herz,
   Dem er seins kann vertraun.

3. Und hat ers gefunden,
   Dann soll er sich freun,
   Denn es kann ohne Liebe
   Kein Mensch glücklich sein.
   Er braucht nicht auf Reichtum,
   Auf Geld nicht zu schaun,
   Denn er hat ja ein Herz,
   Dem er alles kann vertraun.

Aus Wachenheim.

Lit. Erk-Böhme II Nr. 648. — Böhme, Volkstüml. Lieder S. 599. — Wolfram Nr. 410. — J. Meier, Kunstl. i. V. S. 9 Nr. 53. Verfasser: J. Kartsch 1847.

156. Traumbild.

Aus Hüft.

Ich ging in nächt=lich stil=lem Hai=ne des Nachts bei hel=lem Mon=den=schei=ne, sah ich von fern ein Mäd=chen stehn, sie war so schön wie ei=ne Re=be, sie war, mein Gott, so wahr ich le=be, die schön=ste, die ich je ge=sehn.

Mit kleinen Abweichungen auch aus Groß-Fischlingen.

1. Einstmals stand ich auf nächtlich grüner Heide,
   Es war des Nachts beim hellen Mondenscheine,
   Sah ich von fern ein Mädchen stehn;
   Sie war so schön wie eine Rebe,
   Sie war, bei Gott, so wahr ich lebe,
   Die Schönste, die ich je gesehn.

2. Als sie mich sah, da wollte sie entfliehen,
   Aber trostlos war ihr Bemühen.
   Ich faßte sie beim Kleid und sprach:
   Mein Liebchen, willst du mich verlassen,
   Willst du mich lieben oder hassen?
   Ihre Antwort war ein leises „Ja".

3. Wir setzten uns ins Grüne nieder,
   Ich küßte sie und sie mich gleich wieder,
   Wir kannten uns vor Liebe kaum.
   Und so verschwand sie unter Küssen,
   Und wollt ihrs dennoch weiter wissen?
   Ich wachte auf, es war — ein Traum.

Aus Bosenbach, Dürkheim, Eschenau, Ginsweiler, Hertlingshausen, Hofstetten, Höhfröschen, Ilbesheim, Insheim, Kandel, Landstuhl, Lemberg, Ludwigshafen, Maubach, Niederhausen, Niederkirchen im Ostertal, Olsbrücken, Ottersheim, Wachenheim, Weisenheim a. B., Wintersbach, Winzeln, Wörth.

Die Texte zeigen nur unwesentliche Abweichungen; nur der Anfang ist sehr verschieden: Einst stand ich auf einer grünen Heide Bei meinen Schäflein auf der Weide, Da sah 2c. (Höhfröschen). Ich ging einmal im nächt=

lich stillen Haine Und des Nachts bei hellem Mondenscheine (Niederkirchen).
Als ich des Nachts bei hellem Mondenscheine Spazieren ging so ganz
alleine (Olsbrücken.) Stand ich auf nächtlich grüner Heide 2c. (oft).
1, 4 Sie war so schlank 2c. (öfters). 2, 2 statt „trostlos" vereinzelt auch
„vergeblich", „umsonst", „eitel", „rastlos". 2, 3 Ich drückte sie ans Herz
und sprach (Ottersheim). Ich faßte sie beim Arm (öfters). Bisweilen
z. B. in Dürkheim, Lemberg wird noch folgende Strophe gesungen:

    Ein Traum ist alles nur auf Erden,
    Kaum fängt man an ein Mensch zu werden,
    Und freut sich seines Daseins kaum,
    So muß man schon die Welt verlassen,
    Kann Feinsliebchen nimmermehr umfassen
    (Oder: Ein jeder ziehet seine Straßen):
    'S ist alles nur ein leerer Traum.

    Vgl. unser Lied mit gleichem Anfang und Böhme, Volkstüml. Lieder
Nr. 671. Die Veranlassung zur Verknüpfung der beiden Lieder hat das
letzte Wort unseres Liedes („Traum") gegeben; außerdem hat das Volk
die achtzeilige Strophe des Liedes „Ein Traum ist alles nur auf Erden"
in eine sechszeilige zusammengezogen.

    Lit. Erk=Böhme II Nr. 650. — Böhme, Volkstüml. Lieder Nr. 162. —
Marriage Nr. 105. — Krapp Nr. 229. — Glock S. 26. — Köhler=Meier
Nr. 102. — Wolfram Nr. 88. — Lewalter V Nr. 51. — J. Meier, Kunstl.
i. V. S. 60 Nr. 373 und S. 63 Nr. 396.

157a. Rosenbrechen.

1. Erlauben Sie, o Schönste, in den Garten zu gehn,
Da seh ich schon von ferne einen Rosenstock stehn.
Dieselbe abzubrechen ist schon die höchste Zeit,
Die Schönheit der Rosen mein Herzchen erfreut.

2. Ach Minchen, ach Minchen, du einsames Kind,
Wer hat dir denn solche Gedanken eingesinnt,
In einen verschlossenen Garten zu gehn?
Du schaust mir in die Augen, ich muß ja schweigen still.

3. Nur eine, sonst keine, die mir in die Augen sticht,
Wie schöner die Rosen, wie lieber man sie bricht.
Die lieblichen Küsse, sie schmecken uns so wohl!
Und was wir beide wissen, kein Mensch erfahren soll.

4. Und was wir beide wissen, das geht die Leut nichts an,
Und niemand solls erfahren, was ich und du getan.
Wir beide sein verbunden aus lauter Lieb und Treu,
Glückselig sein die Stunden, die wir beisammen sein!

5. Gehorsamster Diener, gehorsamster Knecht,
Wenn Sie mich wollen lieben, so lieben Sie mich recht!
Oder haben Sie eine andere viel lieber als wie mich?
Gehorsamster Diener, so lieben Sie für sich!

Aus Herschweiler=Pettersheim.

2. 4 auch; Du schaust mir in die Augen, das muß ich dir gestehn.

157b. Rosenbrechen.

1. Ists nicht erlaubt, du Schönste,
   Mit dir in den Garten zu gehn?
   Da seh ich ja von ferne
   Zwei schöne Röslein stehn.

2. Ists nicht erlaubt zu brechen?
   Es ist die schönste Zeit,
   Die Schönheit deiner Jugend
   Hat mir mein Herz erfreut.

3. Wir zweien sein verbunden
   Durch lauter Lieb und Treu.
   Glückselig sein die Stunden,
   Wo wir beisammen sein.

4. Warum wills denn jeder wissen,
   Was ich und du getan?
   Wenn wir einander küssen,
   Was gehts die Leute an?

Aus Steinweiler.

157c. Rosenbrechen.

1. Amichen*), erlaub mir in Garten zu gehn,
   Ich sah von ferne zwei Röselein stehn.
   Erlaub mir sie zu brechen, denn jetzo kommt die Zeit,
   Wo die Schönheit der Rose mein Herz mir erfreut.

2. Amichen, Amichen, du einsames Kind,
   Deine zärtlichen Triebe haben mein Herz entzündt.
   Sollst gehn in meinen Garten, du weißt ja die Tür,
   Sollst aber keinem andern nichts sagen von mir.

3. Nichts sagen, nichts sagen, das ist mein Gebrauch,
   Wer Röslein will brechen, der geh in Garten naus.
   Gestohlene Röslein, die schmecken**) gar so wohl;
   Was ich und du getrieben, kein Mensch erfahren soll.

4. Was ich und du getrieben, was ich und du getan,
   Wenn wir einander lieben, was gehts die Leute an?
   Wir zwei sein verbunden aus lauter Lieb und Treu,
   Glückselig sind die Stunden, wo wir beisammen sein!

Aus Impflingen.

157d. Rosenbrechen.

1. Amalchen, Amalchen, du reizendes Kind,
   Deine zärtliche Liebe hat mir mein Herz entzündt.
   Nur eine, sonst keine, die mir ins Auge sticht;
   Wie schöner das Blümelein, wie wohler es riecht.

---

*) „Amichen" ist Koseform für „Anna Maria".
**) „schmecken", „schmacken" bedeutet in der Pfalz „riechen".

2. Geh naus in den Garten, du weißt ja die Tür,
Darfst aber keinem andern nichts sagen von mir.
Nichts sagen, nichts reden, du weißt ja mein Gebrauch,
Wer Rosen will abbrechen, der geh in Garten naus.

3. Gestohlene Röselein die riechen gar so wohl!
Was ich und du getrieben, kein Mensch erfahren soll.
Wir zwei wir sind verbunden aus lauter Lieb und Treu,
Glückselig sein die Stunden, die wir beisammen sein.

Aus Hagenbach, Wörth.

3, 1 Ach ihr verstohlene Röselein, wie riechet ihr so wohl! (Wörth).

Lit. Erk-Böhme II Nr. 658 a u. b. — Mündel Nr. 55. — J. Meier, Kunstl. i. V. S. 64 Nr. 403. — Zu b Str. 4 vgl. Nr. 151 b Str. 6.

158. Flatterhaft.

1. Ach herzlich lieb Schätzchen,
Wie gefällst du mir so sehr!
Daß ich dich soll meiden,
Und ich sehe dich doch so gern!

2. Daß ich dich soll meiden
Und soll so weit von dir scheiden
Und ein andern zu lieben,
Wo mir nicht gefällt.

3. Denn wir waren so oft beisammen
Eine ganze halbe Nacht,
Ja den Schlaf haben wir gebrochen
Und mit Liebe zugebracht.

4. Und jetzt seh ich, daß du wanderst
Bald hin und bald her,
Bald gefällt dir die, bald diese,
Bald kommst du zu mir.

5. Aber jetzt hab ich gesehen,
Daß ich nicht mehr kann zu dir gehen.
Denn dein falsches Herz
Denkt nicht mehr an mich.

Aus Siegelbach.

Lit. Zum Anfang vergl. Erk-Böhme II Nr. 659. Str. 3 ist eine beliebte Wanderstrophe, die sich z. B. findet bei Erk-Böhme II Nr. 545 b, 626 a, 661, 667, 671, 722. Im übrigen habe ich für das Lied keinen Beleg gefunden.

Inhalt.

I. Erzählende Lieder: Mythische Volkslieder, Balladen, Romanzen ꝛc. Nr. 1—71 . . . . S. 3—167
(Zu Erk=Böhme Bd. I)

II. Liebeslieder Nr. 72—158 . . . . S. 171—304
(Zu Erk=Böhme Bd. II Nr. 371—659).

Alphabetisches Verzeichnis der Liederanfänge.
(Auch die unter den Varianten verzeichneten Liederanfänge sind aufgenommen.)

	Nr.
Ach, dein gedenk ich, wenn ich erwach	125b
Ach Gott, das drückt das Herz mir ab	140b
Ach Gott, das drückt mirs Herz bald ab	140a
Ach herzlich lieb Schätzchen, wie gefällst	158
Ach Josef, ach Josef, was hast du gemacht . . .	15
Ach Mutter, liebe Mutter .	22d
Ach Mutter, liebste Mutter (Jüdin)	28
Ach Schatz, ach Schatz, jetzt reis ich fort	39
Ach Schatz, warum so tr.	79b u.100
Ach Schatz, was hab ich dir zu leid getan . . .	114a
Ach Schatz, was hab ich erfahren	8b
Ach Schätzchen, ich hab es erfahren	8c
Ach Schätzchen, wenn ich dich erblicke	123c
Ach Schätzelein, was hab ich dir Leids getan . . .	114
Ach Schiffer du, erwarte noch einmal	25
Ach Schiffer, halt das Schiff so lang	25

	Nr.
Ach Schiffer, Schiffer, warte noch einmal	25
Ach Schönste, Allerschönste, was führest	146
Ach Schönste, Allerschönste, was redet	22f
Ach schönster Schatz, allwo du bist	120
Ach was wird mein Schätzlein denken	88a
Ach wie ists möglich dann .	112
Ade mein Schatz, jetzt reis ich fort	89
A Dirndl ging um Holz in Wald	23b
Alle Leute sollens wissen .	142b
Alle meine Tränen fließen .	142a
Als die holde holde Anna auf dem Breitenstein .	4
Als die wunderschöne Anna	4
Als ich an den letzten Abend gedacht (gedenk) . . .	115
Als ich an einem Sommertag	90
Als ich auf hohem Berge stand	42a
Als ich des Nachts bei hellem Mondenscheine	156
Als Ottila schöns Mädchen war	3
Amalchen, Amalchen, du reizendes Kind	157d

	Nr.
Am Grabe sitzt ein Kind und weint	66
Annchen, erlaub mir in Garten zu gehn	157 c
Am Sonntag, am Montag in aller Früh	116 a
Am Sonntag des Morgens in aller	116 a
Am Sonntag Morgen in aller	116 b
An einem schönen Abend hört ich	94 b
An einem schönen Sommertag	90 a
An einem Sonntagmorgen	27 a
Anna (Ännchen) saß am Breitenstein	5 a
Auf d. Markt bin ich gegangen	92
Auf dieser Welt hab ich keine Freud	128
Auf einem frischen Grab	67 b
Auf einem Grab so klein	67 a
Auf einem kleinen Grab	67 a
Auf hohen Bergen u. tief. Tal	125 b
Auf Trauer folgt bald Freud	118
Bald gras ich am Neckar	98 f
Brasilia, Brasilia, du edles Kraut	130
Christinchen ging in d. Garten	1 a
Christinchen saß im Garten	1 b
Da droben auf jenem Berge	76 c
Da droben auf jenem Berge	77
Da drunten im tiefen Tale	35 b
Da ich nun kein Schatz mehr hab	85
Da oben auf hohem Berge	76 c
Das Lieben bringt groß Freud	117
Dein gedenk ich, als ich erwacht	125 c
Dein gedenk ich, wenn ich erwach	125 b
Der mit dem schwarzen Frack	150
Die Anna saß auf einem Stein	5 a
Die Blätter von den Bäumen	30
Die Erde braucht Regen	155
Die Leut sein schlimm, sie reden	119 e
Die Rosen blühen im Tale	8 d
Dort droben auf hohem Berge	76 c
Dort droben auf jenem Berge	76 b
Dort unten in dem Tale	76 a
Dragoner ziehn aus dem Kriege	59 c
Drauß ist alles so prächtig	154
Drei weiße Blümelein hab ich	150
Du bist mein, ich bin dein	72
Du, du liegst mir im Herzen	131
Du, Herr Müller, tu nachsehen	35 a

	Nr.
Du sagst, du tätst mich nehmen	113 b
Eine alte Burg mit Mauern fest	7 a
Ein Bursch zog in die Fremde	39
Eine Dame wollte früh aufstehn	33
Ein Edelmann ritt zum Tor hinaus	6 a u. c
Eine feste Burg von Mauern fest	7 b
Ein Mädchen mit holder Miene	24 d
Eine Schäferin ging zum Tor hinaus	6 b
Ein Schäfer trägt (trug) Sorgen	84
Ein Traum ist alles nur auf Erden	156
Ein trotziger Ritter im fränkischen Land	58 b
Einst ging ich ans Brünnele	68
Einst ging ich mit Liebchen spazieren	75
Einst liebte ich ein Mädchen	14
Einst stand ich am Riegel der Ecke	53
Einst stand ich auf einer grünen Heide	156
Einst stand ich auf hohem Berge	29 b
Einstmals fahr (fuhr) ich auf dem See	26
Einstmals hört (saß) ich in der stillen Ruh	94 a
Einstmals stand ich auf nächtlich grüner Heide	156
Ei Schatz, warum so traurig	100 a
Englisch Gesicht, sag warum	133
Erlauben Sie, o Schönste, in den	157 a
Es blühen die Rosen im Tale	8 d
Es blühen Rosen, es blühn Nelken	109 c
Es fallen alle Blätter	30
Es fliegen drei Schwalben	71
Es flog manch Vöglein in das Nest	93 b
Es fuhr ein Küchebu	57
Es gibt doch kein schöneres Leben	8 a
Es ging ein Hirtenknab spazieren	70 b
Es ging ein Jäger wohlgemut	38
Es ging ein Knab spazieren	41 u. 47
Es ging ein Mädchen grasen	22 b
Es ging ein Mädchen Wasser holen	43 b

	Nr.
Es ging ein Mädchen wohl an das Meer	49 a
Es ging ein Mädchen wohl über ein Schiff	49 b
Es ging einmal ein verliebtes Paar	12 a u. c
Es ging ein Müller wohl übers Feld	17 b
Es ging ein Pfalzgraf über den Rhein	56 a
Es ging einst ein verliebtes Paar	12 d
Es ging wohl ein verliebtes Paar	12 b
Es gingen zwei Liebcher nach Schwaben	10 a
Es gingen zwei Verliebte	61
Es hatte ein Markgraf ein Töchterlein	36
Es holt ein Dirndel Holz im Wald	23 b
Es ist bald Zeit zum Offenbaren	143
Es ist mir nichts lieber	98
Es kam ein Bettelmann	50
Es kann mich nichts schönres erfreuen	8 a
Es lagen (leben) zwei verborgen	62 a
Es lieben sich zwei in einem Sinn	32
Es liebten zwei im Stillen sich	32
Es liegen zwei verborgen	62 a
Es reisen drei Regimenter	48
Es reisen zwei Liebcher in Schwaben	10 a
Es reist ein Bettelmann	50
Es reist ein Knab ins fremde Land	31 a
Es ritt ein Mensch den Wald hinein	70 a
Es ritt ein Ritter wohl durch den Wald	2 b
Es ritt ein Ritter wohl über den Ried	2 a
Es rückten drei Regimenter	48
Es saß ein armes Mädchen	24 a u. b
Es schlief ein Graf bei	37 a
Es schliefen zwei geborgen	62 a
Es sitzt ein armes Mädchen	24 b
Es spielt ein Graf mit	37 b
Es stand (steht) eine Linde im tiefen Tal	20
Es stand ein Schloß in Österreich	18
Es standen zwei Linden	20 c
Es sucht ein Dirnbl im Holz	23 b
Es war ein feines Mädchen	24 b

	Nr.
Es war fürwahr ein junger Soldat	46
Es war ein Jäger wohlgemut	38
Es war ein Mädchen von 18 Jahren	69 b
Es war einmal ein feiner Husar (Knab)	31
Es war einmal ein feiner Knab	13 b
Es war einmal eine Jüdin	28 u. 34
Es war einmal ein junger Soldat	46
Es war einmal ein Mädchen	69 a
Es war einmal eine Müllerin	51
Es war einmal ein Pfeifer	9
Es war einmal ein treu Husar	31 b
Es war eine reiche Müllerin	51 a
Es war ein reicher Kaufmannssohn	13 a
Es war einst eine reiche Jüdin	28
Es war ein Weinstock	109 d
Es waren der Geschwister	52 a
Es waren drei Handwerksburschen	42 c
Es waren drei Knaben, ein jungfrisch Blut	19 a
Es waren drei Mädchen (Töchter) allein	52 a
Es warn einmal zwei Bauernsöhn	11
Es waren zwei Königskinder	27
Es waren zwei Mädchen allein	52 a
Es waren zwei Verliebte in Algier	10 b
Es welken alle Blätter	30
Es wohnt ein Pfalzgraf	56
Es wohnt ein reiches Müllerlein	44
Es wohnte eine Tochter auf	58 a
Es wohnten drei Töchter allein	52 a
Es wollt eine Dame frühaufstehn	33
Es wollt ein Jäger jagen	22 g
Es wollt ein Mädel früh aufstehn	45 c
Es wollte ein Mädchen grasen gehn	22
Es wollt ein Mädchen in der Früh aufstehn	33 u. 45
Es wollte ein Mädchen spinnen	24 c
Es wollt ein Mädchen tanzen	55
Es wollte ein Mädchen Wasser holn	43 a
Es wollte ein Mädchen wohl über ein Schiff	49 b
Es wollt einmal (einst) reisen	21

	Nr.
Es wollt ein Müller früh aufstehn	17a
Es wollt sich einschleichen	74
Es wollt sich entschleichen ein	21
Es zog ein Regiment wohl.	48
Es zogen drei Regimenter	48
Fall herein, fall herein, du kühler Schnee	102
Frau Müllerin, du mußt ja	35a
Ganz vergnügt und einsam	94c
Gestern Abend in der stillen Ruh	94a
Gestern Abend spät in stiller Ruh	94b
Gold und Silber, Edelstein	88b
Gott Grüß dich, Wilhelminchen	79c
Heinrich schlief bei seiner Neuvermählten	63
Herzger Schatz, mein Augentrost	119d
Herzig Schätzel, laß dich herzen	149b
Holder Jüngling, wenn ich dich	123a
Holdes Mariechen, wo gehst du denn hin	144
Holds Dirndl wollt in Wald	23b
Holzapfelbäumchen, wie	81
Ja, mein Liebchen, du sollst wissen	142a
Ich armer Has	54
Ich bin ein armes Mädchen	65b
Ich bin geschieden so weit von hier	125a
Ich ging durch einen grasgrünen Wald	121
Ich ging einmal bei der Nacht	52c
Ich ging einmal im nächtlich stillen Haine	156
Ich ging einmal spazieren	41, 104 u. 105
Ich ging spazieren wohl durch den Wald	129
Ich hab ein kleines Hüttchen nur	89
Ich hab mein feines Liebchen	106
Ich habe mir eines erwählt	135
Ich hab schon drei Sommer	148
Ich liebe dich, so lang ich	139
Ich liebte ein Mädchen	137b
Ich liebte einst ein Mädchen	14 u. 137a
Ich seh birs an den Äuglein an	79a

	Nr.
Ich stand auf hohem Felsen (Berge)	29
Ich stand droben auf hohem Berge	42a
Ich wollt, daß ich ein Jäger wär	99
Ich wollt ein Mädchen lieben	14
Jetzt gang (geh) ich ans Brünnele	68
Jetzt kommt die Zeit, daß ich wandern	107
Jetzt laß ich mir ein Häuslein bauen	80b
Jetzt reis ich in die Fremde	39
Im dunklen Wald, im Grünen	24c
Im Maien da blühen die Rosen	8a
In des Gartens (Waldes) dunkler (grüner) Laube	40
In Frankreich steht ein schönes Schloß	18
In meines Vaters Garten	80a
In Ostreich da wohnten zwei Verliebte	8e
In Osterreich steht ein	18
In Schleswig-Holstein steht ein Haus	18
In Trauer muß ich leben	65
Ist denn Liebe ein Verbrechen	153
Ist nicht erlaubt du Schönste	157b
Jüngst ging ich über Berg und Tal	129
Katharinchen, wackres Mädchen	91b
Kein Feuer, keine Kohle	83
Kleine Blümelein, kleine Blätter	145
Komm her, lieb Nannchen	16
Komm her, schön Annchen	16
Lieben ist ein schönes Leben	136
Liebes Schätzchen, 's geht zu Ende	142
Lutschen saß im Garten	1a
Man sagt, es geht den Krebsgang	90a
Mariechen (Maria) saß auf einem Stein	5a u. b
Mariechen war allein zu Haus	5c
Mädchen, geh du nach Haus	147
Mädchen mit dem blauen Kleide	151a
Mädchen mit den blauen Augen	152
Mädchen, wenn ich an dich denke	123a
Mädchen, wenn ich dich erblicke	123
Mein erst Gedanken, wenn ich	125b

	Nr.
Meine Liebe soll nicht wanken	127
Mei(n) Herzl isch verschlosse	72
Mein Hut der hat drei Eck	141a
Mein Schatz der geht den Krebsgang	93a
Mein Schatz hat mich so treu geliebt	119c
Mein Schatz reist in die Fremde	39
Mein Vater ist gestorben	65b
Meister Müller, du mußt mal	35a
Meister Müllerin, das sollten Sie mal	35a
Morgen muß ich fort von dir	39
Muß es denn ein jeder wissen	142
Nachtigall hört ich einst singen	97a
Nachtigall, ich hör dich singen	97
Nach Trauer kommt bald Freud	118
Nun ade, jetzt reis ich fort	39
Nun ade, mein herzlieb Schätzelein	62b
Nun ade, mein lieber Schatz	39
O Himmel, wie lang muß ich noch	110
O Schönste aller Schönen	146
O schönste Rose, fall nicht ab	86
O wie ists möglich dann	112
Schatz, ach Schatz, mein Augentrost	119b
Schatz, ach Schatz, und ich muß fort	39
Schatz, ach Schatz, warum so traurig	100a
Schatz, dein gedenk ich bei dunkler Nacht	125b
Schatz, ich muß scheiden	125a
Schatz, wenn du über die Gasse gehst	101
Schätzlein, Schätzlein, 's geht zu Ende	142a
Schätzchen, wenn ich dich erblicke	123a
Schaut hinauf auf hohe Berge	42a
Schiffer, Schiffer, ach erwarte	25
Schön ist das Leben bei	108
Schön ist die Jugend	109
Schönster, Allerschönster, was	146
Schönster Jüngling, wenn ich dich erblicke	123a
Schönster Schatz auf dieser Erde	111
Schönster Schatz, allwo du bist	120
Schönster Schatz, mein Augentrost	119a

	Nr.
Schönstes Kind, vor deinen Füßen	82
Schönstes Schätzchen, liebstes Mädchen	91a
Schönstes Schätzel, laß dich herzen	149a
'S ist auch einer unter uns	138
Soldat kam (kehrt) aus dem Kriege	59
Soldat kommt heim aus dem Kriege	59
So viel Flocken als da schimmern	122
So viel Stern am Himmel stehen	122
Stand draußen auf hohem Berge	42b
Stand eine Lind im tiefen Tal	20b
Stand ich auf hohem Berge	29e
Stand ich auf nächtlich grüner Heide	156
Stand ich in finstrer Mitternacht	90a
Und du bist mein Gedanke	125b
Und es war einmal ein Metzger	10c
Und wärst du nicht so hoch	96b
Unsre Freundschaft soll nicht wanken	126
Vergangne Zeiten kehren niemals	109a
Vergnügt und einsam	138
Von dir geschieden	125a
Wann kommt die frohe (süße) Stunde	151
Warum bist du denn so hoch	96a
Was hab ich denn meinem Feinsliebchen	132
Was kann uns denn Schönres erfreuen	8a
Was soll ich in der Fremde tun	103
Was wird mein Vater und Mutter	19b
Wenn alle Wässerlein (Brünnlein) fließen	78
Wenn grün die Eichen stehn	60
Wenn ich an den letzten Abend	115
Wenn ich des Morgen früh	23a
Wenn ich ein Vöglein wär	87
Wenn ich heim soll gehn	95
Wenn ich heimwärts geh	95
Wenn ich schon kein Schatz mehr hab	85
Wenn uns schon die Leut verklagen	78
Wer lieben will, muß leiden	141

	Nr.
Wer liebt und der muß leiden	141 c
Willst du wissen meine Schmerzen	134
Wir habn ein Weinstock	109 d
Wir wollen vergnüglich und in Einsamkeit	138
Wo ist denn das Mädchen, das	98
Wo ist denn der Bursche, der	98 e
Wo mag er sein, wo mag er bleiben	124
Zu Haus hab ich ein Mädchen	113
Zu Haus liebt ich ein Mädchen	14
Zu Ostreich stand ein schönes Schloß	18
Zu Straßburg stand ein schönes Schloß	18
Zwei liebten sich in ihrem Sinn	82

Berichtigungen.

S. 38 Nr. 16: An den Anfang der 2. Melodiezeile ist „⁴/₄" Takt zu setzen.
S. 45 Nr. 20: Hinter der Schlußnote soll eine Viertelpause stehen.
S. 63 Nr. 26: Vor die Schlußnote ist „³/₄" Takt zu setzen.
S. 71 Nr. 29: Mel. I und II hinter der Schlußnote fehlt ein Punkt.
S. 91 Nr 37: In der 8. Strophe soll es heißen „rosenroter Mund".
S. 203 Nr. 94: Das Vorzeichen ♯ in der Melodie fällt selbstverständlich weg.